AF748512

बिजनेस की प्रसिद्ध पुस्तक
का 20वाँ वर्षगाँठ संस्करण

THE 80 20 PRINCIPLE

80/20 सिद्धांत

कम से ज़्यादा हासिल करने का रहस्य

रिचर्ड कोच

'इस पुस्तक को पढ़ें और इसका इस्तेमाल करें'
टिम फेरिस, द 4 आवर वर्क वीक के लेखक

80/20 सिद्धांत

कम में ज्यादा हासिल करने का रहस्य

रिचर्ड कोच

प्रकाशक : वॉव पब्लिशिंग्ज् प्रा. लि. पुणे

मुद्रक : ट्रिनिटी अकादमी, फॉर कॉर्पोरेट ट्रेनिंग लि., पुणे

प्रथम आवृत्ती : सितंबर 2021

रीप्रिंट : फरवरी 2025

अनुवादक : आनंद रॉय

ISBN : 978-93-90607-33-4

'The 80/20 Principle' **इस अंग्रेजी पुस्तक का हिंदी अनुवाद**

80/20 Siddhant

by Richard Koch

80/20 सिद्धांत की तारीफ

'80/20 का सिद्धांत उपलब्धि-आधारित जीवन की बुनियाद है। इस पुस्तक को पढ़ें और इसका इस्तेमाल करें।'

टिम फेरिस, द 4-आवर वर्कवीक के लेखक

'टाइम मैनेजमेंट का मतलब आपके रोज़ के काम को व्यवस्थित करने से नहीं होता। इसका संबंध आपके रोज़ के अनिवार्य कामों को व्यवस्थित करना और बाकी दूसरे कामों को छोड़ देने से होता है। कोच ने इससे करोड़ों कमाए हैं, एक बेस्टसेलर जो सिर्फ एक आइडिया पर आधारित है, साबित करता है कि यह कारगर है।'

जीक्यू 25 बेस्ट बिज़नेस बुक्स

'बधाई! 80/20 का सिद्धांत कमाल की पुस्तक है।'

अल रीस, फोकस और पोजिशनिंग के मशहूर लेखक

'इसमें ऐसी-ऐसी बातें हैं जो आपके जीवन का कायापलट कर सकती हैं।'

द गुड बुक गाइड

'कोच एक उत्साही 80/20 वादी हैं। इसे पढ़ें और आप भी उनकी तरह बन जाएँगे।'

एंड्रयू कैंपबेल, एशरिज स्ट्रैटेजिक मैनेजमेंट सेंटर

'समझदारी से भरी और मनोरंजक होने के साथ ही यह दिलचस्प पुस्तक लोगों को अपने जीवन को बर्बाद न करने बल्कि उस पर ध्यान देने में मदद करती है।'

प्रोफेसर थियोडोर जेल्डिन, सेंट एंटनी कॉलेज, ऑक्सफोर्ड

'हम (सल्वाडोर) डाली की अतियथार्थवादी कला के जैसी शानदार पुस्तक को 5 स्टार देते हैं... जो खूबसरती से लिखा गया गद्य है.. जिसका महत्त्व इसकी कीमत से कई गुना अधिक है।'

द वेस्टन रिव्यू, टैम्पा बे, फ्लोरिडा

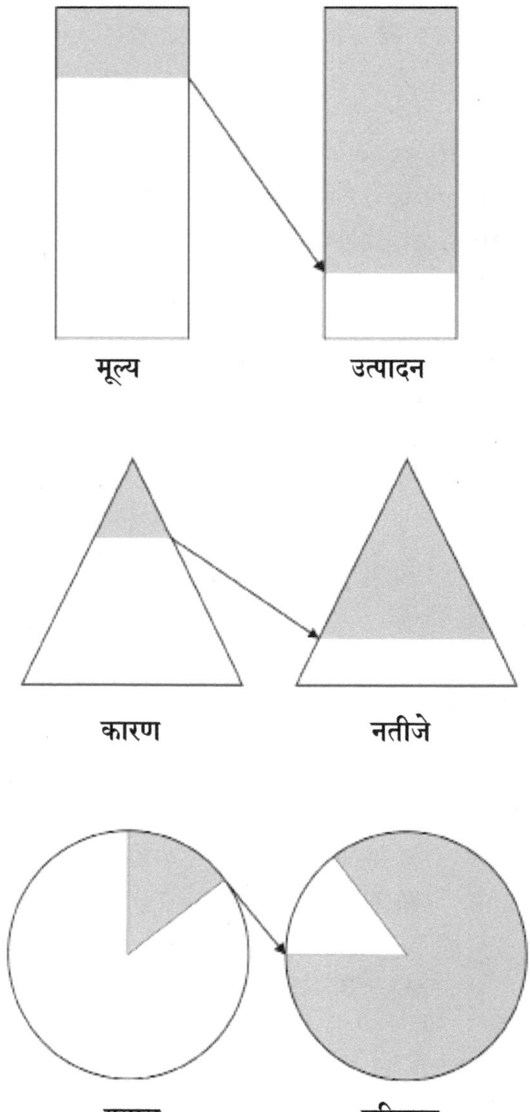
मूल्य
उत्पादन
कारण
नतीजे
प्रयास
परिणाम

बरसों तक पारेतो के नियम 80/20 का सिद्धांत ने अर्थ जगत को धरती पर आड़े-तिरछे टुकड़े के तौर पर दिखाया : जो एक ऐसा नियम था जिसे कोई समझा नहीं सका।

जोसेफ स्टिंडल

ईश्वर संसार के साथ पासे का खेल खेलता है। लेकिन उनका पासा किस करवट जाएगा, उन्हें ये पहले ही पता होता है। हमारा असली मकसद यह पता लगाना है कि किन नियमों से पासे को मनचाही करवट लाया जाता है और अपनी सफलता के लिए हम उनका इस्तेमाल कैसे कर सकते हैं।

जोसेफ फोर्ड

हम यह निश्चित तौर पर नहीं कह सकते कि मनुष्य कहाँ तक अपनी इच्छा को ले जा सकता है... इस कारण हम बस इस सुखद निष्कर्ष को निकाल सकते हैं कि इस संसार के हर युग में मानव जाति की दौलत, खुशी, ज्ञान और शायद उसके गुण में बढ़ोत्तरी हुई है और अब भी हो रही है।

एडवर्ड गिबन

विषय सूची

20 वाँ वर्षगाँठ संस्करण की प्रस्तावना

80/20 का सिद्धांत सिर्फ इस पुस्तक के ज़रिए ही नहीं बल्कि सिद्धांत के रूप में भी कदम बढ़ाता जा रहा है। पिछले दस से बीस वर्षों में कारोबार, समाज और हमारी जिंदगी में अविश्वसनीय और महत्वपूर्ण बदलाव आए हैं। साथ ही, 80/20 का सिद्धांत कैसे और क्यों काम करता है, इसे लेकर भी हमारी समझ बढ़ी है। इस वजह से ही इस किताब में कुछ अहम बातों को जोड़ना ज़रूरी हो गया था।

आज के समय में यह सिद्धांत जिस हद तक हर जगह लागू होने लगा है या जितना महत्वपूर्ण हो चला है, उतना पहले कभी नहीं हुआ था। बीते ज़माने में जिन लोगों ने भी इसका इस्तेमाल किया, उन्हें इसका अच्छा-खासा फायदा मिला। आगे भी यह हर उस व्यक्ति के लिए एक अनिवार्य साधन बन जाएगा या शायद यही अनिवार्य साधन रह जाएगा, जो सफल होना चाहता है या खुश रहना चाहता है।

अच्छा, तो फिर पिछले कुछ वर्षों में ऐसा क्या हो गया है? संक्षेप में कहें तो तीन बातें हुई हैं:

1 जहाँ तक कम से कम ज़बरदस्त तरक्की, मुनाफा और कैश जुटाने की क्षमता की बात है, तो वहाँ टॉप लेवल पर सारी बातों को तय करनेवाले बड़े संगठनों की जगह अब नेटवर्कों ने और नेटवर्क के अलग-अलग वेंचर जैसे कि एपल, गूगल, फेसबुक, उबर, अमेजॉन, ईबे और बेटफेयर ने ले ली है।

   अब इसी तरह के नेटवर्कों और नेटवर्क के संगठनों का समाज में बोलबाला है और इस वजह से ही 80/20 आज बड़े पैमाने पर हर जगह लागू होने लग गया है।

   सारे नेटवर्क में यह देखने को मिलता है कि वे अपने मुनाफे का एक हिस्सा फिर से निवेश कर बड़े से और बड़ा, अमीर से ज़्यादा अमीर, मशहूर से

ज़्यादा मशहूर बनते चले जाते हैं। साथ ही, जिन नेटवर्कों से दुनिया को फायदा होता है (जैसे कि नेटवर्क बिज़नेस और उनके कारण अस्तित्व में आनेवाले परोपकारी संगठन) और जिनसे नहीं होता है (जैसे कि ड्रग गैंग और ISIS) वे ज़्यादा दौलतमंद और शक्तिशाली बन जाते हैं।

नेटवर्क और नेटवर्क बिज़नेस क्या है यह बताते हुए अध्याय 17 आगे यह भी बताता है कि सही समझ तथा महत्वाकांक्षा रखनेवाला कोई भी इंसान नेटवर्क या नेटवर्क बिज़नेस के अलावा कोई अन्य काम क्यों नहीं करना चाहेगा।

2 80/20 के तरीके को जानते हुए हमें अब लगभग सौ वर्षों से भी अधिक समय हो चुका है और इस दौरान वह समान रूप से कारगर रहा है। थोड़ा-बहुत ऊपर-नीचे हुआ भी तो आप कह सकते हैं कि यह 70/30 और 90/10 के बीच ही रहा, लेकिन अब तेज़ी से 90/10 और 99/1 की तरफ बढ़ रहा है।

नया चैप्टर 18 बताता है कि कैसे कारणों और नतीजों के बीच का असंतुलन गंभीर होता जा रहा है क्योंकि ऐसी घटनाएँ जिनके बारे में सोचा नहीं गया और किस्मत का तेजी से पलटना दोनों ही अब ज़्यादा संभव और प्रभावी हो गए हैं।

3 कुछ ऐसे नियम हैं, जो जाँचे-परखे तो नहीं गए लेकिन प्रचलन में हैं, उनसे तय होता है कि आप सफल होंगे या विफल, आप संतुष्ट होंगे या परेशान रहेंगे। यही नहीं उनसे ही सुख-दुःख का भी फैसला होता है। नया चैप्टर 19 पाँच बड़े नियमों के बारे में बताता है, जिनका पालन करना चाहिए।

एक और बात है जो मैंने जानी है। 80/20 के सिद्धांत की जो सबसे बड़ी कामयाबी थी, उसे इस पुस्तक के शुरुआती संस्करणों में शामिल नहीं किया गया था। नया चैप्टर 16 'आपका छुपा दोस्त' कौन है इसकी चर्चा करता है, जो आपके जीवन पर सबसे प्रभावी और कमाल का असर डाल सकता है। यह छुपा दोस्त बेहिसाब रफ्तार से काम करता है और उसी रफ्तार से प्रभाव डालता है, इसमें ज्यादा प्रयास करने की ज़रूरत ही नहीं होती। अगर अच्छी तरह प्रशिक्षित किया जाए, तो आपका छुपा दोस्त आपके जीवन को बदल सकता है। इसमें थोड़ा सा प्रयास करना होता है और ट्रिक ये है कि आपको पता होना चाहिए कि अपने छुपे दोस्त की ट्रेनिंग, कोडिंग कैसे कराएँ। चैप्टर 16 आपको यही बताता है।

इस तरह हम आपको चार नए चैप्टर दे रहे हैं। अब आप पूरी दुनिया को इस सिद्धांत की अच्छी खबर दे सकते हैं।

80/20 का सिद्धांत पुस्तक की अब तक छत्तीस भाषाओं में दस लाख से भी अधिक प्रतियाँ बिक चुकी हैं। मैं इतनी उम्मीद करने का साहस तो दिखा ही सकता हूँ कि ये जो नया संस्करण है, जो मेरे हिसाब से ज़्यादा मूल्यवान है, बिक्री के इस रिकॉर्ड को कुई गुना बढ़ाएगा।

जो अब तक हासिल हो चुका है, उसके लिए मैं आप सभी पाठकों का जिन्हें लाभ मिला है और शायद ईसाई धर्मप्रचारकों का बहुत-बहुत आभारी हूँ। आपके संदेशों और ईमेल से मुझे पता चला है कि आपमें से कई लोगों को यह सिद्धांत अद्भुत लगा है। ईश्वर करे कि यह और कामयाब हो और आप सभी का बहुत-बहुत धन्यवाद। ऐसा हो सकता है मैंने आपके जीवन को छुआ हो, लेकिन आपने निश्चित रूप से मेरे जीवन को छुआ है और इसके लिए मैं सबसे अधिक आभारी हूँ।

रिचर्ड कोच

richardkoch8020gmail.com

जिब्राल्टर, मार्च 2017

80/20 का रैप

क्या आप जानते थे कि 80/20 का एक शानदार रैप गीत है, जिसका श्रेय बेमिसाल वायट मो 'जी जैक्सन' को जाता है? आप चाहें तो इसे वेब पर www.richardkoch.net पर सुन सकते हैं। यह तीन मिनट का है, जितना कि किसी पॉप गीत को होना चाहिए। उसके बोल यहाँ दिए जा रहे हैं, जिनके साथ मैंने इस पुस्तक के संदेश को बीच-बीच में (इटैलिक में) डाला है:

रिचर्च कोच हैं एक कारोबारी,
सच्चाई एक उन्होंने ढूँढ़ निकाली, हाँ एक मास्टर प्लान
लिखें उस पर बुक, जो कामयाबी में छू ले आसमान,
जो ना केवल है अच्छी, एकदम है सच्ची।

नाम इसका है 80/20 का उसूल
सबक ये सिखाए कि आप सबसे कूल,
बैठकर सुनो बस इसकी आवाज़ को,
गाना खत्म होने से पहले सब समझ आएगा आपको।

80/20 का सिद्धांत, सफलता की चाबी,
80/20 का सिद्धांत, पाओ ज़्यादा या कम कामयाबी,
80/20 का सिद्धांत, सफलता का राज़,
80/20 का सिद्धांत हासिल करो बेहिसाब।

तो यह 80/20 का सिद्धांत क्या है? 80/20 का सिद्धांत कहता है कि बेहद सीमित, कम संख्या के कारणों, लागत या प्रयास से आमतौर पर ज़्यादातर नतीजे, उत्पादन या इनाम मिलते हैं, इस तरह अधिकांश परिणाम कम संख्या के कारणों या लागतों से मिलते हैं।

80/20 का सिद्धांत, सफलता की चाबी,
80/20 का सिद्धांत, पाओ ज़्यादा या कम कामयाबी,
80/20 का सिद्धांत, सफलता का राज़,
80/20 का सिद्धांत हासिल करो बेहिसाब।

इसे शब्दशः लिया जाए तो उदाहरण के तौर पर इसका मतलब है कि अपने काम में हम जो 80 प्रतिशत हासिल करते हैं, वह हमारी ओर से खर्च किए गए 20 प्रतिशत समय से संभव होता है। इस कारण हमारे प्रयास का जो अस्सी फीसदी हिस्सा है, वह काफी हद तक सार्थक नहीं होता और सामान्य रूप से हमारी जो अपेक्षा होती है, उसके विपरीत होता है।

80/20 का सिद्धांत, सफलता की चाबी,
80/20 का सिद्धांत, पाओ ज़्यादा या कम कामयाबी,
80/20 का सिद्धांत, सफलता का राज़,
80/20 का सिद्धांत हासिल करो बेहिसाब।

इसलिए 80/20 का सिद्धांत कहता है कि कारणों और परिणामों, लागत और उत्पादन, प्रयासों और इनाम के भीतर अपने आप ही एक असंतुलन रहता है। इसी असंतुलन का एक अच्छा मापदंड 80/20 के संबंध में देखने को मिलता है। एक खास पैटर्न यह दिखाता है कि 80 प्रतिशत परिणाम 20 प्रतिशत कारणों से मिलते हैं। या 80 प्रतिशत नतीजे 20 प्रतिशत प्रयास से हासिल होते हैं। कारोबार में, 80/20 सिद्धांत के सही साबित होने के कई उदाहरण हैं: आमतौर पर 20 प्रतिशत उत्पादों से और उसी तरह 20 प्रतिशत ग्राहकों से 80 प्रतिशत डॉलर कमाया जाता है। और 20 प्रतिशत उत्पादों या ग्राहकों से किसी संगठन को 80 प्रतिशत मुनाफा होता है।

80/20 का सिद्धांत, सफलता की चाबी,
80/20 का सिद्धांत, पाओ ज़्यादा या कम कामयाबी,
80/20 का सिद्धांत, सफलता का राज़,
80/20 का सिद्धांत हासिल करो बेहिसाब।

भाग एक
अधिकता

ये दुनिया उल्टी–पुल्टी है!

क्या है 80/20 का सिद्धांत? 80/20 का सिद्धांत हमें बताता है कि कहीं भी कुछ चीज़ों का महत्त्व दूसरों से ज़्यादा होता है। एक अच्छा पैमाना या अनुमान ये है कि 20 फीसदी कारणों से 80 फीसदी नतीजे मिलते हैं और कभी–कभी तो इससे भी कम प्रयास करना पड़ता है।

सामान्य भाषा ही इसका एक अच्छा उदाहरण है। सर आइजैक पिटमैन जिन्होंने शॉर्टहैंड का आविष्कार किया था, उन्हें पता चला कि आम बोलचाल के सिर्फ 700 शब्दों के इस्तेमाल से ही हम दो–तिहाई बातचीत कर लेते हैं। इन शब्दों से जो शब्द बनते हैं, उनको शामिल करने के बाद भी पिटमैन ने देखा कि इन्हीं शब्दों से 80 फीसदी आम बोलचाल का काम चल जाता है। इस मामले में, 1 फीसदी से भी कम (न्यू शॉर्टर ऑक्सफोर्ड इंग्लिश डिक्शनरी में पाँच लाख से भी ज़्यादा शब्द हैं) शब्दों का इस्तेमाल 80 फीसदी बार किया जाता है। हम इसे 80/1 का सिद्धांत कह सकते हैं। इसी तरह, 99 फीसदी से ज़्यादा बातचीत 20 फीसदी से भी कम शब्दों में हो जाती है: हम इसे 99/20 का संबंध कह सकते हैं।

फिल्मों की मदद से 80/20 के सिद्धांत को समझा जा सकता है। हाल में किए गए एक अध्ययन ने दिखाया कि 1.3 प्रतिशत फिल्में बॉक्स ऑफिस पर 80 प्रतिशत से ज़्यादा की कमाई करती हैं, जो साफ तौर पर 80/1 का नियम सामने लेकर आता है।

80/20 का सिद्धांत कोई जादुई फॉर्मूला नहीं है। कभी–कभी नतीजे और उसके कारणों के बीच का संबंध 80/20 या 80/1 के मुकाबले 70/30 के करीब होता है। लेकिन ऐसा तो शायद ही कभी होता है कि 50 प्रतिशत कारणों से 50 प्रतिशत नतीजे हासिल होते हैं। दुनिया सच में संतुलित नहीं है। कुछ ही चीज़ें सच में मायने रखती हैं।

जो लोग और संगठन सही मायने में दमदार होते हैं, वे अपने–अपने क्षेत्र में कुछ चुनिंदा शक्तिशाली बलों का इस्तेमाल करते हैं और उनसे लाभ हासिल करते हैं।

पढ़ें और जानें कि आप ऐसा कैसे कर सकते हैं...।

01

80/20 के सिद्धांत में आपका स्वागत है

> लंबे समय से, पारेतो नियम (80/20 का सिद्धांत) ने आर्थिक परिदृश्य को धरती पर पड़े लकड़ी के किसी विचित्र टुकड़े की तरह पहेली में उलझा रखा है, एक ऐसा अनुभवजन्य नियम, जिसे कोई भी समझा नहीं सकता।
>
> जोसेफ स्टिंडल

प्रत्येक बुद्धिमान इंसान, प्रत्येक संगठन, प्रत्येक सामाजिक समूह और समाज का रूप, 80/20 के सिद्धांत का उपयोग अपने दैनिक जीवन में कर सकता है और करना भी चाहिए। इसकी मदद से लोग और समूह बहुत कम प्रयास से बहुत कुछ प्राप्त कर सकते हैं। 80/20 का सिद्धांत व्यक्तिगत कारगरता और प्रसन्नता को बढ़ा सकता है। यह नियमों के लाभ और किसी भी संगठन के प्रभाव को कई गुना बढ़ा सकता है। यहाँ तक कि कम मूल्य पर सरकारी सेवाओं की गुणवत्ता और मात्रा को बढ़ाने की कुंजी भी इसी के पास है। 80/20 के सिद्धांत पर अब तक लिखी गई यह पहली पुस्तक, 2 ठोस विश्वास के साथ लिखी गई है। इसकी पुष्टि व्यक्तिगत और व्यावसायिक अनुभव के आधार पर इस प्रकार से हुई है कि यह सिद्धांत आधुनिक जीवन के तनावों से निपटने और उन्हें दूर करने के सबसे अच्छे उपायों में से एक है।

क्या है 80/20 का सिद्धांत?

80/20 का सिद्धांत कहता है कि गिने-चुने कारण, मूल्य या प्रयासों का परिणाम अक्सर अधिक परिणामों, उत्पादनों या फलों के रूप में मिलता है। इसे शब्दशः लें, तो उदाहरण के तौर पर इसका अर्थ हुआ कि आप अपने काम में जो 80 प्रतिशत प्राप्त करते हैं, वह 20 प्रतिशत समय देने से मिलता है। इस प्रकार

तमाम व्यावहारिक उद्देश्यों से, प्रयास का चार बटा पाँच यानी एक बड़ा हिस्सा, किसी काम का नहीं होता। सामान्य रूप से लोग जो आशा करते हैं, यह उसके विपरीत होता है।

इसलिए 80/20 का सिद्धांत कहता है कि कारणों और परिणामों, मूल्य और उत्पादन, तथा प्रयास और इनाम के बीच एक अप्रत्यक्ष असंतुलन होता है। 80/20 का संबंध इस असंतुलन का एक अच्छा मापदंड है: एक खास पैटर्न जो दिखाता है कि 20 प्रतिशत मूल्य से 80 प्रतिशत उत्पादन होता है, 80 प्रतिशत नतीजे 20 प्रतिशत कारणों से निकलते हैं या 80 प्रतिशत परिणाम 20 प्रतिशत प्रयासों से प्राप्त होते हैं। चित्र 1 इस खास पैटर्न को दिखाता है।

व्यवसाय में, 80/20 के सिद्धांत के कई उदाहरणों की पुष्टि हो चुकी है। आम तौर पर 20 प्रतिशत उत्पादों से लगभग 80 प्रतिशत डॉलर मूल्य की बिक्री होती है। इसी तरह 20 प्रतिशत ग्राहक भी मिलते हैं। आमतौर पर 20 प्रतिशत उत्पादों (प्रोडक्ट्स) या ग्राहकों से किसी संगठन को लगभग 80 प्रतिशत लाभ मिलता है।

समाज में, 20 प्रतिशत अपराधी कुल अपराध का 80 प्रतिशत अपराध करते हैं। 20 प्रतिशत मोटर चालक 80 प्रतिशत हादसे करते हैं। शादी करनेवाले 20 प्रतिशत लोग 80 प्रतिशत तलाक के आँकड़ों का हिस्सा होते हैं। (जो बार-बार शादी करते हैं और तलाक देते हैं, वे आँकड़ों को बिगाड़ देते हैं और शादी में विश्वास को लेकर एक असंतुलित निराशाजनक तस्वीर पेश करते हैं।) 20 प्रतिशत बच्चे उपलब्ध शैक्षणिक योग्यता में से 80 प्रतिशत योग्यता प्राप्त करते हैं।

घर में पड़े कारपेट के 20 प्रतिशत हिस्से में 80 प्रतिशत घिसावट होती है। आप अपने 20 प्रतिशत कपड़ों को 80 प्रतिशत बार पहनते हैं। और अगर घर में किसी अजनबी के घुस आने का खतरा महसूस होता है, तो 80 प्रतिशत बार झूठा खतरा 20 प्रतिशत संभावित कारणों से पैदा होता है।

आंतरिक दहन इंजन 80/20 सिद्धांत का बहुत बड़ा उदाहरण है। 80 प्रतिशत ऊर्जा दहन में बेकार हो जाती है जबकि केवल 20 प्रतिशत ऊर्जा ही पहियों को मिलती है। यह 20 प्रतिशत लागत 100 प्रतिशत उत्पादन करती है!

पारेतो की खोज : संतुलन की व्यवस्थित और अनुमानित कमी

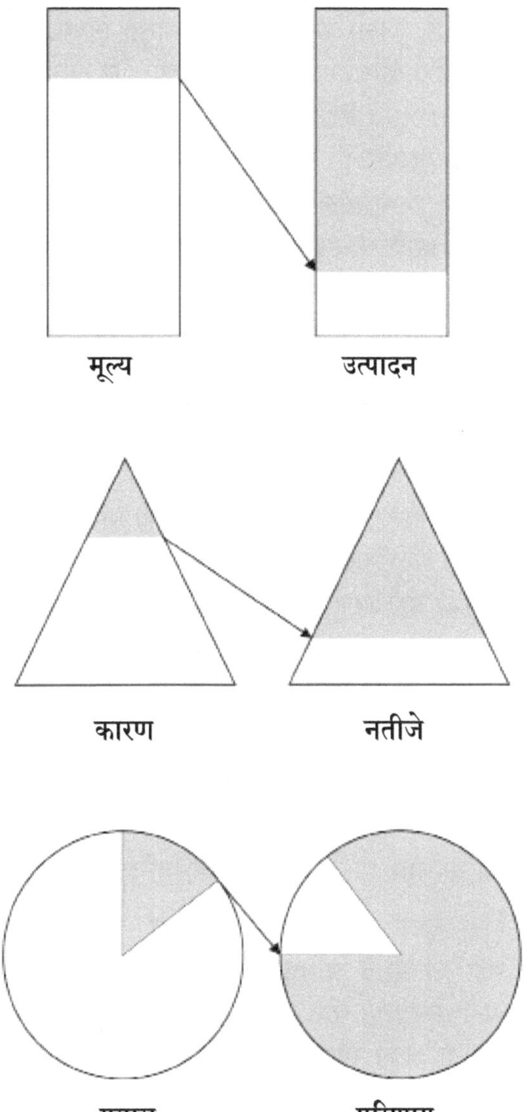

चित्र 1 80/20 का सिद्धांत

80/20 सिद्धांत में छिपे पैटर्न की खोज 1897 में इटली के अर्थशास्त्री विलफ्रेडो पारेतो (1848-1923) ने की थी। उसके बाद से अब तक उनकी खोज को कई नाम दिए गए हैं, जिनमें पारेतो सिद्धांत, पारेतो नियम, 80/20 का नियम, न्यूनतम प्रयास का सिद्धांत और असंतुलन का सिद्धांत ऐसे नाम शामिल हैं। इस पूरी पुस्तक में हम इसे 80/20 का सिद्धांत कहेंगे। उपलब्धि प्राप्त करनेवाले महत्वपूर्ण लोगों, विशेष रूप से व्यवसायियों, कंप्यूटर के महारथियों और बेहतरीन इंजीनियरों पर एक गुप्त प्रक्रिया से प्रभाव डालकर, 80/20 के सिद्धांत ने आधुनिक जगत को इसका स्वरूप दिया है। इसके बावजूद यह हमारे युग के सबसे बड़े रहस्यों में से एक है। यहाँ तक कि जो चुनिंदा जानकार लोग हैं, जो 80/20 के सिद्धांत को जानते हैं और उसका प्रयोग करते हैं, वे भी इसकी शक्ति के बहुत छोटे से हिस्से का ही लाभ उठा पाते हैं।

तो फिर विलफ्रेडो पारेतो ने ऐसा क्या ढूँढ़ लिया? वे उन्नीसवीं सदी के इंग्लैंड में धन और आय के तौर-तरीकों का अध्ययन कर रहे थे। अपने अध्ययन में उन्होंने देखा कि ज़्यादातर धन-दौलत बेहद कम लोगों के ही पास थी। शायद इसमें कोई बहुत बड़े आश्चर्य की बात नहीं थी। लेकिन उन्होंने दो और तथ्यों का भी पता लगाया, जो उन्हें काफी महत्वपूर्ण लगे। उनमें से एक तथ्य यह था कि जिन लोगों के पास इतनी आय या दौलत थी, उनके (संबंधित आबादी के एक प्रतिशत के रूप में) और उस आय या धन की मात्रा के रेशो के बीच हमेशा से ही एक गणितीय संबंध था। सरल शब्दों में समझें, तो यदि 20 प्रतिशत आबादी के पास 80 प्रतिशत दौलत थी, तो आप विश्वास के साथ यह अनुमान लगा सकते हैं कि 10 प्रतिशत लोगों के पास 65 प्रतिशत दौलत होगी और 5 प्रतिशत के पास 50 प्रतिशत। यह सच है कि आबादी के बीच धन का वितरण असंतुलित था।

पारेतो ने जिस दूसरी बात का पता लगाया, वह वास्तव में उन्हें बहुत उत्साहित करती थी। जब भी वे विभिन्न कालखंडों या विभिन्न देशों के आँकड़ों पर नज़र डालते, तो यही असंतुलन बार-बार उनके सामने आ रहा था। उन्होंने प्राचीन काल के इंग्लैंड को या अपने समय के या उससे पहले के अन्य देशों के जो भी आँकड़े उपलब्ध थे, उन्हें देखा तो पाया कि वही पैटर्न अपने आपको बार-बार, गणितीय सटीकता के साथ दोहरा रहा था।

क्या यह मात्र एक संयोग था या कुछ ऐसा जो अर्थशास्त्र और समाज के लिए बहुत महत्वपूर्ण था? यदि धन या आय के अतिरिक्त अन्य आँकड़ों पर इसे

लागू किया जाए तो क्या यह उतना ही कारगर होगा? पारेतो कमाल के खोजकर्ता थे क्योंकि उनसे पहले किसी ने भी आँकड़ों के दो संबंधित समूहों पर गौर नहीं किया था। इस मामले में, आय के वितरण तथा आय अर्जित करनेवाले या संपत्ति के मालिकों की संख्या के दो सेट थे, जिनके प्रतिशत की तुलना उन्होंने की थी। (आजकल यह विधि आम हो चुकी है और इसके कारण व्यवसाय एवं अर्थशास्त्र में बड़ी-बड़ी सफलता मिली है।)

पारेतो को अपनी खोज के महत्त्व और विस्तार की समझ थी लेकिन दुर्भाग्य से, वे इसे समझाने में बुरी तरह विफल रहे। वे अनेक आकर्षक लेकिन इधर-उधर के सामाजिक सिद्धांतों में उलझ गए, जिनमें अभिजात वर्ग की मुख्य भूमिका थी। उन सिद्धांतों पर उनके जीवन के अंतिम समय में मुसोलिनी के फासीवादियों ने कब्जा जमा लिया। एक पीढ़ी तक 80/20 सिद्धांत के महत्त्व की किसी को जानकारी नहीं थी। कुछ अर्थशास्त्रियों ने, विशेष रूप से अमेरिका में इसके महत्त्व को समझा, लेकिन दूसरे विश्व युद्ध के बाद ही दो समानांतर लेकिन पूरी तरह से अलग प्रचारकों ने 80/20 के इस सिद्धांत से हलचल मचाना शुरू कर दिया।

1949 : जिफ का न्यूनतम प्रयास का सिद्धांत

इनमें से एक अग्रदूत थे हार्वर्ड में भाषा-शास्त्र के प्रोफेसर, जॉर्ज के. जिफ। 1949 में जिफ ने 'न्यूनतम प्रयास के सिद्धांत' का पता लगाया, जो असल में पारेतो के सिद्धांत की दुबारा की गई खोज और उसका विस्तार था। जिफ के सिद्धांत ने बताया कि संसाधन (लोग, वस्तु, समय, कौशल या कुछ भी जो उत्पादक हो) अपने आपको इस प्रकार व्यवस्थित करते हैं कि काम कम से कम हो जाता है। इस प्रकार 20 से 30 प्रतिशत संसाधन से 70 से 80 प्रतिशत तक गतिविधि होती है।

प्रोफेसर जिफ ने बार-बार पैदा होनेवाले असंतुलित पैटर्न को दिखाने के लिए आबादी के आँकड़ों, पुस्तकों, भाषा-शास्त्र और औद्योगिक व्यवहार का प्रयोग किया। उदाहरण के लिए, उन्होंने फिलाडेल्फिया में 1931 में 20-ब्लॉक क्षेत्र में जारी विवाह के सभी लाइसेंसो का विश्लेषण किया, जो यह दिखा रहे थे कि 70 प्रतिशत विवाह उन लोगों के बीच हुए, जो 30 प्रतिशत दूरी के भीतर रहते थे।

संयोग से, जिफ ने भी इस उलझे हुए मामले में एक वैज्ञानिक तर्क देकर बताया कि एक अन्य नियम की जटिलता इसका कारण है, वह नियम है -

बार-बार उपयोग करने से उन चीज़ों से हमारी नज़दिकी बढ़ जाती हैं, जिनका हम उपयोग करते हैं। बुद्धिमान सेक्रेटरी बहुत पहले समझ गए थे कि बार-बार इस्तेमाल में आनेवाली फाइलों को दराज में नहीं रखना चाहिए!

1951 : **जुरान का कुछ महत्वपूर्ण** (Vital few) **का नियम और जापान का उदय**

80/20 सिद्धांत के एक और अग्रदूत महान क्वालिटी गुरु, रोमानिया में जन्मे अमेरिकी इंजीनियर जोसेफ एम. जुरान (1904-2008) थे, जो 1950 से 90 की गुणवत्ता क्रांति का प्रमुख चेहरा थे। उन्होंने जो बनाया, वह 'पारेतो सिद्धांत' का एक विकल्प और 'कुछ महत्वपूर्ण का नियम' कहलाता है। उसे उन्होंने उच्च गुणवत्तावाले उत्पाद की अपनी खोज का पर्याय बना दिया।

1924 में, जुरान वेस्टर्न इलेक्ट्रिक के साथ जुड़ गए, जो बेल टेलिफोन सिस्टम की निर्माण शाखा थी, जहाँ उन्होंने कॉरपोरेट इंडस्ट्रियल इंजीनियर के पद से शुरुआत की और बाद में दुनिया के पहले क्वालिटी कंसल्टेंट में से एक की स्थापना की।

उनकी एक बड़ी खोज 80/20 सिद्धांत का उपयोग, अन्य सांख्यिकीय तरीकों के इस्तेमाल से गुणवत्ता की खामियों को दूर करने और औद्योगिक तथा उपभोक्ता वस्तुओं की विश्वसनीयता व मूल्य में सुधार को लेकर थी। जुरान की अनोखी और पहली क्वालिटी कंट्रोल हैंडबुक का प्रकाशन 1951 में किया गया था और उसने 80/20 के सिद्धांत की खूबियों को व्यापक अर्थों में बताया:

> अर्थशास्त्री पारेतो ने पाया कि धन का असमान वितरण उसी प्रकार है, जैसा जुरान ने क्वालिटी में कमी के विषय में पाया हुआ है। अन्य उदाहरण भी देखे जा सकते हैं - अपराधियों के बीच अपराध का वितरण, खतरनाक तौर तरीकों के बीच हादसों का वितरण आदि। पारेतो के असमान वितरण का सिद्धांत धन के वितरण और गुणवत्ता में कमी पर लागू किया जा सकता है।

जुरान के सिद्धांतों में किसी भी बड़े अमेरिकी उद्योगपति की दिलचस्पी नहीं थी। 1953 में उन्हें लेक्चर के लिए जापान आने का न्योता दिया गया और वहाँ लोगों ने उनकी बात ध्यान से सुनी। उस समय वे कई जापानी निगमों के साथ काम करने के लिए वहीं रुक गए, उन्होंने उनके उपभोक्ता उत्पादों के मूल्य और गुणवत्ता

में सुधार किया। 1970 के बाद, जब जापानियों से अमेरिकी उद्योग को पैदा हुआ खतरा साफ दिखाई देने लगा, तब पश्चिमी जगत ने जुरान के विचारों को गंभीरता से लेना शुरू किया। वे जापानियों के लिए जो काम कर रहे थे, उसे अमेरिकी उद्योग के लिए करने वापस लौट आए। इस वैश्विक गुणवत्ता क्रांति के केंद्र में 80/20 का सिद्धांत था।

1960 से 1990 के दशक तक : 80/20 सिद्धांत के प्रयोग से तरक्की

आई.बी.एम. उन शुरुआती और सबसे सफल निगमों (Corporation) में से एक था, जिसने 80/20 सिद्धांत को पहचाना और उसका प्रयोग किया। जो यह बताता है कि क्यों 1960 और 1970 के दशक में अधिकांश प्रशिक्षित कंप्यूटर सिस्टम स्पेशलिस्ट इस सिद्धांत से परिचित थे।

1963 में, आई.बी.एम. ने यह पता लगाया कि कंप्यूटर का लगभग 80 प्रतिशत समय 20 प्रतिशत ऑपरेटिंग कोड को लागू करने में खर्च होता है। कंपनी ने तुरंत अपने ऑपरेटिंग सॉफ्टवेयर को फिर से इस प्रकार तैयार किया कि सबसे अधिक उपयोग में आनेवाला उसका 20 प्रतिशत हिस्सा सुलभ और उपयोग में आसान हो। जिससे अधिकांश एप्लिकेशंस के मामले में आई.बी.एम. के कंप्यूटर उसके प्रतिद्वंद्वियों की मशीनों की तुलना में अधिक दक्ष और तेज़ बन गए।

आगे चलकर जब ऐंपल, लोटस और माइक्रोसॉफ्ट जैसी कंपनियों ने पर्सनल कंप्यूटर और इसकी अगली पीढ़ी के सॉफ्टवेयर तैयार किए, तो उन्होंने 80/20 के सिद्धांत का प्रयोग और भी उत्साह से किया। जिससे उनकी मशीनें सस्ती और नए किस्म के ग्राहकों के लिए उपयोग में आसान हो गईं। उनमें नई मशहूर 'डमी' भी शामिल थी, जिसकी मदद से पहले ही कंप्यूटर बहुत आगे निकल सकते थे।

जीतनेवाले की सफलता

पारेतो के एक सदी बाद, हाल ही में 80/20 सिद्धांत के परिणाम, सुपरस्टार्स और सर्वोच्च पदों पर बैठे गिनती के व्यावसायिक लोगों की दिन दूगनी रात चौगुनी बढ़ती कमाई को लेकर जारी चर्चा के बीच सामने आए हैं। 1994 में फिल्म निर्देशक स्टीवन स्पीलबर्ग ने 165 मिलियन डॉलर कमाए। सबसे अधिक फीसवाले बचाव पक्ष के वकील, जोसेफ जामियाल को 90 मिलियन डॉलर चुकाया गया। बेशक, सीमित योग्यता रखनेवाले फिल्म निर्देशक या वकील, इतनी रकम का एक

बेहद छोटा हिस्सा ही कमा पाते हैं।

बीसवीं सदी में आय के अंतर को भरने के जबरदस्त प्रयास हुए, लेकिन असमानता कभी इस क्षेत्र में तो कभी उस क्षेत्र में सामने आ रही थी। अमेरिका में 1973 से 1995 के बीच, औसत सामान्य आय 36 प्रतिशत तक बढ़ गई, फिर भी सुपरवाइजर स्तर से बाहर के कामगारों की तुलनात्मक आय में 14 प्रतिशत तक गिरावट आई। 1980 के दशक के दौरान, पूरा लाभ सर्वाधिक आय अर्जित करनेवाले 20 प्रतिशत लोगों को मिला और सबसे अधिक कमाई करनेवाले 1 प्रतिशत लोगों के हिस्से में कुल बढ़ोत्तरी का होश उड़ा देनेवाला 64 प्रतिशत हिस्सा आ गया। अमेरिका में शेयरों का स्वामित्व भी पूरी तरह से कुछ सीमित घरानों के पास है: अमेरिका के 5 प्रतिशत घरों के पास घरेलू क्षेत्र की 75 प्रतिशत न्यायसंगतता है। ऐसा ही प्रभाव डॉलर के मामले में देखा जा सकता है: विश्व का लगभग 50 प्रतिशत व्यापार डॉलर में होता है, जो विश्व को निर्यात होनेवाले अमेरिका के 13 प्रतिशत हिस्से से बहुत ज़्यादा है। यही नहीं, विदेशी मुद्रा भंडार में डॉलर का हिस्सा जहाँ 64 प्रतिशत है, वहीं वैश्विक उत्पादन में अमेरिकी जीडीपी का अनुपात (रेशो) मात्र 20 प्रतिशत से कुछ अधिक है। जब तक 80/20 के सिद्धांत पर विजय पाने के सचेत, सतत और जोरदार प्रयास नहीं किए जाते और उन्हें जारी नहीं रखा जाता तब तक 80/20 का सिद्धांत हमेशा अपना प्रभाव दिखाता रहेगा।

80/20 का सिद्धांत इतना महत्वपूर्ण क्यों है

80/20 सिद्धांत के इतना महत्वपूर्ण होने का कारण यह है कि यह सहज ज्ञान के विपरीत होता है। हम यह मानकर चलते हैं कि सभी कारणों के लगभग एक जैसे ही परिणाम होंगे। सभी ग्राहक समान रूप से महत्वपूर्ण होते हैं। व्यवसाय का हर हिस्सा, हर उत्पाद (प्रोडक्ट) और बिक्री से प्राप्त हर डॉलर किसी दूसरे हिस्से के जितना ही अहम होता है। किसी खास वर्ग के सभी कर्मचारियों का लगभग समान महत्त्व होता है। हम जो हर दिन या सप्ताह या वर्ष बिताते हैं, उनका महत्त्व समान होता है। हमारे सारे दोस्त हमारे लिए समान महत्त्व रखते हैं। सभी जानकारियों या फोन कॉल को समान महत्त्व देना चाहिए। हर यूनिवर्सिटी दूसरी के जैसी ही अच्छी होती है। सभी समस्याओं के अनेक कारण होते हैं इसलिए कुछ एक महत्वपूर्ण कारणों को अलग से नहीं देखना चाहिए। सारे अवसरों का लगभग समान महत्त्व

होता है इसलिए हमें उन सभी को एक नज़र से देखना चाहिए।

हम यह मानते हैं कि 50 प्रतिशत कारणों या प्रयासों से 50 प्रतिशत परिणाम या उत्पादन प्राप्त होगा। स्वाभाविक रूप से, लगभग लोकतांत्रिक तरीके से यह आशा रहती है कि कारण और परिणाम आमतौर पर समान रूप से संतुलित रहते हैं और कभी-कभी ऐसा होता भी है। लेकिन यह '50/50 का भ्रम' हमारे मन में बैठा सबसे गलत और हानिकारक, साथ ही साथ जड़ें जमा चुका भ्रम है। 80/20 का सिद्धांत कहता है कि जब कारणों और परिणामों से संबंधित दो अलग-अलग आँकड़ों की जाँच और विश्लेषण की जा सकती है, तब सबसे संभावित परिणाम असंतुलन के एक पैटर्न के रूप में आएगा। यह असंतुलन 65/35, 70/30, 75/25, 80/20, 95/5 या 99.9/0.1 या बीच के किसी भी अंकों के समूह में हो सकता है। हालाँकि यह ज़रूरी नहीं कि तुलना के दोनों अंकों का जोड़ 100 हो जाए।

80/20 का सिद्धांत यह भी कहता है कि जब हमें असली संबंध का पता चलता है, तब हम हैरान रह जाते हैं कि यह कितना असंतुलित है। असंतुलन का स्तर चाहे जो भी हो, यह हमारे पहले के अनुमान से अधिक हो सकता है। कर्मचारी भले ही यह अनुमान लगाएँ कि कुछ ग्राहक और उत्पाद दूसरों से अधिक लाभ दिला सकते हैं, लेकिन जब अंतर उनके सामने आता है, तो वे हैरान और कभी-कभी स्तब्ध रह जाते हैं। शिक्षकों को भले ही जानकारी हो कि अनुशासनहीनता की अधिकांश समस्याएँ या स्कूल से भागने की ज़्यादातर घटनाएँ कुछ एक छात्रों के कारण ही होती है, लेकिन रिकॉर्ड का विश्लेषण किया जाए तो असंतुलन का स्तर संभवतः उम्मीद से कहीं अधिक होगा। भले ही हमें यह लगता है कि हमारा कुछ समय बाकी समय से अधिक मूल्यवान है, लेकिन हम प्रयासों और परिणामों को मापते हैं, तो हो सकता है कि उनके बीच का अंतर हमें सन्न कर दे।

आपको 80/20 सिद्धांत का ध्यान क्यों रखना चाहिए? चाहे आप इसका अहसास करें या नहीं, यह सिद्धांत आपके जीवन, आपकी सामाजिक दुनिया और आपके काम की जगह पर लागू होता है। 80/20 के सिद्धांत को समझ लेने से आपकी आँखें खुल जाएँगी कि सचमुच आपके आसपास की दुनिया में क्या हो रहा है।

इस पुस्तक का सबसे महत्वपूर्ण संदेश यह है कि 80/20 के सिद्धांत के

उपयोग से हमारे दैनिक जीवन में बहुत बड़ा सुधार किया जा सकता है। हर इंसान अधिक दक्ष और खुश हो सकता है। मुनाफे की इच्छा रखनेवाली हर कंपनी बहुत अधिक मुनाफा कमा सकती है। प्रत्येक गैर लाभकारी संगठन और भी अधिक उपयोगी कार्य कर सकता है। प्रत्येक सरकार सुनिश्चित कर सकती है कि उसके कारण उसके नागरिकों को अधिक से अधिक लाभ मिले। हर किसी के लिए और हर संस्थान के लिए, बहुत कम प्रयास, खर्च या निवेश से मूल्यवान चीज़ों को प्राप्त करना और नकारात्मक चीज़ों से बचना संभव होगा।

इस प्रगति के केंद्र में प्रतिस्थापन (Replacement) की प्रक्रिया है। इसमें उन संसाधनों का उपयोग नहीं किया जाता, जिनका किसी प्रयोग में कमजोर प्रभाव होता है या ना के बराबर किया जाता है। ऐसे संसाधन जिनका जबरदस्त प्रभाव पड़ता है, उनका अधिक से अधिक प्रयोग किया जाता है। जहाँ भी संभव हो, कमजोर संसाधनों को विकसित किया जाता है ताकि वे प्रभावशाली संसाधनों के व्यवहार की नकल कर सकें।

व्यवसायों और बाज़ारों ने इस प्रक्रिया का उपयोग सैकड़ों वर्षों तक प्रभावशाली ढंग से किया है। फ्रांस के अर्थशास्त्री जे.बी. से ने 'एंटरप्रेन्योर' यानी उद्योजक शब्द को वर्ष 1800 के आसपास गढ़ा था, जब उन्होंने कहा था कि 'उद्योजक आर्थिक संसाधनों को निम्न उत्पादकता के क्षेत्र से उच्च उत्पादकता और उपज के क्षेत्र में ले जाता है।' लेकिन 80/20 सिद्धांत का एक दिलचस्प पहलू यह है कि आज भी व्यवसाय और बाजार सर्वोत्तम समाधानों से कितने दूर हैं। उदाहरण के लिए, 80/20 का सिद्धांत कहता है कि वास्तव में लगभग 80 प्रतिशत मुनाफे के लिए 20 प्रतिशत उत्पाद, ग्राहक या कर्मचारी ही ज़िम्मेदार होते हैं। यदि यह सच है और विस्तृत जाँच से अक्सर इसकी पुष्टि हुई है कि इस प्रकार के कुछ बेहद असंतुलित तरीके होते हैं, तो कामकाज की स्थिति कार्यकुशल या सर्वोत्तम होने से कोसों दूर होती है। परिणाम यह होता है कि 80 प्रतिशत उत्पाद, ग्राहक या कर्मचारी मात्र 20 प्रतिशत मुनाफा देते हैं यानी यह बहुत अधिक बर्बादी की स्थिति होती है। कंपनी के सबसे शक्तिशाली संसाधनों के प्रयोग को निष्प्रभावी संसाधनों ने रोक रखा है। यदि सबसे अच्छे उत्पादों को बेचा जाए, कर्मचारियों को नियुक्त किया जाए या ग्राहक आकर्षित किए जाएँ (या कंपनी से अधिक खरीदारी के लिए राज़ी किए जाएँ), तो मुनाफा कई गुना बढ़ाया जा सकता है।

ऐसी स्थिति में कोई यह पूछ सकता है: 80 प्रतिशत ऐसे उत्पादों को क्यों बनाते रहना है, जब उनसे केवल 20 प्रतिशत मुनाफा मिलता है? कंपनियाँ ऐसे सवाल शायद ही पूछती हैं, संभवतः इस कारण क्योंकि ऐसा पूछने से उन्हें काफी परिवर्तनकारी कदम उठाने पड़ेंगे: आप जो कर रहे हैं उसका अस्सी प्रतिशत बंद कर देना कोई मामूली परिवर्तन नहीं होता।

जे.बी. से ने जिसे उद्योजकों का काम कहा था, उसे आधुनिक वित्त व्यवस्थापक की मध्यस्थता (आर्बिट्रेज) कहते हैं। आंतरराष्ट्रीय वित्त बाज़ार बड़ी तेजी से मूल्यांकन की गड़बड़ियों को सुधार लेते हैं। जैसे विनिमय दरों के बीच की गड़बड़ी। लेकिन व्यावसायिक संगठन और लोग सामान्य रूप से इस प्रकार की उद्योजकता या मध्यस्थता में इतने कमज़ोर होते हैं कि उन क्षेत्रों से संसाधनों को हटाकर ऐसे क्षेत्रों में लगा सकें, जहाँ वे प्रभावशाली परिणाम दे रहे हैं या निम्न मूल्यवाले संसाधनों को कम करके अधिक मूल्यवाले संसाधनों को खरीदें। अक्सर, हमें यह समझ में नहीं आता कि कम संख्यावाले कुछ संसाधन, किस हद तक जबरदस्त उत्पादक होते हैं, जिसे जोसेफ जुरान ने 'महत्वपूर्ण कुछ' कहा, जबकि अधिकांश 'तुच्छ कई' बेहद कम उत्पादकता दिखाते हैं या फिर उनका मूल्य लगभग ना के बराबर होता है। यदि हमें महत्वपूर्ण कुछ और तुच्छ कई के बीच का अंतर अपने जीवन के सभी पहलुओं में समझ में आ जाता और हम यदि इसके विषय में कुछ कर लेते, तो हम उसे कई गुना बढ़ा सकते थे, जिसे हम मूल्यवान समझते थे।

80/20 सिद्धांत और अराजकता (अव्यवस्था) का सिद्धांत

संभावना का सिद्धांत हमें बताता है कि यह लगभग असंभव है कि 80/20 सिद्धांत वैसे ही किसी संयोग से लागू होता है। हम इस सिद्धांत को इसमें छिपे गहरे अर्थ या इसके साथ-साथ चलनेवाले कारण के साथ ही बता सकते हैं।

स्वयं पारेतो के सामने यह संकट था, जब वे समाज के अध्ययन के लिए एक स्थायी विधि को लागू करने का प्रयास कर रहे थे। वे उन नियमित तरीकों, सामाजिक नियमों या 'एकरूपताओं' के लिए ऐसे 'सिद्धांतों' की खोज कर रहे थे, जो अनुभव और अवलोकन की सच्चाई को दिखाते हैं, जो इंसानों और समाज के व्यवहार की व्याख्या करते हैं।

पारेतो का समाजशास्त्र ठोस सूत्र का पता लगाने में विफल रहा। अराजकता के सिद्धांत के सामने आने से बहुत पहले ही उनकी मृत्यु हो गई, जो 80/20 सिद्धांत के काफी करीब है और वे उसे समझाने में सहायक है।

ब्रह्माण्ड के विषय में वैज्ञानिकों के सोचने के तरीके में बीसवीं सदी के अंतिम तिहाई हिस्से में एक क्रांति हुई, जिसने पिछले 350 वर्षों से चले आ रहे ज्ञान को बदल दिया। यह मौजूदा ज्ञान मशीन आधारित और तर्कसंगत था, जो अपने आपमें ही विश्व को लेकर मध्ययुगीन रहस्यमयी और अस्पष्ट दृष्टिकोण से काफी उन्नत था। मशीन आधारित दृष्टिकोण ने भगवान को अतार्किक और अनिश्चित से उपयोगकर्ता के अनुकूल घड़ी बनानेवाला इंजीनियर बना दिया।

सत्रहवीं सदी से पूरी दुनिया की जो सोच चली आ रही थी और जो आज भी विद्यमान है, वह आधुनिक वैज्ञानिक दायरों के अलावा, मन को शांति देनेवाली और उपयोगी है। सारी घटनाएँ एक नियमित, उम्मीद के मुताबिक और रेखीय संबंध तक सीमित कर दी गईं। उदाहरण के लिए, ए से बी होता है, बी से सी होता है और ए+सी के कारण डी होता है। इस वैश्विक दृष्टिकोण ने ब्रह्माण्ड के किसी एक हिस्से का विश्लेषण अलग-अलग तरीके से करना संभव बनाया। क्योंकि जो संपूर्ण था वह अलग-अलग हिस्सों का कुल जोड़ था और अलग-अलग हिस्सों से मिलकर संपूर्ण बनता था।

लेकिन इक्कीसवीं सदी के उत्तरार्ध में विश्व को एक विकसीत जीव के रूप में देखने का नज़रिया अधिक सटीक लगने लगा, जहाँ संपूर्ण व्यवस्था अपने हिस्सों के जोड़ से अधिक थी, और जहाँ हिस्सों के बीच संबंध अरेखीय था। कारणों को ठीक-ठीक बताना कठिन होता है, कारणों के बीच जटिल घटक होते हैं और कारण तथा परिणाम अस्पष्ट हो जाते हैं। रेखीय सोच में दोष यह है कि यह हमेशा काम नहीं करता, यह वास्तविकता का अतिसरलीकरण है। संतुलन भ्रामक या क्षणिक होता है। यह संसार अस्थिर है।

अपने नाम के बावजूद, अराजकता का सिद्धांत यह नहीं बताता कि सबकुछ निराशाजनक और समझ से बाहर है। इसकी बजाय, इस अव्यवस्था के पीछे एक आत्म-व्यवस्थित तर्क है, एक अनुमानित गैर-रैखिकता, जिसे अर्थशास्त्री पॉल क्रुगमैन ने 'डरावना', 'भयानक' और 'भयंकर रूप से सटीक' बताया था। इस तर्क को समझना आसान है लेकिन समझाना कठिन और यह संगीत के किसी ऐसे हिस्से से बहुत अलग नहीं है, जिसका कथानक बार-बार दोहराया जाता है। कुछ विशेष

तरीके बार-बार सामने आते हैं, लेकिन उनका प्रकार अनिश्चित और अप्रत्याशित होता है।

अराजकता का सिद्धांत और 80/20 का सिद्धांत एक दूसरे को उजागर करते हैं

अराजकता के सिद्धांत और संबंधित वैज्ञानिक अवधारणों का 80/20 के सिद्धांत से क्या संबंध है? भले ही अन्य किसी ने कोई संबंध नहीं जोड़ा, लेकिन मुझे लगता है कि इसका उत्तर है : बहुत बड़ा संबंध है।

* असंतुलन का सिद्धांत

अराजकता के सिद्धांत और 80/20 सिद्धांत को जो सूत्र आपस में जोड़ता है, वह है संतुलन का विषय या अधिक सटीक तौर पर कहें तो असंतुलन का विषय। अराजकता का सिद्धांत और 80/20 सिद्धांत, दोनों कहते हैं कि यह संसार असंतुलित है। उनके अनुसार यह संसार रेखीय नहीं है, कारण और परिणाम शायद ही कभी एक-दूसरे से समान रूप से जुड़े होते हैं। दोनों ही आत्म-संगठन पर काफी विश्वास करते हैं: कुछ बल हमेशा ही अन्य बलों से अधिक ताकतवर होते हैं और वे संसाधनों के उचित हिस्से से अधिक पर कब्जा जमाना चाहते हैं। अराजकता का सिद्धांत समय के साथ होनेवाले परिवर्तनों के आधार पर बताता है कि यह संतुलन क्यों और कैसे होता है।

* यह संसार एक सीधी रेखा नहीं

अराजकता के सिद्धांत की तरह ही 80/20 अरैखिकता के विचार पर आधारित है। काफी कुछ होता है, जो महत्वपूर्ण नहीं होता और उन्हें अनदेखा किया जा सकता है। फिर भी कुछ ताकतें ऐसी होती हैं, जिनका प्रभाव उनकी संख्या से बहुत अधिक होता है। ये ऐसी ताकतें होती हैं, जिनकी पहचान और निगरानी होनी चाहिए। यदि वे सकारात्मक ताकतें हैं, तो हमें उन्हें कई गुना बढ़ाना चाहिए। यदि वे ऐसी ताकतें हैं, जो हमें अच्छी नहीं लगतीं, तो हमें उन्हें समाप्त करने पर ध्यानपूर्वक विचार करना चाहिए। 80/20 सिद्धांत किसी भी व्यवस्था में अरैखिकता का एक प्रभावशाली अनुभवजन्य परीक्षण उपलब्ध कराता है: हम पूछ सकते हैं, क्या 20 प्रतिशत कारणों से 80 प्रतिशत परिणाम मिलते हैं? क्या किसी भी घटना का 80 प्रतिशत मात्र 20 प्रतिशत घटना से संबंधित होता है? यह अरैखिकता को समाप्त करने की एक उपयोगी विधि है, लेकिन यह इससे भी अधिक उपयोगी है

क्योंकि यह हमें असाधारण रूप से प्रभावशाली सक्रिय शक्तियों की पहचान करने की दिशा में प्रेरित करती है।

*** फीडबैक लूप संतुलन को बिगाड़ती और भंग करती है**

80/20 सिद्धांत फीडबैक लूप यानी प्रणाली का ऐसा हिस्सा है, जिसमें परिणाम के किसी हिस्से का प्रयोग भविष्य में निवेश के लिए किया जा सकता है। जिसकी पहचान अराजकता का सिद्धांत भी करता है और जिनके संदर्भ से उसकी व्याख्या की जा सकती है। इससे छोटे शुरुआती प्रभाव कई गुना बढ़ सकते हैं और अत्यधिक अप्रत्याशित परिणाम दे सकते हैं, उन्हें वैसे भी पिछली घटनाओं के अनुसार स्पष्ट किया जा सकता है। फीडबैक लूप के बिना, घटना का स्वाभाविक वितरण 50/50 होगा, जिसमें एक निश्चित निवेश से उसके अनुरूप परिणाम मिलेंगे। सिर्फ सकारात्मक और नकारात्मक फीडबैक लूप के कारण ही कार्य और परिणाम समान नहीं होते। इसके बावजूद यह भी सच लगता है कि शक्तिशाली सकारात्मक फीडबैक लूप गिनती के निवेशों पर भी प्रभाव डालते हैं। इससे ही यह समझा जा सकता है कि उन गिने-चुने निवेशों का इतना अधिक प्रभाव क्यों होता है।

हम सकारात्मक फीडबैक लूप को अनेक क्षेत्रों में सक्रिय देख सकते हैं, जो यह बताते हैं कि क्यों आबादियों के बीच हम 50/50 के स्थान पर 80/20 का प्रभाव देखते हैं। उदाहरण के लिए अमीर और अमीर हो जाते हैं, केवल अपनी बेहतर योग्यता के कारण ही नहीं बल्कि इस कारण भी कि पैसों से ही पैसा बनता है। ऐसा ही किसी तालाब में गोल्डफिश के साथ होता है। भले ही आप शुरुआत में लगभग समान आकार की गोल्डफिश डालें, लेकिन जो थोड़ी भी बड़ी होती हैं, वे और भी बड़ी होती जाती हैं क्योंकि तेजी से आगे बढ़ने की थोड़ी सी भी अधिक ताकत और बड़े मुँह के कारण, वे भोजन के बड़े हिस्से को अपने कब्जे में लेकर गटक जाती हैं।

*** उत्कर्ष बिंदु**

फीडबैक लूप के जैसी ही अवधारणा उत्कर्ष बिंदु की भी है। एक निश्चित बिंदु तक, एक नई शक्ति को आगे बढ़ने में कठिनाई होती है, चाहे वह शक्ति कोई नया उत्पाद (प्रोडक्ट) हो, कोई बीमारी, कोई नया रॉक ग्रुप या जॉगिंग या रोलर ब्लेडिंग जैसी खेल-कूद की आदत हो। काफी प्रयास करने के बाद भी बहुत थोड़ा

परिणाम मिलता है। इस बिंदु तक आकर शुरुआत करनेवाले कई लोग हार मान लेते हैं। लेकिन एक नई ताकत बनी रहती है और एक अदृश्य रेखा को पार कर लेती है, तो थोड़ासा अधिक प्रयास करने से भारी लाभ कमाया जा सकता है। यह अदृश्य रेखा ही उत्कर्ष बिंदु है।

यह अवधारणा महामारी सिद्धांत के नियमों से निकली है। उत्कर्ष बिंदु 'वह बिंदु है, जिस पर कोई सामान्य और स्थिर घटना होती है, जैसे - छोटे पैमाने के फ्लू का प्रकोप,' बड़ी संख्या में लोगों के संक्रमित होने के कारण, 'सार्वजनिक स्वास्थ्य संकट बन सकता है,' जो दूसरों को भी संक्रमित कर सकता है। महामारियों की प्रकृति चूँकि अरेखीय होती है और उनके विषय में हम अनुमान नहीं लगा सकते इसलिए 'नए संक्रमणों को चालीस हज़ार से कम करके तीस हज़ार पर लाने जैसे छोटे परिवर्तनों का बहुत बड़ा असर हो सकता है... यह सब इस पर निर्भर करता है कि परिवर्तन कब और कैसे किए गए।'

✻ पहले आओ, पहले पाओ

अराजकता का सिद्धांत 'शुरुआती परिस्थितियों पर संवेदनशील निर्भरता' की हिमायत करता है यानी जो पहले होता है, चाहे वह स्पष्ट रूप से एकदम छोटा ही क्यों न हो, असमान प्रभाव डाल सकता है। यह 80/20 सिद्धांत के जैसा लगता है और उसे समझने में भी सहायता करता है। 80/20 का सिद्धांत कहता है कि गिने-चुने कारणों से अधिकांश परिणाम मिलते हैं। 80/20 के सिद्धांत को सबसे अलग कर देखते हुए इस प्रकार से सीमित किया जाता है कि यह हमेशा ही जो अभी सच है उसकी झलक दिखाता है। यहीं आरंभिक स्थितियों पर अराजकता के सिद्धांत के संवेदनशील निर्भरता का मत सहायक होता है। शुरुआत में मिला छोटा सा संकेत आगे चलकर बड़ी जानकारी या प्रभावशाली स्थिति तक ले जा सकता है, जब तक कि संतुलन बिगड़ न जाए और फिर एक छोटा बल एक और असमान प्रभाव न पैदा कर दे।

एक ऐसी कंपनी, जो बाज़ार में आते ही ऐसा उत्पाद (प्रोडक्ट) पेश करती है, जो उसके प्रतिद्वंद्वियों से 10 प्रतिशत बेहतर है, तो बाज़ार में वह 100 या 200 प्रतिशत हिस्सेदारी पर कब्जा जमा सकती है। फिर चाहे प्रतिद्वंद्वी कंपनियाँ बाद में उससे बेहतर उत्पाद ही लेकर क्यों न आएँ। मोटर कार बनाने के शुरुआती समय में, यदि 51 प्रतिशत चालकों या देशों ने तय कर लिया कि वे सड़क के बाईं ओर

की बजाय दाहिनी ओर चलेंगे, तो सड़क पर चलनेवाले लगभग 100 प्रतिशत लोगों के लिए यही मानक (Standard) बन जाएगा। पुराने जमाने में जब गोलाकार घड़ी का इस्तेमाल होता था, तब 51 प्रतिशत घड़ियाँ 'क्लॉकवाइज' चलती थीं न कि 'काउंटर-क्लॉकवाइज', तो यही चलन प्रभावी हो गया, भले ही घड़ियाँ उसी तर्क से बाईं ओर भी घूम सकती थीं। वास्तव में, फ्लोरेंस गिरिजाघर पर लगी घड़ी काउंटर-क्लॉकवाइज घूमती है और 24 घंटे का समय दिखाती है। 1442 में जब इस गिरिजाघर का निर्माण हुआ था, उसके कुछ समय बाद ही अधिकारियों और घड़ी निर्माता के बीच 12 घंटे दिखानेवाली घड़ी पर सहमति बनी थी, जो 'क्लॉकवाइज' घड़ी थी क्योंकि अधिकांश घड़ियाँ उसी तरह की थीं। फिर भी यदि 51 प्रतिशत घड़ियाँ फ्लोरेंस गिरिजाघर की घड़ी के जैसी होतीं, तो आज हम 24 घंटेवाली घड़ी को उल्टी दिशा में चलता देख रहे होते।

शुरुआती परिस्थितियों पर संवेदनशील निर्भरता के संबंध में इस प्रकार के अवलोकन 80/20 के सिद्धांत की व्याख्या नहीं करते। जो उदाहरण दिए जाते हैं, उनमें समय के साथ परिवर्तन की बात होती है, जबकि 80/20 के सिद्धांत में किसी एक समय पर कारणों का एक स्थिर विश्लेषण शामिल रहता है। इसके बावजूद दोनों के बीच एक महत्वपूर्ण संबंध है। दोनों ही घटनाएँ दिखाती हैं कि कैसे यह संसार संतुलन से घृणा करता है। पहले के मामले में, हम प्रतिस्पर्धी घटना में 50/50 के बँटवारे से स्वाभाविक रूप से दूरी को देखते हैं। 51/49 का बँटवारा अपने आपमें ही अस्थिर है और वह 95/5, 99/1, यहाँ तक कि 100/0 के बँटवारे की तरफ ही डोलता है। समानता प्रभुत्व पर आकर समाप्त हो जाती है: यह अराजकता के सिद्धांत के संदेशों में से एक है। 80/20 के सिद्धांत का संदेश अलग, फिर भी पूरक है। यह हमें बताता है कि किसी एक बिंदु पर, किसी भी घटना की अधिकांश बातों को, उस घटना में शामिल कम संख्या के किरदारों से बताया जा सकता है। 80 प्रतिशत परिणाम 20 प्रतिशत कारणों से प्राप्त होते हैं। अधिकांश नहीं, लेकिन कुछ चीज़ें महत्वपूर्ण होती हैं।

80/20 का सिद्धांत खराब फिल्मों से अच्छी फिल्मों को छाँटता है

80/20 सिद्धांत के लागू होने का एक सबसे नाटकीय उदाहरण है फिल्म। दो अर्थशास्त्रियों ने 18 महीने की अवधि के दौरान रिलीज होनेवाली 300 फिल्मों के राजस्व (मिलनेवाली आय) और जीवनकाल पर एक अध्ययन किया। उन्होंने

पाया कि चार फिल्मों ने यानी कुल फिल्मों के मात्र 1.3 प्रतिशत ने बॉक्स ऑफिस पर 80 प्रतिशत कमाई की। बाकी बची 296 यानी 98.7 प्रतिशत फिल्मों ने कुल राजस्व का मात्र 20 प्रतिशत कमाया। इसलिए, मुक्त बाज़ार के कार्य करने के एक अच्छे उदाहरण के रूप में फिल्में 80/1 का नियम पेश करती हैं, जो असंतुलन के सिद्धांत को स्पष्ट रूप से दिखाता है।

इससे भी चौंकानेवाली बात यह है कि क्यों फिल्म देखनेवाले ऐसा व्यवहार करते हैं जैसे कि वे अनियमित गति में घूमते गैस के कण हों। जैसा कि अराजकता के सिद्धांत ने पता लगाया कि गैस के कण और पिंग पॉन्ग गेंद, सभी अनियमित व्यवहार करते हैं, लेकिन आशा के अनुरूप असंतुलित परिणाम भी देते हैं। सुनी सुनाई बातों, समीक्षा और पहला शो देखनेवाले दर्शकों से तय होता है कि दर्शकों का दूसरा समूह कितना बड़ा या छोटा होगा, जो उसके बाद के और फिर इसी तरह आगे के समूह का निर्धारण करता है।

इंडिपेंडेंस डे या मिशन इम्पॉसिबल जैसी फिल्मों को देखने के लिए आज भी दर्शक उमड़ते हैं, जबकि वाटरवर्ल्ड या डेलाइट जैसी सितारों से भरपूर और महंगी फिल्मों को जल्दी ही दर्शकों के लिए तरसना पड़ जाता है। फिर एक दिन पूरा हॉल सूना पड़ जाता है। इसी तरह 80/20 का सिद्धांत प्रतिशोध के साथ काम करता है।

इस गाइडबुक की गाइड

अध्याय 2 आपको 80/20 सिद्धांत को व्यवहार में लाने के विषय में बताता है और 80/20 विश्लेषण व 80/20 विचार के बीच अंतर का पता लगाता है। दोनों ही 80/20 सिद्धांत से निकली उपयोगी विधियाँ हैं। 80/20 विचार एक व्यापक, कम संक्षिप्त और अधिक सहज ज्ञान की प्रक्रिया है, जिसमें ऐसे मानसिक मॉडल और आदतें होती हैं, जिनके कारण हम यह अनुमान लगाते हैं कि हमारे जीवन में जो भी महत्वपूर्ण है उसका कारण क्या है। हम उन कारणों का पता लगाते हैं और अपने संसाधनों को फिर से उपयोग में लाते हुए अपनी स्थिति में तेजी से सुधार करते हैं।

भाग दो, ज़रूरी नहीं कि कॉरपोरेट सफलता के पीछे कोई रहस्य हो, लेकिन यह व्यवसाय में 80/20 सिद्धांत के सबसे प्रभावशाली उपयोग को संक्षेप में बताता है। इन उपायों को जाँचा-परखा गया और बेहद मूल्यवान पाया गया, इसके बावजूद अधिकांश व्यावयासिक समुदायों ने इसका उपयोग पूरी तरह से नहीं किया। मेरे

सारांश में कुछ भी मौलिक नहीं, लेकिन जो भी लाभ में बड़ा सुधार करना चाहता है, चाहे उसका व्यवसाय छोटा हो या बड़ा, उसके लिए यह काफी उपयोगी हो सकता है और पहली बार किसी पुस्तक में यह लिखा गया है।

भाग तीन, 'काम कम, कमाई और मजा ज़्यादा करो' यह दिखाता है कि 80/20 के सिद्धांत का उपयोग आपके काम और व्यक्तिगत जीवन में मौजूदा स्तर को बढ़ाने के लिए किया जा सकता है। एक नए धरातल पर 80/20 के सिद्धांत को लागू करने का यह अग्रणी प्रयास है और मुझे विश्वास है कि यह प्रयास कई प्रकार से दोषपूर्ण और अधूरा है, जो कुछ आश्चर्यजनक ज्ञान कराता है। उदाहरण के लिए, किसी विशेष व्यक्ति की 80 प्रतिशत प्रसन्नता या जीवन में उपलब्धि उसके जीवन की सीमित अवधि में मिलती है। महान व्यक्तिगत मूल्य के शिखर का सामान्य रूप से विस्तार किया जा सकता है। आम भावना यह है कि हमारे पास समय कम होता है। 80/20 के मेरे सिद्धांत का उपयोग कुछ और ही बताता है: जैसे कि हमारे पास बेहिसाब समय होता है और हम दिल खोलकर इसका दुरुपयोग करते हैं।

भाग चार, 80/20 का भविष्य, जिसका यह नया संस्करण है, चर्चा करता है कि किस प्रकार नेटवर्क तेजी से व्यापक हो गए हैं, जिनके कारण यह सिद्धांत और अधिक प्रभावशाली, तथा अधिक चरम हो गया है, जिससे यह मापदंड 80/20 की बजाय 90/10 या 99/1 की ओर जा रहा है। भाग चार यह भी दिखाता है कि नेटवर्क और इस सिद्धांत की सर्वोच्चता के नए चलन की दिशा में बढ़ते हुए आप अधिक सफल बन सकते हैं।

भाग पाँच, सिद्धांत का पुनरावलोकन मुझे मिली हुई प्रतिक्रियाओं पर विचार करता है और किस प्रकार 80/20 सिद्धांत को लेकर मेरे विचार इस पुस्तक के पहले संस्करण के बाद विकसित हुए हैं।

80/20 का सिद्धांत अच्छी खबर लेकर क्यों आया है

इस परिचय का समापन मैं प्रक्रियात्मक की बजाय व्यक्तिगत टिप्पणी से करना चाहता हूँ। मेरा मानना है कि 80/20 का सिद्धांत काफी आशावादी है। निश्चित रूप से, यह सिद्धांत जो कहता है वह वैसे भी स्पष्ट है। जैसे कि प्रकृति जिस प्रकार से व्यवसाय में, समाज में और हमारे जीवन में काम करती है, उसमें हर तरफ भारी बर्बादी दिखती है। यदि 20 प्रतिशत प्रयास से 80 प्रतिशत परिणाम

का विशेष पैटर्न है, तो यह भी उतना ही विशिष्ट है कि 80 प्रतिशत यानी बहुत अधिक प्रयास से बेहद कम, 20 प्रतिशत प्रभाव पड़ता है।

विडंबना यह है कि इस प्रकार की बर्बादी बहुत अच्छी खबर हो सकती है, यदि हम 80/20 के सिद्धांत का उपयोग रचनात्मकता के साथ करें और कम उत्पादकता को मात्र देखने और कोसने के स्थान पर कुछ सकारात्मक करने का प्रयास करें। प्रकृति और अपने जीवन को फिर से व्यवस्थित और निर्देशित करने से सुधार की व्यापक संभावना होती है। विकास संबंधी, वैज्ञानिक, सामाजिक और व्यक्तिगत, सभी प्रकार की प्रगति का रास्ता है – प्रकृति को बेहतर बनाना और वर्तमान स्थिति को स्वीकार करना। जॉर्ज बर्नार्ड शॉ ने इसे बखूबी कहा था: **'उचित व्यक्ति खुद को संसार के अनुसार ढाल लेता है। अनुचित व्यक्ति अड़ा रहता है कि संसार खुद को उसके अनुसार ढाल ले। इस कारण सारी प्रगति उस अनुचित व्यक्ति पर निर्भर करती है।'**

80/20 के सिद्धांत का परिणाम यह है कि इससे न केवल उत्पादन को बढ़ाया जा सकता है बल्कि कई गुना किया जा सकता है, यदि हम कम उत्पादकतावाले निवेश को उच्च-उत्पादकतावाले निवेश के लगभग बराबर ले आएँ। व्यवसाय के क्षेत्र में 80/20 सिद्धांत के सफल प्रयोग दिखाते हैं कि रचनात्मकता और दृढ़ निश्चय के साथ, आमतौर पर मूल्य में बड़ी छलाँग लगाई जा सकती है।

इसे प्राप्त करने के दो रास्ते हैं। एक है संसाधनों का अनुत्पादक से उत्पादक प्रयोग में फिर से निर्धारण करना, जो बरसों से सभी व्यवसायियों का मंत्र रहा है। गोल टुकड़े के लिए गोल छिद्र ढूँढ़ना, वर्गाकार छिद्र के लिए वर्गाकार टुकड़ा और इन दोनों के बीच के किसी भी आकार के लिए कुछ ऐसा जो पूरी तरह फिट हो जाए। अनुभव बताता है कि प्रत्येक संसाधन का एक आदर्श क्षेत्र होता है, जहाँ वह संसाधन अन्य सभी क्षेत्रों की तुलना में दस या सौ गुना अधिक प्रभावी होता है।

प्रगति का दूसरा रास्ता यह है – वैज्ञानिकों, डॉक्टरों, प्रचारकों, कंप्यूटर प्रणाली के डिजाइनरों, शिक्षाविदों और प्रशिक्षकों की पद्धति, जिसमें अनुत्पादक संसाधनों को उनके मौजूदा प्रयोग में भी अधिक प्रभावी बनाने के तरीके ढूँढ़े जाते हैं। कमज़ोर संसाधनों से ऐसा काम लिया जाता है, मानो वे अपने अधिक उत्पादक संसाधनों का ही दूसरा रूप हैं। यदि आवश्यक हो तो अधिक उत्पादक संसाधनों की नकल रटकर याद करने की प्रक्रिया की तरह ही की जाए।

कुछ चीज़ें जो कमाल का काम करती हैं, उन्हें पहचानने, विकसित करने और उनकी देखभाल के साथ ही कई गुना बढ़ाया जाना चाहिए। साथ ही साथ, जो बर्बाद हो जाता है - यानी अधिकांश चीज़ें जो हमेशा ही इंसान और जानवर के लिए कम महत्त्व की साबित होती हैं, उन्हें छोड़ देना चाहिए या कम कर देना चाहिए।

मैं चूँकि इस पुस्तक को लिख रहा था और 80/20 सिद्धांत के हज़ारों उदाहरणों को देख चुका था, इस कारण मेरा विश्वास सुदृढ़ हुआ। विश्वास प्रगति में, लंबी छलाँग लगाने में और मनुष्य की व्यक्तिगत तथा सामूहिक क्षमता में होता है, जिससे कि प्रकृति ने जो दिया है, उसे बेहतर बनाया जा सकता है। जोसेफ फोर्ट कहते हैं: 'भगवान इस संसार के साथ पासे का खेल खेलते हैं। लेकिन पासा किस करवट गिरेगा, यह पहले से तय होता है। मुख्य उद्देश्य यह पता लगाना होता है कि किन नियमों से उन्हें अपनी इच्छा के अनुसार अंक लाने के लिए तैयार किया जाता है और उनका इस्तेमाल हम अपने हित में कर सकते हैं।'

80/20 सिद्धांत की सहायता से हम बिलकुल इसे ही प्राप्त कर सकते हैं।

02
80/20 कैसे सोचें

अध्याय 1 ने 80/20 सिद्धांत के पीछे की अवधारणा को स्पष्ट किया। यह अध्याय बताएगा कि 80/20 सिद्धांत को व्यवहार में कैसे लाया जाता है और ये आपके लिए क्या-क्या कर सकता है। इस सिद्धांत के दो प्रयोग, 80/20 विश्लेषण और 80/20 की सोच, एक व्यावहारिक जानकारी देंगे, जिनसे आपको अपने जीवन को समझने और उसमें सुधार लाने में सहायता मिलेगी।

80/20 सिद्धांत की परिभाषा

80/20 सिद्धांत कहता है कि कारणों और परिणामों, मूल्य और उत्पादन, तथा प्रयास और फल के बीच एक अंतर्निहित असंतुलन होता है। विशेष रूप से कारणों, मूल्य या प्रयास को दो वर्गों में बाँटा जाता है :

* बहुसंख्यक, जिनका मामूली प्रभाव होता है।
* थोड़े-बहुत अल्पसंख्यक, जिनका प्रमुख, प्रभावशाली असर होता है।

विशेष रूप से परिणाम, उत्पादन या फल - कारणों, मूल्यों या प्रयास से मिलते हैं, जो परिणाम, उत्पादन या फल उत्पन्न करने के लिए किए जाते हैं। इस कारण, एक तरफ कारणों, लागतों या प्रयासों और दूसरी तरफ परिणाम, उत्पादन या फल के बीच संबंध विशेष रूप से असंतुलित होता है।

इस असंतुलन को जब अंकगणितीय रूप से मापा जाता है, तो इस असंतुलन का एक अच्छा अनुपात 80/20 संबंध उभरकर सामने आता है - जिसमें 80 प्रतिशत परिणाम, उत्पादन या फल मात्र 20 प्रतिशत कारणों, लागतों या प्रयास से प्राप्त होते हैं। उदाहरण के लिए, दुनिया की लगभग 80 प्रतिशत ऊर्जा की खपत दुनिया की 15 प्रतिशत आबादी करती है। दुनिया की 80 प्रतिशत दौलत दुनिया के 25 प्रतिशत लोगों के पास है। हेल्थकेयर में, 'आपकी आबादी के आधार का

20 प्रतिशत या इसकी बीमारी के 20 प्रतिशत तत्व आपके 80 प्रतिशत संसाधनों की खपत कर देंगे।'

चित्र 2 और 3 इस 80/20 के पैटर्न को दिखाते हैं। चलिए मान लेते हैं कि किसी कंपनी के 100 उत्पाद (प्रोडक्ट्स) हैं और उसने पता लगाया है कि सबसे अधिक मुनाफा देनेवाले 20 उत्पाद से कुल लाभ का 80 प्रतिशत प्राप्त होता है। चित्र 2 में, बाईं तरफ के बार में 100 उत्पाद हैं, जिनमें से हर एक के पास स्थान का सौवाँ हिस्सा समान रूप से है।

दाहिनी तरफ के बार पर कंपनी का कुल मुनाफा है, जो 100 उत्पादों से होता है। मान लीजिए कि सबसे अधिक मुनाफा देनेवाले किसी उत्पाद के लाभ को दाहिनी ओर के बार में सबसे ऊपर से नीचे की तरफ भर दिया जाए। यह भी मान लेते हैं कि सबसे अधिक फायदेवाला उत्पाद कुल लाभ का 20 प्रतिशत देता है। इस कारण चित्र 2 दिखाता है कि एक उत्पाद या उत्पादों का 1 प्रतिशत, जिसे बाईं ओर के सौवें हिस्से में रखा गया है, वह लाभ का 20 प्रतिशत देता है। गहरे रंगवाले हिस्से इस संबंध को दिखाते हैं।

यदि हम अगले सबसे अधिक मुनाफा देनेवाले उत्पाद और फिर उसके बाद

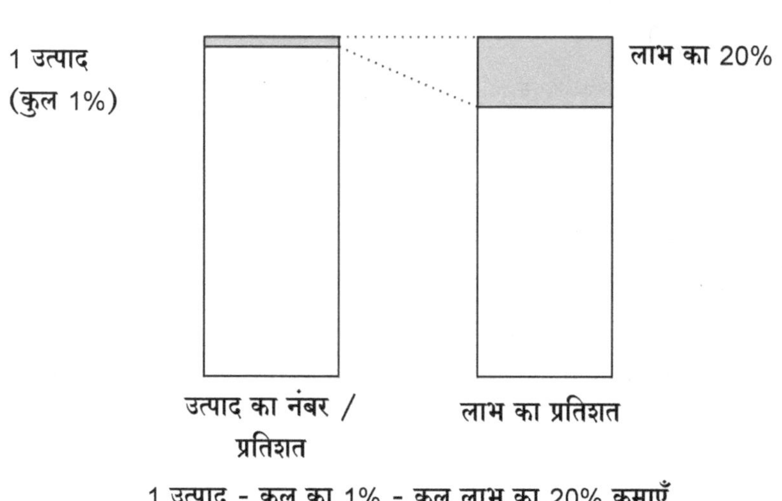

1 उत्पाद - कुल का 1% - कुल लाभ का 20% कमाएँ

चित्र 2

के उत्पादों की गिनती करते जाएँ, जब तक कि हम 20 टॉप प्रोडक्ट के लाभ का हिसाब नहीं लगा लेते, तब तक हम दाहिनी ओर के बार को इन टॉप 20 प्रोडक्ट से होनेवाले कुल लाभ के अनुसार गहरा करते जाएँगे। इसे हमने चित्र 3 में दिखाया है, जहाँ हम (अपना काल्पनिक उदाहरण) देखते हैं कि इन 20 उत्पादों से, जो उत्पादों की संख्या का 20 प्रतिशत हैं, कुल लाभ (गहरे हिस्से में) का 80 प्रतिशत मिलता है। इसके विपरीत, सफेद हिस्से में, हम इस संबंध के दूसरे पहलू को देखते हैं: 80 प्रतिशत उत्पादों से कुल मिलाकर मात्र 20 प्रतिशत लाभ मिलता है।

80/20 की संख्या मात्र एक मापदंड है और वास्तविक संबंध 80/20 से अधिक या कम असंतुलित हो सकता है। हालाँकि, 80/20 सिद्धांत कहता है कि अधिकांश मामलों में यह संबंध 50/50 के बजाय 80/20 के अधिक करीब हो सकता है। अगर हमारे उदाहरण में सभी उत्पाद वही मुनाफा दे रहे थे, तो उनमें चित्र 4 में दिखाया गया संबंध होगा। दिलचस्प लेकिन महत्वपूर्ण बात यह है कि जब ऐसी जाँच की जाती है, तब ये सामने आता है कि चित्र 3 चित्र 4 की तुलना में अधिक विशेष पैटर्न वाला है। लगभग हमेशा ही, कुल उत्पादों का एक छोटा अनुपात बड़े अनुपात में लाभ देता है।

बेशक, संबंध सटीक तौर पर 80/20 नहीं हो सकता है। 80/20 एक

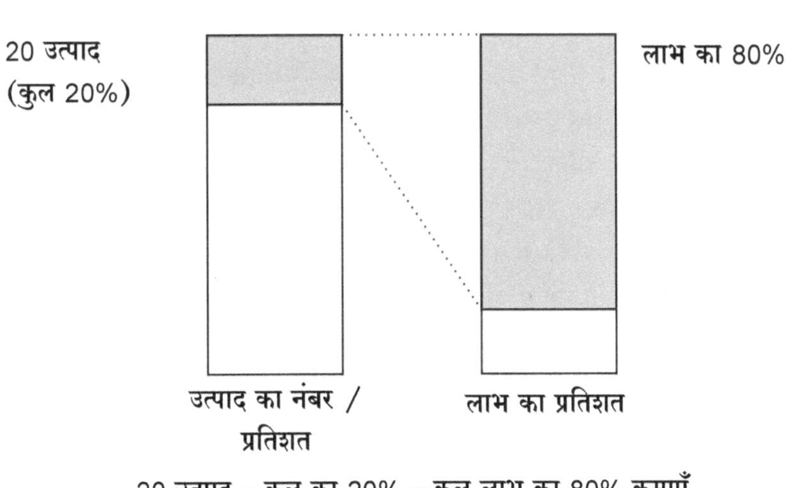

चित्र 3 एक विशेष 80/20 पैटर्न

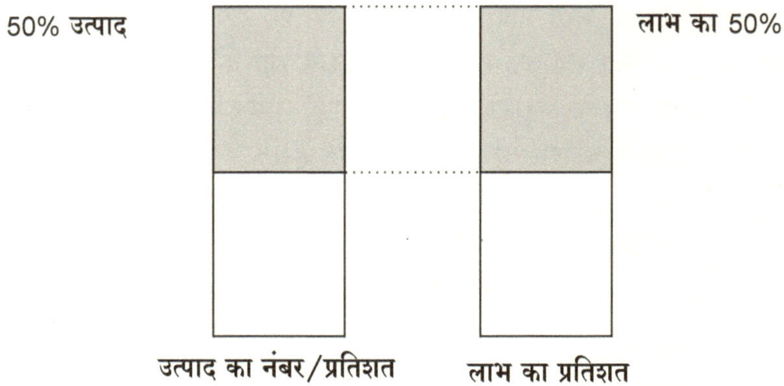

चित्र 4 एक असामान्य 50/50 पैटर्न

सुविधाजनक रूपक और एक उपयोगी परिकल्पना है, लेकिन यही एकमात्र पैटर्न नहीं है। कभी-कभी, 80 प्रतिशत मुनाफा 30 प्रतिशत उत्पादों से होता है, कभी-कभी 80 प्रतिशत मुनाफा 15 प्रतिशत या 10 प्रतिशत उत्पादों से भी हो जाता है। ज़रूरी नहीं कि तुलना में शामिल संख्या का कुल योग 100 हो जाए, लेकिन तस्वीर आमतौर पर असंतुलित दिखती है, जो काफी हद तक चित्र 4 नहीं चित्र ३ के जैसी होती है।

शायद यह दुर्भाग्यपूर्ण है कि 80 और 20 मिलकर 100 हो जाते हैं। इससे परिणाम सुंदर दिखते हैं (वैसे 50/50, 70/30, 99/1 या ऐसे कई जोड़े भी दिखेंगे) और निश्चित रूप से यह यादगार होता है, लेकिन कई लोग यह सोचने लगते हैं कि हम बस एक ही आँकड़े की बात कर रहे हैं, यानी 100 प्रतिशत की। ऐसा नहीं है। यदि 80 प्रतिशत लोग दाहिने हाथ से काम करते हैं और 20 प्रतिशत बाएँ हाथ से, तो यह 80/20 की बात नहीं है। 80/20 सिद्धांत को लागू करने के लिए आपको आँकड़े का दो जोड़ा रखना होगा, जिनका योग मिलकर 100 प्रतिशत तक हो जाए। इसमें एक की माप बदलनेवाली मात्रा में होती है, जिसका स्वामित्व लोगों के पास होता है, जिसे वे दिखाते हैं या उसका कारण बनते हैं या चीज़ों के जुड़ने से एक और 100 प्रतिशत बन जाता है।

80/20 का सिद्धांत आपके लिए क्या कर सकता है

मैं जितने भी लोगों को जानता हूँ उनमें से जिसने भी 80/20 सिद्धांत को

गंभीरता से लिया है उसे उपयोगी, और कुछ मामलों में जीवन बदलनेवाला अंतर्ज्ञान मिला है। आपको इस सिद्धांत को अपने तरीके से इस्तेमाल करना सीखना होगा: अगर आप अच्छी तरह देखेंगे तो उसका लाभ उठा पाएँगे। भाग तीन (अध्याय 9 से 16) आपको अपनी लंबी यात्रा पर ले जाएगा, लेकिन मैं आपको अपने जीवन के कुछ अनुभवों से समझा सकता हूँ।

80/20 सिद्धांत ने मेरी सहायता किस प्रकार की है

मैं जब ऑक्सफोर्ड में नया-नया छात्र था, तो मेरे ट्यूटर ने कहा कि मैं कभी लेक्चर में न जाऊँ। उसने समझाया, 'किताबों को तेजी से पढ़ा जा सकता है। लेकिन किसी किताब का फुर्सत से आनंद उठाना न हो, तो कभी इस पार से उस पार तक मत पढ़ो। आप जब ऐसा करते हैं, तब जितनी तेजी से आप पढ़ेंगे उससे ज़्यादा तेजी से पता लगाएँ कि वह क्या कह रही है। निष्कर्ष को पढ़ें, फिर परिचय, फिर से निष्कर्ष को, फिर सरसरी तौर पर किसी भी दिलचस्प हिस्से को पढ़ें।' असल में उनका ये कहना था कि किताब की 80 प्रतिशत ज़रूरी बात इसके 20 प्रतिशत या उससे भी कम पन्नों में मिल सकती है। अधिकांश लोग उसे पढ़ने में जितना समय लगाएँगे उसके 20 प्रतिशत समय में आप उसे समझ सकते हैं।

मैंने पढ़ने के इस तरीके को अपनाया और इसका विस्तार किया। ऑक्सफोर्ड में समय-समय पर परीक्षा का कोई सिस्टम नहीं है और डिग्री किस क्लास में मिली है, ये पूरी तरह से फाइनल पर निर्भर करता है यानी उस परीक्षा पर जो कोर्स के अंत में ली जाती है। मैंने 'फॉर्म बुक' से पिछले साल के परिक्षा पत्रों का विश्लेषण करके यह खोज निकाला कि किसी परीक्षा के कम से कम 80 प्रतिशत (कभी-कभी 100 प्रतिशत) सवालों के जवाब, 20 प्रतिशत या उससे भी कम विषयों के ज्ञान के साथ दिए जा सकते हैं। इस कारण परीक्षक उस छात्र से अधिक प्रभावित हो सकते हैं, जो सीमित विषय पर काफी जानकारी रखता है बजाय उससे जिसे कई चीज़ों के बारे में बहुत ज़्यादा जानकारी है। इस अंतर्ज्ञान से मैं कुशलता से पढ़ाई कर सका। इसी तरह, कठिन परिश्रम के बिना, मुझे फर्स्ट क्लास में डिग्री के साथ वाहवाही भी मिली। मैं सोचता था कि ऑक्सफोर्ड के शिक्षक भोले-भाले हैं। अब मैं ये सोचता हूँ कि वे हमें पढ़ा रहे थे कि ये दुनिया कैसे चलती है।

मैंने शेल के लिए काम करना शुरू किया, जो एक विशाल तेल रिफाइनरी थी। मेरे लिए यह काफी अच्छा अनुभव रहा। लेकिन जल्द ही मुझे यह एहसास हो

गया कि मेरे जैसे युवा और अनुभवहीन लोगों के लिए सबसे अच्छी कमाईवाली नौकरी मैनेजमेंट कंसल्टेंसी में है। तो मैं फिलाडेल्फिया चला गया और बड़ी आसानी से व्हार्टन[1] से एमबीए कर लिया। मैंने एक अच्छी यूएस कंसल्टेंसी को ज्वाइन कर लिया, जिसने पहली तारीख को शेल छोड़ते समय मेरा जितना वेतन था, उसके चार गुना वेतन मुझे दिया। बेशक मेरी उम्र के लोग जितना पैसा कमा सकते थे, उस पैसे का 80 प्रतिशत पैसा 20 प्रतिशत नौकरियों तक सीमित था।

चूँकि कंसल्टेंसी में ऐसे कितने ही सहयोगी थे, जो मुझसे अधिक होशियार थे। इसलिए मैं किसी दूसरी अमेरिकी रणनीतिक कंपनी में चला गया। यह कंपनी उस कंसल्टेंसी की तुलना में तेज़ी से आगे बढ़ रही थी, जिसे मैं छोड़कर आया था। फिर भी यहाँ सच में होशियार लोगों की संख्या कम थी।

आप क्या करते हैं उससे अधिक महत्त्व यह रखता है कि किसके लिए काम करते हैं

यहाँ मैंने 80/20 सिद्धांत के कई विरोधाभास देखें। कार्यनीति पर आधारित (स्ट्रैटेजी) कंसल्टेंसी इंडस्ट्री में 80 प्रतिशत विकास पर, ऐसा कंपनियों का कब्जा था, जिनके पास उस समय कुल मिलाकर इंडस्ट्री के पेशेवर स्टाफ का 20 प्रतिशत से भी कम था। अब वे कंपनियाँ किसी सरगना की तरह ही आगे बढ़ रही हैं। 80 प्रतिशत तेज प्रमोशन भी मुट्ठीभर कंपनियों में होता था। मेरा यकीन कीजिए, प्रतिभा का इससे कोई लेना-देना नहीं था। मैंने जब पहली स्ट्रैटेजी कंपनी छोड़ी और दूसरी को ज्वाइन किया, तब मैंने दोनों में ही बुद्धिमानी के औसत स्तर को ऊँचा कर दिया था।

फिर भी यह हैरान करनेवाली बात थी कि मेरे नए सहयोगी पुराने सहयोगियों से अधिक प्रभावशाली थे। क्यों? वे बहुत ज़्यादा मेहनत नहीं करते थे। लेकिन दो मुख्य तरीके से वे 80/20 सिद्धांत का पालन करते थे। पहला, उन्हें यह समझ में आ गया कि अधिकांश कंपनियों में, 80 प्रतिशत मुनाफा 20 प्रतिशत ग्राहकों से मिलता है। कंसल्टिंग इंडस्ट्री में इसके दो मायने हैं: बड़े क्लाइंट और लंबे समय के क्लाइंट। बड़े क्लाइंट बड़ा काम देते हैं, जिसका मतलब है कि आप कम लागत के युवा सलाहकार (कंसल्टेंट) को अधिक संख्या में रख सकते हैं। क्लाइंट से लंबे

---

[1] हार्वर्ड की बजाय व्हार्टन में बीच-बीच में परीक्षा होती रहती थी।

समय तक संबंध से विश्वास पैदा होता है और क्लाइंट के लिए दूसरे कंसल्टिंग फर्म के पास जाने का खर्च बढ़ जाता है। लंबे समय के क्लाइंट कीमत को लेकर अधिक संवेदनशील नहीं होते।

अधिकांश कंसल्टिंग कंपनियों में, असली मज़ा नए क्लाइंट बनाने में आता है। मेरी नई कंपनी में, असली हीरो वे हुआ करते थे जो सबसे बड़े क्लाइंट के साथ सबसे लंबे समय तक काम करते थे। वे ऐसा क्लाइंट कॉरपोरेशंस के टॉप बॉस के साथ अच्छे संबंध बनाकर किया करते थे।

इस कंसल्टिंग कंपनी में जो दूसरा ज्ञान मिला, वह यह था कि किसी भी क्लाइंट में, 80 प्रतिशत नतीजे 20 प्रतिशत सबसे महत्वपूर्ण विषयों पर ध्यान देने से ही मिलेंगे। ज़रूरी नहीं कि वे किसी जिज्ञासू सलाहकार के दृष्टिकोण से सबसे दिलचस्प नतीजे हों। लेकिन, हमारे प्रतिस्पर्धी विभिन्न प्रकार के विषयों को ऊपरी तौर पर देखते और फिर सुझावों के आधार पर क्लाइंट को कदम उठाने (या न उठाने) के निर्णय को उन पर ही छोड़ देते। उस समय हम सबसे महत्वपूर्ण विषयों के पीछे तब तक पड़े रहते थे, जब तक कि हम क्लाइंट के दिमाग में सफल कार्रवाई करने की बात ठोक-ठोक कर बिठा नहीं देते थे। इसका नतीजा यह होता था कि क्लाइंट का मुनाफा और उसके साथ ही हमारी कंसल्टिंग का बजट बढ़ता चला जाता था।

क्या आप दूसरों को अमीर बनाने के लिए काम कर रहे हैं या इरादा कुछ और है?

जल्दी ही मैं इस बात से सहमत हो गया, सलाहकार और उनके क्लाइंट दोनों के ही मामले में, प्रयास और परिणाम के बीच हल्का-फुल्का ही संबंध होता है। सही जगह पर होना होशियार होने और कड़ी मेहनत करने से ज़्यादा बेहतर था। लागतों पर ध्यान देने के बजाय चालाक बनना और नतीजों पर ध्यान देना सबसे अच्छा उपाय था। कुछ प्रमुख जानकारियों पर काम करने से चीज़ें तैयार हो रही थीं, न कि बुद्धिमान बनने और कठिन परिश्रम करने से। दुर्भाग्य से, कई साल तक, अपराधबोध और अपने सहकर्मी समूह के दबाव में आकर मैं इस सबक को पूरी तरह सीख नहीं सका। मैं कुछ ज़्यादा ही मेहनत करता रहा।

इस समय तक, उस कंसल्टिंग कंपनी के पास कई सौ पेशेवर स्टाफ और मेरे साथ भी, लगभग 30 लोग ऐसे थे, जिन्हें साझेदार यानी पार्टनर कहा जाता था।

लेकिन 80 प्रतिशत लाभ एक आदमी को यानी कंपनी के संस्थापक को मिल रहा था, भले ही संख्या के अनुसार उसकी हिस्सेदारी 4 प्रतिशत और कंसल्टिंग करनेवाली फौज के 1 प्रतिशत से भी कम थी।

संस्थापक को अमीर बनाते रहने के बजाय, मैंने अपने दो जूनियर साझेदारों के साथ मिलकर अपनी खुद ही की एक कंपनी स्थापित की, जो इसी तरह काम करेगी। धीरे-धीरे हमारी कंपनी में सैकड़ों सलाहकार हो गए। भले ही हम तीनों, किसी भी पैमाने से कंपनी के ज़रूरी काम का 20 प्रतिशत से भी कम काम किया करते थे, फिर भी हमें 80 प्रतिशत से अधिक लाभ मिलता था। इसके कारण भी मुझमें अपराधबोध पैदा हुआ। छह साल बाद मैंने कंपनी छोड़ दी और अपने शेअर दूसरे साझेदारों को बेच दिए। इस समय, हम हर साल अपना राजस्व और मुनाफा दोगुना कर रहे थे। मुझे अपने शेअर्स के बदले में अच्छी कीमत मिल गई। इसके कुछ ही समय बाद, 1990 की मंदी ने कंसल्टिंग इंडस्ट्री को अपनी चपेट में ले लिया। भले ही आगे चलकर मैं आपसे कहूँगा कि अपराधबोध को छोड़ दीजिए, लेकिन मैं पाप करने पर भी किस्मतवाला निकला। यहाँ तक कि जो 80/20 सिद्धांत का पालन करते हैं, उन्हें भी थोड़ी-बहुत किस्मत की ज़रूरत होती है और मुझे अक्सर अपने हिस्से से ज़्यादा ही मिला है।

निवेश से मिले धन के सामने मेहनत से कमाया धन बौना साबित हो सकता है

मुझे जब पूरे पैसों का 20 प्रतिशत मिल गया, तब मैंने एक कॉरपोरेशन, फाइलोफैक्स में बहुत बड़ा निवेश किया। निवेश की सलाह देनेवाले सलाहकार भयभीत थे। उस समय मेरे पास सार्वजनिक कंपनियों में लगभग 20 शेअर थे, लेकिन यह स्टॉक मेरे पास मौजूद शेअर्स का 5 प्रतिशत था और मेरे शेअर समूह का लगभग 80 प्रतिशत था। सौभाग्य से, यह अनुपात और भी बढ़ता गया, जब अगले तीन वर्षों में फाइलोफैक्स के शेअर्स का मूल्य कई गुना बढ़ गया। 1995 में मैंने जब कुछ शेअर बेचें, तब उनकी कीमत मैंने जितना पैसा पहली बार लगाया था, उसकी 18 गुना थी।

मैंने और भी दो बड़े निवेश किए, एक बेलगो नाम के स्टार्टअप रेस्टोरेंट में और दूसरा होटल कंपनी, एमएसआई में, जिसके पास उस समय कोई भी होटल नहीं था। इन तीनों निवेशों की लागत मेरी कुल दौलत की लगभग 20 प्रतिशत

थी। लेकिन इनसे मुझे आगे चलकर अपनी निवेश का 80 प्रतिशत से अधिक मुनाफा मिला और आज मेरे कुल मूल्य के 80 प्रतिशत की हिस्सेदारी उनकी वजह से ही है।

जैसा कि अध्याय 14 में देखने को मिलेगा, अधिकांश दीर्घकालिक शेअर्स से दौलत में 80 प्रतिशत वृद्धि, 20 प्रतिशत से भी कम निवेशों से प्राप्त होती है। इस 20 प्रतिशत को अच्छी तरह से चुनना ज़रूरी है और इन पर अधिक से अधिक निवेश किया जाए। बुद्धिमानी इसी में है कि सारा पैसा एक ही जगह ना लगाया जाए। 80/20 की बुद्धिमानी इसमें है कि उस जगह को सावधानी से चुना जाए, अपना सारा निवेश उसमें किया जाए और फिर उन पर बाज के जैसी तेज नज़र को बनाए रखा जाए।

80/20 सिद्धांत का उपयोग कैसे करें

80/20 सिद्धांत के उपयोग के दो तरीके हैं, जैसा कि चित्र 5 में दिखाया गया है।

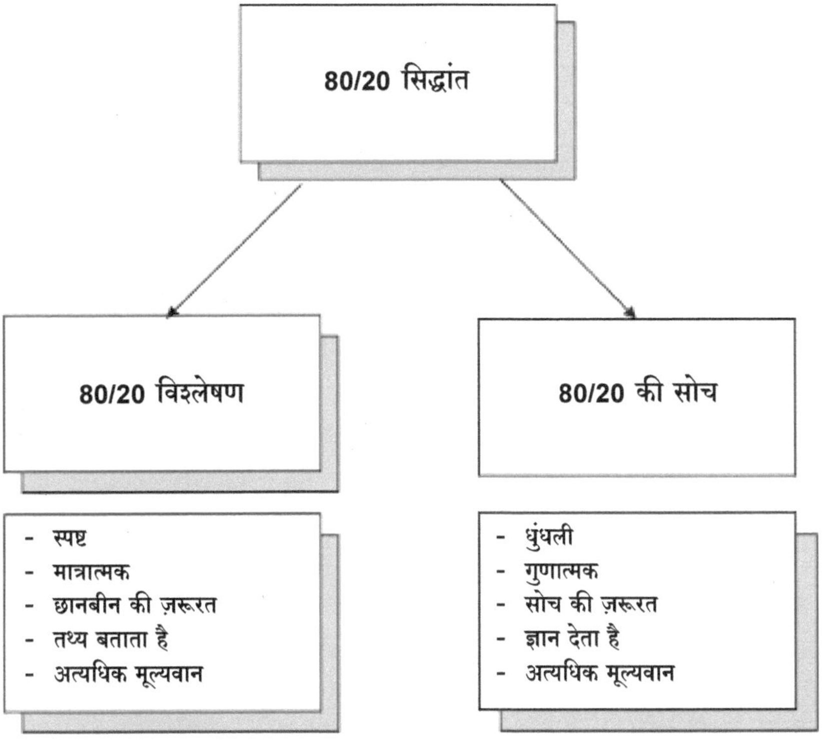

चित्र 5 80/20 सिद्धांत के उपयोग के दो तरीके

पारंपरिक रूप से, 80/20 सिद्धांत के लिए 80/20 विश्लेषण की ज़रूरत पड़ती है, जो कारणों/लागत/प्रयास और परिणामों/उत्पादन/लाभ के बीच स्पष्ट संबंध स्थापित करनेवाला एक मात्रात्मक तरीका है। यह तरीका 80/20 संबंध की संभावित मौजूदगी का उपयोग एक परिकल्पना के रूप में करता है और फिर तथ्यों को जुटाता है ताकि वास्तविक संबंध पता चल सके। यह अनुभवजन्य प्रक्रिया है, जो 50/50 से लेकर 99.9/0.1 तक किसी भी रेंज में नतीजे दे सकती है। यदि परिणाम लागत और उत्पादन के बीच बड़े असंतुलन (मान लीजिए 65/35 का संबंध या उससे भी अधिक असंतुलन) को नहीं बताता है, तो कार्य को सामान्य रूप से परिणाम मान लिया जाता है।

80/20 की सोच, यह 80/20 सिद्धांत का एक नया और पूरक तरीका है। इसमें जो विषय आपके लिए महत्वपूर्ण है, उस पर गहन विचार की आवश्यकता पड़ती है। आपसे इस आधार पर निर्णय लेने को कहा जाता है कि उस क्षेत्र में 80/20 सिद्धांत काम कर रहा है या नहीं। फिर आप अपनी समझ से कार्य कर सकते हैं। 80/20 की सोच में आपको आँकड़े जुटाने या अनुमान के वास्तविक परीक्षण की ज़रूरत नहीं पड़ती। आगे चलकर, 80/20 की सोच कभी-कभी आपको गुमराह कर सकती है और यह मान लेना खतरे से खाली नहीं होता, उदाहरण के लिए आप पहले ही जानते हैं कि 20 प्रतिशत क्या है, जब आप किसी संबंध को समझ चुके होते हैं। लेकिन फिर भी मैं कहूँगा कि 80/20 की सोच से आपके गुमराह होने की आशंका पारंपरिक सोच के मुकाबले बहुत कम है। 80/20 की सोच 80/20 विश्लेषण की तुलना में अधिक सुलभ और तेज है, भले ही मुद्दा बेहद महत्वपूर्ण होने पर विश्लेषण को पसंद किया जा सकता है और आपके लिए किसी अनुमान को लेकर आश्वस्त होना कठिन हो सकता है। पहले हम 80/20 विश्लेषण पर गौर करते हैं, फिर 80/20 की सोच पर नज़र डालेंगे।

80/20 विश्लेषण

80/20 विश्लेषण तुलना किए जाने योग्य आँकड़ों के दो सेट के बीच संबंध का परीक्षण करता है। आँकड़े का एक सेट हमेशा अनेक प्रकार के लोगों या वस्तुओं का होता है, जो आमतौर पर 100 की बड़ी संख्या या उससे अधिक होता है, जिसे प्रतिशत में बदला जा सकता है। आँकड़े का दूसरा सेट लोगों या वस्तुओं की किसी दिलचस्प खूबी से जुड़ा होता है, जिसे मापा जा सकता है और उसे भी प्रतिशत में बदला जा सकता है।

उदाहरण के लिए, हम 100 दोस्तों के एक समूह पर गौर करने का फैसला कर सकते हैं, जो सभी कभी-कभी बियर पीनेवाले हैं। हम तुलना करेंगे कि पिछले हफ्ते उन्होंने कितनी बियर पी थी।

Rank	Name	Glasses drunk	Cumulative
	Our top 20 beer drinkers		
1	Charles H	45	45
2	Richard J	43	88
3=	George K	42	130
3=	Fred P	42	172
5	Arthur M	41	213
6	Steve B	40	253
7	Peter T	39	292
8	Reg C	37	329
9=	George B	36	365
9=	Bomber J	36	401
9=	Fatty M	36	437
12	Marian C	33	470
13	Stewart M	32	502
14	Cheryl W	31	533
15=	Kevin C	30	563
15=	Nick B	30	593
15=	Ricky M	30	623
15=	Nigel H	30	653
19	Greg H	26	679
20	Carol K	21	700
	Our bottom 20 beer drinkers		
81=	Rupert E	3	973
81=	Patrick W	3	976
81=	Anne B	3	979
81=	Jamie R	3	982
85=	Stephanie F	2	984
85=	Carli S	2	986
87=	Roberta F	1	987
87=	Pat B	1	988
87=	James P	1	989
87=	Charles W	1	990
87=	Jon T	1	991
87=	Edward W	1	992
87=	Margo L	1	993
87=	Rosabeth M	1	994
87=	Shirley W	1	995
87=	Greg P	1	996
87=	Gilly C	1	997
87=	Francis H	1	998
87=	David C	1	999
87=	Darleen B	1	1000

चित्र 6

यहाँ तक विश्लेषण का यह तरीका कई सांख्यिकीय तकनीकों के समान ही है। 80/20 विश्लेषण को जो बात अनोखा बनाती है, वह ये है कि मेजरमेंट आँकड़े के दूसरे सेट को महत्त्व के घटते क्रम में बताती है और आँकड़ों के दो सेट के बीच प्रतिशत की तुलना करती है।

तो हमारे उदाहरण में, हम अपने सभी 100 दोस्तों से पूछेंगे कि पिछले हफ्ते वे कितने ग्लास बियर पी गए और उनके जवाब को तालिका में घटते क्रम में लिखेंगे। चित्र 6 टेबल के अधिकतम 20 और न्यूनतम 20 को दिखाता है।

80/20 विश्लेषण आँकड़ों के दो सेट (दोस्तों और जितनी बियर वे पी गए) के प्रतिशत की तुलना कर सकता है। इस मामले में, हम कह सकते हैं कि 70 प्रतिशत बियर मात्र 20 प्रतिशत दोस्त पी गए। इस प्रकार हमें 70/20 का संबंध दिखेगा। चित्र 7 आँकड़े का सार देखने के लिहाज से 80/20 आवृत्ति वितरण चार्ट (या संक्षेप में 80/20 चार्ट) को पेश करता है।

इसे 80/20 विश्लेषण क्यों कहा जाता है?

जब इन संबंधों की तुलना की जाती है, तो जो बार-बार देखने को मिलता है, जिसे बहुत पहले (शायद 1950 के दशक में) बनाया गया था, वह था कि मापी जा रही मात्रा का 80 प्रतिशत हिस्सा 20 प्रतिशत लोगों या वस्तुओं से आता है।

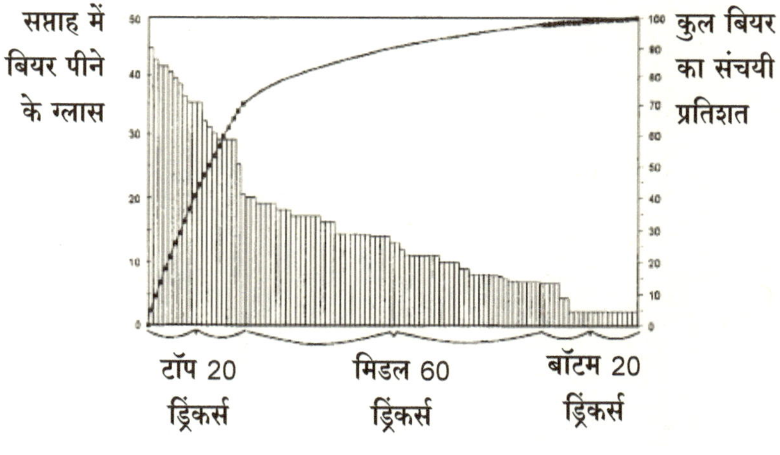

चित्र 7 बियर पीनेवालों का 80/20 आवृत्ति वितरण चार्ट

80/20 इस प्रकार के असंतुलित संबंध का शॉर्ट हैंड बन गई है, चाहे सटीक नतीजा 80/20 का हो या नहीं (सांख्यिकीय रूप से, सटीक 80/20 संबंध संभव नहीं है)। यह 80/20 की परंपरा है कि शीर्ष भाग में 20 प्रतिशत कारणों को बताया जाता है, न कि सबसे नीचे के कारणों को। आज तक 80/20 सिद्धांत का जिस प्रकार से निवेश और उत्पादन के बीच संभावित संबंध को मापने के लिए मात्रात्मक और अनुभवजन्य रूप में इस्तेमाल किया गया है, उसे देखते हुए 80/20 विश्लेषण यह मेरा दिया हुआ नाम है।

हम इतनी ही अच्छी तरह से अपने बियर पीनेवाले दोस्तों के इस आँकड़े को भी देख सकते हैं कि सबसे नीचे के 20 प्रतिशत लोगों ने मात्र 30 ग्लास बियर पी या कुल बियर का 30 प्रतिशत। यह भी एकदम सही तरीके से कहा जा सकता है कि यह 3/20 का संबंध है, भले ही ऐसा शायद ही कहा जाता है। हमेशा जोर ज़्यादा उपयोग करनेवालों या कारणों पर होता है। अगर कोई शराब बनानेवाली कंपनी प्रचार कर रही है या यह जानना चाहती है कि बियर पीनेवाले अपने बियर की किस्म को लेकर क्या सोचते हैं? तो सबसे अधिक बियर पीनेवाले 20 लोगों से बात करना ही उनके लिए सबसे अधिक फायदेमंद होगा।

हम ये भी जानना चाहेंगे कि हमारे कितने प्रतिशत दोस्तों ने कुल बियर का 80 प्रतिशत पी लिया। इस मामले में, तालिका का जो हिस्सा नहीं दिखाया गया है (बीच का हिस्सा) उसकी जाँच से पता चलेगा कि माइक जी 28वाँ सबसे अधिक बियर पीनेवाला था, उसने 10 ग्लास बियर पी। कुल मिलाकर सभी दोस्तों ने 800 ग्लास बियर पी। इस कारण हम इस संबंध को 80/28 से बता सकते हैं, जिसमें कुल बियर में से 80 प्रतिशत बियर मात्र 28 प्रतिशत दोस्त पी गए।

इस उदाहरण से यह स्पष्ट हो जाना चाहिए कि 80/20 के विश्लेषण का परिणाम किसी भी रूप में आ सकता है। स्पष्ट रूप से, जहाँ असंतुलन होता है, वहाँ व्यक्तिगत नतीजे अधिक दिलचस्प और अधिक उपयोगी होते हैं। उदाहरण के लिए, यदि हमने यह पाया होता कि हमारे सभी दोस्तों में से हर एक ने ठीक आठ–आठ ग्लास ही बियर पी, तो शराब बनानेवाली कंपनी प्रचार या शोध के लिए हमारे ग्रुप का इस्तेमाल करने में दिलचस्पी नहीं लेती। इस मामले में, हमारे पास 20/20 का संबंध (20 प्रतिशत बियर 'टॉप' के 20 प्रतिशत दोस्त पी गए होते) या 80/80 का संबंध (80 प्रतिशत बियर 80 प्रतिशत दोस्तों ने पीया) होता।

बार चार्ट 80/20 के संबंधों को सबसे अच्छी तरह दिखाते हैं

दो बार के चित्र को देखकर 80/20 विश्लेषण को सबसे अच्छी तरह समझाया जा सकता है – जैसा हमारे उदाहरण के लिए खास तौर पर उपयुक्त है! (चित्र 2 और चित्र 4 में बार चार्ट देखें।) चित्र 8 के पहले बार में हमारे बियर पीनेवाले 100 दोस्त हैं, जिनमें से हर एक 1 प्रतिशत स्थान को भरता है, जिसकी शुरुआत सबसे अधिक बियर पीनेवाले से होती है। जबकि सबसे कम बियर पीनेवाले सबसे नीचे होते हैं। दूसरे बार में हर एक (और सभी) के द्वारा पीए गए बियर की कुल मात्रा है। किसी भी समय, हम देख सकते हैं कि हमारे दोस्तों ने कितने प्रतिशत बियर पी है।

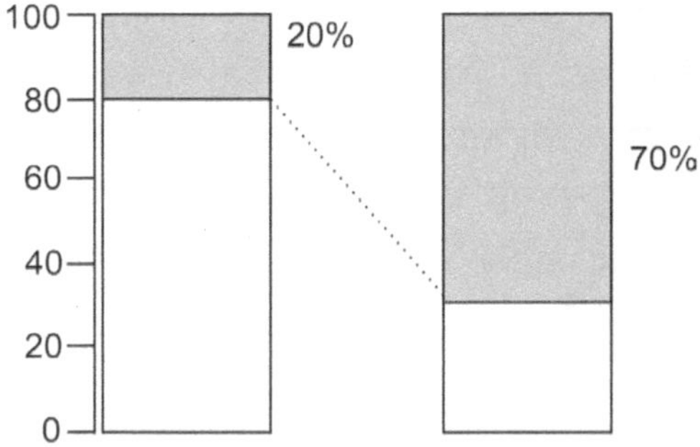

चित्र 8 70/20 के नियम को दिखाया है

चित्र 8 वही दिखाता है, जिसे हमने तालिका से पता लगाया (और चित्र 7 में भी देखा) : टॉप 20 प्रतिशत बियर पीनेवालों ने 70 प्रतिशत बियर पी थी। चित्र 8 के सरल बार चित्र 7 से आँकड़ा लेते हैं और उन्हें बाएँ से दाहिने के बजाए ऊपर से नीचे तक दर्शाते हैं। इससे फर्क नहीं पड़ता कि आप इनमें से किसे पसंद करते हैं। यदि हम यह दिखाना चाहते कि कितने प्रतिशत दोस्तों ने 80 प्रतिशत बियर पी, तो हम बार चार्ट को थोड़ा अलग तरीके से बनाते, जैसे कि चित्र 9 में, 80/20 संबंध को दिखाते : जहाँ हमारे 28 प्रतिशत दोस्त 80 प्रतिशत बियर पी गए।

80/20 विश्लेषण का उपयोग किसके लिए किया जाता है?

आमतौर पर, 80/20 विश्लेषण का उपयोग उस संबंध को बदलने के लिए किया जाता है, जिसे यह बताता है या उसके बेहतर उपयोग के लिए भी किया जाता है!

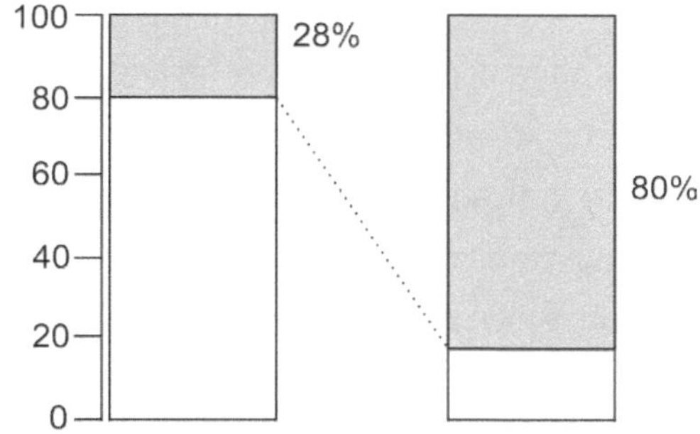

चित्र 9 80/28 के नियम को दिखाया है

एक उपयोग इस संबंध के प्रमुख कारणों पर ध्यान देना है, जैसे उस 20 प्रतिशत निवेश पर ध्यान देना, जिससे 80 प्रतिशत (या जो भी स्पष्ट संख्या हो) उत्पादन प्राप्त होता है। यदि टॉप 20 प्रतिशत पीनेवाले 70 प्रतिशत बियर पी गए, तो यह ऐसा ग्रुप है जिस पर शराब कंपनी को गौर करना चाहिए। ताकि उन 20 प्रतिशत लोगों के बीच अपना कारोबार अधिक से अधिक बढ़ा सके, और संभवतः बियर की उनकी खपत को भी और बढ़ा सके। व्यावहारिक रूप से, शराब कंपनी बियर पीनेवाले उन 80 प्रतिशत लोगों की अनदेखी कर सकती है, जिन्होंने मात्र 30 प्रतिशत बियर पी। इससे उनका काम काफी आसान हो गया।

इसी प्रकार, कोई कंपनी जिसे पता चलता है कि उसका 80 प्रतिशत लाभ उसके 20 प्रतिशत ग्राहकों से मिलता है, तो उसे इस जानकारी का उपयोग उन 20 प्रतिशत लोगों को खुश रखने और उनसे कारोबार बढ़ाने पर ध्यान देने के लिए करना चाहिए। पूरे ग्राहक समूह पर ध्यान देने की तुलना में यह काफी आसान है, साथ ही अधिक लाभप्रद भी। या फिर, कंपनी को पता चलता है कि उसका 80 प्रतिशत मुनाफा, उसके 20 प्रतिशत उत्पादों से मिलता है, तो उसे उन उत्पादों को बेचने पर अपना अधिकतम प्रयास करना चाहिए।

यह उपाय 80/20 विश्लेषण के गैर–कारोबारी प्रयोगों पर भी लागू होता है। यदि आपने उस आनंद का विश्लेषण किया, जो आपको अपने सभी फुर्सत के कामों से मिलता है। इसमें आपने पाया कि आपको 80 प्रतिशत आनंद 20 प्रतिशत गतिविधियों से मिलता है, जिसमें आपके फुर्सत के समय का मात्र 20 प्रतिशत लगता है, तो 20 के बजाय 80 प्रतिशत समय उसमें देना समझदारी होगी।

एक और उदाहरण के लिए ट्रांसपोर्ट को लीजिए। 80 प्रतिशत ट्रैफिक जाम 20 प्रतिशत सड़कों पर लगते हैं। अगर आप हर दिन उसी रास्ते से जाते हैं, तो आपको पता चल जाएगा कि लगभग 80 प्रतिशत देरी आमतौर पर 20 प्रतिशत मोड़ों पर होती है। ट्रैफिक अधिकारियों के लिए समझदारी इसमें होगी कि वे ट्रैफिक से निपटने के लिए खास ध्यान उन 20 प्रतिशत मोड़ों पर लगाएँ, जहाँ ज्यादा से ज्यादा ट्रैफिक जाम होता है। इस प्रकार के उपाय को 100 प्रतिशत मोड़ों पर 100 प्रतिशत समय करना बेहद मुश्किल होगा, अगर दिन के 20 प्रतिशत समय 20 प्रतिशत महत्वपूर्ण स्थानों पर काम किया जाए, तो इसे पैसा वसूल मेहनत कहा जाएगा।

80/20 विश्लेषण का दूसरा मुख्य उपयोग उन 'खराब प्रदर्शन' करनेवाले 80 प्रतिशत प्रोडक्ट्स में नवीनता लाने के लिए होगा, जिनसे मात्र 20 प्रतिशत उत्पादन मिलता है। शायद कभी-कभी बियर पीनेवालों को ज़्यादा पीने के लिए राज़ी किया जा सकता है। उदाहरण के लिए उन्हें कोई कम तीखा उत्पाद दिया जा सकता है। शायद आप 'कम आनंद देनेवाली' फुर्सत की गतिविधियों से ज़्यादा आनंद प्राप्त करने के रास्ते खोज सकते हैं। शिक्षा में, कॉलेज के प्रोफेसर अब बातचीत करने के अंदाज़ में पढ़ाने का तरीका अपना रहे हैं, जहाँ किसी भी छात्र से प्रश्न पूछा जाता है ताकि 80/20 के नियम से लड़ा जा सके। जहाँ क्लासरूम की 80 प्रतिशत भागीदारी 20 प्रतिशत प्रशिक्षुओं के कारण संभव होती है। अमेरिकी शॉपिंग मॉल्स में देखा गया है कि महिलाएँ (आबादी की लगभग 50 प्रतिशत) कुल खरीदारी का 70 प्रतिशत डॉलर मूल्य खर्च करती हैं। पुरुषों को की जानेवाली 30 प्रतिशत बिक्री को बढ़ाने का एक तरीका उनके लिए खास तौर पर दुकानें बनाने का हो सकता है। वैसे 80/20 विश्लेषण का यह दूसरा प्रयोग कभी-कभी काफी उपयोगी होता है। उद्योग में इसका उपयोग खराब प्रदर्शन करनेवाली फैक्ट्रियों में उत्पादन बढ़ाने में काफी प्रभावी ढंग से किया गया है, जहाँ पहले प्रयोग की तुलना में अधिक कठिन काम के बदले कम लाभ मिलता है।

80/20 विश्लेषण का प्रयोग रैखिक तरीके से न करें

80/20 विश्लेषण के उपयोगों की चर्चा में, हमें इसके दुरुपयोग की क्षमता पर भी संक्षेप में बात करनी चाहिए। किसी भी सरल और प्रभावी साधन के समान, 80/20 विश्लेषण को समझने में भूल हो सकती है और असामान्य ज्ञान के साधन

के बजाय, गलत प्रयोग से यह पारंपरिक ठगी को सही ठहराने का काम कर सकता है। 80/20 विश्लेषण को यदि गलत तरीके से लागू किया गया तो यह भोले-भाले इंसान को गलत राह पर ले जा सकता है, इसलिए आपको गलत तर्क के विरुद्ध हमेशा सतर्क रहना पड़ेगा।

चलिए मैं किताबों के व्यापार से इस उदाहरण को विस्तार से बताता हूँ। यह दिखाना आसान है कि लगभग 20 प्रतिशत खास किताबें कुल बेची गई किताबों का 80 प्रतिशत हिस्सा होती हैं। जो लोग 80/20 के सिद्धांत को अच्छी तरह समझ चुके हैं, उनके लिए इसमें कोई आश्चर्य की बात नहीं है। इससे झटपट यह निष्कर्ष भी निकाला जा सकता है कि किताब की दुकानों को अपने भंडार में तमाम तरह की किताबों का स्टॉक कम कर देना चाहिए या फिर उन्हें काफी हद तक 'बेस्ट सेलर्स' पर ही ध्यान देना चाहिए। इसके बावजूद यह दिलचस्प है कि अधिकांश मामलों में, मुनाफा बढ़ने की बजाय रेंज कम करने से मुनाफा कम हो जाता है।

इससे 80/20 का सिद्धांत अमान्य नहीं हो जाता, जिसके दो कारण हैं। इसमें बेची गई पुस्तकों का वितरण मायने नहीं रखता बल्कि ग्राहक क्या चाहता है, इस बात को अधिक महत्त्व होता है। यदि ग्राहक कष्ट उठाकर किसी बुक स्टोर तक जाता है (किसी स्टॉल या सुपरमार्केट में नहीं, जहाँ उन्हें ज़्यादा रेंज की उम्मीद नहीं होती) तो उसे वहाँ किताबों की एक अच्छी रेंज की उम्मीद रहती है। किताब की दुकानों को उन 20 प्रतिशत ग्राहकों पर ध्यान देना चाहिए, जिनसे उसे 80 प्रतिशत मुनाफा होता है। यह पता लगाना चाहिए कि उन 20 प्रतिशत ग्राहकों को क्या चाहिए।

दूसरा कारण यह है कि किताबों पर विचार करते समय बिक्री का वितरण (ग्राहकों की इच्छा के विपरीत) यानी 20 प्रतिशत किताबों से 80 प्रतिशत की बिक्री होना, मायने नहीं रखता। इसके बताय यह मायने रखता है कि वे 20 प्रतिशत किताबें कौन सी हैं, जिनसे 80 प्रतिशत मुनाफा होता है। अक्सर, वे तथाकथित बेस्ट सेलर नहीं होती हैं, जिन्हें जाने-माने लेखक लिखते हैं। वास्तव में, अमेरिका में किए गए एक अध्ययन ने यह खुलासा किया कि 'बेस्ट सेलर्स कुल बिक्री का लगभग 5% होती हैं।' जो सही मायने में बेस्ट सेलर होती हैं, वे ऐसी किताबें होती हैं – जो कभी उस सूची में नहीं आती हैं, फिर भी पूरे साल अच्छी खासी संख्या में बिकती हैं और अक्सर ऊँचा मुनाफा देती हैं। जैसा कि अमेरिकी शोध का कहना है, 'मूल सूची में वैसी किताबें होती हैं, जो एक सीजन से दूसरे सीजन तक बिकती

हैं। वही 80/20 नियम की '80' हैं, अक्सर बिक्री में जिनकी हिस्सेदारी किसी विशेष विषय पर बहुत बड़ी होती है।

यह वर्णन लाभदायक है। यह 80/20 के विश्लेषण को अमान्य नहीं ठहराता लेकिन हमेशा ही महत्वपूर्ण प्रश्न यह होना चाहिए कि किन ग्राहकों और उत्पादों से 80 प्रतिशत लाभ मिलता है? लेकिन इस विश्लेषण को किस प्रकार लागू किया जाए, इस पर विचार न करने के खतरे को - यह नहीं बताता है। 80/20 के सिद्धांत का इस्तेमाल करते समय चयनात्मक और विपरीत धारा में चलनेवाला बनें। इस सोच के साथ न चलें कि जिस पहलू को सभी देख रहे हैं, यानी ताज़ातरीन बेस्ट सेलर की लिस्ट में जो किताबें हैं, वही मायने रखती हैं। यह रैखिक सोच है। 80/20 विश्लेषण से जो सबसे महत्वपूर्ण ज्ञान मिलता है, वह हमेशा वही रहेगा जो अरैखिक संबंधों की जाँच से सामने आता है, जिस पर दूसरे लोग ध्यान नहीं देते हैं। इसके साथ ही, चूँकि 80/20 विश्लेषण किसी विशेष बिंदु पर स्थिति के स्थिर होने पर आधारित होता है, न कि उसमें समय से हुए बदलाव शामिल किए जाते हैं। इसलिए आपको सावधान रहना होगा कि कहीं जाने-अनजाने में आप गलत या अधूरी तस्वीर को सच न मान लें, ऐसा होने पर आप गलत सोच बना लेंगे।

80/20 सोच और यह क्यों ज़रूरी है

80/20 विश्लेषण बेहद उपयोगी है। लेकिन अधिकांश लोग स्वाभाविक विश्लेषक नहीं होते, और विश्लेषक भी हर बार निर्णय लेने के लिए आँकड़े की जाँच नहीं कर सकते हैं। इससे जीवन ठहर जाएगा। अधिकांश महत्वपूर्ण फैसले न तो कभी विश्लेषण से लिए गए, ना ही लिए जाएँगे। चाहे हमारे कंप्यूटर कितने ही चालाक क्यों न बन जाएँ। इस कारण, यदि हम चाहते हैं कि 80/20 का सिद्धांत हमारे दैनिक जीवन का मार्गदर्शन करे, तो हमें किसी ऐसे की ज़रूरत है जो थोड़ा कम विश्लेषणात्मक है और 80/20 विश्लेषण से अधिक जल्दी उपलब्ध रहे। हमें 80/20 सोच की ज़रूरत है।

'80/20 सोच' 80/20 सिद्धांत को दैनिक जीवन में, इस सिद्धांत के गैर-मात्रात्मक प्रयोग के लिए मेरा दिया शब्द है। 80/20 विश्लेषण की तरह ही, यहाँ हम इनपुट और आउटपुट के बीच संभावित असंतुलन के अनुमान से शुरुआत करते हैं, लेकिन आँकड़े जुटाने और उनका विश्लेषण करने के बजाय, हम उनका आकलन करते हैं। 80/20 सोच के लिए ज़रूरी है और अभ्यास से हम ऐसा कर

सकते हैं कि कुछ सही मायने में ज़रूरी चीज़ों को देखें और बेहिसाब गैर-ज़रूरी चीज़ों को नज़रअंदाज़ कर दें। यह हमारा ध्यान ज़रूरी बातों की ओर ले जाता है।

80/20 सोच इतनी महत्वपूर्ण है कि इसे कारणों तक सीमित नहीं किया जा सकता, जहाँ आँकड़े और विश्लेषण दुरुस्त होते हैं। मात्रात्मक रूप से पैदा हुए ज्ञान के हर अंश के बदले, सहजज्ञान और प्रभाव से मिले ज्ञान का बहुत बड़ा हिस्सा भी होना चाहिए। यही कारण है कि 80/20 सोच, जिसे आँकड़े से भले ही मदद मिलती है, लेकिन उसे आँकड़े तक सीमित नहीं होना चाहिए।

80/20 सोच में शामिल होने के लिए, हमें अपने आपसे लगातर पूछना चाहिए: वह 20 प्रतिशत क्या है, जो 80 प्रतिशत में प्रभावी ढंग से बदल जाता है? 80/20 सोच के कारण किए गए कार्य से हमें बहुत थोड़े से - बहुत अधिक मिलना चाहिए। हम जब 80/20 सिद्धांत का उपयोग करते हैं, तब हम यह अनुमान नहीं लगाते कि इसके परिणाम अच्छे या बुरे हैं या हम जिन शक्तिशाली बलों को देखते हैं, वे सभी प्रकार से अच्छे ही हैं। हम निर्णय लेते हैं कि वे अच्छे हैं या नहीं (हमारे अपने दृष्टिकोण से), और शक्तिशाली बलों के सीमित हिस्से को सही दिशा में आगे ले जाने का मन बनाते हैं, या उन्हें रोकने की दिशा में काम करते हैं।

80/20 सिद्धांत पारंपरिक सोच को उलट-पुलट कर देता है

80/20 सिद्धांत के प्रयोग का अर्थ है कि हमें निम्नलिखित कार्य करना चाहिए:

- अद्‌भुत उत्पादकता से खुश होना चाहिए, न कि औसत प्रयास को बढ़ाना चाहिए।
- लंबी प्रक्रिया को लागू करने के बजाय, शॉर्ट कट ढूँढ़ना चाहिए।
- कम से कम प्रयास के साथ अपने जीवन पर नियंत्रण करना चाहिए।
- चुनिंदा रहें, विस्तार में न जाएँ।
- कई चीज़ों में अच्छा प्रदर्शन करने के बजाय, कुछ चीज़ों में सर्वश्रेष्ठ करने का प्रयास करें।
- अपने दैनिक जीवन के अधिकतम संभव काम दूसरों को सौंपें या बाहरी लोगों को दें और कर प्रणाली से पीड़ित होने के बजाय उत्साहित रहें। (सारे काम

खुद करने के बजाय माली, कार मैकेनिक, डेकोरेटर और अन्य विशेषज्ञों का अधिकतम इस्तेमाल करें।)

- अपने करियर और नियोक्ताओं को अत्यधिक सावधानी से चुनें और संभव हो तो खुद नौकरी करने के बजाय दूसरों को नौकरी दें।
- केवल वही करें, जिसमें हम सबसे अच्छे हैं और सबसे अधिक आनंद लें।
- जीवन की सामान्य बातों की तह में जाकर विडंबनाओं और विषमताओं का पता लगाएँ।
- प्रत्येक महत्वपूर्ण क्षेत्र में, यह पता लगाएँ कि कहाँ 20 प्रतिशत प्रयास से 80 प्रतिशत लाभ मिल सकता है।
- शांत हो जाएँ, कम काम करें और हर उपलब्ध अवसर के पीछे भागने के बजाय, सीमित संख्या में एकदम महत्वपूर्ण लक्ष्यों को निश्चित करें, जहाँ 80/20 सिद्धांत हमारे पक्ष में काम करे।
- अपने जीवन के इन 'किस्मत से मिले' पलों का भरपूर लाभ उठाएँ। जब हम अपनी रचनात्मकता के चरम पर होते हैं और सितारों का योग सफलता की गारंटी देता है।

80/20 सिद्धांत की कोई सीमा नहीं है

कोई भी क्षेत्र 80/20 सिद्धांत के प्रभाव से अछूता नहीं है। वैसे ही जैसे छह बुद्धिमान, नेत्रहीन भारतीय पुरुषों ने एक हाथी के आकर को छूकर बताया था। 80/20 सिद्धांत के अधिकांश उपयोगकर्ता इसके दायरे और क्षमता के एक छोटे से हिस्से के बारे में ही जानते हैं। 80/20 विचारक बनने के लिए आपकी ओर से सक्रिय भागीदारी और रचनात्मकता ज़रूरी है। अगर आप 80/20 सोच से लाभ पाना चाहते हैं, तो आपको इसे करना होगा! शुरुआत करने का यही अच्छा समय है। अगर आप अपने संगठन के लिए प्रयोगों की शुरुआत करना चाहते हैं, तो सीधे भाग दो पर चले जाएँ, जिसमें कारोबार में 80/20 सिद्धांत के प्रयोग को लेकर अधिकांश ज़रूरी बातें लिखी हैं। अगर आप तत्काल इस सिद्धांत का प्रयोग कर अपने जीवन में बड़ा सुधार करना चाहते हैं, तो सीधे भाग तीन में चले जाएँ, जहाँ 80/20 सिद्धांत को हमारे दैनिक जीवन के ताने-बाने से जोड़ने का अभिनव प्रयास किया गया है।

भाग दो

कॉर्पोरेट सफलता ज़रूरी नहीं कि एक रहस्य हो

03
अंडरग्राउंड की परंपरा

अभी आईने में हमें धुंधला दिख रहा है, लेकिन बाद में हम आमने-सामने देख सकेंगे। अभी मैं थोड़ा-बहुत जानता हूँ, फिर मैं पूरी तरह समझ जाऊँगा।

1 कोरिन्थियन 13:12

इस बात का पता लगा पाना मुश्किल है कि कारोबार जगत में 80/20 के इस सिद्धांत की जानकारी पहले से किस हद तक है। पूरी संभावना है कि इस विषय पर यह पहली किताब है, फिर भी मैंने जब रिसर्च की तो मुझे सैकड़ों लेख मिले, जिनसे पता चला कि सभी प्रकार के कारोबारों में 80/20 का उपयोग किया गया है। ऐसी कई सफल कंपनियाँ और ऐसे लोग हैं, जो 80/20 सिद्धांत को सफलता का श्रेय देते हैं और एमबीए कर चुके अधिकांश लोगों ने इसके बारे में सुना है।

फिर भी 80/20 सिद्धांत ने जिस प्रकार करोड़ों लोगों के जीवन को बदल दिया, भले ही उन्हें इसकी जानकारी न हो, उसे देखकर थोड़ा अचरज होता है कि आज तक इसकी सराहना क्यों नहीं हुई। अब समय आ गया है कि इस स्थिति को बदला जाए।

80/20 की पहली लहर : गुणवत्ता क्रांति

1950 से 1990 के बीच जैसी गुणवत्ता क्रांति हुई उसने ब्रांडेड उपभोक्ता वस्तुओं और अन्य उत्पादों की गुणवत्ता और उनके महत्त्व को बदलकर रख दिया है। गुणवत्ता का आंदोलन, सांख्यिकीय और व्यवहार से जुड़ी तकनीकों को लागू कर, उच्च क्वालिटी की चीज़ों को हमेशा ही कम से कम कीमत पर पाने की एक जंग है। यह लक्ष्य कई उत्पादों के संबंध में लगभग प्राप्त कर लिया गया है और

अब उत्पाद में खामी की दर को शून्य पर लाने की चुनौती है। यह कहा जा सकता है कि 1950 के बाद से ही पूरी दुनिया में उच्चस्तरीय जीवन के पैमानों को लेकर गुणवत्ता का यह आंदोलन सबसे अधिक प्रेरणादायी रहा है।

इस आंदोलन का इतिहास उत्सुकता से भरा है। इसके दो महान मसीहा, जोसेफ जुरान (1904-2008) और डब्लू एडवाड्र्स डेमिंग (1900-1993), अमेरिकी थे। (हालाँकि, जुरान का जन्म रोमानिया में हुआ था।) एक इलेक्ट्रिकल इंजीनियर थे तो दूसरे सांख्यिकीविद। द्वितीय विश्व युद्ध के बाद दोनों के विचार साथ-साथ ही विकसित हुए, लेकिन किसी भी बड़े अमेरिकी कॉर्पोरेशन ने असाधारण गुणवत्ता प्राप्त करने के उनके इस प्रयास में दिलचस्पी नहीं दिखाई। जुरान ने क्वालिटी कंट्रोल हैंडबुक के नाम से अपनी पुस्तक का पहला संस्करण प्रकाशित किया, जिसे 1951 के गुणवत्ता आंदोलन का धर्मग्रंथ माना जाता है, लेकिन उसके प्रति किसी ने कोई उत्साह नहीं दिखाया। एकमात्र जापान ने गंभीरता से दिलचस्पी ली और जुरान तथा डेमिंग, दोनों ही 1950 के दशक में जापान चले गए। उस समय तक जिस अर्थव्यवस्था को नकल के मामले में भी कच्चा समझा जाता था, उसने उनके अनोखे प्रयासों से अपने आपको उच्च गुणवत्ता और उत्पादकता की महाशक्ति बना लिया।

जब जापानी उत्पादों, जैसे कि मोटरसाइकिलों और फोटोकॉपियरों ने अमेरिकी बाज़ार में धूम मचाना शुरू किया, तब जाकर अधिकांश अमेरिकी (और अन्य पश्चिमी) कॉर्पोरेशन्स् ने इस गुणवत्ता आंदोलन को गंभीरता से लेना शुरू किया। 1970 और विशेष रूप से 1980 के दशक के बाद, जुरान, डेमिंग और उनके शिष्यों ने उतने ही सफल पश्चिमी गुणवत्ता के मानकों के परिवर्तन की शुरुआत की। इसके बाद गुणवत्ता के स्तर और निरंतरता में जबरदस्त सुधार हुआ, खामियों की दर काफी कम हो गई और निर्माण की लागत में भी भारी कमी आई।

80/20 का सिद्धांत गुणवत्ता आंदोलन की नींव का पत्थर था। जोसेफ जुरान इस सिद्धांत के सबसे उत्साही मसीहा थे, भले ही उन्होंने इसे 'पारेतो सिद्धांत' या 'कुछ महत्वपूर्ण का नियम' कहा था। क्वालिटी कंट्रोल हैंडबुक के पहले संस्करण में, जुरान ने कहा था कि 'नुकसान' (यानी खराब क्वालिटी के चलते जिन तैयार सामानों को छोड़ देना पड़ता था) की वजह ज़्यादा नहीं होती:

> इसकी बजाए, नुकसान का बँटवारा इस प्रकार होता है कि गुणवत्ता की खूबियों का एक छोटा हिस्सा अक्सर गुणवत्ता में कमी की बड़ी वजह बन जाता है।

फुटनोट में यह लिखा था कि

> अर्थशास्त्री पारेतो ने पाया कि इसी प्रकार से दौलत का बँटवारा भी असमान रूप से हुआ है। और भी कई उदाहरण देखे जा सकते हैं - अपराधियों के बीच अपराध का बँटवारा, खतरनाक प्रक्रियाओं के बीच दुर्घटनाओं का बँटवारा इत्यादि। असमान वितरण का पारेतो सिद्धांत दौलत और गुणवत्ता में कमी के बँटवारे पर लागू होता है।

जुरान ने 80/20 के सिद्धांत को सांख्यिकीय गुणवत्ता नियंत्रण पर लागू किया। उनका तरीका उन समस्याओं का पता लगाने का था, जिनसे क्वालिटी खराब हुई और उन्हें सबसे बड़ी वजह से लेकर सबसे छोटी वजह के क्रम में लगाना था। अर्थात 80 प्रतिशत क्वालिटी की समस्या 20 प्रतिशत खामी का कारण बनती है। जुरान और डेमिंग, दोनों ही 80/20 के इस शब्द का प्रयोग ज़्यादा से ज़्यादा करने लगे। उन्होंने सबसे कम खामियों के विश्लेषण पर ज़ोर दिया जो ज़्यादा से ज़्यादा समस्या पैदा कर रही थीं।

एक बार खराब क्वालिटीवाले उत्पाद के 'कुछ महत्वपूर्ण' स्रोतों का पता चल गया, तो इन समस्याओं से निपटने पर ध्यान दिया जाने लगा, न कि सभी समस्याओं को एक साथ सुलझाने की कोशिश की गई।

जैसे-जैसे गुणवत्ता का आंदोलन इस सोच के साथ आगे बढ़ा कि सारे ऑपरेटर ऐसा क्वालिटी 'कंट्रोल' करें, जिससे उत्पादों में पहले से ही अच्छी क्वालिटी दे दी जाए। इसके साथ ही संपूर्ण गुणवत्ता प्रबंधन तथा सॉफ्टवेयर का अधिक से अधिक बारीकी से इस्तेमाल किया जाए, तब से 80/20 तकनीकों पर ज़ोर बढ़ गया और आज गुणवत्ता का इस्तेमाल करनेवाले सभी लोग 80/20 के बारे में जानते हैं। हाल ही के कुछ संदर्भ उन तरीकों की बात करते हैं, जिनमें 80/20 के सिद्धांत का उपयोग अब किया जा रहा है।

नेशनल प्रोडक्टिविटी रिव्यू के एक हाल ही के लेख में, रोनाल्ड जे रिकार्डो ने पूछा है:

> ऐसी कौन सी कमियाँ हैं, जिनका आपके सबसे अहम ग्राहकों पर बुरा प्रभाव पड़ता है? क्वालिटी से जुड़ी अनेक समस्याओं की तरह ही पारेतो नियम यहाँ भी लागू होता है: अगर आपने क्वालिटी की अपनी 20 प्रतिशत सबसे गंभीर कमियों को दूर कर लिया, तो आपको 80 प्रतिशत लाभ मिलेगा। यही 80

प्रतिशत आपके लिए पहली बड़ी कामयाबी होती है।

कॉर्पोरेट क्रांति में जुटे एक अन्य लेखक कहते हैं:

अपने कारोबार के हर कदम पर, खुद से यह पूछिए कि इससे वैल्यू बढ़ रही है या ज़रूरी सहायता मिल रही है। अगर दोनों में से कुछ भी नहीं हो रहा, तो यह बर्बादी है। इसे हटा दीजिए। यहाँ 80/20 नियम फिर से आ जाता है: आप 100 प्रतिशत बर्बादी से बचने के लिए मात्र 20 प्रतिशत खर्च पर 80 प्रतिशत बर्बादी को समाप्त कर सकते हैं। तो झटपट लाभ लेने में जुट जाइए।

80/20 सिद्धांत का प्रयोग फोर्ड इलेक्ट्रॉनिक्स मैन्युफैक्चरिंग कॉर्पोरेशन की ओर से एक क्वालिटी प्रोग्राम में किया गया था, जिसे शिंजो पुरस्कार मिला था:

जस्ट-इन-टाइम प्रोग्राम (समय, श्रम और स्टोरेज संबंधी बर्बादी से बचने की प्रक्रिया) को 80/20 नियम (80 प्रतिशत वैल्यू 20 प्रतिशत से अधिक मात्रा पर लागू होती है) के साथ लागू किया गया और बेहद महंगे उपयोगों का लगातार आंकलन किया गया। श्रम और उत्पादन में अतिरिक्त खर्च का स्थान किसी उत्पाद के निर्माण में लगनेवाले समय के संपूर्ण चक्र ने ले लिया और उस समय में 95 प्रतिशत तक की कटौती हो गई।

क्वालिटी को बेहतर करने के लिए उस नए सॉफ्टवेयर का इस्तेमाल किया जा रहा है, जिसमें 80/20 का सिद्धांत शामिल है:

एबीसी डेटा एनालाइज़र के साथ डेटा को स्प्रेडशीट एरिया में एंटर या इंपोर्ट किया जाता है, जहाँ आप उसे रेखांकित करते हैं और छह प्रकार के ग्राफ में से अपनी पसंद को चुनते हैं: हिस्टोग्राम, कंट्रोल चार्ट, रन चार्ट, स्कैटर डायग्राम, पाई चार्ट और पारेतो चार्ट।

पारेतो चार्ट में 80/20 नियम शामिल रहता है, जो उदाहरण के तौर पर यह दिखाता है कि 1000 ग्राहकों की शिकायत में से लगभग 800 को मात्र 20 प्रतिशत समस्याओं को ठीक करके दूर किया जा सकता है।

80/20 सिद्धांत को उत्पाद के डिजाइन और विकास में भी तेजी से लागू किया जा रहा है। उदाहरण के लिए, पेंटागन ने संपूर्ण गुणवत्ता प्रबंधन से जो समझा है वह बताता है कि:

विकास की प्रक्रिया के दौरान शुरुआत में लिए गए फैसले निर्माण में आनेवाले

अधिकांश खर्च को तय कर देते हैं। 80/20 नियम से यही निष्कर्ष निकलता है क्योंकि विकास के मात्र 20 प्रतिशत समय के बाद ही निर्माण के 80 प्रतिशत खर्च को निश्चित कर लिया जाता है।

गुणवत्ता क्रांति का जबरदस्त प्रभाव – ग्राहक की संतुष्टि और महत्त्व, तथा अलग-अलग कंपनियों और सभी देशों की प्रतिस्पर्धा की स्थिति पर पड़ता है, भले ही इस पर ज़्यादा गौर नहीं किया गया है। 80/20 का सिद्धांत स्पष्ट रूप से गुणवत्ता क्रांति की 'कुछ महत्वपूर्ण' बातों में से एक था। लेकिन 80/20 सिद्धांत का यह छिपा हुआ प्रभाव वहीं तक सीमित नहीं रहा। इसने उस दूसरी क्रांति में भी महत्वपूर्ण भूमिका निभाई, जिसने पहली के साथ मिलकर आज के वैश्विक उपभोक्ता समाज का निर्माण किया।

80/20 का दूसरी लहर: सूचना क्रांति

सूचना क्रांति की शुरुआत 1960 के दशक में हुई थी और इसके कारण लोगों के काम करने की आदतों और कारोबार के एक बहुत बड़े हिस्से में पहले ही काफी बदलाव आ चुका था। अब यह इससे आगे बढ़ चुकी है और उन संगठनों की प्रकृति में बदलाव ला रही है, जिनकी आज के समाज में प्रभावशाली भूमिका है। 80/20 का सिद्धांत सूचना क्रांति का एक महत्वपूर्ण हिस्सा था, है और रहेगा, जिसकी सहायता से इसकी क्षमता को बुद्धिमानी से दिशा मिल रही है।

इस सूचना क्रांति में योगदान करनेवाले व्यावसायिक, कंप्यूटिंग और सॉफ्टवेयर प्रोफेशनल गुणवत्ता आंदोलन के करीब थे और सामान्य रूप से 80/20 सिद्धांत से परिचित थे। शायद इस वजह से उन्होंने इसका काफी इस्तेमाल किया। अगर कंप्यूटिंग और सॉफ्टवेयर के उन लेखों की संख्या से अंदाज़ा लगाएँ, जिनमें 80/20 सिद्धांत का ज़िक्र है, तो यह पता चलता है कि अधिकांश हार्डवेयर और सॉफ्टवेयर डेवलपर इसे जानते हैं और अपने दैनिक जीवन में इसका प्रयोग करते हैं।

80/20 सिद्धांत की अवधारणाओं का आवश्यकता अनुसार और सरलता से उपयोग करते समय सूचना क्रांति सबसे अधिक प्रभावशाली रही है। दो अलग-अलग प्रोजेक्ट निर्देशक इसकी पुष्टि भी करते हैं:

छोटा सोचो। पहले ही दिन हद से ज़्यादा कर देने की मत सोचो। निवेश पर

लाभ 80/20 नियम के अनुसार मिलता है: 80 प्रतिशत लाभ सरलतम 20 प्रतिशत प्रणाली में मिलेगा और अंतिम 20 प्रतिशत लाभ प्रणाली के सबसे जटिलतम 80 प्रतिशत से प्राप्त होगा।

इलेक्ट्रॉनिक पर्सनल ऑर्गनाइज़र, एप्पल न्यूटन मैसेज पैड को तैयार करने में एप्पल ने 80/20 सिद्धांत का उपयोग किया :

> न्यूटन के इंजीनियरों ने 80/20 का थोड़ा बेहतर संस्करण (वर्जन) इस्तेमाल किया। उन्होंने पाया कि किसी व्यक्ति की शब्दावली का 0.1 प्रतिशत 50 प्रतिशत चीज़ों को करने के लिए काफी है, जिन्हें आप अपने हाथों में लिए छोटे से कंप्यूटर से करना चाहते हैं।

80/20 के सिद्धांत का इस्तेमाल करते हुए, सॉफ्टवेयर तेज़ी से हार्डवेयर का स्थान ले रहे है। इसका एक उदाहरण आरआईएससी सॉफ्टवेयर है, जिसका आविष्कार 1994 में किया गया था:

> आरआईएससी 80/20 के नियम के एक अलग रूप पर आधारित है। यह नियम ऐसी कल्पना करता है कि अधिकांश सॉफ्टवेयर अपने 80 प्रतिशत समय मात्र 20 प्रतिशत उपलब्ध निर्देशों को लागू करने में करते हैं। आरआईएससी प्रोसेसर... 20 प्रतिशत की परफॉरमेंस को सबसे अधिक बढ़ाता है और अन्य 80 प्रतिशत को समाप्त कर चिप साइज तथा लागत को सीमित करता है। आरआईएससी सॉफ्टवेयर वही काम करता है, जो सीआईएससी प्रणाली पहले सिलिकॉन में करती थी।

सॉफ्टवेयर को लागू करनेवाले लोग यह जानते हैं कि भले ही यह इतनी कुशलता से काम करता है कि विश्वास नहीं होता, फिर भी यह 80/20 पैटर्न पर ही काम करता है। जैसा कि एक डेवलपर का कहना है:

> कारोबारी जगत लंबे समय से 80/20 नियम का पालन करता आया है। यह बात विशेष रूप से सॉफ्टवेयर के लिए सच है। जहाँ किसी उत्पाद के 80 प्रतिशत इस्तेमाल से मात्र उसकी क्षमता का 20 प्रतिशत लाभ उठाया जाता है। इसका मतलब यह हुआ कि हममें से अधिकांश उसकी कीमत चुकाते हैं, जो हमें नहीं चाहिए होता है या ज़िसकी ज़रूरत नहीं होती। अंत में सॉफ्टवेयर डेवलपर इसे समझ गए और कई यह दावा कर रहे हैं कि इसके अनोखे प्रयोग से यह समस्या सुलझ जाएगी।

सॉफ्टवेयर की डिज़ाइन काफी मायने रखती है, जिसमें सबसे अधिक इस्तेमाल में आनेवाले काम सबसे आसान तरीके से किए जाते हैं। यही तरीका डाटाबेस की नई सेवाओं के लिए इस्तेमाल में लाया गया है:

> सॉफ्टवेयर डेवलपर ऐसा कैसे करते हैं? पहले तो वे पता लगाते हैं कि ग्राहक हमेशा क्या करना चाहते हैं और इसे कैसे करना चाहते हैं - पुराना 80/20 का नियम (लोग किसी प्रोग्राम के 20 प्रतिशत फंक्शन का इस्तेमाल 80 प्रतिशत बार करते हैं)। अच्छे सॉफ्टवेयर डेवलपर ज़्यादा काम आनेवाले फंक्शन का इस्तेमाल एकदम आसान और जहाँ तक संभव हो ऑटोमैटिक और निश्चित बनाते हैं।
>
> आज की डाटाबेस सेवाओं के लिए इस तरीके को लागू करने का मतलब होगा कि प्रमुख ग्राहकों के इस्तेमाल को हमेशा ही ध्यान में रखा जाए... कितनी बार ग्राहक सर्च सर्विस सपोर्ट डेस्क को फोन करते हैं और पूछते हैं कि किस फाइल को चुनना है या कोई फाइल कहाँ मिल सकती है? अच्छे डिजाइन से ऐसे फोन कॉल की ज़रूरत ही नहीं रह जाएगी।

जब भी कोई सूचना में असरदार नए प्रयोगों को जैसे डाटा स्टोरेज, जानकारी को निकालना और प्रोसेसिंग को देखता है, तो वह 20 प्रतिशत अहम ज़रूरतों पर ध्यान देता है।

सूचना क्रांति को दूर तक जाना है

सूचना क्रांति अब तक की सबसे विनाशकारी शक्ति है, जिससे कारोबार का कभी पाला पड़ा है। 'लोगों के लिए सूचना की शक्ति' नाम की इस क्रांति ने उन कर्मचारियों और तकनीशियनों को ज्ञान और अधिकार दे दिए हैं, जो लोगों को जानकारी देते हैं। इससे मिडिल मैनेजमेंट के लोगों की नौकरियाँ खतरे में आ गई हैं, जो पहले मालिकाना जानकारी के कारण सुरक्षित थीं। सूचना क्रांति ने भौतिक रूप से नगर निगमों (कॉर्पोरेशन्स्) का विकेंद्रीकरण कर दिया है: फोन, पीसी, ब्रॉडबैंड और इन तकनीकों की बढ़ती कमी और गतिशीलता ने कॉर्पोरेट प्रतिष्ठानों की शक्ति को नष्ट कर दिया है, जहाँ पहले कई लोग बैठा करते थे और आज भी कई लोग वहाँ काम करते हैं। आखिरकार इस सूचना क्रांति से प्रबंधन का पेशा ही खत्म हो जाएगा, जिससे निगमों में कार्य करनेवाले 'कर्ता' (मुख्य अधिकारी) अपने प्रमुख ग्राहकों के लिए सीधे ही मूल्य निर्माण करने लगेंगे। स्वचालित उपकरणों से

मिलनेवाले मूल्य में जबरदस्त तेज़ी से वृद्धि होती है, जिसका हम इस्तेमाल भी नहीं कर सकते हैं। आज करें या कल, इस शक्ति का प्रभावी रूप से इस्तेमाल करने का रहस्य सबसे उपयुक्त चीज़ को चुनने में छिपा है: यानी 80/20 के सिद्धांत को लागू करने में।

पीटर ड्रकर रास्ता दिखाते हैं:

> एक डेटाबेस, चाहे कितना ही विशाल क्यों न हो, वह सूचना नहीं होता। यह सूचना का खनिज होता है... कोई भी कारोबार जिस सूचना पर सबसे अधिक निर्भर करता है, वह यदि उपलब्ध होती भी है तो सिर्फ मूल और अव्यवस्थित रूप में होती है। खासतौर पर दूरगामी लाभ से संबंधित होनेवाले अपने फैसलों के लिए, किसी भी कारोबार को ऐसे आँकड़े की ज़रूरत होती है, जो बताए कि बाहर क्या चल रहा है। कारोबार के बाहर ही नतीजे, अवसर और खतरे होते हैं।

ड्रकर का कहना है कि धनोपार्जन के संसाधनों का अंदाजा लगाने के लिए हमें नए तरीकों की ज़रूरत है। ईयान गोडेन और मैं इन नए साधनों को 'स्वचालित प्रदर्शन के पैमाने' कहते हैं। कुछ निगमों ने उन्हें अभी जुटाना शुरू ही किया है। लेकिन सूचना क्रांति के 80 प्रतिशत (शायद लगभग 99 प्रतिशत) से अधिक संसाधनों को – आज भी उसे ही और अच्छी तरह गिनने के लिए लागू किया जाता है – जिन्हें हम गिना ('अस्थायी उपाय') करते थे। बजाय इसके कि कॉर्पोरेट संपत्ति को बढ़ाने के संसाधनों के लिए नए पैमाने तय करें और उन्हें आसान बनाएँ। एक अलग किस्म का कॉर्पोरेशन बनाने के लिए सूचना क्रांति का इस्तेमाल करनेवाले बेहद छोटे से प्रयास का विस्फोटक प्रभाव पड़ेगा।

आज भी कारोबार का सबसे बड़ा रहस्य है 80/20 का सिद्धांत

80/20 सिद्धांत के महत्त्व और जिस हद तक मैनेजर इसकी जानकारी रखते हैं, उस पर विचार करते हुए कहा जा सकता है कि बेहद कम लोग ही इसके विषय में पूरी तरह जानते हैं। यहाँ तक कि 80/20 शब्द का प्रचलन काफी धीरे-धीरे बढ़ा और इसकी उपलब्धि के स्पष्ट संकेत भी नहीं दिखे। 80/20 के आधे-अधूरे उपयोग और धीमी गति से विस्तार के कारण इसका उपयोग पूरी तरह से उन लोगों द्वारा भी नहीं किया गया है, जिन्हें इसकी जानकारी है। यह हर परिस्थिति में काम आता है। किसी भी उद्योग और किसी भी संगठन में इसे किसी भी कार्य के लिए

और किसी भी व्यक्तिगत काम में लागू करके, लाभ प्राप्त किया जा सकता है। 80/20 सिद्धांत चीफ एग्ज़ीक्यूटिव, लाइन मैनेजर, काम लेनेवाले कर्मचारी से लेकर जानकार श्रमिक और सबसे निचले स्तर तक या एकदम नए ट्रेनी की भी मदद कर सकता है। इसका उपयोग भले ही कई प्रकार से किया जा सकता है, लेकिन इसके पीछे इसमें छिपा और सबको जोड़नेवाला एक तर्क है, जो बताता है कि 80/20 का सिद्धांत इतना कारगर और मूल्यवान क्यों है।

80/20 का सिद्धांत कारोबार में कारगर क्यों है

कारोबार में 80/20 सिद्धांत को लागू करने का एक ही मुख्य मकसद होता है - संसाधनों और प्रयास के न्यूनतम खर्च से अधिक से अधिक पैसे कमाना।

उन्नीसवीं और बीसवीं सदी की शुरुआत में पारंपरिक अर्थशास्त्रियों ने आर्थिक संतुलन और एक कंपनी का सिद्धांत दिया, जो उसके बाद से ही हमारी सोच पर हावी है। यह सिद्धांत कहता है कि जब पूर्ण प्रतिस्पर्धा होती है, तब कंपनियाँ ज़्यादा लाभ नहीं कमा पाती। कंपनियों को मिलनेवाला मुनाफा या तो पूँजी की लागत का शून्य या 'सामान्य' होता है, जिसमें वह मुनाफा सीमित ब्याज़ की दर से निर्धारित होता है। यह सिद्धांत अपने आपमें ठीक है और इसमें बस एक ही खामी है कि इसे किसी भी प्रकार की वास्तविक आर्थिक गतिविधि में और किसी एक कंपनी की गतिविधियों में तो खासतौर पर लागू नहीं किया जा सकता।

कंपनी का 80/20 का सिद्धांत

पूर्ण प्रतिस्पर्धा के सिद्धांत के विपरीत, कंपनी के 80/20 सिद्धांत की पुष्टि की जा सकती है (और सच में कई बार की जा चुकी है) और यह किसी ठोस कदम को उठाने में मार्गदर्शक की तरह सहायक होती है। कंपनी का 80/20 का सिद्धांत इस प्रकार है:

- किसी भी बाज़ार में, ग्राहकों की ज़रूरतों को पूरा करने में कुछ आपूर्तिकर्ता अन्य की तुलना में अधिक बेहतर होंगे। ऐसे आपूर्तिकर्ता सबसे अधिक मुनाफा और बाज़ार में सबसे अधिक हिस्सेदारी भी प्राप्त कर सकते हैं।
- किसी भी बाज़ार में, कुछ आपूर्तिकर्ता राजस्व के मामले में खर्च को कम से कम करने में अन्य के मुकाबले बेहतर होंगे। दूसरे शब्दों में, इन आपूर्तिकर्ताओं के उत्पादों की लागत समान उत्पादन और राजस्व के लिहाज

से अन्य आपूर्तिकर्ताओं की तुलना में कम होगी या फिर समान उत्पादन को वे कम खर्च में कर लेंगे।

- कुछ आपूर्तिकर्ता अन्य की तुलना में अधिक बचत कर लेंगे। (मैं 'मुनाफे' के स्थान पर 'बचत' शब्द का इस्तेमाल करता हूँ क्योंकि मुनाफे का अर्थ सामान्य रूप से शेयरधारकों को होनेवाले लाभ से लगाया जाता है। बचत की अवधारणा का मतलब मुनाफे या पुनर्निवेश के लिए उपलब्ध उस धन से लगाया जाता है, जो सामान्य रूप से कारोबार को चलाते रहने के लिए ज़रूरी धन से अधिक होता है।) अधिक बचत का परिणाम इनमें से एक या अधिक के रूप में होगा : (1) उत्पाद और सेवा में फिर से अधिक निवेश, जिससे उत्पाद श्रेष्ठ हो और ग्राहकों को आकर्षित करे। (2) अधिक बिक्री और मार्केटिंग के प्रयासों से मार्केट में हिस्सेदारी के लिए निवेश या अन्य कंपनियों का टेकओवर। (3) कर्मचारियों को अधिक लाभ, जिसका असर यह होगा कि बाज़ार में सबसे बेहतरीन कर्मचारी कंपनी से जुड़े रहेंगे और नए कर्मचारी आकर्षित होंगे। तथा (4) शेयरधारकों को अधिक लाभ मिलेगा, जिससे शेयर की कीमतें बढ़ेंगी और पूँजी की लागत कम होगी, जिससे निवेश करना या टेकओवर संभव होगा।

- धीरे-धीरे, 80 प्रतिशत बाज़ार में 20 प्रतिशत या उससे भी कम आपूर्तिकर्ता सप्लाई का काम करने लगेंगे, जो सामान्य रूप से अधिक मुनाफा भी कमाएँगे।

फिलहाल, संभव है कि बाज़ार में प्रतिस्पर्धा - संतुलन की स्थिति में पहुँच जाए। हालाँकि यह पूर्ण प्रतिस्पर्धावाले अर्थशास्त्रियों के प्रिय मॉडल से एकदम अलग ही तरह का संतुलन होगा। 80/20 के संतुलन में, जो सबसे बड़े चुनिंदा आपूर्तिकर्ता हैं, वे ग्राहकों को कम पैसे में ज़्यादा अच्छा सामान देंगे और छोटे-छोटे प्रतिस्पर्धियों से अधिक मुनाफा कमाएँगे। असल ज़िंदगी में इसे अक्सर देखा जाता है, भले ही पूर्ण प्रतिस्पर्धा का सिद्धांत इसे असंभव बताता है। हम अपनी इस थ्योरी को जो वास्तविकता के ज़्यादा करीब है, 80/20 प्रतिस्पर्धा का नियम कह सकते हैं।

लेकिन वास्तविक जगत, लंबे समय तक शांत संतुलन की स्थिति में नहीं रहता है। जल्द या कुछ समय बाद (अक्सर जल्द ही), बाज़ार में प्रतिस्पर्धा में प्रतिस्पर्धियों के अभिनव प्रयोगों से बदलाव आता है।

- मौजूदा आपूर्तिकर्ता और नए आपूर्तिकर्ता नयापन लाने और छोटे लेकिन प्रत्येक बाज़ार के कड़ी स्पर्धावाले हिस्से में (जो एक 'मार्केट सेगमेंट' होता है) अधिक से अधिक हिस्सेदारी पाने का प्रयास करते हैं। इस प्रकार का सेगमेंट बनाना अधिक विशेष उत्पाद या सेवा उपलब्ध कराए जाने से संभव होता है, जो खास किस्म के ग्राहकों के अनुकूल होता है। धीरे-धीरे, बाज़ार में कई तरह के सेगमेंट बन जाते हैं।

  इनमें से प्रत्येक सेगमेंट में, 80/20 के प्रतिस्पर्धा का नियम काम करेगा। हर विशेष सेगमेंट में सबसे आगे रहनेवाली कंपनियाँ, उस सेगमेंट में व्यापक या विशेष रूप से काम करनेवाली कंपनियाँ होंगी या सामान्य कंपनियाँ होंगी। लेकिन हर सेगेमेंट में उनकी सफलता न्यूनतम प्रयास लगाकर अधिकतम कमाई करने पर निर्भर होंगी। प्रत्येक सेगमेंट में, कुछ कंपनियाँ ऐसा करने में दूसरों से काफी बेहतर होंगी और अपने सेगमेंट में मार्केट की हिस्सेदारी को बढ़ाने का प्रयास करेंगी।

  कोई भी बड़ी कंपनी अनेक सेगमेंट में काम करती है यानी उसके पास बड़ी संख्या में ग्राहक अथवा तरह-तरह के उत्पाद होते हैं। जहाँ प्रयास की तुलना में आय को अधिकतम करने का एक अलग फॉर्मूला होता है या जहाँ अलग-अलग प्रतिस्पर्धियों से मुकाबला होता है। इनमें से कुछ सेगमेंट में, व्यक्तिगत तौर पर बड़ी कंपनी अधिक बचत हासिल करती है, जबकि दूसरे सेगमेंट में काफी कम बचत (या घाटा भी) होती है। इस कारण, यह हमेशा सच होता है कि 80 प्रतिशत मुनाफा या बचत 20 प्रतिशत सेगमेंट और 20 प्रतिशत ग्राहकों तथा 20 प्रतिशत उत्पादों से प्राप्त होता है। सबसे अधिक मुनाफेवाले सेगमेंट वैसे होते हैं (लेकिन हमेशा नहीं होंगे) जहाँ कंपनी की बाज़ार में अधिकतम हिस्सेदारी होती है और जहाँ कंपनी के अधिकांश पक्के ग्राहक होते हैं। (यहाँ पक्के ग्राहक का मतलब लंबे समय तक साथ रहनेवाले ग्राहकों से है, जिनकी प्रतिस्पर्धियों की तरफ खिसकने की सबसे कम आशंका होती है।)

- जैसे प्रकृति और मानवीय प्रयास पर निर्भर सभी संस्थाओं के साथ होता है, वैसे ही किसी भी कंपनी में लागत और उत्पादन तथा प्रयास और लाभ में असंतुलन की संभावना रहती है। बाहरी तौर पर, यह इस बात से पता चलता है कि कुछ बाज़ार, उत्पाद और ग्राहक दूसरों से अधिक मुनाफा देते हैं। तो

आंतरिक तौर पर, इस सिद्धांत को इस रूप में देखा जा सकता है कि चाहे व्यक्ति हों, फैक्ट्रियाँ, मशीन या इन सभी की मिली-जुली व्यवस्था, इन संसाधनों से अन्य संसाधनों की तुलना में कम कीमत पर अधिक मूल्यवाला उत्पाद तैयार किया जाता है। अगर हम इसे माप सकें (जैसे कि जो काम सेल्स के लोग करते हैं), तो हम पाएँगे कि कुछ लोग बहुत अधित बचत कर लेते हैं (उन्होंने जो पैसा कमाया वह पूर्ण लागत से बहुत अधिक होता है)। जबकि कई लोग मामूली बचत कर पाते हैं या घाटे में चले जाते हैं। ऐसी कंपनियाँ जो सबसे अधिक बचत कर पाती हैं, उनमें प्रति कर्मचारी की औसत बचत सबसे अधिक होती है। लेकिन सभी कंपनियों में प्रत्येक कर्मचारी द्वारा सही मायने में की जानेवाली बचत काफी असमान होती है: 80 प्रतिशत बचत आमतौर पर 20 प्रतिशत कर्मचारियों के कारण संभव होती है।

- कंपनी के भीतर संसाधन इकट्ठा करने के निम्नतम स्तर पर - यानी एक कर्मचारी के स्तर पर - जो 80 प्रतिशत वैल्यू पैदा होती है वह छोटे से हिस्से यानी उस कर्मचारी की ओर से लगभग 20 प्रतिशत समय में विभिन्न परिस्थितियों के योग से उत्पन्न होती है। इसमें उस कर्मचारी की व्यक्तिगत विशेषता और काम की स्पष्ट प्रकृति शामिल रहती है। अक्सर वह अपने सामान्य स्तर की तुलना में इसी दमखम के साथ काम करता है।

- इस कारण असमान प्रयास और लाभ के सिद्धांत बाज़ारों, बाज़ार के सेगमेंट, उत्पादों, ग्राहकों, विभागों और कर्मचारियों जैसे कारोबार के सभी स्तरों पर कार्य करते हैं। इस प्रकार किसी काल्पनिक संतुलन के स्थान पर यह जो असंतुलन है, वही सारी आर्थिक गतिविधियों को स्पष्ट रूप से बताता है। कोई उत्पाद अगर किसी प्रद्वंद्वी उत्पाद से मात्र 10 प्रतिशत बेहतर है, तो वह बिक्री में 50 प्रतिशत और मुनाफे में 100 प्रतिशत का अंतर पैदा कर सकता है।

तीन प्रत्यक्ष परिणाम

कंपनियों के 80/20 सिद्धांत का एक परिणाम यह होता है कि सफल कंपनियाँ ऐसे बाज़ारों में काम करती हैं, जहाँ उस कंपनी के लिए कम से कम प्रयास से अधिकतम पैसा जुटाने की संभावना होती है। यह बात पैसों के मुनाफे के मामले में और प्रतिस्पर्धा के लिहाज से सच साबित होती है। कोई कंपनी तब तक सफल नहीं मानी जा सकती है, जब तक कि उसकी पूर्णतया बड़ी बचत (पारंपरिक अर्थों में,

निवेश पर अधिक लाभ) हो और उसके प्रतिस्पर्धियों से भी उसकी बचत अधिक हो।

सभी कंपनियों पर लागू होनेवाला दूसरा व्यावहारिक परिणाम यह होता है कि आर्थिक बचत को बढ़ाने की संभावना हमेशा बनी रहती है, जिसे केवल उन बाज़ारों और ग्राहकों के सेगमेंट पर ध्यान देकर काफी हद तक बढ़ाया जा सकता है, जहाँ से सबसे अधिक बचत हो रही है। इसका मतलब यह भी होगा कि संसाधनों को सबसे अधिक बचत देनेवाले सेगमेंट में फिर से लगाना होगा। सामान्य रूप से इसका अर्थ यह भी होगा कि यह संसाधन और खर्च के पूर्ण स्तर में कमी (आसान शब्दों में, कम कर्मचारी और अन्य लागत) का संकेत देगा।

शायद ही कभी कंपनियाँ बचत के सर्वोच्च स्तर या उसके आसपास तक पहुँचती हैं क्योंकि अक्सर मैनेजर यह नहीं जानते कि बचत किस हद तक की जा सकती है। इस कारण भी कि वे अक्सर असाधारण रूप से मुनाफा कमानेवाली कंपनियों के बजाए बड़ी-बड़ी कंपनियाँ चलाना चाहते हैं।

तीसरा स्वाभाविक परिणाम यह होता है कि प्रत्येक कॉर्पोरेशन के लिए कंपनी के भीतर उत्पादन और लाभ के बीच की असमानता को कम कर बचत के स्तर को बढ़ाना संभव होता है। ऐसा उस कंपनी के अंगों (लोग, फैक्ट्रियों, सेल्स ऑफिस, अन्य ईकाइयों, देशों) की पहचान कर और उन्हें अधिक शक्ति और संसाधन देकर सुदृढ़ किया जा सकता है, जो अधिकतम बचत उत्पन्न करते हैं। दूसरी तरफ, उन संसाधनों की पहचान होती है, जो कम बचत करते हैं या घाटा दे रहे हैं, उनमें व्यापक सुधार लाया जाता है। यदि ऐसा सुधार लाना संभव नहीं होता, तो इन संसाधनों पर खर्च करना बंद किया जा सकता है।

ऐसे सिद्धांत कंपनी के 80/20 सिद्धांत का हिस्सा होते हैं, लेकिन उनकी व्याख्या बहुत सीमित अर्थों में या पूर्व निश्चित मानकर नहीं की जा सकती है। ये सिद्धांत इस कारण काम करते हैं क्योंकि वे स्वाभाविक संबंधों को दर्शाते हैं, जो व्यवस्था और अराजकता, नियमितता और अनियमितता का एक जटिल मिश्रण होता है।

80/20 के सिद्धांत में 'असामान्य' जानकारियाँ ढूँढ़ें

80/20 से जुड़ी बातों की परिवर्तनशीलता और उसे आगे बढ़ाने की शक्ति को समझने का प्रयास ज़रूरी है। जब तक आप इसे नहीं समझेंगे, तब तक आप

80/20 सिद्धांत की व्याख्या बेहद सीमित अर्थों में करेंगे और इसका पूरा लाभ नहीं उठा पाएँगे।

यह संसार छोटे-छोटे कारणों से भरा है, जिन्हें मिला दिया जाए तो ऐतिहासिक परिणाम मिलेंगे। दूध से भरे उस सॉस पैन को याद कीजिए, जो निश्चित तापमान से अधिक गर्म होने पर अचानक रूप बदलता है, दूध उफनता है और उफनकर नीचे गिर जाता है। किसी समय आपके सामने गर्म दूध का अच्छा-खासा पैन होता है, अगले ही पल आप उससे बेहतरीन कैपुचिनो बना सकते हैं या फिर एक सेकेंड की भी देरी हुई तो आपके स्टोव की हालत बिगड़ जाती है। कारोबार में चीज़ों के होने में थोड़ा अधिक समय लगता है, लेकिन आपके सामने एक शानदार और काफी मुनाफेवाले आईबीएम का उदाहरण है। जिसका कंप्यूटर उद्योग में बोलबाला रहता है और कुछ ही समय बाद, अनेक छोटे-छोटे कारणों के चलते विशालकाय संगठन डगमगाता है और तबाही से जूझता दिखता है।

सृजनात्मक संगठन संतुलन से आगे बढ़कर काम करते हैं। कारण और परिणाम, लागत और उत्पादन विषम रूप से काम करते हैं। अक्सर आप जो खर्च करते हैं, उसी अनुपात में आपको पैसा वापस नहीं मिलता है। कभी-कभी आपको काफी कम मिल सकता है और कभी-कभी बहुत अधिक। किसी कारोबारी संस्थान में व्यापक बदलाव वहाँ से होता है, जो देखने में महत्वहीन लगता है। अक्सर असमान बुद्धिमत्ता, कौशल और समर्पणवाले लोग व्यवस्था में छोटे-छोटे अंतर के कारण, बेहद असमान परिणाम देते हैं। घटनाओं का अनुमान नहीं लगाया जा सकता है, हालाँकि अनुमानित बातें घटित होती हैं।

भाग्यशाली घटनाओं को पहचानें

इस कारण नियंत्रण असंभव है। लेकिन घटनाओं को प्रभावित करना संभव है और शायद उससे भी महत्वपूर्ण रूप से अनियमितताओं का पता लगाना और उनसे लाभ प्राप्त करना संभव होता है। 80/20 सिद्धांत का इस्तेमाल करने का हुनर यह है कि वर्तमान वास्तविकता को समझें और जहाँ तक संभव हो, उसका लाभ उठाएँ।

कल्पना कीजिए कि आप किसी भीड़-भाड़ भरे कैसीनो में हैं, जहाँ बेतरतीब ढंग से चलनेवाले रौलेट व्हील हैं। 35 में से 1 बार सही नंबर आने पर पैसे मिलते हैं, लेकिन कोई एक नंबर अलग-अलग टेबल पर अधिक बार आता है। किसी

पर नंबर पाँच बीस में से एक बार आता है, तो दूसरे टेबल पर यह पचास बार में एक ही बार आता है। अगर आप सही टेबल पर सही नंबर बोलते तो आपकी किस्मत चमक जाती है। अगर आप उस टेबल पर नंबर पाँच की बोली लगाने का हठ कर लें, जिस पर वह पचास में से एक बार आता है, तो आपके सारे पैसे उड़ जाएँगे, चाहे आप कितने ही पैसे लेकर खेलने क्यों न बैठे हों।

अगर आपने यह पता लगा लिया कि कहाँ से आपकी कंपनी को लागत से ज़्यादा लाभ मिल रहा है, तो आप मुनाफा बढ़ा सकते हैं और भारी वित्तीय सफलता प्राप्त कर सकते हैं। इसी प्रकार, यदि आपने यह हिसाब लगा लिया कि आपकी कंपनी को निवेश के मुकाबले कहाँ से बहुत कम लाभ मिल रहा है, तो आप अपने नुकसान को कम कर सकते हैं।

इस संदर्भ में, यह जो 'कहाँ' है वह कुछ भी हो सकती है। यह एक उत्पाद, कोई बाज़ार, कोई ग्राहक या ग्राहक का प्रकार, एक तकनीक, वितरण का कोई माध्यम, कोई विभाग या विभाजन, कोई देश, लेन-देन का प्रकार या कोई कर्मचारी, कर्मचारी का या टीम का प्रकार हो सकता है। असल उद्देश्य उन कुछ जगहों का पता लगाना है, जहाँ आप भारी बचत कर रहे हैं और फिर उन्हें अधिकतम पर ले जाना है। साथ ही, उन जगहों की पहचान करना है, जहाँ आपको घाटा हो रहा है और वहाँ से निकल जाना है।

हमें कारण और परिणाम, सामान्य संबंधों, लाभ के औसत स्तर, आदर्श प्रतिस्पर्धा और अनुमानित नतीजों के लिहाज से सोचने की आदत है। ये असली दुनिया नहीं है। असली दुनिया तो तमाम प्रभावों से बनती है- जहाँ कारण और परिणाम का भेद समाप्त हो जाता है... जहाँ जटिल फीडबैक लूप लागत को उसके वास्तविक रूप में नहीं देखता... जहाँ संतुलन क्षणिक और अक्सर आँखों का धोखा होता है... जहाँ बार-बार वही पैटर्न दोहराया जाता है लेकिन प्रदर्शन असामान्य होता है... जहाँ कंपनियाँ कभी आमने-सामने की टक्कर नहीं लेती हैं और विशेषज्ञता से फलती-फूलती हैं... और जहाँ कुछ किस्मतवाले बाज़ार से अधिक मुनाफा हासिल करने में कामयाब होते हैं...।

इस दृष्टि से देखने पर, बड़ी-बड़ी कंपनियाँ इतनी जटिल होती हैं कि कल्पना नहीं की जा सकती और वे तरह-तरह की शक्तियों का प्रयोग अलग-अलग कार्यों में बदल-बदल कर करती हैं। इनमें से कुछ सही दिशा में होती हैं और मुनाफा देती हैं, जबकि अन्य विपरीत दिशा में चली जाती हैं और उनसे भारी नुकसान होता है।

यह सबकुछ तब हमें समझ में नहीं आता जब हम वास्तविकता को सही रूप में नहीं देख पाते। हम अकाउंटिंग प्रणाली के भुलावे में आ जाते हैं, जो अपने औसत और पूरी तरह से गुमराहवाले करनेवाले प्रभावों से हमें खुश कर देती है। 80/20 हर जगह होता है लेकिन उसे लोग देख नहीं पाते। आमतौर पर कारोबार में जो होता है, उसका शुद्ध प्रभाव ही हमें दिखता है, जिसे किसी लिहाज से पूरी तस्वीर नहीं कह सकते हैं। उसके पीछे एक दूसरे से संघर्ष करते सही और गलत प्रयास होते हैं, जिनके ऐसे नतीजे सामने आते हैं जो हमें ऊपरी तौर पर दिखते हैं। हम जब सतह से नीचे की सभी शक्तियों की पहचान करते हैं, तब 80/20 का सिद्धांत सबसे अधिक उपयोगी होता है। जिससे हम नकारात्मक प्रभावों को रोक पाते हैं और सबसे अधिक लाभ देनेवाली शक्तियों के पीछे पूरी ताकत लगा देते हैं।

मुनाफा बढ़ाने के लिए कंपनियाँ 80/20 सिद्धांत का उपयोग कैसे करें

इतिहास, दर्शन और सिद्धांत बहुत पढ़ लिया! अब ज़रा घोर व्यावहारिक बात कर लें। कोई भी कारोबार 80/20 के सिद्धांत को व्यावहारिक तौर पर लागू कर बेहिसाब फायदा हासिल कर सकता है। अब आपको यह दिखाने का समय आ गया है कि यह कैसे होता है।

अध्याय 4 से 7 तक में उन सबसे अहम तरीकों के बारे में बताया गया है, जिनसे 80/20 सिद्धांत के ज़रिए मुनाफा बढ़ाया जा सकता है। अध्याय 8 के साथ भाग दो का समापन उन खास जानकारियों से होता है कि कैसे 80/20 की सोच को आपके कारोबारी जीवन का अभिन्न हिस्सा बनाया जाए ताकि आप अपने सहयोगियों और प्रतिस्पर्धियों से होड़ में अनुचित लाभ प्राप्त कर लें।

अगले अध्याय में हम जानेंगे कि किसी भी कंपनी में 80/20 सिद्धांत का सबसे महत्वपूर्ण उपयोग कैसे किया जा सकता है: मतलब, जहाँ से आपको सच में मुनाफा हो रहा है, उसे स्पष्ट रूप से दिखाएँगे। इसके साथ ही अहम तौर पर जहाँ आपके पैसे का नुकसान हो रहा है, वह भी बताएँगे। हर कारोबारी यही सोचता है कि उसे यह पहले से ही मालूम था और ऐसा सोचनेवाले लगभग सारे लोग गलत हैं। अगर उनके सामने सही तस्वीर होती तो उनके पूरे कारोबार का कायापलट हो चुका होता।

04
आपकी कार्य योजना गलत क्यों है

अगर आपने 80/20 के सिद्धांत का इस्तेमाल अपनी कार्य योजना को सही दिशा में ले जाने के लिया नहीं किया है, तो मानकर चलिए कि आपकी कार्य योजना बिलकुल भी सही नहीं है। निश्चित रूप से आपको यह समझ में नहीं आएगा कि आप अपने ज़्यादातर पैसे कहाँ से कमा रहे हैं और कहाँ गँवा रहे हैं। इससे भी इनकार नहीं किया जा सकता कि आप कई लोगों के लिए बहुत सारी चीज़ें करने में व्यस्त होंगे।

ज़रूरी नहीं कि कारोबार की कार्य योजना शानदार हो और उसमें हर चीज़ का ख्याल रखा जाए। इसकी बजाय इसमें सिर्फ काम की चीज़ देखी जाए और यह समझने के लिए सतह के नीचे की चीज़ को गहराई से देखने की ज़रूरत है कि अंदर क्या चल रहा है। सफल कारोबारी कार्य योजना बनाने के लिए, आपको अपने व्यवसाय के अलग-अलग हिस्सों को ध्यान से देखना चाहिए, खासतौर पर वे कितना मुनाफा दे सकते हैं और उनसे कितना पैसा आ सकता है।

यदि आपकी कंपनी बहुत छोटी और साधारण नहीं है, तो यह निश्चित रूप से कहा जा सकता है कि आप अपनी 20 प्रतिशत गतिविधियों और 20 प्रतिशत की लागत से कम से कम 80 प्रतिशत लाभ और नकद हासिल कर रहे होंगे। अब समझना ये है कि वे 20 प्रतिशत हैं क्या।

सबसे ज़्यादा पैसा आपको कहाँ से आ रहा है?

इस बात का पता लगाएँ कि व्यवसाय के किन हिस्सों से आपको ज़्यादा आमदनी हो रही है, कहाँ पर बस किसी तरह से काम चल रहा है और कौन आपको बर्बाद कर रहा है। ऐसा करने के लिए हम व्यवसाय के अलग-अलग वर्गों के मुनाफे का एक 80/20 विश्लेषण इस प्रकार करेंगे :

* उत्पाद या उत्पाद समूह/प्रकार के हिसाब से।

* ग्राहक या ग्राहक समूह/प्रकार के हिसाब से।
* अन्य किसी भी अंतर के आधार पर, जो आपके कारोबार से जुड़ा है और जिसके आँकड़े आपके पास हैं। उदाहरण के लिए, भौगोलिक क्षेत्र या वितरण के माध्यम के हिसाब से।
* प्रतिस्पर्धी सेगमेंट के हिसाब से।

शुरुआत उत्पादों से करिए। आपके कारोबार के पास निश्चित रूप से उत्पाद या उत्पाद समूह की जानकारी होगी। एक-एक की बिक्री पर पिछली अवधि, महीने, तिमाही या साल (तय कीजिए कि सबसे भरोसेमंद कौन सा है) के हिसाब से नज़र डालिए और हिसाब लगाइए कि सारे खर्च के बाद कितना मुनाफा हुआ है।

यह कितना आसान या कठिन होगा, इस पर निर्भर करेगा कि आपके पास अपने प्रबंधन की कितनी जानकारी है। आपको जो चाहिए वह आसानी से उपलब्ध हो सकता है, लेकिन ऐसा नहीं है तो आपको उसका इंतज़ाम करना पड़ेगा। आपके पास उत्पाद या उत्पादों के विशेष किस्म की बिक्री की जानकारी और शुद्ध मुनाफे (बिक्री पर आनेवाली लागत को घटाकर) की जानकारी तो होनी ही चाहिए। इससे आप पूरे व्यवसाय की कुल लागत (सभी प्रकार की लागत) को भी जान लेंगे। इसके बाद आपको हर उत्पाद समूह पर इस पूरी लागत को किसी तार्किक ढंग से बाँट देना है।

सबसे सामान्य तरीका लागत को कुल बिक्री के प्रतिशत पर बाँटने का है। लेकिन, थोड़ा सोचने पर आपको समझ में आ जाएगा कि ये बहुत सटीक नहीं होता। उदाहरण के लिए, कुछ उत्पादों का जितना मूल्य नहीं होता, उससे ज़्यादा समय उस पर सेल्स के लोगों का खर्च हो जाता है, जबकि दूसरी चीज़ें तुरंत बिक जाती हैं। कुछ का जबरदस्त विज्ञापन करना पड़ता है, जबकि दूसरों को इसकी ज़रूरत बिलकुल भी नहीं होती। कुछ का निर्माण करने में ढेर सारी माथापच्ची करनी पड़ती है, जबकि दूसरे झटपट तैयार हो जाते हैं।

हर तरह के अतिरिक्त खर्च का अलग वर्ग बनाएँ और हर उत्पाद समूह को उसमें डालें। सभी प्रकार के लागत के लिए ऐसा ही करें और फिर नतीजों पर गौर करें। आप देखेंगे कि कुछ खास उत्पाद ऐसे होते हैं, जिनका कुल बिक्री में योगदान कम रहता है लेकिन उनसे अच्छा मुनाफा मिलता है। और कुछ उत्पाद ऐसे होते

हैं, जिनकी पूरी लागत का आप हिसाब लगाते हैं, तो देखते हैं कि उनसे भारी घाटा हो रहा है।

चित्र 10 हाल के एक अध्ययन के आँकड़े दिखाता है, जिसे मैंने एक इलेक्ट्रॉनिक उपकरण बनानेवाले समूह को लेकर किया था। चित्र 11 उसी आँकड़े को दृश्य रूप में रखता है। अगर आप संख्या से अधिक चित्र को पसंद करते हैं तो उसे देखिए।

		$000	
उत्पाद	बिक्री	आय	बिक्री पर लाभ (%)
उत्पाद समूह ए	3,750	1,330	35.5
उत्पाद समूह बी	17,000	5,110	30.1
उत्पाद समूह सी	3,040	601	25.1
उत्पाद समूह डी	12,070	1,880	15.6
उत्पाद समूह ई	44,110	5,290	12.0
उत्पाद समूह एफ	30,370	2,990	9.8
उत्पाद समूह जी	5,030	(820)	(15.5)
उत्पाद समूह एच	4,000	(3,010)	(75.3)
कुल	119,370	13,380	11.2

चित्र 10 – उत्पाद समूह के अनुसार इलेक्ट्रॉनिक इंस्ट्रूमेंट्स इंक की बिक्री और मुनाफा

इन दो चित्रों से हम देख सकते हैं कि उत्पाद समूह ए से केवल 3 प्रतिशत बिक्री होती है, लेकिन मुनाफा 10 प्रतिशत होता है। उत्पाद समूह ए, बी और सी से 20 प्रतिशत बिक्री होती है, लेकिन मुनाफा 53 प्रतिशत होता है। अगर हम 80/20 की तालिका या 80/20 चार्ट को बनाते हैं, जैसा कि चित्र 12 और 13 में दिखाया गया है, तो यह और भी साफ हो जाएगा।

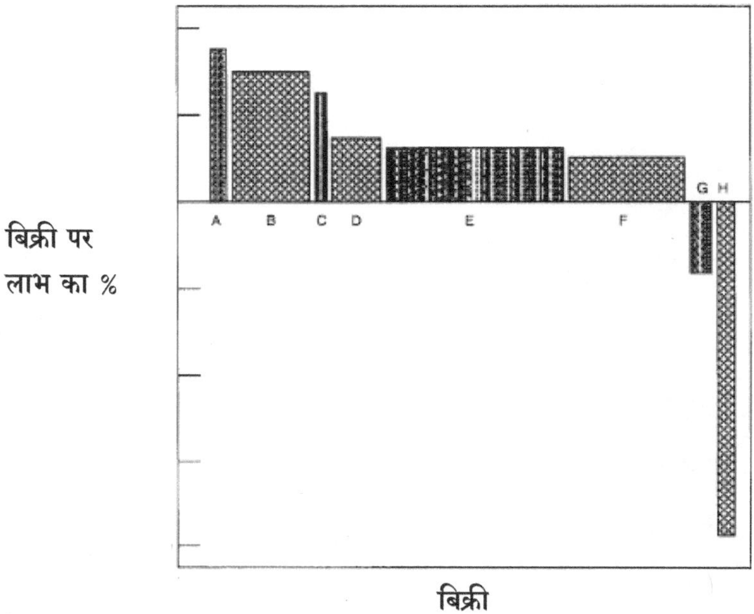

चित्र 11 – उत्पाद समूह के अनुसार इलेक्ट्रॉनिक इंस्ट्रूमेंट्स इंक की बिक्री और मुनाफे का चार्ट

हमें अब तक उस 20 प्रतिशत बिक्री का पता नहीं चला है, जिससे 80 प्रतिशत मुनाफा प्राप्त होता है, लेकिन हम जल्दी ही उसे जाननेवाले हैं। अगर 80/20 नहीं तो 67/30 जिसमें 30 प्रतिशत उत्पाद की बिक्री से लगभग 67 प्रतिशत मुनाफा होता है। अब तक आप यह सोचने लगे होंगे कि उत्पाद समूहों ए, बी और सी की बिक्री बढ़ाने के लिए क्या किया जा सकता है। उदाहरण के लिए, आप चाहते होंगे कि व्यवसाय के अन्य 80 प्रतिशत हिस्से की बिक्री के सारे प्रयास इन पर लगाए जाएँ और सेल्स के लोगों से यह क़हा जाए कि वे उत्पाद ए, बी और सी की बिक्री को दोगुना करने में जुट जाएँ, बाकी की चिंता न करें। यदि वे ऐसा करने में सफल हो जाते हैं, तो बिक्री मात्र 20 प्रतिशत बढ़ेगी, लेकिन मुनाफा 50 प्रतिशत से अधिक हो जाएगा।

आप उत्पाद समूह डी, ई और एफ की लागत कम करने या कीमतें बढ़ाने पर भी सोचने लगे होंगे या उत्पाद समूह जी और एच में भारी कटौती करने या उससे पूरी तरह बाहर निकल जाने पर सोच रहे होंगे।

उत्पाद	बिक्री का प्रतिशत		मुनाफा का प्रतिशत	
	समूह	कुल	समूह	कुल
उत्पाद समूह ए	3.1	3.1	9.9	9.9
उत्पाद समूह बी	14.2	17.3	38.2	48.1
उत्पाद समूह सी	2.6	19.9	4.6	52.7
उत्पाद समूह डी	10.1	30.0	14.1	66.8
उत्पाद समूह ई	37.0	67.0	39.5	106.3
उत्पाद समूह एफ	25.5	92.4	22.4	128.7
उत्पाद समूह जी	4.2	96.6	(6.1)	122.6
उत्पाद समूह एच	3.4	100.0	(22.6)	100.0

चित्र 12 – इलेक्ट्रॉनिक इंस्ट्रूमेंट्स इंक की 80/20 तालिका

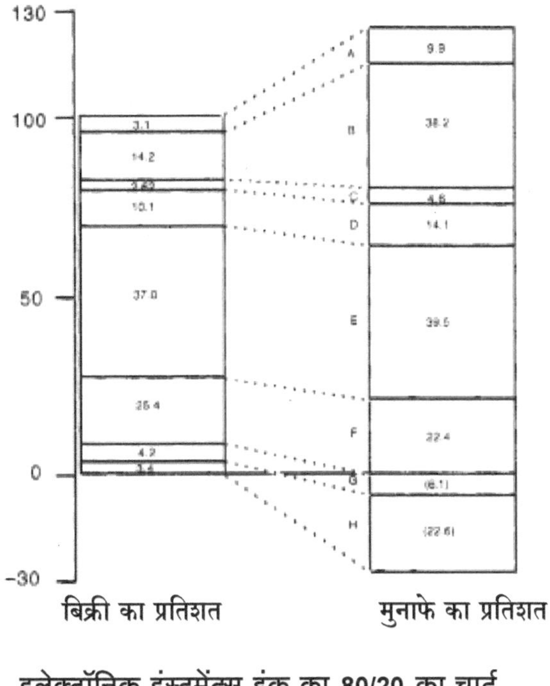

चित्र 13 – इलेक्ट्रॉनिक इंस्ट्रूमेंट्स इंक का 80/20 का चार्ट

ग्राहकों के मुनाफे की जानकारी कैसे मिलेगी?

उत्पादों के बाद, ग्राहकों पर गौर कीजिए। इस विश्लेषण को फिर से कीजिए, लेकिन यह देखिए कि हर ग्राहक या ग्राहक समूह कुल कितनी और कैसी खरीदारी करता है। कुछ ग्राहक ज़्यादा पैसे चुकाते हैं लेकिन उन्हें सेवा देने पर लागत भी अधिक आती है: ऐसे ग्राहक अक्सर कम संख्या में होते हैं। दूसरी तरफ, बहुत बड़ी संख्या में ग्राहकों से लेन-देन आसान हो सकता है और वे एक तरह के उत्पाद को बड़ी संख्या में लेते हैं, लेकिन कीमत में बहुत गिरावट आ जाती है। कभी-कभी इस प्रकार के अंतर संतुलित हो जाते हैं, लेकिन अधिकांशतया ऐसा नहीं हो पाता है। इलेक्ट्रॉनिक इंस्ट्रूमेंट्स इंक के जिस समूह की हम बात कर रहे हैं, उसके नतीजे चित्र 14 और 15 में दिखाए गए हैं।

$000			
ग्राहक	**बिक्री**	**आय**	**बिक्री पर लाभ (%)**
ग्राहक प्रकार ए	18,350	7,865	42.9
ग्राहक प्रकार बी	11,450	3,916	34.2
ग्राहक प्रकार सी	43,100	3,969	9.2
ग्राहक प्रकार डी	46,470	(2,370)	(5.1)
कुल	119,370	13,380	11.2

चित्र 14 – ग्राहक समूह के अनुसार इलेक्ट्रॉनिक इंस्ट्रूमेंट्स इंक की बिक्री और लाभ की तालिका

अब इन ग्राहक समूहों के विषय में आपको समझाते हैं। प्रकार ए के ग्राहक कम संख्या में सीधे बैंक खाते से बड़ी कीमत चुकाने और मोटा मुनाफा देनेवाले ग्राहक होते हैं। उन्हें सेवा देना काफी महंगा पड़ता है लेकिन मुनाफा इस लागत से अधिक होता है। प्रकार बी के ग्राहक डिस्ट्रीब्यूटर होते हैं, जो बड़े ऑर्डर देते हैं और उन्हें सेवा देने पर लागत काफी कम आती है, फिर भी किसी न किसी वजह से वे अधिक कीमत चुकाने पर राज़ी हो जाते हैं। शायद इस वजह से कि वे जैसे इलेक्ट्रॉनिक पुर्जे खरीदते हैं, वे उनकी लागत का बहुत छोटा हिस्सा होते हैं। प्रकार सी के ग्राहक निर्यात खातावाले होते हैं, जो बड़ी कीमत चुकाते हैं। हालाँकि उसके

साथ समस्या यह है कि उन्हें सेवा देना काफी खर्चीला होता है। प्रकार डी के ग्राहक बड़े निर्माता होते हैं, जो कीमत पर खूब मोल-भाव करते हैं और बेहिसाब टेक्निकल सपोर्ट की माँग करने के अलावा कई 'खास' चीज़ें भी माँगते हैं।

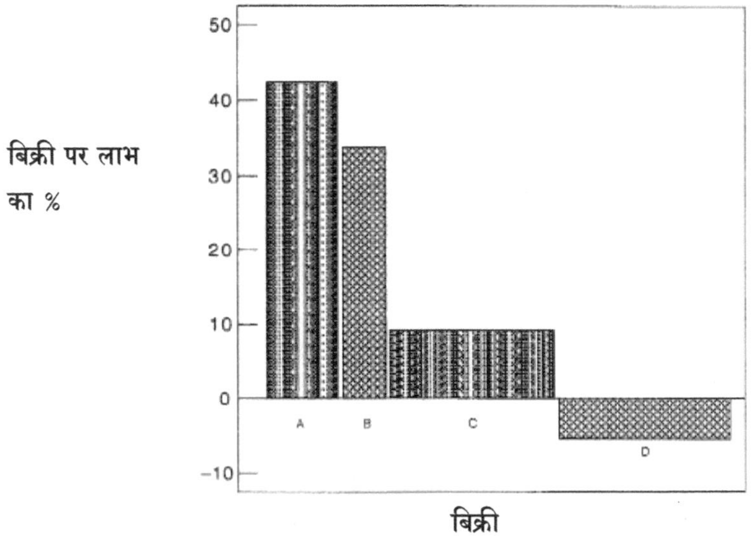

चित्र 15 – ग्राहक समूह के अनुसार इलेक्ट्रॉनिक इंस्ट्रूमेंट्स इंक की बिक्री और लाभ का चार्ट

चित्र 16 और 17 ग्राहकों के समूहों के अनुसार क्रमशः 80/20 तालिका और 80/20 चार्ट को दिखाते हैं।

ये चित्र 59/15 नियम और 88/25 नियम का खुलासा करते हैं, जिसमें जो सबसे अधिक फायदे में रहनेवाले ग्राहक वर्ग से 15 प्रतिशत का लेन-देन होता है लेकिन मुनाफा 59 प्रतिशत मिलता है। वहीं सबसे अधिक लाभ पानेवाले 25 प्रतिशत ग्राहकों से 88 प्रतिशत मुनाफा होता है। इसका एक बड़ा कारण यह है कि मुनाफे में रहनेवाले ग्राहक सबसे अधिक मुनाफा देनेवाले उत्पाद खरीदते हैं और इसके साथ ही उन्हें सेवा देने में जो खर्च आता है, वे उससे अधिक मुनाफा दे जाते हैं।

इस विश्लेषण का नतीजा यह हुआ कि ए और बी किस्म के ज़्यादा से ज़्यादा ग्राहकों की तलाश का सफल अभियान चलाया गया, जिसमें कम संख्यावाले

बिक्री का प्रतिशत	मुनाफा का प्रतिशत			
ग्राहक	समूह	कुल	समूह	कुल
ग्राहक समूह ए	15.4	15.4	58.9	58.9
ग्राहक समूह बी	9.6	25.0	29.3	88.2
ग्राहक समूह सी	36.1	61.1	29.6	117.8
ग्राहक समूह डी	38.9	100.0	(17.8)	100.0

चित्र 16 – ग्राहकों के प्रकार के अनुसार इलेक्ट्रॉनिक इंस्ट्रूमेंट्स इंक की **80/20** तालिका

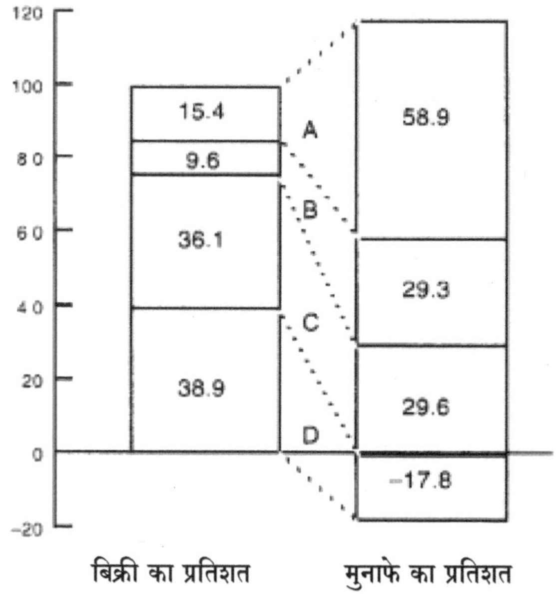

चित्र 17 – ग्राहकों के प्रकार के अनुसार इलेक्ट्रॉनिक इंस्ट्रूमेंट्स इंक की **80/20** का चार्ट

लेकिन सीधा सौदा करनेवाले ग्राहक और डिस्ट्रीब्यूटर शामिल रहते हैं। इस तलाश पर जो खर्च आया, उसे शामिल करने पर भी नतीजा मुनाफा देनेवाला ही था। सी किस्म के ग्राहकों (निर्यात खातावाले) के लिए कीमतें चुनिंदा तौर पर बढ़ाई गई और ऐसे उपाय किए गए कि उन्हें सेवा देने की लागत कम आए, जिसमें आमने-सामने बैठकर सौदा करने के बजाय टेलीफोन का इस्तेमाल ज़्यादा किया गया। डी प्रकार के ग्राहकों (बड़े-बड़े निर्माता) में से सबसे अलग-अलग सौदा किया गया, जिनमें से नौ ग्राहकों से - डी वर्ग के ग्राहकों से - होनेवाले लेन-देन का 97 प्रतिशत पैसा आता था। कुछ मामलों में तकनीकी विकास की सेवा के लिए अलग से पैसे लिए जाते थे। दूसरों के मामले में कीमतें बढ़ा दी गईं और नीलामी की जंग के बाद काफी सोच-समझकर कंपनी के सबसे कट्टर प्रतिद्वंद्वी के लिए तीन खाते छोड़ दिए गए। असल में मैनेजर चाहते थे कि उनका प्रतिद्वंद्वी उस घाटे का लुत्फ उठाए!

जब एक कंसल्टेंसी फर्म पर 80/20 विश्लेषण को लागू किया गया

उत्पाद और ग्राहकों के बाद आप किसी ऐसे व्यवसाय को लीजिए, जो विशेष रूप से आपके कारोबार से जुड़ा है। इंस्ट्रूमेंटेशन कंपनी के मामले में कोई विशेष विश्लेषण नहीं किया गया था, लेकिन इसके फायदे को अच्छी तरह समझने के लिए, कार्य योजना बनानेवाली कंसल्टेंसी कंपनी की बिक्री और मुनाफे के बँटवारे पर गौर कीजिए, जिसे चित्र 18 और 19 में दिखाया गया है।

ये चित्र 56/21 के नियम को दिखाते हैं, जिसमें बड़े प्रोजेक्ट से मात्र 21 प्रतिशत पैसे आते हैं लेकिन मुनाफा 56 प्रतिशत होता है।

	$000		
बिजनेस का बँटवारा	**बिक्री**	**मुनाफा**	**बिक्री पर लाभ (%)**
बड़े प्रोजेक्ट	35,000	16,000	45.7
छोटे प्रोजेक्ट	1,35,000	12,825	9.5
कुल	1,70,000	28,825	17.0

चित्र 18 - स्ट्रैटजी कंसल्टिंग इंक की बड़े बनाम छोटे प्रोजेक्ट से मुनाफे की तालिका

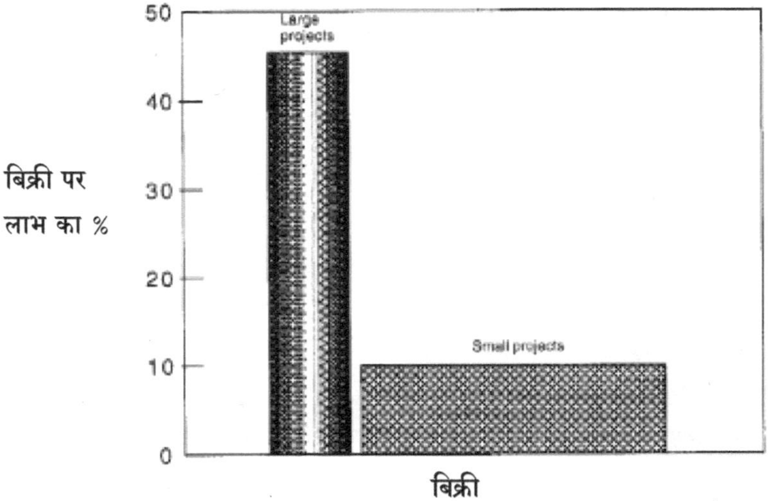

चित्र 19 – स्ट्रैटजी कंसल्टिंग इंक का बड़े बनाम छोटे प्रोजेक्ट से मुनाफे का चार्ट

एक और विश्लेषण, जिसे चित्र 20 और 21 में दिखाया गया है, कारोबार को 'पुराने' (तीन साल से ज़्यादा पुराने), और 'नए' ग्राहकों (छह महीने से कम पुराने) में तथा जो इस बीच के हैं, उनमें बाँटता है।

	$000		
कारोबार का बँटवारा	**बिक्री**	**मुनाफा**	**बिक्री पर लाभ (%)**
पुराने ग्राहक	43,500	24,055	55.3
बीच के ग्राहक	1,01,000	12,726	12.6
नए ग्राहक	25,500	(7,956)	31.2
कुल	१,70,000	28,825	17.0

चित्र २० – पुराने बनाम नए ग्राहकों से मुनाफे के अनुसार स्ट्रैटजी कंसल्टिंग इंक. की तालिका

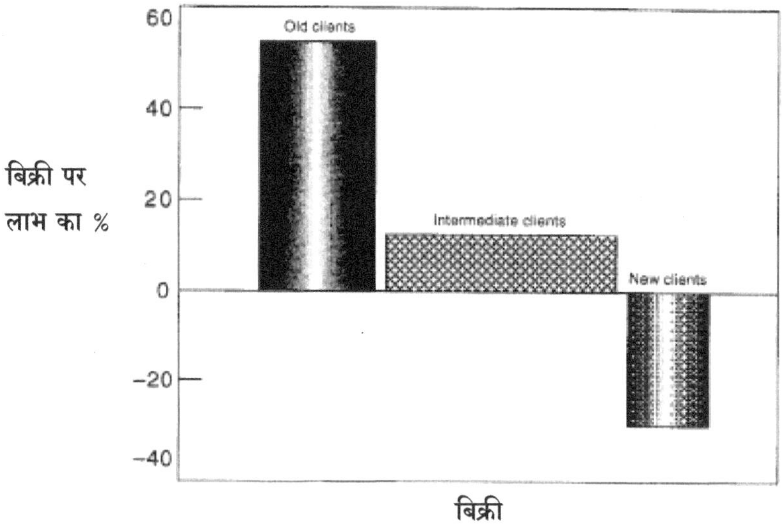

चित्र 21 पुराने बनाम नए ग्राहकों से मुनाफे के अनुसार स्ट्रैटजी कंलस्टिंग इंक का चार्ट

ये चित्र हमें बताते हैं कि 26 प्रतिशत के कारोबार (पुराने ग्राहकों से) से 84 प्रतिशत मुनाफा हुआ यानी यहाँ 84/26 का नियम सामने आया। यहाँ से यह संदेश मिला कि लंबे समय तक जिन ग्राहकों को सेवा देनी है, उन्हें बनाए रखें और उनकी संख्या बढ़ाएँ। ऐसे ग्राहकों को कीमतों से कोई फर्क नहीं पड़ता और उन्हें काफी कम कीमत पर सेवा दी जा सकती है। ऐसे नए ग्राहक जिन्हें अधिक समय तक सेवा नहीं दी गई, उनकी पहचान नुकसान करानेवाले ग्राहकों के रूप में की गई। इससे कारोबार बढ़ाने को लेकर काफी चुनिंदा प्रयास किए गए यानी प्रयास वहीं किए गए, जहाँ वह कंपनी लंबे समय तक के लिए ग्राहक बना सकती थी।

चित्र 22 और 23 कंसल्टेंट्स के लिए एक तीसरा विश्लेषण भी संक्षेप में करते हैं, जिसने प्रोजेक्ट्स को विलयों और अधिग्रहणों (M&A - Mergers and Acquisitions), कार्य योजना के विश्लेषण और चालू प्रोजेक्ट्स पर किए गए काम में बाँटा। इस बँटवारे ने 87/22 के नियम को दिखाया, जिसमें एम एंड ए के काम से जबरदस्त मुनाफा हुआ और 22 प्रतिशत के लेन–देन से 87 प्रतिशत मुनाफा मिला। एम एंड ए के काम को ज़्यादा से ज़्यादा बढ़ाने के प्रयास किए गए!

	$000		
कारोबार का बँटवारा	बिक्री	मुनाफा	बिक्री पर लाभ (%)
एम एंड ए	37,600	25,190	67.0
कार्ययोजना का विश्लेषण	75,800	11,600	15.3
चालू प्रोजेक्ट	56,600	7,965	14.1
कुल	१,70,000	28,825	17.0

चित्र 22 – प्रोजेक्ट के प्रकार के अनुसार स्ट्रैटजी कंसल्टिंग इंक के मुनाफे की तालिका

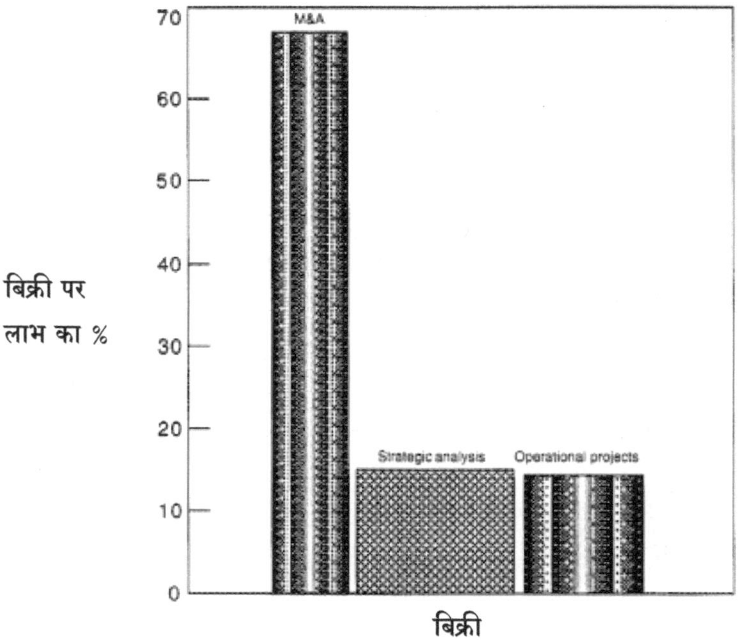

चित्र 23 – प्रोजेक्ट के अनुसार स्ट्रैटजी कंसल्टिंग इंक के मुनाफे का चार्ट

जब पुराने ग्राहकों के लिए चालू प्रोजेक्ट्स का विश्लेषण अलग से किया गया, तो वे न नफा न नुकसान की स्थिति में पाए गए, जबकि नए ग्राहकों के लिए चालू प्रोजेक्ट्स पर भारी घाटा हो रहा था। इससे यह निर्णय लिया गया कि नए ग्राहकोंवाले प्रोजेक्ट्स को अब नहीं चलाना है। जबकि पुराने ग्राहकों से इस प्रकार के प्रोजेक्ट की ज़्यादा कीमत ली गई या उन्हें इस बात के लिए राज़ी किया गया कि वे ऑपरेशन से जुड़ी विशेषज्ञ कंसल्टेंसी के पास जाएँ।

मुनाफे को समझने और उसे बढ़ाने का मंत्र है सेगमेंट में बाँटना

आपका कारोबार मुनाफे में है या नहीं यह पता लगाने के लिए आपके पास सबसे अच्छा तरीका है, इसे प्रतिस्पर्धी सेगमेंट में बाँटना। उत्पाद, ग्राहक या किसी भी अन्य आधार पर बँटवारे का विश्लेषण आमतौर पर काफी कारगर होता है। जबकि आपके जो सबसे प्रमुख प्रतिद्वंद्वी हैं, उनके मुकाबले अपने ग्राहकों और उत्पादों को मिलाकर कारोबार के एक 'बड़े हिस्से' के विश्लेषण से कमाल की नई बातें पता चलती हैं। यह जितना मुश्किल लग रहा है उतना होता नहीं, फिर भी कुछ ही संगठन अपने कारोबार को इस आधार पर अलग-अलग हिस्से में बाँटते हैं, इसलिए इसे थोड़ा समझाना ज़रूरी हो जाता है।

प्रतिस्पर्धी सेगमेंट क्या होता है?

प्रतिस्पर्धी सेगमेंट आपके व्यापार का वह हिस्सा होता है, जहाँ आपका सामना अलग तरह के प्रतिस्पर्धी या अलग ही तरह की प्रतिस्पर्धा से होता है।

अपने व्यवसाय के किसी भी हिस्से को ले लीजिए, जो आपके दिमाग में आ रहा है - जैसे कोई उत्पाद, कोई ग्राहक, कोई प्रोडक्ट लाइन जिसे एक खास किस्म के ग्राहक को बेचा जाता हो, या कोई भी अन्य हिस्सा, जो आपके लिए महत्वपूर्ण (उदाहरण के लिए, कंसल्टेंट्स को एम एंड ए का काम याद आ सकता है) है। अब खुद से दो आसान से सवाल कीजिए:

1. क्या आपको अपने व्यापार के अन्य सभी हिस्सों के मुकाबले इस हिस्से में किसी बड़े प्रतिस्पर्धी से टक्कर मिल रही है? अगर आपका जवाब हाँ है, तो कारोबार का वह हिस्सा एक अलग प्रतिस्पर्धी सेगमेंट (या आसान शब्द में बस सेगमेंट) है।

अगर आपका मुकाबला विशेषज्ञ प्रतिस्पर्धी से है, तो आपका मुनाफा दूसरों

के मुकाबले आपके उत्पाद और आपकी सेवा को लेकर ग्राहकों के बीच बनी राय पर निर्भर करता है। मतलब, उनमें से ग्राहक किसे अधिक पसंद करते हैं? और उस उत्पाद या सेवा को देने में अपने प्रतिस्पर्धी की तुलना में आपकी लागत क्या है? जितना आपका मुनाफा किसी अन्य आधार पर तय होगा, उतना ही आपके प्रतिस्पर्धी की ओर से भी तय किया जाएगा।

इसलिए समझदारी इसी में है कि आप अपने कारोबार के इस हिस्से को अलग रखकर उस पर विचार करें। उसके लिए एक कार्य योजना बनाएँ, जिससे कि आप अपने प्रतिस्पर्धी को मात दे सकें (या सहयोग का झाँसा देकर लाभ उठाएँ)। निश्चित रूप से इसके मुनाफे पर भी अलग से गौर करने में ही समझदारी है क्योंकि तब आपको दिलचस्प जानकारी भी मिल सकती है।

लेकिन आप अपने कारोबार के जिस हिस्से पर गौर कर रहे हैं, अगर उसका प्रतिस्पर्धी आपके कारोबार के दूसरे हिस्से में भी आपको टक्कर दे रहा है (उदाहरण के लिए, उत्पाद ए में आपका मुख्य प्रतिस्पर्धी वही है जो उत्पाद बी में है), तो आपको खुद से दूसरा सवाल पूछना चाहिए।

2. क्या आपका और आपके प्रतिस्पर्धी का दोनों क्षेत्रों में बिक्री या बाज़ार का अनुपात बराबरी का है या वे एक क्षेत्र में ज़्यादा ताकतवर हैं और दूसरे में आपकी ताकत ज़्यादा है?

उदाहरण के लिए, अगर आपके पास उत्पाद ए में 20 प्रतिशत बाज़ार हिस्सेदारी है और जो आपका सबसे बड़ा प्रतिस्पर्धी है, उसकी हिस्सेदारी 40 प्रतिशत (आपसे दोगुना बड़ा) है, तो उत्पाद बी में भी क्या वह आपसे दोगुनी ताकत रखता है? अगर उत्पाद बी में बाज़ार में आपकी हिस्सेदारी 15 प्रतिशत है लेकिन आपके प्रतिस्पर्धी की मात्र 10 प्रतिशत, तो दोनों उत्पादों में प्रतिस्पर्धा की तुलनात्मक स्थिति अलग-अलग है।

इसके पीछे वास्तविक कारण होंगे। ग्राहकों को उत्पाद बी में आपका ब्रांड पसंद आता होगा लेकिन उत्पाद ए में आपके प्रतिस्पर्धी का ब्रांड अच्छा लगता होगा। शायद आपके प्रतिस्पर्धी को लगता होगा कि उत्पाद बी में जो होता है वह होता रहे। शायद उत्पाद बी में आप कम कीमत पर अच्छा उत्पाद दे रहे होंगे, जबकि उत्पाद ए में इसके विपरीत स्थिति होगी। ऐसे में

आपको कारण जानने की ज़रूरत नहीं पड़ती। आपको बस यह समझना है कि आपका मुकाबला एक ही प्रतिस्पर्धी से है, लेकिन दोनों क्षेत्रों में लाभ की स्थिति कभी उसके तो कभी आपके पक्ष में है। इस कारण उनके सेगमेंट अलग-अलग हैं और उनसे होनेवाला मुनाफा अलग ही होगा।

प्रतिस्पर्धियों पर गौर करने के बाद आप अपने व्यवसाय को खास तौर पर अलग-अलग हिस्से में बाँटते हैं

अपने संगठन के विभिन्न हिस्सों को लेकर किसी उत्पाद या अन्य सेवा के विषय में कारोबार के पुराने ढर्रे के पर चलने के बजाय, आप जब प्रतिस्पर्धी सेगमेंट के हिसाब से सोचना शुरू करते हैं, तो आप सीधे अपने कारोबार को बाँटने और फिर उन पर गौर करने की शुरुआत करते हैं।

शुरुआत में हमने उपकरण बनानेवाली जिस कंपनी की बात की थी, उसके मैनेजर पहले आपस में इस पर सहमत ही नहीं हो पा रहे थे कि अपने कारोबार का विश्लेषण कैसे करें। कुछ ने सोचा कि उत्पादों का ही महत्त्व सबसे ज़्यादा होता है। दूसरों का कहना था कि सबसे ज़रूरी तो इस आधार पर बँटवारा करना है कि उनके ग्राहक पाइपलाइन बिजनेस (यानी तेल कंपनियों) में हैं या लगातार उत्पादन करनेवाले उद्योगों (जैसे फूड प्रोसेसिंग कंपनियों) में हैं। तीसरे संघ का कहना था कि अमेरिका के भीतर किया जानेवाला कारोबार निर्यात के कारोबार से काफी अलग है। चूँकि उन्होंने शुरुआत ही अलग-अलग धारणाओं के आधार पर की, जिनमें से सभी कुछ हद तक सही भी थे इसलिए कारोबार को संगठित करना या एक-दूसरे के बीच संवाद बनाना काफी मुश्किल था।

कारोबार को प्रतिस्पर्धी सेगमेंट में बाँटने से ऐसी दलीलें समाप्त हो गईं। यह जो नियम है, वह काफी आसान है कि अगर आपका मुकाबला अलग-अलग प्रतिस्पर्धियों से या प्रतिस्पर्धा की भिन्न-भिन्न परिस्थिति के बीच नहीं है, तो उनका सेगमेंट अलग है। हम जल्दी ही बहुत स्पष्ट ऐसे सेगमेंट का सेट बना लेते हैं, जिन्हें कोई भी समझ सकता है। शुरुआत में ही यह स्पष्ट हो गया था कि कई उत्पादों में प्रतिस्पर्धी अलग-अलग थे, लेकिन ऐसा सभी उत्पादों के साथ नहीं था। जहाँ भी प्रतिस्पर्धी एक जैसे थे और होड़ में उनके रहने की परिस्थितियाँ मिलती-जुलती थीं, वहाँ हमने उत्पादों को साथ में जोड़ दिया। अधिकांश दूसरे मामलों में हमने उत्पादों को अलग-अलग ही रखा।

फिर हमने यह पूछा कि क्या पाइपलाइन के ग्राहकों के लिए प्रतिस्पर्धा की स्थिति प्रोसेसिंग उद्योग के ग्राहकों से अलग थी। सिवाय एक उत्पाद को छोड़कर, सारे उत्पादों को लेकर यह स्थिति अलग-अलग थी। लेकिन वह एक उत्पाद, जो तरल पदार्थों का घनत्व मापनेवाली एक मशीन थी, उसमें भी जो सबसे बड़े प्रतिस्पर्धी थे, वे अलग-अलग थे। इस कारण हमने यहाँ दो सेगमेंट बनाए : लिक्विड डेंसिटी पाइपलाइन और लिक्विड डेंसिटी प्रोसेस।

		$000	
सेगमेंट	**बिक्री**	**मुनाफा**	**बिक्री पर लाभ (%)**
1	2,250	1,030	45.8
2	3,020	1,310	43.4
3	5,370	2,298	42.8
4	2,000	798	39.9
5	1,750	532	30.4
6	17,000	5,110	30.1
7	3,040	610	25.1
8	7,845	1,334	17.0
9	4,224	546	12.9
10	13,000	1,300	10.0
11	21,900	1,927	8.8
12	18,100	779	4.3
13	10,841	(364)	(3.4)
14	5,030	(820)	(15.5)
15	4,000	(3,010)	(75.3)
कुल	119,370	13,380	11.2

चित्र 24 सेगमेंट के अनुसार इलेक्ट्रॉनिक इंस्ट्रूमेंट्स इंक के मुनाफे की तालिका

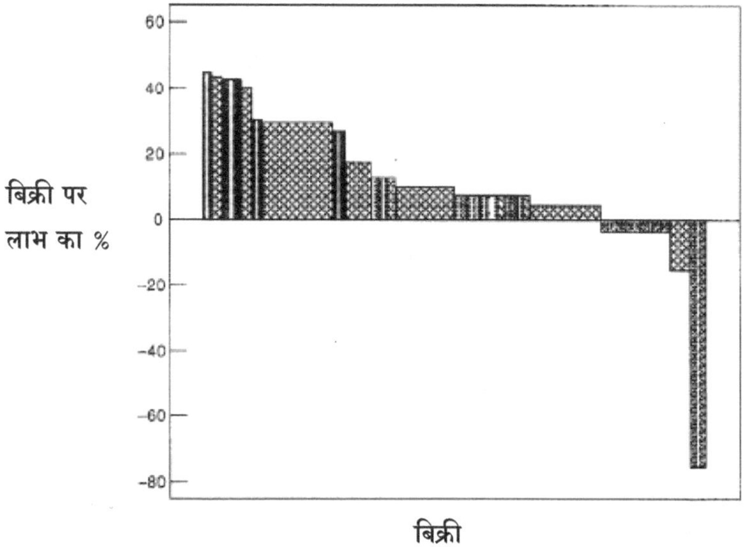

चित्र 25 सेगमेंट के अनुसार इलेक्ट्रॉनिक इंस्ट्रूमेंट्स इंक के मुनाफे का चार्ट

आखिर में हमने पूछा कि क्या अमेरिका के भीतर और अंतरराष्ट्रीय कारोबार में प्रतिस्पर्धी या प्रतिस्पर्धा की परिस्थितियाँ हर सेगमेंट में अलग-अलग थीं? ज़्यादातर मामलों में जवाब मिला, हाँ। अगर उनके लिए अंतरराष्ट्रीय कारोबार काफी ज़रूरी था, तो हमने अलग-अलग देशों के मामले में यही सवाल पूछा कि यूके में भी वही प्रतिस्पर्धी थे, जो फ्रांस या एशिया में थे? जहाँ प्रतिस्पर्धी अलग थे, वहाँ हमने कारोबार को अलग-अलग सेगमेंट के एक और उपखंड में बाँट दिया।

आखिर में हमने देखा कि 15 बड़े सेगमेंट का खाका तैयार हो गया, जिसमें सबसे छोटे सेगमेंट को अनावश्यक काम कम करने के लिए फिर से व्यवस्थित किया गया। इसके लिए आमतौर पर उत्पाद और भौगोलिक क्षेत्र का आधार लिया गया, लेकिन एक मामले में उत्पाद[1] और ग्राहक के प्रकार को चुना गया। प्रत्येक सेगमेंट में एक अलग प्रतिस्पर्धी था या प्रतिस्पर्धा की परिस्थितियाँ अलग-अलग थीं। फिर हमने प्रत्येक सेगमेंट के लिए बिक्री और मुनाफे का विश्लेषण अलग से किया, जिसे चित्र 24 और 25 में दिखाया गया है।

---

[1] ये तरल घनत्व मापनेवाला उत्पाद था, जहाँ पूरी दुनिया के लिक्विड डेंसिटी पाइपलाइन और पूरी दुनिया में लिक्विड डेंसिटी प्रोसेस सेगमेंट थे।

खर्च और मुनाफे के बीच अंतर के असंतुलन को दिखाने के लिए, हम फिर से या तो 80/20 तालिका (चित्र 26) या 80/20 चार्ट (चित्र 27) बना सकते हैं।

इन चित्रों से हम देख सकते हैं कि सबसे बड़े छह सेगमेंट का कुल बिक्री में केवल 26.3 प्रतिशत हिस्सा होता है, लेकिन उनसे 82.9 प्रतिशत मुनाफा होता है। इस प्रकार से हम 83/26 का नियम देखते हैं।

मुनाफा बढ़ाने के लिए इलेक्ट्रॉनिक इंस्ट्रूमेंट्स ने क्या किया था?

चित्र 26 और 27 ने तीन प्रकार के कारोबार पर ध्यान दिया।

सेगमेंट 1 से 6 तक, जो कारोबार का सबसे मुनाफा देनेवाला चौथाई हिस्सा था, उसे शुरुआत में सबसे बड़ी प्राथमिकता दी गई, जिसे पूरी ताकत के साथ आगे बढ़ाना था। 80 प्रतिशत से अधिक मुनाफा इन्हीं सेगमेंट से मिला, इसके बावजूद अपनी कमाई की तुलना में उन्हें प्रबंधन से सीमित समय ही मिल पाता था। फिर यह निर्णय लिया गया कि कुल कारोबार पर दिए जानवाले समय का दो-तिहाई समय इन कारोबारों पर दिया जाएगा। सेल्स की टीम ने इन उत्पादों को मौजूदा और नए, दोनों ग्राहकों को ज़्यादा से ज़्यादा बेचने का प्रयास किया। उस समय समझ में आया कि यह समूह अतिरिक्त सेवा दे सकता है या लागत में थोड़ी कटौती के बावजूद अच्छा लाभ दे सकता है।

सेगमेंट	बिक्री का प्रतिशत प्रकार	कुल	मुनाफे का प्रतिशत प्रकार	कुल
1	1.9	1.9	7.7	7.7
2	2.5	4.4	9.8	17.5
3	4.5	8.9	17.2	34.7
4	1.7	10.6	6.0	40.7
5	1.5	12.1	4.0	44.7
6	14.2	26.3	38.2	82.9
7	2.5	28.8	4.6	87.5
8	6.6	35.4	10.0	97.5
9	3.5	38.9	4.1	101.6
10	10.9	49.8	9.7	111.3
11	18.3	68.1	14.4	125.7
12	15.2	83.3	5.8	131.5
13	9.1	92.4	-2.7	128.8
14	4.2	96.6	-6.0	122.6
15	3.4	100.0	-22.6	100.0

चित्र 26 प्रत्येक सेगमेंट के अनुसार इलेक्ट्रॉनिक इंस्ट्रूमेंट्स इंक की बिक्री और मुनाफे की 80/20 तालिका

कारोबारों के दूसरे समूह में 7 से 12 तक सेगमेंट थे। कुल मिलाकर इनकी 57 प्रतिशत बिक्री थी और कुल मुनाफा 49 प्रतिशत था। दूसरे शब्दों में, यह औसत से लेकर औसत से भी कम मुनाफा दे रहा था। इन सभी सेगमेंट को बी प्राथमिकता के वर्ग में डाला गया, भले ही इस वर्ग के कुछ सेगमेंट (जैसे 7 और 8) अन्य की तुलना (जैसे 11 और 12) में अधिक आकर्षक थे। इन सेगमेंट को दी जानेवाली प्राथमिकता उन सवालों के जवाब पर निर्भर थी, जो इस अध्याय की शुरुआत में पूछे गए थे। जैसे – क्या प्रत्येक सेगमेंट के लिए इतना अच्छा बाज़ार था कि उसमें बने रहा जाए? और हर सेगमेंट में कंपनी की स्थिति कितनी अच्छी थी? इन सवालों के जवाब के बारे में इस अध्याय के अंतिम हिस्से में बताया गया है।

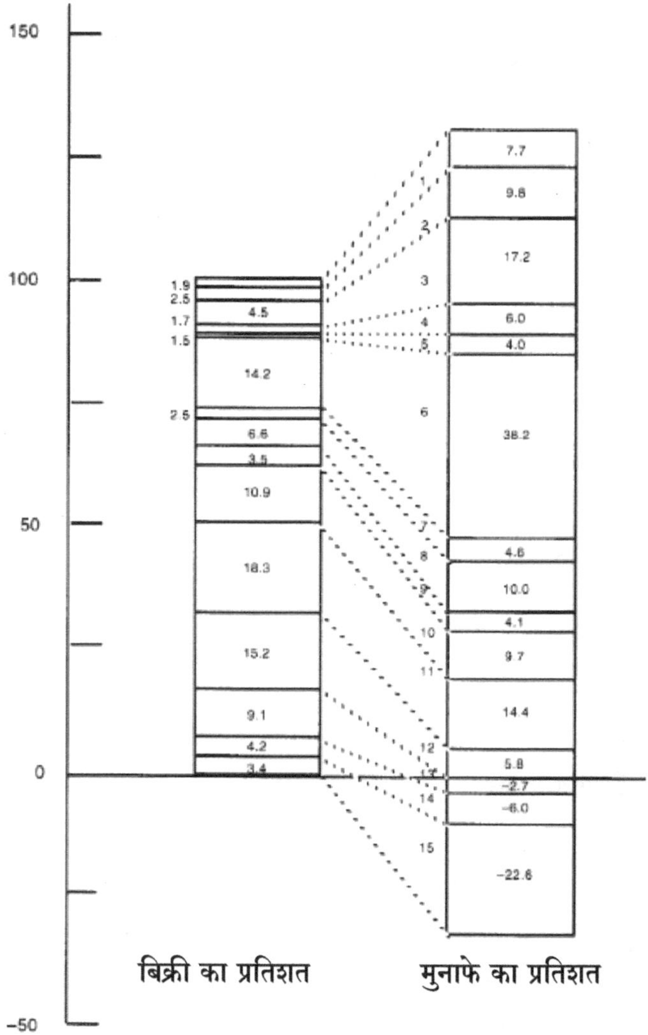

चित्र 27 – प्रत्येक सेगमेंट के अनुसार इलेक्ट्रॉनिक इंस्ट्रूमेंट्स इंक का बिक्री और मुनाफे का 80/20 चार्ट

इस चरण में, बी सेगमेंट पर प्रबंधन की ओर से दिए जानेवाले समय को लगभग 60 प्रतिशत से लेकर पचास प्रतिशत से थोड़ा अधिक तक कम करने का फैसला लिया गया। कम मुनाफा देनेवाले कुछ सेगमेंट में कीमतों को थोड़ा बढ़ाया गया।

प्राथमिकता में जिसे एक्स नाम दिया गया, उस तीसरे वर्ग में घाटे में डूबे 13 से 15 तक सेगमेंट थे। इस सेगमेंट का क्या करना है, इस पर बी सेगमेंट की तरह ही निर्णय को टाल दिया गया। फिर यह तय किया गया कि पहले यह विश्लेषण किया जाएगा कि बाज़ार कितना आकर्षक है और हर बाज़ार में कंपनी की स्थिति कितनी मज़बूत है। हालाँकि, कुछ समय के लिए प्राथमिकताओं को फिर से निर्धारित करना संभव था, जैसा कि चित्र 28 में दिखाया गया है।

वहीं, किसी भी सेगमेंट में अंतिम निर्णय लेने से पहले, इंस्ट्रूमेंटेशन ग्रुप के टॉप मैनेजमेंट ने मुनाफे के साथ ही दो अन्य सवालों पर भी गौर किया, जो कार्य योजना के लिए बेहद महत्त्व रखते थे :

- क्या उस सेगमेंट के लिए बाज़ार इतना आकर्षक है कि उसमें बने रहा जाए?
- हर सेगमेंट में कंपनी की स्थिति कितनी अच्छी है?

प्राथमिकता	**बिक्री के सेगमेंट**	**मुनाफे का का प्रतिशत**	**प्रतिशत**	**क्रिया**
A	1-6	26.3	82.9	बिक्री के प्रयास बढ़ाएँ प्रबंधन का समय बढ़ाएँ कीमत पर लचीलापन
A	7-12	57.0	48.5	प्रबंधन का समय घटाएँ बिक्री के प्रयास कम करें कुछ की कीमतें बढ़ाएँ
X	13-15	16.7	(31.4)	चलाते रहने की समीक्षा करें
कुल		100.0	100.0	

चित्र 28 इलेक्ट्रॉनिक इंस्ट्रूमेंट्स इंक के 80/20 विश्लेषण का परिणाम

चित्र 29 इलेक्ट्रॉनिक इंस्ट्रूमेंट्स इंक को लेकर उस कार्य योजना को दिखाता है, जिसे अंतिम रूप दिया गया है।

सेगमेंट	बाज़ार आकर्षक है?	कंपनी की स्थिति अच्छी है?	मुनाफा
1	हाँ	हाँ	बहुत अधिक
2	हाँ	हाँ	बहुत अधिक
3	हाँ	हाँ	बहुत अधिक
4	हाँ	हाँ	बहुत अधिक
5	हाँ	हाँ	अधिक
6	हाँ	हाँ	अधिक
7	हाँ	ठीक-ठाक	अधिक
8	हाँ	ठीक-ठाक	ठीक-ठाक
9	हाँ	नहीं	ओके
10	बहुत अधिक नहीं	हाँ	ओके
11	बहुत अधिक नहीं	हाँ	ओके
12	नहीं	ठीक-ठाक	खराब
13	हाँ	सुधरता हुआ	घाटे में
14	नहीं	ठीक-ठाक	घाटे में
15	नहीं	नहीं	घाटे में

चित्र 29 चित्र इलेक्ट्रॉनिक इंस्ट्रूमेंट्स इंक की कार्य योजना का विश्लेषण

इस विश्लेषण के बाद क्या-क्या कदम उठाए गए?

मुनाफा देनेवाले पूरे ए सेगमेंट के बाज़ार आकर्षक थे और उनमें वृद्धि हो रही थी। इसमें शामिल होना नए प्रतिस्पर्धियों के लिए आसान नहीं था। कंपनी को तकनीक के लिहाज से स्पर्धा का सामना नहीं करना पड़ रहा था और ग्राहकों के साथ-साथ पुर्ज़ों के सप्लायरों के लिहाज से बारगेनिंग की ताकत बहुत ज़्यादा थी। इसका नतीजा ये हुआ कि इस बाज़ार में जो प्रतिस्पर्धी थे, उन सबने अच्छा पैसा कमाया।

मेरा क्लाइंट भी हर सेगमेंट में अच्छी स्थिति में था, जिसका मतलब यह हुआ कि बाज़ार में उसकी हिस्सेदारी अधिक थी और वह टॉप के तीन सप्लायरों में से एक था। उसकी तकनीक औसत से ऊपर थी और लागत की स्थिति अपने प्रतिद्वंद्वियों की तुलना में औसत से अच्छी थी (यानी, लागत कम थी)।

चूँकि ये सबसे अधिक मुनाफा देनेवाले सेगमेंट भी थे इसलिए इस विश्लेषण से 80/20 के आधार पर मुनाफे की तुलना की बात सही निकली। इस कारण सेगमेंट 1 से 6 तक को यथावत ए सेगमेंट में बनाए रखा गया और यह प्रयास किया गया कि इन सेगमेंट में सारे मौजूदा कारोबार के साथ ही लाभ देनेवाली बाज़ार की हिस्सेदारी को बनाए रखा जाए। इसके लिए मौजूदा ग्राहकों को की जानेवाली बिक्री को बढ़ाने के साथ नए ग्राहक बनाए जाएँ।

इसी कार्य योजना को बी वर्ग के कुछ सेगमेंट में और अधिक बेहतर करते हुए लागू किया जा सकता था। सेगमेंट 9 काफी दिलचस्प था। इसमें मुनाफा ठीक-ठाक था, लेकिन बाज़ार के आकर्षण में कमी, यह इसका कारण नहीं था। इसके विपरीत बाज़ार काफी आकर्षक था, जिसमें दूसरी कंपनियाँ भी अच्छा मुनाफा कमा रही थीं। लेकिन मेरे क्लाइंट की बाज़ार में हिस्सेदारी कम और सेगमेंट में बने रहने पर लागत अधिक थी क्योंकि वह पुरानी तकनीक का इस्तेमाल कर रहा था।

तकनीक को अपडेट करने के लिए न जाने क्या-क्या करना पड़ता और उसमें बेहिसाब खर्च आता। इस कारण इस सेगमेंट को 'हारवेस्ट' करने का फैसला किया गया, मतलब कारोबार को बचाने का प्रयास कम किया गया और कीमतों को बढ़ाने का निर्णय लिया गया। इससे बिक्री में कमी हो जाती, लेकिन कुछ समय तक मुनाफा अधिक हो जाता। असल में, प्रयास में कमी और कीमत बढ़ाने से

मार्जिन बढ़ गया, लेकिन कुछ समय के लिए बिक्री से घाटा ना के बराबर हुआ। इससे यह बात सामने आई कि ग्राहक भी पुरानी तकनीक के फेर में फँसे थे और उनके पास तब तक दूसरे सप्लायर का विकल्प नहीं था, जब तक कि वे खुद अपनी तकनीक को नया न कर लें। मेरे क्लाइंट की जहाँ तक बात थी, तो उसका मुनाफा 12.9 प्रतिशत से बढ़कर 20 प्रतिशत से अधिक हो गया, भले ही इसे कुछ समय की बात कहा गया।

सेगमेंट 10 और 11 में इंस्ट्रूमेंटेशन ग्रुप की बाज़ार में हिस्सेदारी सबसे अधिक थी, लेकिन बुनियादी तौर पर उनका बाज़ार फायदा देनेवाला नहीं था। बाज़ार सिमट रहा था, कुछ ज़्यादा ही कंपनियाँ उसमें आ गई थीं और ग्राहकों की चाँदी थी, जो कीमतों पर भारी मोल-भाव कर सकते थे। भले ही मेरे क्लाइंट की कंपनी का इस बाज़ार में दबदबा था, लेकिन उसने इस सेगमेंट पर ध्यान देना बंद कर दिया और सारे नए निवेश रद्द कर दिए। यही कार्रवाई सेगमेंट 12 में भी की गई, भले ही उसके कारण अलग थे। इस सेगमेंट में बाज़ार और भी निराशाजनक था और कंपनी की हिस्सेदारी भी बहुत कम थी। मार्केटिंग के सारे कार्यक्रम और उनके साथ ही सारे निवेश भी रोक दिए गए।

उस एक्स कैटेगरी का क्या हुआ, जहाँ घाटा हो रहा था? यहाँ यह पाया गया कि तीन में से दो सेगमेंट यानी 14 और 15 बड़े तो थे लेकिन उनके बाज़ार बेहद निराशाजनक थे और इंस्ट्रूमेंटेशन कंपनी की साख वहाँ वैसे भी काफी कमज़ोर थी। दोनों सेगमेंट से बाहर निकल जाने का फैसला किया गया, जिनमें से एक सेगमेंट में एक फैक्ट्री के एक हिस्से को एक प्रतिस्पर्धी के हाथों बेच दिया गया। बेचने से पैसा तो थोड़ा ही मिला, लेकिन कुछ कैश हाथ में आ गया और कुछ नौकरियाँ बच गईं, साथ ही घाटा होना बंद हो गया। दूसरे सेगमेंट में धंधा पूरी तरह बंद कर दिया गया।

सेगमेंट 13 का हश्र, जो एक्स ग्रुप में ही था, एकदम अलग ही हुआ। इस कारोबार में ग्रुप ने काफी पैसा गँवाया, लेकिन बुनियादी तौर पर ये बाज़ार मुनाफा देनेवाला था, जो प्रति वर्ष 10 प्रतिशत की दर से बढ़ रहा था और ज़्यादातर प्रतिस्पर्धियों की बिक्री अच्छी थी। असल में, सारे खर्चों को निकालने के बाद, इस सेगमेंट में कुल मुनाफा काफी अधिक था। कंपनी की समस्या महज इतनी थी कि उसने इसमें पिछले ही साल एंट्री की थी और तकनीक तथा बिक्री के प्रयासों में बहुत भारी निवेश करना पड़ रहा था। लेकिन बाज़ार में उसकी हिस्सेदारी बढ़

रही थी और उसने अपनी इस रफ्तार को बनाए रखा, तो तीन साल के भीतर उसके सबसे बड़े सप्लायरों में से एक बनने की पूरी उम्मीद थी। इस मोड़ पर, लागत पर सारी बिक्री को बाँटने के बाद, भारी मुनाफे की आशा की जा सकती थी। इसने सेगमेंट 13 में अपने प्रयासों को बढ़ाने का फैसला किया ताकि यह ग्रुप जितनी जल्दी संभव हो 'स्केल प्लेयर' बन सके। (मतलब, उस न्यूनतम पैमाने पर कारोबार करे, जितना मुनाफे में बने रहने के लिए ज़रूरी हो।)

80/20 विश्लेषण के निष्कर्ष निकालना इतना भी आसान नहीं

ऊपर सेगमेंट 13 का जो उदाहरण दिया गया, वह इस बात को समझने में मदद करता है कि मुनाफे पर 80/20 का विश्लेषण हमें सारे सही उत्तर नहीं देता। कभी-कभी यह विश्लेषण महज एक झलक दिखाता है और (पहली ही बार में) इसकी मदद से रुझानों की पूरी तस्वीर नहीं देखी जा सकती है या उन शक्तियों की पहचान नहीं की जा सकती है, जो मुनाफा दिला सकते हैं। अच्छी कार्य योजना बनाने के लिए 80/20 के मुनाफे का विश्लेषण ज़रूरी है लेकिन पर्याप्त नहीं है।

दूसरी तरफ, इसमें कोई शक नहीं कि पैसा कमाने के लिए पहले पैसा गँवाना बंद करना ज़रूरी है। याद रखिए कि सेगमेंट 13 के अपवाद के अलावा, 80/20 के सामान्य विश्लेषण से 15 में से 14 सेगमेंट के नतीजे लगभग वैसे ही होते, जिनका आय-व्यय में 90 प्रतिशत से अधिक हिस्सा होता है। इसका मतलब यह नहीं कि कार्य योजना का विश्लेषण 80/20 विश्लेषण के बाद करने की ज़रूरत नहीं है बल्कि उसकी शुरुआत ही वहीं से होनी चाहिए। पूरा जवाब पाने के लिए आपको सेगमेंट के बाज़ार के आकर्षक होने पर गौर करना चाहिए और यह देखना चाहिए कि हर सेगमेंट में कंपनी की स्थिति कितनी अच्छी है। इंस्ट्रूमेंटेशन ग्रुप ने जो कदम उठाए, उन्हें संक्षेप में चित्र 30 में दिखाया गया है।

सेगमेंट	प्राथमिकता	विशेषता	क्रिया
1-6	A	आकर्षक बाज़ार बाज़ार में अच्छी हिस्सेदारी अधिक मुनाफा	प्रबंधन का बहुत अधिक ध्यान बिक्री के प्रयास बढ़ाए गए बिक्री बढ़ाने के लिए लचीलापन
7-8	B	आकर्षक बाज़ार ठीक-ठाक स्थिति अच्छा मुनाफा	डटे रहें कोई विशेष पहल नहीं
9	C	आकर्षक बाज़ार खराब तकनीक और बाज़ार में कमज़ोर हिस्सेदारी	हारवेस्ट (लागत कम करें, कीमत बढ़ाएँ)
10-11	C	निराशाजनक बाज़ार बाज़ार में अच्छी हिस्सेदारी मुनाफा ओके	प्रयास घटाएँ
12	C	निराशाजनक बाज़ार ठीक-ठाक स्थिति खराब मुनाफा	बेहद कम प्रयास करें
13	A	आकर्षक बाज़ार पैमाना छोटा लेकिन सुधरती स्थिति घाटे की स्थिति	तुरंत हिस्सेदारी बढ़ाएँ
14-15	Z	निराशाजनक बाज़ार ठीक-ठाक/खराब स्थिति घाटे की स्थिति	बेच दें/बंद करें

चित्र 30 - 80/20 के पूरे विश्लेषण के बाद इलेक्ट्रॉनिक इंस्ट्रूमेंट्स इंक की ओर से उठाए गए कदम

भविष्य के मार्गदर्शक के रूप में 80/20 – अपनी कंपनी का कायापलट करें

यहाँ हम कारोबार के मौजूदा सेगमेंट पर अपनी कार्य योजना की समीक्षा को समाप्त करते हैं और अब 80/20 मुनाफे का विश्लेषण करने की सलाह देते हैं। जैसा कि हमने देखा है, कार्य योजना बनाने के लिए इस प्रकार के विश्लेषण सेगमेंट की नितांत आवश्यकता है। लेकिन इसका मतलब यह नहीं कि कार्य योजना में 80/20 सिद्धांत को हमने पूरी तरह निचोड़ लिया है। आपके कारोबार को यहाँ से आगे छलाँग भरना है, तो इस सिद्धांत का उपयोग उन कदमों तक पहुँचने के लिए करना बेहद ज़रूरी है।

हम यह मान लेते हैं कि हमारे संगठन और हमारे उद्योग, जितना अच्छा कर सकते हैं उतना कर रहे हैं। हम यह भी सोचते हैं कि जिस बाज़ार में हम कारोबार करते हैं, वहाँ कड़ी टक्कर है और अब वह अपने चरम पर या अंतिम छोर तक पहुँच चुका है। इससे बड़ा भ्रम कुछ हो ही नहीं सकता!

इससे अच्छा तो यह होगा कि आप यह मान लें कि आपका उद्योग-धंधा पूरी तरह से बर्बाद हो चुका है और जैसा ग्राहक चाहते हैं, उसमें उसी तरह से भारी फेरबदल करें। जहाँ तक आपके संगठन की बात है, तो आपका मकसद यह होना चाहिए कि उसे अगले एक दशक में बदल दिया जाए ताकि 10 साल के भीतर आपके लोग पलटकर देखें और एक-दूसरे से हैरानी के साथ कहें, 'यकीन नहीं होता कि हम सबकुछ इतने अजीब तरीके से किया करते थे। हम बिलकुल बेवकूफ थे क्या!'

कुछ नया करना ही यहाँ सबकुछ होता है और आगे चलकर प्रतिस्पर्धा में आगे बढ़ने के लिए इससे ज़्यादा मायने और कुछ भी नहीं रखता। हम यह मान लेते हैं कि कुछ नया करना मुश्किल है, लेकिन 80/20 सिद्धांत का रचनात्मक प्रयोग आसान और मज़ेदार, दोनों ही हो सकता है! मिसाल के तौर पर निम्नलिखित उपायों पर गौर कीजिए :

- सारे उद्योग जितना मुनाफा कमाते हैं, उनमें से 80 प्रतिशत मुनाफा 20 प्रतिशत उद्योगों के हिस्से में जाता है। आप सबसे अधिक मुनाफा देनेवाले उन उद्योगों की एक सूची बना लें, जिन्हें आप जानते हैं। जैसे फार्मास्यूटिकल या कंसल्टिंग और खुद से पूछें कि आपका कारोबार इनके जैसा क्यों नहीं

हो सकता है।

- किसी भी उद्योग में 80 प्रतिशत मुनाफा 20 प्रतिशत कंपनियाँ कमाती हैं। अगर आप उनमें से एक नहीं, तो वे क्या सही कर रही हैं, जो आप नहीं कर रहें?

- ग्राहकों को जो 80 प्रतिशत फायदे की बात लगती है, वह किसी संगठन की ओर से किए गए 20 प्रतिशत काम की वजह से लगती है। आप वैसा 20 प्रतिशत काम कौन सा करते हैं? क्या है जिसकी वजह से आप वैसा नहीं कर रहे हैं? क्या है जो आपको उस 20 प्रतिशत काम में उससे भी जबरदस्त तरीका 'अपनाने' से रोक रहा है?

- एक उद्योग 80 प्रतिशत ऐसे काम करता है, जिसका 20 प्रतिशत से अधिक लाभ उसके ग्राहकों को नहीं मिलता। वह 80 प्रतिशत क्या है? क्यों नहीं उसे खत्म कर देते हैं? जैसे, मान लीजिए कि आप एक बैंकर हैं, तो आपकी शाखाएँ क्या हैं? अगर आप सेवा देते हैं, तो उसकी सुविधा टेलीफोन और पर्सनल कंप्यूटर से क्यों नहीं देते? जब अपने इस्तेमाल की बात आती है तब आप कम में काम चलाते हैं, तो कहाँ पर कम में काम चल सकता है? क्या कुछ सेवाओं को देने में ग्राहकों को शामिल किया जा सकता है?

- किसी भी उत्पाद या सेवा का 80 प्रतिशत फायदा 20 प्रतिशत खर्च पर पहुँचाया जा सकता है। कई ग्राहक बेहद औसत, बेहद सस्ती चीज़ खरीदते हैं। क्या आपके धंधे में कोई और उसे दे रहा है?

- किसी भी उद्योग का 80 प्रतिशत मुनाफा उसे अपने 20 प्रतिशत ग्राहकों से मिलता है। क्या आपके मामले में यह अनुपात सही नहीं है? यदि नहीं है, तो उसे सही करने के लिए आप क्या कर सकते हैं?

हमें लोगों की ज़रूरत क्यों पड़ती है?

उद्योग-धंधे के कायापलट के कुछ उदाहरणों से इसे समझा जा सकता है। मेरी दादी नुक्कड़ पर राशन की दुकान चलाया करती थी। उन्हें ऑर्डर मिला करते थे, फिर वह सामान चुनकर निकालती थीं और मैं (या कोई भरोसेमंद लड़का) उन्हें बाइक से घर-घर पहुँचाया करता था। फिर एक दिन शहर में एक सुपरमार्केट खुल गया। वह ग्राहकों को अपना सामान खुद चुनने और कार्ट से घर ले जाने की

इजाजत देता था। यही नहीं, सुपरमार्केट तरह-तरह के सामान, कम कीमत और कार पार्क की सुविधा भी दिया करता था। जल्दी ही मेरी दादी के सारे ग्राहकों ने सुपरमार्केट में भीड़ लगा दी।

कुछ उद्योग, जैसे पेट्रोल पंप ने जल्दी ही खुद को सेल्फ-सर्विसवाले मोड़ में ढाल लिया। जो दूसरे थे, जैसे फर्नीचर की दुकान और बैंकिंगवाले, उन्हें लगा कि ये उनके लिए करना मुमकिन नहीं है। हर साल एक नया प्रतिस्पर्धी, जैसे फर्नीचर में Ikea ने यह साबित कर दिया कि सेल्फ सर्विस के पुराने उपाय में नई जान डाली जा सकती है।

डिस्काउंट देना भी जनम-जनम से चला आ रहा जीर्णोद्धार का एक तरीका है। कम विकल्प, कम दिखावटी सामान, कम सर्विस और ज्यादा सस्ते दाम रखिए। 80 प्रतिशत बिक्री 20 प्रतिशत उत्पादों तक सीमित रहती है, बस उन्हें ही स्टॉक में रखिए। मैं एक और जगह काम करता था, जहाँ शराब का दुकानदार 30 अलग-अलग तरह की रेड वाइन रखता था। अब इतने तरह की रेड वाइन किसे चाहिए? आखिरकार वह कंपनी एक डिस्काउंट चेन के हाथों बिक गई, जिसने सड़क किनारे शराब की एक बड़ी सी दुकान खोल ली।

50 साल पहले किसने सोचा होगा कि लोगों को फास्ट-फूड की दुकानों की ज़रूरत पड़ेगी? और आज, किसे यह एहसास होता है कि जितने बड़े-बड़े रेस्टोरेंट हैं, जिनमें सीमित और पहले से तय मेन्यू होता है, और जो चमक-दमक भरे माहौल में कम कीमत पर खाना परोसते हैं लेकिन इस पर ज़ोर डालते हैं कि 90 मिनट बाद आप टेबल खाली कर दें। उनके कारण काउंटर पर बैठे मालिकों द्वारा चलाए जानेवाले पुराने ढर्रे के रेस्टोरेंट दम तोड़ रहे हैं?

क्या हम इस पर ज़ोर डालते हैं कि जो काम मशीन सस्ते में कर सकता है उसे लोग करें? आपकी सेवा के लिए आखिर एयरलाइंस रोबोट का इस्तेमाल कब शुरू करेंगी? अधिकांश जगहों पर इंसानों को काम करने के लिए चुना जाता है, लेकिन मशीन ज़्यादा भरोसेमंद और अधिक सस्ती होती है। मशीनों से 20 प्रतिशत लागत पर 80 प्रतिशत लाभ मिल सकता है। कैश मशीनों (एटीएम) की तरह ही, कुछ और मामलों में आप देख सकते हैं कि बेहद मामूली खर्च पर काफी अच्छी और तेज रफ्तार में सेवा दी जा सकती है। जल्दी ही मेरे जैसे ओल्ड फैशनवाले लोग ही इंसानों से काम लेते रह जाएँगे और मुझे भी उनकी ईमानदारी पर शक होता रहेगा।

क्या कारपेट के दिन पुराने हो गए हैं?

मैं चाहता हूँ कि इस पर आप खुद सोचें। बस एक आखिरी उदाहरण दूँगा, जिसमें 80/20 सिद्धांत के इस्तेमाल से एक कंपनी की किस्मत बदल गई और निश्चित रूप से पूरे उद्योग को इसी तरह बदला जा सकता है।

जॉर्जिया के इंटरफेस कॉरपोरेशन को ही देख लीजिए, जो आज 800 मिलियन डॉलर के कारपेट की सप्लाई करता है। यह पहले कारपेट बेचा करता था, अब उन्हें लीज़ पर देता है, जिसमें पूरा कारपेट बिछाने के बजाय कारपेट टाइल लगाता है। इंटरफेस को यह समझ में आया कि किसी भी कारपेट के 20 प्रतिशत हिस्से में 80 फीसदी घिसावट होती है। आमतौर पर पूरा कारपेट बदल दिया जाता है, जबकि उसका ज़्यादातर हिस्सा एकदम ठीक-ठाक हालत में होता है। इंटरफेस की लीजवाली स्कीम के अंतर्गत, कारपेट का समय-समय पर निरीक्षण किया जाता है और कहीं से फटा हुआ या खराब हुआ हिस्सा मिलता है, तो उस हिस्से की कारपेट टाइल को बदल दिया जाता है। इससे इंटरफेस और उसके ग्राहक, दोनों का खर्च बचता है। 80/20 की इस मामूली सी बात पर गौर किया गया और एक कंपनी का कायापलट हो गया। भविष्य में पूरा उद्योग इसी तरह बदल सकता है।

निष्कर्ष

80/20 का सिद्धांत यह बताता है कि आपकी मौजूदा कार्य योजना गलत है। अगर आप अपने काम के छोटे से हिस्से से अधिकांश पैसा कमाते हैं, तो आपको कंपनी को उलट-पुलट कर देना चाहिए और इस छोटे से हिस्से को कई गुना बढ़ाने के लिए पूरी ताकत लगा देनी चाहिए। इसके बावजूद यह समस्या के हल का केवल एक हिस्सा है। एक हिस्से पर गौर करने के साथ ही कारोबार से जुड़ा इससे भी बड़ा एक सच है, जिस पर हम आगे बात करनेवाले हैं।

05
सरल ही सुंदर है

मैं आसानी से सबकुछ समझाने का प्रयास कर रहा हूँ। आम तौर पर लोगों के पास पैसे इतने कम होते हैं कि निहायत ज़रूरी चीज़ों को खरीदना भी महंगा पड़ता है (ऐशो–आराम की चीज़ों की तो बात ही छोड़िए जबकि मैं मानता हूँ कि सभी को उनका हक है) क्योंकि हम चाहे जो भी बनाते हैं उसमें ज़रूरत से ज़्यादा जटिलता होती है। हमारे कपड़े, हमारा खाना, हमारे घर के सामान- सबकुछ अपेक्षाकृत रूप से ज़्यादा आसान हो सकते हैं और उसके साथ ही अधिक सुंदर भी दिख सकते हैं।

हेनरी फोर्ड 1

पिछले अध्याय में हमने देखा कि लगभग सभी कारोबारों के भीतर कारोबार के कुछ ऐसे हिस्से होते हैं, जिनमें मुनाफे का अंतर जमीन–आसमान जितना होता है। 80/20 का सिद्धांत एक ऐसा अनुमान सामने रखता है, जो पूरी तरह सिद्ध न होने के कारण चौंकानेवाला लग सकता है। वह अनुमान यह है कि किसी भी कंपनी की आय का पाँचवाँ हिस्सा यानी बीस फीसदी उस कंपनी के मुनाफे और नकद के अस्सी फीसदी से बनता है। इसके विपरीत, कंपनी के आय के अस्सी फीसदी हिस्से से महज बीस फीसदी मुनाफा और नकद मिल पाता है। यह अनुमान बड़ा विचित्र सा है। यदि हम यह मानते हैं कि इस तरह की एक कंपनी में 100 मिलियन पाउंड की कुल बिक्री और 5 मिलियन पाउंड का कुल मुनाफा है, तो 80/20 सिद्धांत को सही साबित करने के लिए 20 मिलियन पाउंड की बिक्री से 4 मिलियन पाउंड मुनाफा होना चाहिए। अर्थात 20 प्रतिशत की बिक्री से यह लाभ मिलना चाहिए, जबकि 80 मिलियन पाउंड की बिक्री से महज 1 मिलियन पाउंड मुनाफा होना चाहिए यानी बिक्री पर महज 1.25 प्रतिशत का लाभ। इसका मतलब यह हुआ कि कारोबार का शीर्ष पाँचवाँ हिस्सा बाकी कारोबार की तुलना में सोलह गुना अधिक मुनाफा देनेवाला है।

सबसे चौंकानेवाली बात ये है कि जब इसका परीक्षण किया जाता है, तो यह अनुमान अक्सर सही निकलता है या उस अंदाजे के बिलकुल आसपास ही होता है। आखिर ऐसा कैसे होता है? सीधी सी बात है कि कारोबार के कुछ हिस्से दूसरों से ज़्यादा मुनाफा देनेवाले हो सकते हैं। लेकिन 16 गुना बेहतर कैसे हो सकते हैं? इस पर यकीन नहीं होता। और अक्सर ही, किसी प्रोडक्ट लाइन से कितना मुनाफा होगा, इसका हिसाब लगानेवाले अधिकारियों के सामने जब इन नतीजों को रखा जाता है, तो वे इन पर यकीन करने से साफ इनकार कर देते हैं। यहाँ तक कि जब वे अनुमानों की जाँच और पुष्टि कर लेते हैं, तब भी वे हैरानी से सिर धुनते रहते हैं।

अगली बात अब उन मैनेजरों के लिए है, जो अक्सर कारोबार के उस 80 फीसदी हिस्से को हटाने से इनकार कर देते हैं, जो नुकसान कराता रहता है। इसके पीछे उनकी दलील होती है कि उस 80 प्रतिशत का कुल आय-व्यय में बहुत बड़ा योगदान रहता है। वे कहते हैं कि उस 80 प्रतिशत को हटा देने से मुनाफा कम हो जाएगा क्योंकि आप उस 80 फीसदी को कब हटाना है इस पर फैसला कर ही नहीं सकते।

मैनेजर जब कोरपोरेट विश्लेषकों या कंसल्टेंट के सामने इस तरह की आपत्तियाँ उठाते हैं, तब अक्सर ही वे हथियार डाल देते हैं। कारोबार के केवल उन्हीं हिस्सों को हटाया जाता है, जो भयंकर नुकसान करा रहे होते हैं। और जो भारी मुनाफा दे रहे होते हैं, उन्हें बढ़ाने के बेहद सीमित प्रयास किए जाते हैं।

कुल मिलाकर यह बेहद औसत दर्जे का और भयावह समझौता है, जो अज्ञानता के कारण किया जाता है। कुछ ही लोग पूछते हैं कि गैर-लाभकारी कारोबार इतना बुरा क्यों है? उससे भी कम लोग यह सोचते हैं कि क्या आप कारोबार को व्यवहार और सिद्धांत, दोनों रूप से ऐसा बना सकते हैं, जिसमें केवल मुनाफा देनेवाले हिस्से हों और बाकी के 80 प्रतिशत आय-व्यय से पीछा छुड़ा लिया जाए।

सच तो ये है कि गैर-लाभकारी (घाटेवाला) कारोबार में इतना घाटा इस कारण होता है क्योंकि बाकी के आय-व्यय को आवश्यक समझा जाता है और कारोबार के कई अलग-अलग हिस्से संगठन को भयंकर रूप से उलझा देते हैं। यह भी उतना ही सच है कि भारी मुनाफेवाले कारोबार को बाकी के आय-व्यय की ज़रूरत नहीं होती या होती भी है तो काफी छोटे हिस्से की। आप चाहते तो

ऐसा कारोबार बना लेते, जिसमें केवल मुनाफा देनेवाला हिस्सा होता और उससे उतना ही शुद्ध लाभ भी मिलता, बशर्ते आपने सबकुछ अलग तरीके से व्यवस्थित किया होता।

और ऐसा कैसे होता? एकदम आसान है। सरल ही सुंदर है। कारोबारियों को उलझे रहने से बड़ा प्रेम होता है। जब तक किसी कारोबार को उसके मैनेजर अपनी पूरी ताकत लगाकर हद से ज़्यादा जटिल नहीं बना देते, तब तक उस सीधे-सादे कारोबार को सफल नहीं बताते हैं। लेकिन कोराबार के मुनाफे को इस जंजाल से बड़ी नफरत होती है। जैसे-जैसे कारोबार ज़्यादा जटिल होता जाता है, वैसे-वैसे उससे होनेवाला लाभ बड़ी तेज़ी से कम होता है। ऐसा केवल इस वजह से नहीं होता कि मुख्य कारोबार से हटकर काम किया जा रहा है। इसका कारण यह भी होता है कि किसी कारोबार को ज़्यादा जटिल बनाने से लाभ इस हद तक कम हो जाता है कि इंसानियत की तबाही का भी इससे बुरा तरीका नहीं होता।

अब इस प्रक्रिया को पलटा जा सकता है। इसका अर्थ ही किसी जटिल कारोबार को अधिक सरल बनाकर लाभ को तेजी से बढ़ाया जा सकता है। बस इतना समझने की ज़रूरत है कि जटिलता से कितना चूना लग रहा है (या सरलता से कितना लाभ होनेवाला है) और घातक प्रबंधन ओवरहेड के कम से कम चार-पाँचवें हिस्से को हटाने का साहस करने के लिए कहता है।

सरल ही सुंदर है – जटिल असुंदर

हम में से जो लोग 80/20 सिद्धांत में यकीन रखते हैं, वे जब तक यह नहीं बताएँगे कि सरल सुंदर है और क्यों है तब तक कोराबार जगत में बदलाव नहीं ला सकते हैं। जब तक लोग इसे नहीं समझते, तब तक वे अपने मौजूदा कारोबार और उसके 80 प्रतिशत के आय-व्ययवाले हिस्से को कभी नहीं छोड़ना चाहेंगे।

इसलिए हमें बुनियादी बातों की ओर लौटना होगा और कारोबार में सफलता की मूल बातों की आम धारणा को फिर से समझना होगा। ऐसा करने के लिए, सबसे पहले हमें एक मौजूदा विवाद में पड़ना होगा कि कारोबार का आकार मददगार होता है या रुकावट पैदा करता है। इस विवाद का हल निकलने पर हम यह भी बता पाएँगे कि सरल सुंदर क्यों होता है।

दरअसल, हमारे औद्योगिक ढाँचे में कुछ बेहद दिलचस्प और अभूतपूर्व चीज़ हो रही है। चूँकि औद्योगिक क्रांतिवाली कंपनियाँ अब पहले से काफी बड़ी

हो चुकी हैं और उनके कारोबार में विविधता भी आई है। उन्नीसवीं सदी के अंत तक, लगभग सभी कंपनियाँ राष्ट्रीय या उपराष्ट्रीय थीं, जिनके आय-व्यय का बहुत बड़ा हिस्सा उनके अपने ही देश तक सीमित था। और लगभग वे सभी कारोबार के लिए एक ही धंधे तक सीमित थीं। बीसवीं सदी में एक के बाद एक कई बदलाव हुए, जिनसे न केवल कारोबार की प्रकृति बदली बल्कि हम सबका दैनिक जीवन भी बदल गया। सबसे पहले, हेनरी फोर्ड को इसका श्रेय जाता है, जिन्होंने ऑटोम ोबाइल इंडस्ट्री को सफलतापूर्वक 'लोकतांत्रिक' बनाया। जहाँ एसेंबली लाइन की ताकत तेजी से बढ़ रही थी, इससे सामान्य कंपनियों का आय-व्यय कई गुना बढ़ा रहा था और इतिहास में पहली बार बड़े पैमाने पर उपभोक्ता वस्तुओं का निर्माण हो रहा था। इससे उन वस्तुओं की लागत काफी कम हो रही थी और बड़े-बड़े उद्योगों का मुनाफा बढ़ रहा था। फिर तथाकथित मल्टीनेशनल कंपनियों का उदय हुआ, जिन्होंने पहले अमेरिका और यूरोप में, फिर पूरी दुनिया में अपना व्यवसाय फैला लिया। इसके बाद कॉन्गोलोमेरेट यानी नई किस्म के बहुत बड़े कॉरपोरेशन आए, जिन्होंने एक ही धंधे को अपनाने के बजाय अपना कारोबार कई उद्योग-धंधों और दुनियाभर के उत्पादों तक फैलाया। फिर आक्रामक ढंग से अधिग्रहण की नई खोज हुई और उसे थोड़ा सभ्य भी बनाया गया, जिसके पीछे न केवल प्रबंधन की महत्वाकांक्षा थी बल्कि पैसे की ताकत भी थी। इससे उनका आकार और बढ़ गया। आखिर में, सदी के आखिरी 30 वर्षों में, चोटी के उद्योगपतियों, विशेष रूप से जो जापान के थे, उनके भीतर उन बाज़ारों में वैश्विक नेतृत्व और बाज़ार में जहाँ तक संभव हो उतने हिस्से पर कब्जा जमाने का एक संकल्प पैदा हुआ, जिससे बड़े आकारवाले कॉरपोरेशनों का चलन और भी बढ़ गया।

इन तमाम वजहों से बीसवीं सदी के पहले 75 वर्षों में जहाँ औद्योगिक उपक्रमों के आकार में धीरे-धीरे वृद्धि हुई और उनका ऐसा विस्तार हुआ जिसे रोक पाना संभव नहीं था, वहीं हाल के दिनों तक सबसे बड़ी कंपनियों की कारोबारी गतिविधियों का अनुपात भी उसी अनुसार बढ़ता गया। लेकिन उसी सदी के आखिरी दो दशकों में, कोराबारी गतिविधियों का जो ट्रेंड था, वह काफी तेजी से पलट गया। 1979 में, अमेरिका के सकल राष्ट्रीय उत्पाद (GNP Gross National Product) में अमेरिका की सबसे बड़ी 500 फॉर्चून कंपनियों का योगदान लगभग 60 प्रतिशत था, लेकिन 1990 के दशक के आरंभ तक यह घटकर मात्र 40 प्रतिशत रह गया।

क्या इसका मतलब है कि छोटा ही सुंदर है?

नहीं। निश्चित रूप से ये गलत जवाब है। उद्योगपति और रणनीतिकार बरसों से ऐसा मानते आए हैं कि आकार और बाज़ार की हिस्सेदारी मायने रखती है और उनका ऐसा सोचना बिलकुल भी गलत नहीं है। बड़े आकार से मात्रा बढ़ जाती है, जिस पर निश्चित लागत को बाँटा जा सकता है। खासतौर पर जो अतिरिक्त खर्च आता है, उसका कुल लागत में बहुत बड़ा हिस्सा होता है (चूँकि अब फैक्ट्रियों को इतना कुशल बना दिया गया है)। बाज़ार में हिस्सेदारी से कीमतें बढ़ाने में भी मदद मिलती है। बाज़ार में सबसे अधिक हिस्सेदारीवाली जो सबसे लोकप्रिय कंपनी होती है, जिसकी ख्याति और जिसका ब्रांड सबसे अच्छा होता है और जिसके सबसे भरोसेमंद ग्राहक होते हैं, उनका कम हिस्सेदारीवाले प्रतिस्पर्धियों के मुकाबले अधिक मूल्य (प्राइस प्रीमियम) का अधिकार होता है।

फिर भी ऐसा क्यों हो रहा है कि बड़ी-बड़ी कंपनियाँ बाज़ार की हिस्सेदारी में छोटी कंपनियों से पिछड़ रही हैं? और ऐसा क्यों होता है कि सिद्धांत के विपरीत जमीनी स्तर पर, आकार और बाज़ार में हिस्सेदारी का लाभ अधिक मुनाफे के तौर पर नहीं मिल पाता है? ऐसा क्यों होता है कि कंपनियों को चारों तरफ अपनी बिक्री होती दिखाई देती है, फिर भी बिक्री और पूँजी पर उनका लाभ वास्तव में कम होता है, जबकि इस थ्योरी के हिसाब से उसे बढ़ना चाहिए?

जटिलता की लागत (Cost)

जटिलता की लागत का जवाब ढूँढ़ना सबसे ज़रूरी है। समस्या बड़े आकार से नहीं होती बल्कि ज़रूरत से ज़्यादा जटिलता के कारण होती है।

अनावश्यक जटिलता न हो तो आकार बढ़ाने से ईकाई की लागत हमेशा कम होगी। एक ही ग्राहक को अधिक से अधिक एक उत्पाद या सेवा देने से, मुनाफा हर हाल में बढ़ेगा। बशर्ते वह उत्पाद या सेवा एक जैसी हो।

फिर भी अतिरिक्त आकार शायद ही कभी एक ही चीज़ का बढ़ाया जाता है। अगर ग्राहक वही है तब भी, अतिरिक्त मात्रा अक्सर किसी मौजूदा उत्पाद को अपनाने, नए उत्पाद को उपलब्ध कराने या अधिक सेवा देने से बढ़ती है। इसमें इधर-उधर का काफी खर्च आता है, जो अक्सर दिखता नहीं, लेकिन असल में होता है। और इसमें अगर नए ग्राहक शामिल हो जाते हैं, तो हाल और अधिक

बुरा हो जाता है। नए ग्राहकों को जोड़ने में शुरुआत में काफी खर्च आता है और मौजूदा ग्राहकों के मुकाबले उनकी ज़रूरत अक्सर अलग ही होती है, जिससे काम उलझाऊ और खर्चीला हो जाता है।

आंतरिक जटिलता पर लागत आती है, जो दिखती नहीं

जब नया कोराबार मौजूदा कारोबार से अलग होता है, भले ही अंतर थोड़ा बहुत ही हो, फिर भी लागत बढ़ जाती है, और ऐसा न केवल बढ़नेवाली मात्रा के अनुपात में होता है बल्कि उससे बहुत अधिक होता है। ऐसा इसलिए होता है क्योंकि जटिलता सरल सी व्यवस्था को धीमा कर देती है। फिर नई-नई ज़रूरतों के कारण मैनेजरों के हस्तक्षेप करने की आवश्यकता होती है। अतिरिक्त अन्य लोगों के बीच बातचीत (और उसमें भी गलतफहमी) को रोकने और फिर से शुरू करने की लागत - जब काम अधूरा छोड़कर उस पर किसी के फैसले का इंतज़ार किया जाता है और जब वह उसे आगे बढ़ाता है, किसी तीसरे के लिए छोड़ता है तो उसके बीच का अंतर - यह सारी लागत होश उड़ानेवाली होती है और दबे पाँव आती है क्योंकि वह दिखाई नहीं देती। यही नहीं, अगर बातचीत अलग-अलग विभागों, इमारतों और देशों से होकर गुजरती है, तो नतीजा इससे भी बुरा होता है।

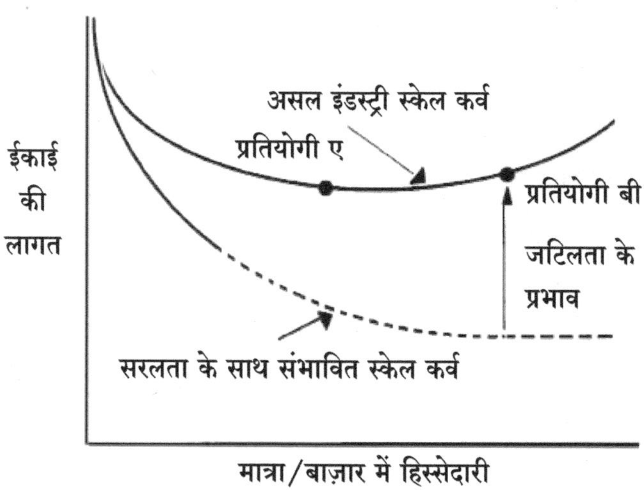

चित्र 31 - जटिलता की लागत

चित्र 31 में दिखाया गया है कि यह कैसे काम करता है। प्रतियोगी बी प्रतियोगी ए से बड़ा है, फिर भी उसकी लागत अधिक है। ऐसा इस कारण नहीं होता क्योंकि स्केल कर्व (लंबे समय में आनेवाली लागत) काम नहीं करता। उसके अनुसार अतिरिक्त मात्रा से लागत कम होती है। इसकी बजाय, ऐसा इस कारण होता है क्योंकि बी की अतिरिक्त मात्रा को जटिलता की भारी लागत पर खरीदा गया है। इसका काफी बड़ा असर पड़ता है और ए की तुलना में अतिरिक्त लागत दिखाई भी नहीं पड़ती है। यह स्केल कर्व काम तो करता है, लेकिन अतिरिक्त जटिलता से उसका फायदा नुकसान में बदल जाता है।

सरल ही सुंदर है 80/20 सिद्धांत को स्पष्ट करता है

हमने अगर जटिलता की लागत को समझ लिया, तो कॉरपोरेट के आकार पर इस बहस को हम काफी आगे ले जा सकते हैं। ऐसा नहीं कि छोटा सुंदर होता है। अगर सबकुछ समान होता, तो अच्छा होता। लेकिन बाकी सबकुछ समान नहीं होता। जो बड़ा होता है, वह मात्र जटिलता के कारण बदसूरत और खर्चीला होता है। बड़ा भी सुंदर हो सकता है। लेंकिन जो सरल है वह तो हमेशा ही सुंदर होता है।

यहाँ तक कि प्रबंधन के वैज्ञानिकों को भी अब सरलता का महत्त्व समझ में आने लगा है। गुंटर रोमेल ने 39 मध्यम आकार की जर्मन कंपनियों का अध्ययन करने पर पाया कि उनमें केवल एक विशेषता थी, जो विजेताओं को कम सफल कंपनियों से अलग करती थी, और वह थी सरलता। सफल कंपनियाँ कुछ ही ग्राहकों को सीमित प्रकार के उत्पाद बेचा करती थीं और उनके सप्लायर भी कम थे। अध्ययन इस निष्कर्ष पर पहुँचा कि जटिल उत्पादों को बेचने के मामले में सरल संगठन ही उत्तम था।

मन की इस भ्रांति के दूर हो जाने से साफ हो जाता है कि क्यों और कैसे 80/20 सिद्धांत के चौंकानेवाले दावे जब कॉरपोरेट मुनाफे पर लागू किए जाते हैं, तो असलियत में सच हो सकते हैं। लगाए गए पैसे का पाँचवाँ हिस्सा अस्सी फीसदी तक मुनाफा दे सकता है। आय-व्यय का सबसे ऊपर का 20 प्रतिशत हिस्सा, सबसे निचले 20 प्रतिशत की तुलना में 16 गुना मुनाफा दे सकता है। (या, जहाँ सबसे निचला 20 प्रतिशत नुकसान कराता है, उसे न जाने कितने समय तक लाभप्रद बनाया जा सकता है!)। सरल ही सुंदर है काफी हद तक स्पष्ट करता है

कि क्यों 80/20 का सिद्धांत कारगर है।

- बाज़ार में सरल और शुद्ध हिस्सेदारी पहले के मुकाबले बहुत अधिक मूल्यवान हो सकती है, जितना कि उसे समझा भी नहीं गया था। शुद्ध विस्तार से होनेवाला लाभ अशुद्ध विस्तार की जटिलता के कारण दिखता ही नहीं था। कारोबार के अलग-अलग हिस्से में आमतौर पर अलग-अलग प्रतिद्वंद्वी थे और उन प्रतिद्वंद्वियों के मुकाबले उनकी तुलनात्मक क्षमता भी अलग थी। जहाँ भी कारोबार अपने निश्चित विशेष किस्म के बाज़ार में दबदबा रखता है, उस विशेषतावाले बाज़ार में उन बाज़ारों के मुकाबले कई गुना लाभ कमा सकता है, जहाँ उसका सामना किसी शक्तिशाली प्रतिस्पर्धी (हू-ब-हू अपने ही जैसा) से होता है।

- कारोबार के ऐसे हिस्से जो बाज़ार में अपने चरम सीमा पर पहुँच चुके हैं और सरल हैं, वे कमाल का मुनाफा दे सकते हैं। उत्पादों, ग्राहकों और सप्लायरों की संख्या में कटौती से आमतौर पर अधिक मुनाफा होता है। ऐसा काफी हद तक इस कारण होता है क्योंकि आप सबसे अधिक मुनाफा देनेवाले काम और ग्राहकों पर ध्यान लगा सकते हैं। और कुछ हद तक इस कारण भी कि अन्य खर्चों और प्रबंधन - जैसे जटिलता पर आनेवाली लागत - को खत्म किया जा सकता है।

- अलग-अलग उत्पादों में अक्सर कंपनियों के बीच इस आधार पर अंतर आता है कि वे वस्तुओं और सेवाओं को बाहर से (बिजनेस की भाषा में, आउटसोर्सिंग) खरीदती हैं। आउटसोर्सिंग जटिलता और लागत में कटौती का रामबाण उपाय है। सबसे अच्छा तरीका यह तय करने का है कि वैल्यू को बढ़ानेवाली श्रृंखला (शोध और विकास-निर्माण-वितरण-विक्रय-मार्केटिंग-सर्विसिंग) के किस हिस्से में आपकी कंपनी तुलनात्मक रूप से सबसे अच्छी स्थिति में है और फिर निर्बाध रूप से बाकी सबकुछ आउटसोर्स कर दीजिए। इससे जटिलता पर आनेवाली अधिकांश लागत समाप्त हो जाएगी और लोगों की संख्या भी काफी कम होगी। साथ ही साथ, बाज़ार तक कोई उत्पाद काफी रफ्तार से आ जाएगा। इसका नतीजा लागत में भारी कटौती और अक्सर आपकी ओर से अच्छी कीमत लेने के रूप में सामने आएगा।

- यह आपको सभी केंद्रिय कार्यों और लागतों को दूर करने में सक्षम बनाता है। अगर आप केवल एक ही तरह के व्यवसाय में हैं, तो आपको हेड ऑफिस,

रीजनल हेड ऑफिस या फंक्शनल ऑफिस की ज़रूरत नहीं है। हेड ऑफिस को हटाते ही आपके मुनाफे में कमाल की वृद्धि हो सकती है। हेड ऑफिस के साथ बड़ी समस्या लागत की नहीं है। समस्या उस तरीके को लेकर है, जिससे वे सही मायने में काम करनेवाले उन लोगों की वाजिब ज़िम्मेदारी और कोशिशों को छीन लेते हैं और ग्राहकों तक बेहतर सेवा या सामान पहुँचाते हैं। पहली बार ऐसा हुआ है जब प्रबंधन के ढ़ाँचे के बजाय कॉरपोरेशन अपना ध्यान ग्राहकों की ज़रूरतों पर दे सकते हैं।

हेड ऑफिस को समाप्त किए जाने से पहले, कारोबार के अलग-अलग हिस्सों पर हेड ऑफिस की लागत और दखलंदाजी के कारण तरह-तरह के बोझ पड़ते हैं। सबसे अधिक मुनाफेवाले उत्पादों और सेवाओं में ऐसी चीज़ें शामिल रहती हैं, जो अपने दम पर चलती हैं और उन्हें केंद्र से किसी तरह की 'मदद' नहीं मिलती है। यही वजह है कि जब 80/20 के मुनाफे का हिसाब-किताब लगाया जाता है, तो आप यह जानकार अधिकारी हैरान रह जाते हैं कि जो हिस्से सबसे उपेक्षित थे, वही सबसे अधिक मुनाफा दे रहे हैं। यह कोई संयोग नहीं है। (और 80/20 विश्लेषण का एक दुर्भाग्यपूर्ण और अनचाहा परिणाम कभी-कभी यह होता कि जो सबसे अधिक मुनाफा देनेवाले हिस्से होते हैं, उन पर सबसे ऊपर बैठे मैनेजर ज़रूरत से ज़्यादा ध्यान देने लगते हैं। नतीजा यह होता है कि मुनाफे की तालिका में वे धीरे-धीरे नीचे आने लगते हैं।)

- अंत में, कारोबार का हिस्सा जहाँ सरल होता है, वहाँ इसकी संभावना रहती है कि वह ग्राहकों की पसंद बन जाए। दोनों के बीच प्रबंधन को आने की ज़रूरत नहीं होती। ग्राहकों की बातों को बस सुन लिया जाए और उन्हें एहसास कराया जाए कि वे महत्त्व रखते हैं, तो लोग इसकी अच्छी कीमत चुकाने के लिए तैयार रहते हैं। ग्राहकों के लिए जितना महत्त्व अच्छी चीज़ का होता है, उतना ही इसका कि खुद उन्हें कितना महत्त्व दिया जाता है। सरलता लागत को कम करने के साथ ही कीमत को बढ़ाती है।

अन्य खर्चों में योगदान : कुछ न करने का एक सबसे कमज़ोर बहाना

अक्सर जब मैनेजरों के सामने 80/20 विश्लेषण के नतीजे आते हैं, तो वे

विरोध करते हुए कहते हैं कि वे केवल सबसे अधिक मुनाफेवाले सेगमेंट पर ही ध्यान नहीं लगा सकते। उनकी दलील होती है कि जो कम मुनाफेवाले सेगमेंट हैं, यहाँ तक कि घाटेवाले सेगमेंट हैं, उनका भी अन्य आय-व्यय में अच्छा योगदान रहता है। इससे कमज़ोर और स्वार्थ सिद्ध करने का इससे बड़ा तंत्र आज तक बनाया नहीं गया है।

अगर आप सबसे अधिक मुनाफेवाले सेगमेंट पर ध्यान लगाएँगे, तो उनकी तरक्की में आश्चर्यजनक तेजी ला सकते हैं, जो हर साल लगभग 20 प्रतिशत और कभी-कभी उससे भी अधिक हो सकती है। याद रखिए कि शुरुआती स्थिति और ग्राहकों की फ्रेंचाइजी दमदार होती है इसलिए पूरे कारोबार को बढ़ाना काफी आसान हो जाता है। घाटेवाले सेगमेंट से अनावश्यक खर्चों को तेजी से खत्म किया जा सकता है।

इसके बावजूद सच यही है कि आपको बिलकुल भी देरी नहीं करनी चाहिए। 'शरीर का जो अंग ज़हरीला हो जाए, उसे काट देना ही अच्छा होता है!' सीधी सी बात है कि अनावश्यक खर्चों को बिलकुल खत्म कर दीजिए। अगर आपमें इच्छाशक्ति है, तो आप जब चाहें ऐसा कर सकते हैं। कम मुनाफेवाले सेगमेंट को उनके अन्य खर्चों के साथ या उनके बिना कभी-कभी बेचा जा सकता है, नहीं तो जब चाहे तब बंद भी किया जा सकता है। (अकाउंटेंट्स की मत सुनिए जो 'एग्जिट कॉस्ट' का रोना रोते हैं क्योंकि अक्सर ये बस कागजी आँकड़े होते हैं, जिनमें नकद लागत का जिक्र नहीं होता। जहाँ नकद लागत का जिक्र होता भी है, वहाँ भी आपको तुरंत फायदा होगा और ऐसा सरलता के कारण होगा। जबकि आपका अकाउंटेंट आपको इस तरह के फायदे की बात कभी नहीं बताएगा।) एक तीसरा विकल्प है, जो अक्सर सबसे फायदे का सौदा होता है कि आप घाटेवाले सेगमेंट को हारवेस्ट करें यानी जानबूझकर बाज़ार में हिस्सेदारी को छोड़ दें ताकि उस घाटे का मजा आपके प्रतिद्वंद्वी उठाएँ। आप कम मुनाफेवाले ग्राहकों और उत्पादों को छोड़ दें, अधिकांश सपोर्ट और सेल्स के प्रयासों को खत्म करें, कीमतों को बढ़ाएँ और बिक्री को 5 से 20 प्रतिशत तक कम होने दें। इसके बाद भी नकद के लिहाज से बाजी आप ही मारेंगे।

सबसे सरल 20 प्रतिशत को चुनें

जो सबसे सरल और स्टैंडर्ड होता है, वह जटिल चीज़ों के मुकाबले जबरदस्त

उत्पादक और कम लागतवाला होता है। सबसे सरल संदेश सबसे आकर्षक होते हैं और सभी को पसंद आते हैं, चाहे सहकर्मी हों, ग्राहक या सप्लायर। सबसे सरल संरचना और प्रक्रिया ऐसी होती हैं, जिन्हें सबसे अधिक पसंद किया जाता है और उन पर खर्च भी सबसे कम आता है। अगर ग्राहकों की पहुँच सभी प्रकार की सेल्फ सर्विस की तरह ही आपके कारोबार तक होती है, तो उससे विकल्प, अर्थव्यवस्था, गति और खर्च सबकुछ संभल जाता है।

किसी भी प्रकार के उत्पाद, प्रक्रिया, मार्केटिंग के संदेश, सेल्स के माध्यम, उत्पाद की डिजाइन, उत्पाद के निर्माण, सर्विस डिलीवरी या ग्राहकों के फीडबैक की व्यवस्था के सरलतम 20 प्रतिशत की पहचान कीजिए। इन सरलतम 20 प्रतिशत को बेहतर बनाइए। इनमें तब तक सुधार करते रहें, जब तक कि आप इन्हें सरल से और सरल न बना लें। किसी भी साधारण उत्पाद या सेवा की डिलीवरी को जितना व्यापक और वैश्विक हो सके, उतना स्टैंडर्ड बनाएँ। सरल सीधे तरीके से खुशियाँ बाटिएँ। सरतलम 20 प्रतिशत को जितनी उम्दा क्वालिटी का बना सकते हैं, बनाइए और जितना सोच सकते हैं, उतना उस क्वालिटी को बनाए रखिए। जब भी कुछ उलझाऊ हो जाए, तो उसे सुलझा लीजिए और न सुलझे तो खत्म कर दीजिए।

कॉर्निंग में जटिलता को कम करना

संकट में फँसा कोई कारोबार जटिलता कम करने और मुनाफा बढ़ाने में 80/20 सिद्धांत का उपयोग किस प्रकार कर सकता है? इसकी एक बेहतरीन केस स्टडी है कॉर्निंग, जो ओहायो के ग्रीनविल्ले और जर्मनी के कैज़रसलार्टन के लिए ऑटोमोबाइल एग्जॉस्टम सिस्टम के लिए सिरेमिक सबस्ट्रेट बनाती है।

1992 में अमेरिकी कारोबार की हालत खस्ता थी और अगले ही साल जर्मनी का बाज़ार भी तेजी से गिरा। लेकिन घबराने के बजाय, कॉर्निंग के अधिकारियों ने अपने सारे उत्पादों के मुनाफे पर इत्मीनान के साथ पूरे जतन से गौर किया।

जैसा कि दुनिया की लगभग सभी कंपनियों में होता है, कॉर्निंग के अधिकारियों ने किस चीज़ का उत्पादन करना है, यह तय करने के लिए मानक लागत (स्टैंडर्ड कॉस्ट) के तरीके का इस्तेमाल किया। लेकिन मानक लागत की यह व्यवस्था उन सबसे महत्वपूर्ण कारणों में से एक है, जो यह बताती है कि 80/20 सिद्धांत के पास देने के लिए बहुत कुछ है। मानक लागत की प्रणाली के चलते उत्पाद का सच्चा

मुनाफा जानना असंभव हो जाता है। इसका बड़ा कारण यह है कि उस प्रणाली में एक ही तरह के उत्पाद और तरह-तरह के अन्य उत्पादों में फर्क ही नहीं किया जाता। जब तरह-तरह की लागत, जैसे कि ओवरटाइम, ट्रेनिंग, उपकरणों में सुधार और बंदी के समय को कॉर्निंग ने जोड़ा, तो नतीजा हैरानी में डालनेवाला निकला।

कैज़रसलार्टन में बनाए गए दो उत्पादों को लीजिए, जिनमें से एक भारी मात्रावाला था - सरल, संतुलित आकार का सिरेमिक सबस्ट्रेट था, जिसे यहाँ R10 के नाम से अलग आकार दिया गया था। R5 नाम का जो विभिन्न प्रकारवाला उत्पाद बनाया जा रहा था, वह बेढंगे आकार का सबस्ट्रेट था। R5 की मानक लागत R10 के मुकाबले 20 प्रतिशत अधिक थी। लेकिन R5 के उत्पादन में जब अतिरिक्त इंजीनियरिंग और शॉपफ्लोर के प्रयासों की पूरी लागत निकाली गई, तो उसकी लागत इतनी थी कि यकीन होना मुश्किल था। R10 से लगभग 5,00,000 प्रतिशत ज़्यादा!

फिर, थोड़ा सोचने के बाद इस आँकड़े पर यकीन किया जा सका। R10 तो लगभग अपने ही दम पर टिका था। R5 की निगरानी के लिए महंगे इंजीनियरों की ज़रूरत थी, जो तय पैमाने के भीतर उसके निर्माण में विशेष वर्णन करते रहते थे। इसलिए, अगर सिर्फ R10 को बनाया जाता, तो बहुत ही कम इंजीनियरों की ज़रूरत पड़ती। और यही हुआ भी। आमदनी में जिनका नाममात्र का योगदान था और जो मुनाफे को घाटे में बदल देते थे, वैसे तरह-तरह के और घाटा पहुँचानेवाले उत्पादों को बंद कर इंजीनियरिंग की क्षमता 25 प्रतिशत तक कम कर दी गई।

50/5 का सिद्धांत

कॉर्निंग कंपनी में जो विश्लेषण किया गया, उससे 80/20 सिद्धांत से ही मिलता-जुलता और करीब का 50/5 का एक सिद्धांत सामने आया।

50/5 का सिद्धांत कहता है कि किसी कंपनी के 50 प्रतिशत ग्राहकों, उत्पादों, हिस्सों और सप्लायरों से उसकी आय और मुनाफे में 5 प्रतिशत से भी कम योगदान होता है। तरह-तरह की (और घाटेवाली) 50 प्रतिशत चीज़ों से पीछा छुड़ा लेना जटिलता को कम करने का मूल मंत्र है।

50/5 का यह सिद्धांत कॉर्निंग में कारगर साबित हुआ। ग्रीनविल्ले में जो 450 उत्पाद बनाए जाते थे, उनमें से आधे यानी 225 उत्पादों से 96.3 प्रतिशत की आय

होती थी, जबकि बाकी के 50 प्रतिशत यानी बचे हुए 225 उत्पादों से महज 3.7 प्रतिशत की आय प्राप्त होती थी। जिस अवधि में यह विश्लेषण किया गया, उसमें जर्मन कारखानों में विभिन्न प्रकारवाले 50 प्रतिशत उत्पादों की बिक्री मात्र 2 से 5 प्रतिशत होती थी। दोनों ही स्थानों पर, सबसे निचले 50 प्रतिशत उत्पादों से घाटा हो रहा था।

जो सबसे अधिक होता है, वह बदतर होता है

अधिक मात्रा के पीछे भागने का रास्ता नर्क तक ले जाता है। मात्रा से साधारण उत्पाद, साधारण ग्राहक और प्रबंधन का बढ़ा हुआ जंजाल सामने आता है। चूँकि जटिलता से मैनजरों को काफी मजा आता है और उन्हें उसका फायदा भी मिलता है। इसलिए इसे तब तक बर्दाश्त किया या आगे बढ़ाया जाता है, जब तक कि इसकी कीमत चुकाई न जा सके। कॉर्निंग में, उन्होंने अपने कारखानों में नुकसान करानेवाला और उलझाऊ कारोबार खड़ा कर लिया था। इसका हल यह था कि उत्पादों की संख्या आधे से भी कम कर दी जाए। 1000 सप्लायरों के साथ लेन-देन के बजाय, 200 सप्लायरों से खरीदारी का इंतज़ाम किया गया, जिनसे 95 प्रतिशत (95/20 का सिद्धांत) सामान खरीदा जाता था। इसके साथ ही संगठन को सुचारू और समतल बनाया गया।

मंदी के दौरान कॉर्निंग ने कई बार नए सौदों से मुँह मोड़ लिया। यह सुनने में बेतुका लगेगा, लेकिन यह कारगर साबित हुआ। एक आसान, छोटे पैमाने पर चलाए गए कारोबार से देखते ही देखते मुनाफा होने लगा। यहाँ कम ही अधिक था।

मैनेजरों को जटिलता पसंद है

इस समय यह पूछना तो बनता ही है कि आखिर क्यों जो संगठन मुनाफे को अधिकतम करने का लक्ष्य रखते हैं, वे भी जटिल हो जाते हैं, जबकि इससे उनकी साख कमज़ोर होती है?

दुर्भाग्य है कि इसका एक जवाब यह है कि मैनेजरों को सबकुछ उलझाने में बड़ा मजा आता है। जटिलता प्रेरक और बौद्धिक रूप से चुनौतीपूर्ण होती है। यह बोरियतवाली दिनचर्या को खत्म कर देता है। और इससे मैनजरों का काम मजेदार हो जाता है। कुछ लोगों का मानना है कि जब कोई गौर नहीं कर रहा होता, तब

जटिलता उन्हें ऐसा करने पर मज़बूर कर देती है। इसमें कोई शक नहीं, लेकिन जटिलता को बढ़ावा भी मैनेजर ही देते हैं, वैसे ही जैसे जटिलता से मैनेजरों का हौसला बढ़ता है। अधिकांश संगठन, यहाँ तक कि जो साफ तौर पर कमर्शियल और पूँजीवादी दिखते हैं, उनमें भी ग्राहकों, निवेशकों और बाहरी दुनिया के हितों के खिलाफ प्रबंधन की साजिश करते हैं। जब तक कि कंपनियाँ आर्थिक संकट नहीं झेल रही होतीं, या उनका नेतृत्व ऐसा असाधारण नहीं होता, जो अपने मैनेजरों के बजाय निवेशकों और ग्राहकों के हितों का ख्याल रखता है, तब तक हद से ज़्यादा मैनेजमेंट की गतिविधियों की लगभग गारंटी होती है। यह उस प्रबंधकीय वर्ग के हित में होता है, जो सबकुछ संभाल रहा होता है।

सादगी से लागत में कमी

इस प्रकार, आम जीवन की तरह ही व्यवसाय में भी हद से ज़्यादा जटिल हो जाने की एक स्वाभाविक प्रवृत्ति होती है। खासतौर पर बड़े और जटिल लगनेवाले सभी संगठन अनिवार्य रूप से अकुशल और संसाधन बर्बाद करनेवाले होते हैं। वे इस पर ध्यान नहीं लगाते कि उन्हें क्या करना चाहिए। उन्हें अपने मौजूदा और भविष्य में बननेवाले ग्राहकों को बेहतर सेवा देनी चाहिए। इस लक्ष्य को पूरा न करनेवाली हर गतिविधि बेकार है। फिर भी ज़्यादातर बड़े संगठन बेहिसाब तौर पर खर्चीली, अनुत्पादक गतिविधियों में शामिल रहते हैं।

प्रत्येक व्यक्ति और प्रत्येक संगठन एक गठबंधन का परिणाम होता है और उस गठबंधन के भीतर की शक्तियाँ एक-दूसरे से संघर्षरत रहती हैं। यह युद्ध तमाम फिजूल की चीज़ों और कुछ अनिवार्य गतिविधियों के बीच चलता रहता है। तमाम फिजूल की चीज़ें हाथ पर हाथ धरे बैठे रहने और कुछ न करने की व्यापक स्थिति के कारण पैदा होती हैं। जो चंद अनिवार्य गतिविधियाँ होती हैं वे सफलता, असाधारण प्रतिभा और संगठन में नई उम्मीद जगानेवाली किरण के समान होती हैं। अधिकांश गतिविधियों से न तो कोई फायदा होता है, ना ही स्थिति में सुधार आता है। कुछ दमदार कदमों का जबरदस्त प्रभाव पड़ता है। इस युद्ध को देख पाना आसान नहीं होता: वही लोग, वही ईकाई और वही संगठन बड़े पैमाने पर कम लाभ (या घाटा) देनेवाला उत्पादन करता है और वही सीमित मात्रा में भारी मुनाफ वाला उत्पादन भी करता है। हम बस किसी तरह कुल नतीजा देख पाते हैं, न हमें कूड़ा-कर्कट दिखता है, न ही उसके बीच चमकते हीरे-मोती दिखते हैं।

इससे यही पता चलता है कि किसी भी संगठन में हमेशा ही लागत को कम करने और ग्राहकों को बेहतरीन उत्पाद देने की बहुत बड़ी क्षमता होती है। जिसके लिए उसे अपने काम-काज को सरल बनाना और अनुत्पादक या घाटेवाली गतिविधियों को समाप्त कर देना पड़ता है।

ध्यान रहे कि

- संसाधनों की बर्बादी जटिलता के दम पर पलती है, सफलता के लिए सरलता की ज़रूरत पड़ती है।
- ज़्यादातर गतिविधियाँ हमेशा ही फिजूल की, गलत तरीके से सोची गई, खराब देखरेख, संसाधन की बर्बादी करते हुए लागू की जाएँगी और वो ग्राहकों के मतलब की नहीं होंगी।
- कुछ गतिविधियाँ हमेशा ही बेहद फायदे की होंगी, जिनकी कद्र ग्राहक भी करेंगे। ये वैसी चीज़ें नहीं होतीं, जैसा आप सोचते हैं, ये वैसी होती हैं जो दिखती नहीं और बेकार की गतिविधियों के ढेर में दबी होती हैं।
- सभी संगठनों में उत्पादक और अनुत्पादक शक्तियाँ होती हैं, जिनमें लोग, परस्पर संबंध और संपत्ति शामिल रहती है।
- खराब प्रदर्शन अक्सर आम होता है, जो थोड़े-बहुत बेहतरीन प्रदर्शन के पीछे छिप जाता है और उनके दम पर चलता रहता है।
- चीज़ों को अलग तरीके से और सीमित पैमाने पर करने से बड़े-बड़े सुधार हमेशा संभव हैं।

80/20 के सिद्धांत को हमेशा याद रखें : आपकी कंपनी जितना उत्पादन करती है, उसका अध्ययन करेंगे, तो इस बात की संभावना है कि उसकी गतिविधियों के चौथे से लेकर पाँचवें हिस्से से 75 या 80 प्रतिशत मुनाफा हो रहा होगा। उस चौथाई या पाँचवें हिस्से को गुना कर दें। बाकियों के नतीजों को गुना कर दें या उन्हें समाप्त कर दें।

80/20 के सिद्धांत का प्रयोग कर लागत कम करना

लागत कम करने के सभी सफल तरीकों में 80/20 की तीन ज्ञान की बातों का इस्तेमाल किया जाता है - सरलता, जिससे घाटेवाली गतिविधियाँ समाप्त कर दी जाती हैं; फोकस, जिसे सुधार लानेवाली कुछ खास बातों पर गौर किया जाता

है और प्रदर्शन की तुलना। आखिरी दो पर विस्तार से चर्चा आवश्यक है।

चुनिंदा बनें

सारे काम उतनी ही क्षमता से करने की ज़रूरत नहीं है। लागत कम करना खर्चीला काम है!

उन हिस्सों (शायद कुल कारोबार के मात्र 20 प्रतिशत) की पहचान करें, जिनमें लागत कम करने की सबसे अधिक संभावना है। अपने 80 प्रतिशत प्रयास इसी हिस्से में लगाएँ।

> आप बहुत ज़्यादा गहराई में जाकर विश्लेषण के झमेले में नहीं पड़ना चाहते होंगे। ऐसे में 80/20 का नियम आपकी सहायता कर सकता है। खुद से पूछें कि सबसे ज़्यादा समय की खपत करनेवाली कौन सी चीज़ें हैं, जिन्हें आप कम कर सकते हैं? अभी के काम-काज में जिनसे देरी होती है और जो लागत बढ़ाते हैं, वैसे 80 प्रतिशत काम कौन से हैं, जिन्हें आप निशाने पर लेना और समझने के बाद समाप्त करना चाहते हैं?

> सफल होने के लिए 'वास्तव में क्या ज़रूरी है' यह देखना आवश्यक है। ज़्यादातर संगठन पारेतो के नियम में फिट बैठते हैं: 80 प्रतिशत काम जो ज़रूरी हैं, वे 20 प्रतिशत लागत में निपट जाते हैं... जैसे, पैसिफिक बेल के कस्टमर पेमेंट सेंटर ने एक अध्ययन में पाया कि सेंटर का 25 प्रतिशत काम 0.1 प्रतिशत पेमेंट को प्रोसेस करने में लगता था। एक तिहाई पेमेंट दो बार और कभी-कभी तो कई बार प्रोसेस किए जाते थे।

लागत कम करने या उत्पाद और सेवा की गुणवत्ता को बेहतर बनाते समय इस बात का सबसे अधिक ध्यान रखें कि समान लागत से ग्राहकों को समान संतुष्टि नहीं मिलती। कुछ चीज़ों पर लागत का जबरदस्त फायदा मिलता है, लेकिन ज़्यादातर लागत का उन बातों से कोई लेना-देना नहीं होता, जिन्हें ग्राहक पसंद करते हैं। ऐसी कुछ फायदेवाली लागतों को पहचानें, उन्हें महत्त्व दें और उन्हें कई गुना बढ़ाएँ, जबकि बाकियों से पीछा छुड़ा लें।

सुधार के हिस्सों को चिन्हित करने के लिए 80/20 विश्लेषण का इस्तेमाल करना

80/20 का विश्लेषण यह सिद्ध कर सकता है कि क्यों कुछ खास किस्म की समस्याएँ खड़ी होती हैं और उन महत्वपूर्ण हिस्सों पर ध्यान लगाया जा सकता है। इसका एक आसान सा उदाहरण लेते हैं। चलिए मान लेते हैं कि आप कोई बुक पब्लिशिंग कंपनी चला रहे हैं और आपके उत्पादन की लागत बजट से 30 प्रतिशत अधिक है। आपका प्रोडक्ट मैनेजर आपको बजट से ज़्यादा के इस खर्चे के 1001 कारण गिना देता है: कभी-कभी लेखक पांडुलिपि देने में देरी करते हैं, कभी-कभी प्रूफरीडर या इंडेक्स तैयार करनेवाला तय समय से ज़्यादा समय ले लेता है, कई बार तो पुस्तक योजना से कहीं ज़्यादा लंबी हो जाती है, चार्ट और अन्य ज़रूरी चित्र में सुधार करना पड़ता है और कुछ तो खास तरह की ही समस्याएँ सामने आ जाती हैं।

अब आप एक काम कर सकते हैं कि किसी खास अवधि को लें, जैसे तीन महीने की अवधि और तय सीमा से अधिक खर्च के सभी कारणों पर बारीकी से गौर करें। प्रत्येक अधिक खर्च की घटना को और उसके साथ ही उस पर जो आर्थिक लागत का दंड भुगतना पड़ा उसे भी दर्ज करें।

चित्र 32 एक तालिका में उन कारणों को दिखाता है, जिनमें सबसे ज्यादा गिनाए जानेवाले सबसे ऊपर और अन्य उसके नीचे हैं।

	कारण	संख्या	प्रतिशत	कुल प्रतिशत
1	सुधार में लेखकों की ओर से देरी	45	30.0	30.0
2	पांडुलिपि देने में लेखकों की ओर से देरी	37	24.7	54.7
3	लेखक कुछ ज्यादा ही सुधार करते हैं	34	22.7	77.4
4	चित्रों में सुधार की ज़रूरत	13	8.6	86.0
५	पुस्तक योजना से अधिक लंबी	6	4.0	90.0
6	प्रूफरीडर की ओर से देरी	3	2.0	92.0
7	इंडेक्स तैयार करने वाले की देरी	3	2.0	94.0

8	इजाजत मिलने में देरी	2	1.3	95.3
9	टाइपसेटर के कंप्यूटर में गड़बड़ी	1	0.67	96.0
10	टाइपसेटर के सुधार में गलितयाँ	1	0.67	96.6
11	संपादक ने समय बदला	1	0.67	97.3
12	मार्केटिंग ने समय बदला	1	0.67	98.7
13	प्रिंटर ने समय बदला	1	0.67	98.0
14	टाइपसेटर के साथ आग की घटना	1	0.67	99.3
15	टाइपसेटर के साथ कानूनी विवाद	1	0.67	100.0
	कुल	150	100	100

चित्र 32 प्रकाशक के टाइपसेटिंग से जुड़े तय सीमा से अधिक खर्च के कारण

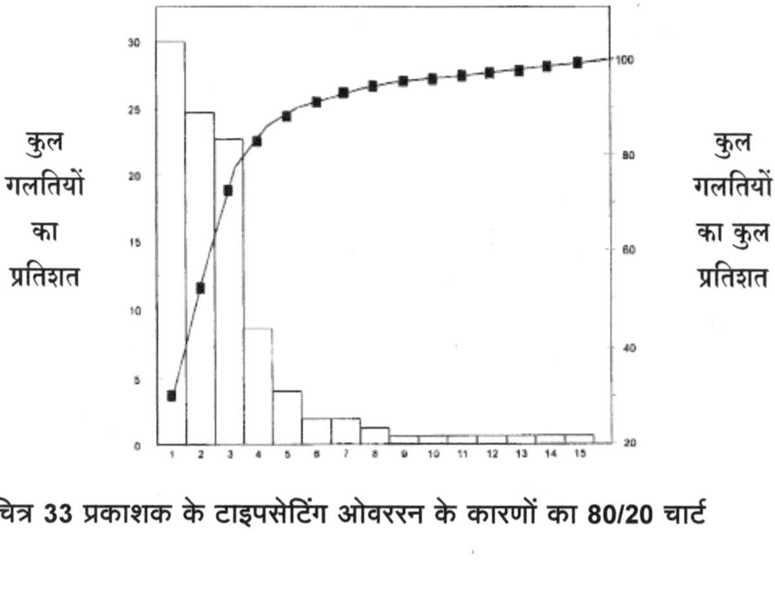

चित्र 33 प्रकाशक के टाइपसेटिंग ओवररन के कारणों का 80/20 चार्ट

चित्र 33 इसी सूचना को 80/20 के चार्ट में बदल देता है। इसे बनाने के लिए, कारणोंवाले बार को महत्त्व के घटते क्रम में सजाएँ, कारणों की संख्या प्रति बार बाएँ हाथ के उर्ध्वाधर अक्ष (वर्टिकल एक्सिस) पर और कारणों के कुल प्रतिशत को दाहिने हाथ के उर्ध्वाधर अक्ष पर रखें। यह आसानी से हो जाता है और आँकड़ों को तस्वीर के रूप में देखना काफी प्रभावशाली होता है।

चित्र 33 से हम देख सकते हैं कि पंद्रह में से तीन समस्याओं (बिलकुल 20 प्रतिशत) के कारण 80 प्रतिशत अधिक खर्च होता है। पहले पाँच कारणों के बाद संचयी रेखा (cumulative line) जल्दी ही समतल हो जाती है, जिससे आप समझ जाते हैं कि आपके सामने 'तमाम फिजूल' के कारण आनेवाले हैं।

तीनों प्रमुख कारण लेखकों से संबंधित हैं। प्रकाशन संस्था इस समस्या को लेखकों के साथ किए जानेवाले अनुबंध में दूर कर सकते हैं, जिसमें एक बात स्पष्ट करे कि लेखक के देरी करने या कुछ ज़्यादा ही सुधार करने के कारण बढ़नेवाली किसी भी लागत का भुगतान लेखक को ही करना होगा। इस मामूली बदलाव से 80 प्रतिशत समस्या खत्म हो जाएगी।

कभी-कभी कारणों की संख्या के बजाय समस्या (या घटना) के आर्थिक प्रभाव के आधार पर 80/20 का चार्ट बनाना अधिक उपयोगी होता है। उसे बनाने का तरीका बिलकुल वैसा ही होता है।

प्रदर्शन की तुलना करें

80/20 का सिद्धांत कहता है कि हमेशा ही कुछ हिस्से बहुत अधिक उत्पादक होते हैं और कई कम उत्पादक हिस्से भी होते हैं। प्रदर्शन की तुलना करने के लिए पिछले 30 वर्षों में लागत कम करने के सभी तरीकों में (अक्सर 80/20 सिद्धांत को स्वीकार करते हुए) इस ज्ञान का उपयोग किया है। सर्वोत्तम स्तर (कभी-कभी 90 प्रतिशत तक, कभी 75 तक, लेकिन आमतौर पर इसी रेंज में) तक प्रदर्शन में सुधार की जिम्मेदारी अधिकांश सुस्त काम करनेवालों पर डाली जाती है या उनसे कहा जाता है कि मैदान से बाहर हो जाएँ।

अभी लागत कम करने/मोल बढ़ाने की तकनीकों जैसे मापदंड का निर्धारण, सर्वोत्तम प्रदर्शित व्यवहार या पुनर्रचना जैसी बातों पर अध्याय को लिखने और उपदेश देने का समय नहीं है। ये सभी 80/20 सिद्धांत के व्यवस्था संबंधी विस्तार

हैं और इन सभी को यदि निरंतर रूप से लागू किया जाता है, तो उनसे ग्राहकों को बेहिसाब अच्छी चीज़ें उपलब्ध कराई जा सकती हैं। हालाँकि, अक्सर ऐसा देखा जाता है कि ऐसी नवीनतम तकनीकों पर प्रबंधन का उत्साह थोड़े समय बाद समाप्त हो जाता है। वे ऐसे कार्यक्रम का रूप ले लेते हैं, जो मानते हैं कि इससे अधिक की ज़रूरत नहीं है। अगर उन्हें बेहद सरल 80/20 सिद्धांत के संदर्भ में रखा जाए, तो उनकी सफलता की काफी संभावना होती है क्योंकि यह सिद्धांत सभी सुधार संबंधी बदलावों को इन बातों से संभव बनाता है :

- मुट्ठीभर व्यावसायिक गतिविधियाँ ही फायदेमंद होती हैं।
- ग्राहकों को दिए जानेवाले मूल्य को शायद ही मापा जाता है और वह हमेशा असमान होता है।
- तरक्की की लंबी छलाँग के लिए उस मूल्य की माप और तुलना ज़रूरी है, जो ग्राहकों को दी जाती है और यह पता लगाया जाता है कि वे इसकी कितनी कीमत चुकाएँगे।

निष्कर्षः सरलता की शक्ति

कारोबार में संसाधनों की बर्बादी होती है और चूँकि जटिलता व संसाधन की बर्बादी एक-दूसरे के पोषक होते हैं, इसलिए कोई भी सरल कारोबार किसी जटिल करोबार से हमेशा ही बेहतर होता है। चूँकि बाज़ार में हिस्सेदारी को आमतौर पर महत्वपूर्ण माना जाता है, इसलिए जटिलता के किसी भी स्तर पर, बड़ा कोराबार बेहतर होता है। बड़ा और सरल कारोबार सर्वोत्तम होता है।

कुछ बहुत बड़ा बनाना है, तो कुछ सरल बनाना चाहिए। कोई भी जो ग्राहकों को बेहतर मूल्य देने को लेकर गंभीर है, वह जटिलता को कम करते हुए ऐसा कर सकता है। किसी भी बहुत बड़े कारोबार में बोझ बढ़ानेवाले तमाम यात्री सवार रहते हैं - घाटेवाले उत्पाद, प्रक्रियाएँ, सप्लायर, ग्राहक और इन सबसे भारीभरकम वहाँ के मैनेजर। ऐसे यात्री कारोबार की तरक्की के रास्ते की बाधा बन जाते हैं। तरक्की के लिए सरलता ज़रूरी है और सरलता के लिए कठोरता की ज़रूरत पड़ती है। इसी से यह समझा जा सकता है कि क्यों सरलता उतनी ही दुर्लभ है, जितनी की सुंदरता।

06

सही ग्राहक बनाना

जो लोग अपनी सफलता के कारणों का विश्लेषण करते हैं वे जानते हैं कि उसमें 80/20 का नियम शामिल रहता है। उनकी अस्सी प्रतिशत तरक्की, मुनाफा और संतुष्टि 20 प्रतिशत ग्राहकों के कारण संभव होती है। सभी कंपनियों को कम से कम 20 प्रतिशत ग्राहकों की पहचान करनी चाहिए ताकि भविष्य की संभावना को लेकर एक साफ तस्वीर दिख सके।

विन मानाकटाला

80/20 सिद्धांत किसी भी संगठन की संपूर्ण कार्ययोजना को उसके सही तरीके से बेचने और मार्केटिंग के साथ ही उस प्रक्रिया से जोड़कर देखने के लिए आवश्यक होता है, जिसमें सामानों का उत्पादन और सेवाओं की डिलीवरी शामिल रहती है। हम आपको बताएँगे कि 80/20 सिद्धांत का इस्तेमाल इस तरीके से कैसे करना है। लेकिन सबसे पहले, हमारा कर्तव्य है कि हम औद्योगीकरण और मार्केटिंग के बारे में फैले हुए झूठे बौद्धिक भ्रम को दूर करें। उदाहरण के लिए, अक्सर ऐसा कहा जाता है कि हम ऐसे औद्योगिक संसार में रह रहे हैं, जिसमें उत्पादन को ही सबकुछ नहीं माना जा सकता बल्कि मार्केटिंग और ग्राहकों को प्रमुखता देनी चाहिए। वैसे ये सब पूरी तरह सच नहीं है। हम ऐसा क्यों कह रहे हैं इसके लिए चलिए आपको थोड़ा इतिहास की ओर ले चलते हैं।

शुरुआत में, अधिकांश कंपनियों का सारा ध्यान अपने-अपने बाज़ार एवं अपने महत्वपूर्ण ग्राहकों पर रहता था और वे इससे ज्यादा कुछ नहीं सोचती थीं या थोड़ा-बहुत ही सोचा करती थीं। मार्केटिंग को अलग काम या आवश्यक गतिविधि के रूप में नहीं देखा जाता था, फिर भी छोटे कारोबार अपने ग्राहकों का ख्याल रखना नहीं भूलते थे।

फिर औद्योगिक क्रांति हुई, जिसने बड़े-बड़े कारोबारों, खास-खास चीज़ों (एडम स्मिथ की पिन की फैक्ट्री) की अलग फैक्ट्री और आखिरकार प्रोडक्शन

लाइन को जन्म दिया। बड़े कारोबार की एक स्वाभाविक प्रवृत्ति होती थी कि वे कम लागत पर भारी उत्पादन के सामने ग्राहकों की ज़रूरतों को उतना महत्त्व नहीं देते थे। इस लिहाज से हेनरी फोर्ड का यह बयान मशहूर है, जो कहा करते थे कि ग्राहक अपनी मॉडल टी (फोर्ड कंपनी की कार) 'किसी भी रंग की ले सकते हैं जब तक कि वह काले रंग की है।' 1950 के दशक के आखिरी वर्षों तक, हर तरफ बड़े-बड़े कारोबार में उत्पादन ही सबकुछ था।

आज के जमाने के मार्केटिंग के जानकार या कारोबारी उत्पादन को ही सबकुछ माननेवाले, इन पुराने तौर-तरीकों की खिल्ली उड़ा सकते हैं। वास्तव में यह फोर्डवादी तरीका अपने समय के लिए बिलकुल सही था। उस समय चीज़ों को आसान और कम लागत पर बनाना ही उद्देश्य था, जबकि आज का दौलतमंद उपभोक्ता समाज उन्हें अधिक आकर्षक बनाने की बुनियाद पर खड़ा है। कम लागतवाली फैक्ट्रियों में बने सामानों ने देखते ही देखते, ग्राहकों के लिए जो पहले अच्छी से अच्छी चीज़ें बनाई जाती थीं, उन्हें बाज़ार से बाहर कर दिया। बहुत बड़े बाज़ार के बनने से खर्च करने की ऐसी शक्ति पैदा हुई, जो इससे पहले कभी नहीं थी। इससे कम-लागतवाले उत्पादन का ऐसा चक्र बना, जो इस प्रकार घूम रहा था - खपत बढ़ी, रोज़गार बढ़ा, क्रय शक्ति (Purching Power) बढ़ी, सामानों की मात्रा बढ़ी, सामान की कीमत कम हुई, खपत बढ़ी... और इस तरह यह प्रवृत्ति ऊपर की तरफ बढ़ती चली गई।

अगर इस रोशनी में देखा जाए, तो हेनरी फोर्ड उत्पादन को सबकुछ माननेवाले पुरानी सोच के व्यक्ति नहीं थे। वे बेहद बुद्धिमान व्यक्ति थे, जिन्होंने सामान्य नागरिकों के लिए बहुत कुछ किया। वर्ष 1909 में, उन्होंने कहा कि उनका मिशन 'मोटर गाड़ी को लोकतांत्रिक बनाना है।' उस समय, इस उद्देश्य को सुनकर लोग हँसते थे क्योंकि केवल अमीरों के पास ही कार हुआ करती थी। लेकिन मॉडल टी का उत्पादन जब बड़े पैमाने पर हुआ और पिछली कारों के मुकाबले उसे बेहद कम कीमत पर बेचा जाने लगा, तो फिर यह सिलसिला चलता ही गया। चाहे अच्छा हुआ हो या बुरा और कुल मिलाकर बुरे से ज़्यादा अच्छा ही हुआ है, जैसा कि फोर्डवादी दुनिया के कारण हम 'कम पैसों में भी ढेर सारी सुविधाओं' का आनंद ले रहे हैं।

बड़े पैमाने पर औद्योगीकरण और नए आविष्कार केवल मोटर गाड़ियों तक सीमित नहीं रहे। फ्रिज से लेकर सोनी के वॉकमैन या सीडी-रॉम जैसे उत्पाद मार्केट

रिसर्च के बिना नहीं बनाए जा सकते थे। उन्नीसवीं सदी में कोई फ्रोजन फूड की बात सोच भी नहीं सकता था क्योंकि तब उन्हें रखने के लिए फ्रिज नहीं था। आविष्कार की ज़रूरत और उसके लिए किए गए तमाम प्रयासों के कारण मिली हर बड़ी सफलता उत्पादन के कारण संभव हुई, जिसने अपना ही बाज़ार बनाया था। और यह कहना मूर्खता है कि हम औद्योगीकरण के बाद के संसार में जी रहे हैं। आज सेवाओं का औद्योगीकरण उसी प्रकार हो रहा है, जिस प्रकार भौतिक सामानों का तथाकथित औद्योगिक युग में हो रहा था। रिटेल, कृषि, फूलों का उत्पादन, भाषा, मनोरंजन, शिक्षा देना, सफाई, होटल के लिए राशन-सब्जी, यहाँ तक कि रेस्त्राँ के चेन चलाने की कला जैसी सारी चीज़ें पहले व्यक्तिगत स्तर पर सेवा उपलब्ध करानेवालों का क्षेत्र मानी जाती थीं। उनके औद्योगीकरण और निर्यात की बात सोची ही नहीं जा सकती थी। अब इन सभी क्षेत्रों का तेजी से औद्योगीकरण और कुछ मामलों में वैश्विकरण हो रहा है।

1960 के दशक में मार्केटिंग और 1990 के दशक में ग्राहकों के युग की वापसी

उत्पाद (प्रोडक्ट) को बनाने, उसके उत्पादन को विस्तार देने और लागत को कम करने पर ध्यान देने के साथ-साथ उत्पादन संचालित दृष्टिकोण की सफलता ने अंततः दृष्टिकोण की अपनी ही कमियों को उजागर किया। 1960 के दशक की शुरुआत में, थियोडोर लेविट जैसे बिजनेस स्कूल के प्रोफेसरों ने प्रबंधकों (मैनेजरों) से कहा कि वे बाज़ार को प्रमुखता दें। 1960 में हार्वर्ड बिजनेस रिव्यू में लिखा उनका एक लेख बेहद लोकप्रिय हुआ था, जिसका शीर्षक था 'मार्केटिंग मायोपिया' यानी 'मार्केटिंग की अदूरदर्शिता'। उसने उद्योगों से कहा कि वे 'सामान निर्माता' के बजाय 'ग्राहकों की संतुष्टि' बढ़ानेवाला बनें। इस नए उपदेश ने उनके दिमाग की बत्ती जला दी। कारोबारियों में ग्राहकों के दिल और दिमाग दोनों को जीतने की होड़ लग गई। इसके साथ ही बिजनेस स्टडी, मार्केट रिसर्च जैसी नई-नई शाखाओं को यह जानने के लिए पूरा विस्तार दिया गया कि ग्राहक कौन-कौन से नए उत्पाद चाहते हैं। बिजनेस स्कूलों में मार्केटिंग सबसे पसंदीदा विषय बन गया और नई पीढ़ी के सीईओ बनने की होड़ में मार्केटिंग क्षेत्र से आए अधिकारियों ने प्रोडक्शन का अनुभव रखनेवाले अधिकारियों को पछाड़ दिया। बड़े पैमाने पर उत्पादन करनेवाला बाज़ार बीते समय की बात हो चुका था। उत्पाद और ग्राहक को अलग-अलग सेगमेंट में रखने को बुद्धिमानी समझा जाता था। उसके कुछ समय

बाद, 1980 और 1990 के दशक में, ग्राहकों की संतुष्टि, ग्राहकों की प्रमुखता, ग्राहकों की खुशी और दिन-रात ग्राहकों की ही बात करना, सबसे प्रगतिशील और सफल कॉरपोरेशन्स् का स्पष्ट लक्ष्य बन चुका था।

ग्राहक के नेतृत्व का दृष्टिकोण सही भी है और खतरनाक भी

मार्केटिंग निर्देशित और ग्राहक केंद्रित होना बिलकुल सही है। लेकिन इसके खतरनाक और बेहद घातक विपरीत परिणाम भी हो सकते हैं। अगर सामानों के प्रकार को दुनियाभर के नए क्षेत्रों में फैला दिया गया या दिन-रात ग्राहकों के बारे में ही सोचा गया तो कभी-कभार खरीदारी करनेवाले ग्राहकों की संख्या बढ़ जाएगी, जिससे सामान की लागत बढ़ेगी और मुनाफा कम हो जाएगा। जटिलता के कारण अतिरिक्त उत्पादों से अतिरिक्त लागत भी बढ़ जाएगी। आजकल फैक्ट्री के अंदर कोई सामान तैयार होता है तो उसकी लागत उसके विक्रय मूल्य के 10 प्रतिशत से भी कम होती है और कंपनी को बेचने पर उसकी जो कीमत मिलती है, उसके मुकाबले भी काफी कम होती है। उस कंपनी की अधिकांश लागत फैक्ट्री के बाहर जुड़ती चली जाती है। अगर उत्पाद की किस्म बहुत अधिक है, तो उस पर आनेवाली लागत इतनी होती है, जैसे कंपनी को जुर्माना भरना पड़ रहा हो।

इसी प्रकार, दुनियाभर के ग्राहकों के पीछे भागने से मार्केटिंग और बिक्री पर आनेवाली लागत भी बढ़ जाती है, जिससे संगठन पर आनेवाली लागत बहुत बढ़ जाती है। ऐसा अक्सर होता है और जो सबसे खतरनाक होता है कि विक्रय मूल्य न केवल नए ग्राहकों के लिए बल्कि पुराने ग्राहकों के लिए भी स्थायी रूप से वर्तमान मूल्य से काफी कम हो जाती है।

यहाँ 80/20 सिद्धांत को लागू करना अनिवार्य हो जाता है। यह उत्पादन और मार्केटिंग, दोनों को प्रमुखता देनेवाले तरीकों के सभी पहलुओं को सामने रख सकता है ताकि आप उन पर गौर करने के बाद केवल मुनाफा दिलानेवाली मार्केटिंग और मुनाफा करानेवाले ग्राहकों (न कि घाटा करानेवाले ग्राहकों पर जिसे आजकल अपनाया जाता है) पर अपना ध्यान केंद्रित कर सकें।

80/20 मार्केटिंग का सिद्धांत

बाज़ार और ग्राहकों को प्रमुखता देने की पुरानी सोच केवल 20 प्रतिशत ही सही है। किसी भी कंपनी को ऐसे बाज़ारों और ग्राहकों पर ध्यान देना चाहिए

जो सही हों, जिनकी संख्या अक्सर बेहद सीमित होती है, जिन पर कंपनी अपना अधिकार समझती है। इसके तीन सुनहरे नियम हैं :

1 मार्केटिंग और पूरी कंपनी को बेहद आकर्षक उत्पाद उपलब्ध कराने और मौजूदा उत्पादों की श्रृंखला के 20 प्रतिशत में सेवा देने पर ध्यान केंद्रित करना चाहिए। क्योंकि उसी छोटे से हिस्से से लागत के बाद का 80 प्रतिशत मुनाफा मिलता है।

2 मार्केटिंग और पूरी कंपनी को उन 20 प्रतिशत ग्राहकों को खुश रखने, हमेशा के लिए अपने साथ जोड़े रखने और उनके बीच बिक्री को बढ़ाने के असाधारण प्रयास पर ध्यान देना चाहिए, जो कंपनी की बिक्री या मुनाफे का 80 प्रतिशत देते हैं।

3 उत्पादन और मार्केटिंग के बीच कोई वास्तविक टकराव नहीं होता। आप मार्केटिंग में तभी सफल होंगे जब आप किसी ऐसी चीज़ की मार्केटिंग कर रहे हैं, जो अलग है। वह चीज़ आपके लक्षित ग्राहकों को किसी दूसरी जगह से नहीं मिल सकती या आप उसे ऐसे उत्पाद/सेवा/कीमत के पैकेज में दे रहे हैं, जिससे कम कीमत पर वह कहीं और नहीं मिल सकती है। ऐसी सारी शर्तें आपकी 20 प्रतिशत से ज़्यादा प्रोडक्ट लाइन पर लागू नहीं हो सकती है और ऐसी संभावना है कि इस 20 प्रतिशत से आप अपना वास्तविक 80 प्रतिशत मुनाफा हासिल कर सकते हैं। यदि ऐसी शर्तें आपके किसी प्रोडक्ट लाइन पर लागू नहीं होती हैं, तो आपके सामने कुछ नया करने के सिवाय कोई चारा नहीं रहता है। ऐसे समय में, जो समझदार मार्केटिंग करनेवाला होता है, उसे उत्पाद को प्रमुखता देनेवाला बन जाना चाहिए। सारे नए उपाय उत्पाद को प्रमुखता देनेवाले होते हैं। किसी नए उत्पाद या सेवा के बिना आप नया कुछ नहीं कर सकते।

कुछ चुनिंदा उत्पादों या बाजार खंडों में ही मार्केटिंग करें

आप जब हर उत्पाद से जुड़ी सभी प्रकार की लागत और अन्य लागत का हिसाब लगाएँगे तो आप पाएँगे कि जिन उत्पादों से आपकी 20 प्रतिशत आय होती है, उनका आपके मुनाफे में 80 प्रतिशत तक योगदान हो सकता है। यहाँ तक इसकी भी संभावना है कि आपके 20 प्रतिशत उत्पादों से आपको 80 प्रतिशत मुनाफा मिले। रेलीज कंपनी से कॉसमेटिक्स खरीदनेवाले कैलिफॉर्निया के सैक्रामेंटो

स्थित रिटेलर, बिल रोच कहते हैं :

> 20% उत्पादों से आपको 80% प्रतिशत मुनाफा मिलता है। रिटेलर के सामने यह सवाल है कि उस 80% प्रतिशत में से आप कॉसमेटिक्स के बाज़ार में अपनी साख खोने का जोखिम उठाए बिना कितना खर्च कर सकते हैं? आप जब कॉसमेटिक्स फ्रेंचाइजर से पूछते हैं, तो उनका कहना होता है कि इससे नुकसान होगा। रिटेलर से पूछेंगे तो वे कहेंगे कि इसमें से कुछ कम कर सकते हैं।

यहाँ समझदारी इसी में है कि सबसे अधिक मुनाफेवाली और सबसे अधिक बिकनेवाली 20 प्रतिशत लिपस्टिक के बाज़ार को और बढ़ाया जाए और जिन्हें बिकने में सबसे अधिक समय लगता है, उनमें से कुछ को लिस्ट से हटा दिया जाए। इसके बाद ग्राहकों से बातचीत के दौरान सबसे अधिक मुनाफेवाली 20 प्रतिशत चीज़ों का ज़बरदस्त प्रचार सप्लायरों के सहयोग से किया जा सकता है। याद रखिए कि हमेशा ही किसी न किसी बहाने से आपसे कहा जाता है कि गैर मुनाफेवाले 80 प्रतिशत उत्पादों को क्यों बनाए रखना चाहिए? इस मामले में आपको डराया जाता है कि कम किस्म के उत्पादों से आप अपनी 'साख खो' सकते हैं। इस तरह के बहाने का एक विचित्र आधार दिया जाता है कि खरीदार ऐसे तमाम तरह के उत्पाद देखना पसंद करते हैं, जिन्हें खरीदने का उनका कोई इरादा नहीं होता और इस क्रम में वे जो खरीदना चाहते हैं उससे उनका ध्यान भटक जाता है। जब भी इसकी जाँच की गई, तो यह पता चला कि 99 प्रतिशत मामलों में गैर ज़रूरी उत्पादों को हटाने से मुनाफा बढ़ जाता है और ग्राहकों की धारणा रत्ती भर भी नहीं बदलती है।

एक कंपनी कारों की धुलाई के माध्यम से कार के रूप-रंग से जुड़ी चीज़ें, जैसे कि वैक्स, पॉलिश और कार की सफाई के अन्य साधनों की बिक्री किया करती थी। सिद्धांत के तौर पर यह तर्कसंगत था क्योंकि जिन स्थानों का कोई इस्तेमाल नहीं होता था, वहाँ कार धुलाई करनेवाली कंपनी के मालिक ने ऐसी चीज़ों को रखकर उनकी बिक्री से अच्छा खासा मुनाफा कमाया। उनकी सोच यह थी कि इन उत्पादों को खास जगहों पर रखा जाए और उनकी बिक्री का प्रयास किया जाए।

लेकिन जब गाड़ियों के सौंदर्य प्रसाधन के इस कारोबार को बेचा गया और नए प्रबंधन ने बिक्री का संपूर्ण विश्लेषण किया, तो उसने पाया कि इसमें 'वही जाँचा-परखा 80/20 का नियम लागू होता था, मतलब कंपनी की 80 प्रतिशत

आय इसके 20 प्रतिशत खुदरा व्यापारवाली जगहों से हो रही थी।' नए सीईओ ने जब कार धुलाईवाले उन 50 स्थानों का दौरा किया, जहाँ सबसे कम बिक्री हो रही थी, तो उसने पाया कि सामानों को किसी कोने में या बेढंगी जगहों पर रख दिया गया था, जहाँ उन उत्पादों की न तो देखभाल हो रही थी, ना ही उनका पर्याप्त स्टॉक था।

उस सीईओ ने कार धुलाई स्टेशन के मालिकों को जमकर खरी-खोटी सुनाई और कहा कि वे उनके कई उत्पादों को बेच नहीं रहे हैं। उसने उनसे कहा कि वे अपनी आदतें सुधार लें और उत्पादों को बिलिंग करनेवाली जगहों पर अच्छी तरह सजाकर रखें। इसका कोई फायदा नहीं हुआ। इसकी बजाए, सीईओ को 20 प्रतिशत सबसे अच्छे कार धुलाई के स्टेशनों पर अपना ध्यान केंद्रित करना था। उसे यह देखना चाहिए था कि वे क्या सही कर रहे हैं? क्या वे इसे और बेहतर कर सकते थे? उन सबमें समान बात क्या थी? ऐसे और आउटलेट्स का पता कैसे लगाया जा सकता है? चूँकि सफल आउटलेट का स्वामित्व पेशवर ढंग से चलाई जा रही बड़ी-बड़ी चेन के पास था इसलिए अलग-अलग मालिकवाले स्टेशनों के प्रदर्शन को सुधारने के बजाए उसे इन आउटलेट्स में अपने प्रयास को बढ़ाना चाहिए था।

कुछ अच्छे ग्राहकों के लिए ग्राहक केंद्रित बनें

कुछ सबसे अच्छे उत्पादों पर ध्यान देना ज़रूरी है, लेकिन इतना ज़रूरी नहीं जितना कि कुछ सबसे अच्छे ग्राहकों पर ध्यान देना। मार्केटिंग के कई सफल पेशेवर लोग इस सबक को सीख चुके हैं। कुछ मामले उदाहरण के लिए रखे जा सकते हैं। जैसे

टेलीकॉम में -

आप अपना ध्यान वहाँ लगाएँ, जहाँ प्रतिस्पर्धा का सच में खतरा रहता है। ज़्यादातर मामलों में 80/20 का नियम लागू होता है- 80% पैसा 20% ग्राहकों से आता है। पता कीजिए कि सबसे ज्यादा पैसा किन ग्राहकों से मिलता है और उनकी ज़रूरतों को हर हाल में पूरा कीजिए।

कॉन्ट्रैक्ट मैनेजमेंट में -

80/20 के उसी नियम को याद रखिए। अपने उन 20% ग्राहकों के साथ लगातार संपर्क में रहिए, जो आपको 80% काम देते हैं। हर रविवार की शाम,

कॉन्ट्रैक्ट मैनेजमेंट की फाइल पर गौर कीजिए और कोई नोट लिखिए, कार्ड भेजिए या जिनसे लंबे समय से बात नहीं हुई, उन्हें ज़रूर फोन कर लीजिए।

1994 के बाद से ही अमेरिकन एक्सप्रेस ने कारोबारियों और उनके ग्राहकों के साथ मिलकर अपने फ्रेंचाइजी को बढ़ाने के लिए कई तरह के अभियान चलाए हैं, जिनका एमेक्स की बिक्री में सबसे अधिक योगदान रहता है। साउथ फ्लोरिडा में अमेरिकन एक्सप्रेस के सेल्स डायरेक्टर, कार्लोस वियेरा स्पष्ट करते हैं :

> ये वही पुराना 80/20 का नियम है : आपके कारोबार का बड़ा हिस्सा आपके 20% बाज़ार में होता है। यह अभियान किसी पीआर के अभियान जैसा ही है, जिसमें आपका प्रयास रहता है कि लोग ज़्यादा से ज़्यादा बाहर खाना खाएँ।

सफल मार्केटिंग का मतलब है सीमित संख्यावाले उन ग्राहकों पर अपना पूरा ध्यान लगाना, जो आपके उत्पाद या सेवा के सबसे सक्रिय उपभोक्ता हैं। कुछ ग्राहक बहुत अधिक खरीदारी करते हैं, जबकि बहुत अधिक संख्या में ग्राहक काफी कम खरीदारी करते हैं। कम खरीदारी करनेवालों को नज़रअंदाज़ किया जा सकता है। जो पक्के ग्राहक हैं वही मायने रखते हैं: ऐसे ग्राहक जो बड़े पैमाने पर और बार-बार चीज़ों का उपभोग करते हैं। उदाहरण के लिए, डब्लूक्यूएचटी और डब्लूआरकेएस रेडियो स्टेशन के स्वामित्व वाले एमिस ब्रॉडकास्टिंग ने अपने पक्के श्रोताओं को ध्यान में रखते हुए सफल मार्केटिंग अभियान चलाए ताकि वे उन्हें ज़्यादा से ज़्यादा सुनें :

> अपने पसंदीदा रेडियो स्टेशन पर वे अब हर हफ्ते 12 घंटे नहीं बिताते, वे इसे हफ्ते में अब 25 घंटे सुनते हैं... अपने सभी स्टेशनों में हम 80/20 के उपभोग के नियम का पालन करते हैं... हम अपने लक्षित श्रोताओं में से एक-एक को अपने साथ जोड़े रखते हैं और हर उस 15 मिनट के समय का जितना लाभ उठा सकते हैं, उतना उठाते हैं।

अपने सभी ग्राहकों में से 20 प्रतिशत ग्राहकों पर गौर करना, 100 प्रतिशत ग्राहकों पर ध्यान देने से काफी आसान होता है। अपने सभी ग्राहकों का ख्याल रख पाना लगभग असंभव होता है। लेकिन हमेशा साथ देनेवाले 20 प्रतिशत ग्राहकों को खुश रखना संभव और काफी फायदेमंद, दोनों ही होता है।

अपने पक्के ग्राहकों को अपना बना लेने के चार उपाय

जब तक आप यह नहीं जानते कि सबसे अहम 20 प्रतिशत ग्राहक कौन

हैं, तब तक आप उन्हें अपने साथ कैसे जोड़ सकते हैं। जिन कंपनियों के ग्राहक निश्चित रहते हैं, वे एक-एक ग्राहक के हिसाब से काम कर सकती हैं। ऐसी कंपनियाँ जो लाखों या करोड़ों उपभोक्ताओं को सेवा या सामान बेचती हैं, उन्हें यह मालूम होना चाहिए कि उनके प्रमुख ग्राहक कौन हैं (ये वितरण करनेवाले माध्यम हो सकते हैं)। ढेर सारा माल खरीदनेवाले और बार-बार खरीदारी करनेवाले ग्राहकों की प्रोफाइल की जानकारी भी उन्हें होनी चाहिए।

दूसरा, आपको उन्हें असाधारण या फिर 'उम्मीद से बढ़कर' सेवा देनी चाहिए। डैन सुलिवान की सलाह है कि एक सुपर इंश्योरेंस एजेंसी बनाने के लिए, 'आप 20 ग्राहक बनाएँगे और उन्हें विशेष सेवा देंगे। नियमित नहीं, अच्छी नहीं बल्कि उम्मीद से बढ़कर सेवा। आप उनकी ज़रूरतों का अनुमान पहले ही लगा लेंगे और जैसे ही उनकी तरफ से कोई और माँग की जाएगी आप स्वाट टीम की तरह उनकी सेवा में दौड़ पड़ेंगे।' मूल मंत्र है- हैरान कर देनेवाली सेवा देना, जो अपना कर्तव्य निभाने से कहीं ज़्यादा और कारोबार जगत का जो मौजूदा स्तर है, उससे एकदम अलग और बेहतर होना चाहिए। कुछ समय तक इसमें लागत कुछ अधिक आएगी लेकिन इसके दूरगामी परिणाम मिलेंगे।

तीसरा, आपके जो पक्के 20 प्रतिशत ग्राहक हैं, उन्हें नए-नए उत्पाद और सेवाएँ दीजिए, खास इसी ग्रुप के लिए उन्हें बढ़ावा दीजिए। बाज़ार में हिस्सेदारी बढ़ाने के लिए, सबसे अधिक ध्यान अपने मौजूदा पक्के ग्राहकों को ज़्यादा से ज़्यादा बेचने पर दीजिए। यहाँ बात केवल बेचने के कौशल की नहीं है। ना ही मौजूदा उत्पादों को ज़्यादा से ज़्यादा बेचने भर की है, भले ही हमेशा खरीदारी करनेवालों से जुड़े अभियानों से अक्सर भारी मुनाफा होता है और अल्प तथा दीर्घकालिक लाभ मिलते हैं। लेकिन इन सबके बावजूद मौजूदा उत्पादों को और बेहतर बनाना या पूरी तरह से नए उत्पाद बनाना, कहीं अधिक महत्त्व रखता है, जिनकी ज़रूरत आपके पक्के ग्राहकों को है और ऐसा करते हुए उन्हें अपने साथ लेकर चलें। नए प्रयोग इस ग्रुप से बातचीत और उनके सुझावों को ध्यान में रखकर ही किए जाने चाहिए।

अंत में, आपका लक्ष्य अपने पक्के ग्राहकों को हमेशा अपना बनाए रखने का होना चाहिए। आपके पक्के ग्राहक बैंक में रखे पैसे की तरह होते हैं। अगर उनमें से एक भी अलग हुआ, तो आपका मुनाफा कम हो जाएगा। इन सारी बातों का निष्कर्ष यही निकलता है कि अपने पक्के ग्राहकों को बनाए रखने में भले ही

ऐसा लग सकता है कि आपका मुनाफा कम हो रहा है, लेकिन कुछ समय बाद इसका भारी लाभ मिलना निश्चित होता है। असाधारण सेवा से पक्के ग्राहकों को अधिक खरीदारी के लिए प्रोत्साहित किया जाए, तो कम समय में भी मुनाफा मिल सकता है। लेकिन मुनाफा मात्र स्कोरकार्ड होता है, जो दिखाता है कि कुछ समय बाद किसी कारोबार की सेहत कैसी है। किसी स्वस्थ कारोबार का सही पैमाना अपने पक्के ग्राहकों के साथ उसके संबंध की ताकत, गहराई और लंबाई होता है। ग्राहक की वफादारी मूल बात है, जो किसी भी मामले में मुनाफे को बढ़ाती है। अगर आप अपने मूल ग्राहकों को खोते हैं, तो अल्पकालिक आय के लिए चाहे आप कुछ भी क्यों न कर लें, आपका कारोबार आपके सामने धराशायी होता चला जाता है। अगर मूल ग्राहक छोड़कर जा रहे हैं, तो उस कारोबार को जितनी जल्दी हो सके बेच दीजिए या मैनेजमेंट को बाहर कर दीजिए, अगर आप बॉस हैं तो खुद को निकाल दीजिए और पक्के ग्राहकों को वापस लाने के लिए या उन्हें छोड़कर जाने से रोकने के लिए कठोर से कठोर कदम उठाइए। इसके विपरीत, अगर पक्के ग्राहक खुश हैं, तो उस कारोबार का दीर्घकालिक विस्तार सुनिश्चित है।

20 प्रतिशत पक्के ग्राहकों की सेवा का जुनून पूरी कंपनी में होना चाहिए

20 प्रतिशत ग्राहकों पर पूरा ध्यान लगाने से ही किसी कंपनी की मार्केटिंग उसकी प्रमुख प्रक्रिया का हिस्सा बन सकती है। इस खंड की शुरुआत हमने उत्पादन की प्रमुखता के बजाए, मार्केटिंग को प्रमुखता दिए जाने की ओर बदलाव पर नज़र डालने के साथ की थी। फिर हमने देखा कि मार्केटिंग 20 प्रतिशत के बजाए 100 प्रतिशत ग्राहकों पर ध्यान देने को लेकर हद से ज्यादा पर उतर आया था। जहाँ तक 20 प्रतिशत प्रमुख ग्राहकों की बात है, तो उनके लिए कुछ करना कभी हद से ज्यादा नहीं हो सकता है। आपके पास जितने पैसे हैं और जितनी आपकी क्षमता है, उसे पूरी तरह खर्च करने के बाद भी आप समझ लीजिए कि आपको जबरदस्त मुनाफा होगा।

आपका संगठन अपने 100 प्रतिशत ग्राहकों का ख्याल नहीं रख सकता है, हाँ! 20 प्रतिशत ग्राहकों का ख्याल रख सकता है। इनका ख्याल रखना किसी भी मार्केटिंग के कर्मचारी की मुख्य ज़िम्मेदारी होती है। लेकिन इस तरह की मार्केटिंग उस कंपनी के अन्य सभी लोगों के लिए भी सबसे बड़ा काम होना चाहिए। चाहे सभी का प्रयास दिखे या नहीं, लेकिन ग्राहक कंपनी के सभी लोगों के प्रयासों को देखता भी है और उसे अपनी नज़र से तौलता भी है। इस लिहाज से, 80/20

का सिद्धांत कुछ नया और फायदेमंद साबित होता है। यह मार्केटिंग के लिए सबकुछ होता है, यह मार्केटिंग को किसी कंपनी का सबकुछ बनाता है, लेकिन यह मार्केटिंग को किसी भी संगठन के हर व्यक्ति का काम भी बनाता है। संगठन के सभी सदस्यों के लिए मार्केटिंग का मतलब यह होना चाहिए कि वे अपने 20 प्रतिशत प्रमुख ग्राहकों के चेहरे पर ज़्यादा से ज़्यादा खुशी लेकर आएँ।

बिक्री

सेल्स का मार्केटिंग से करीबी रिश्ता होता है, जिसमें ग्राहकों से बात करने और उतने ही महत्वपूर्ण रूप से उनकी बातों को सुनने का काम सीधे तौर पर किया जाता है। हम आगे जानेंगे कि 80/20 की सोच बिक्री के लिए उतना ही महत्त्व रखती है, जितना कि मार्केटिंग के लिए।

सेल्स में बेहतरीन प्रदर्शन करने का मंत्र यह है – औसत प्रदर्शन की बात सोचना बंद कर दें और 80/20 के हिसाब से सोचना शुरू कर दें। बिक्री का औसत प्रदर्शन काफी भ्रामक होता है। सेल्स के कुछ लोग प्रति वर्ष 1,00,000 पाउंड कमा लेते हैं, जबकि कई लोग न्यूनतम आय से बाहर नहीं निकल पाते। बेहतरीन प्रदर्शन करनेवाले या उनके संगठन जानते ही नहीं कि औसत प्रदर्शन क्या होता है।

किसी भी सेल्स टीम को ले लीजिए और उनका 80/20 विश्लेषण कीजिए। इसकी संभावना बहुत अधिक है कि सेल्स और सेल्स के लोगों के बीच आपको असंतुलित संबंध देखने को मिलेगा। अधिकांश अध्ययनों में यह पाया गया है कि 20 प्रतिशत सेल्स के लोग 70 से 80 प्रतिशत तक बिक्री कर लेते हैं। ऐसे लोग जो जीवन में 80/20 के संबंधों की व्यापकता को नहीं समझ पाते, उनके लिए यह नतीजा काफी चौंकानेवाला होता है। लेकिन जो भी व्यवसाय से जुड़े हैं, उनके लिए कम समय में मुनाफा बढ़ाने का यह कारगर तरीका है। कम समय में मुनाफा कमाने की जहाँ तक बात है, तो अन्य किसी भी पहलू के मुकाबले सेल्स की भूमिका अधिक महत्त्व रखती है। क्यों 80/20 का सिद्धांत सेल्स पर लागू होता है और हमें क्या करना चाहिए?

प्रत्येक सेल्स के व्यक्ति के अनुसार बिक्री में इतना अंतर आने के दो प्रकार के कारण होते हैं। एक प्रकार के कारण विशुद्ध रूप से सेल्स टीम के प्रदर्शन से जुड़े होते हैं, वहीं दूसरे का संबंध ग्राहकों पर ध्यान देने के ढाँचागत विषयों से जुड़ा होता है।

सेल्स टीम का प्रदर्शन

मान लीजिए कि आपने अपने विश्लेषण में हाल की दो घटनाओं को लिया और पाया कि आपके 20 प्रतिशत सेल्स के लोग 73 प्रतिशत बिक्री कर रहे हैं। ऐसे में आपको क्या करना चाहिए?

– एक जो स्पष्ट लेकिन अक्सर नज़रअंदाज़ की जानेवाली महत्वपूर्ण बात यह है कि बेहतरीन प्रदर्शन करनेवालों का समर्थन करते रहें। आपको इस पुरानी कहावत पर नहीं चलना चाहिए कि जैसा चल रहा है वैसा चलने दो। अगर कुछ गड़बड़ नहीं है, तो सुनिश्चित कीजिए कि कुछ गड़बड़ न हो। अगली बात यह है कि अपने ग्राहकों के करीब रहने के लिए आप सेल्स के अपने सर्वश्रेष्ठ लोगों के करीब रहें। उन्हें खुश रखें। यह केवल कैश से ही नहीं किया जा सकता है।

– फिर, इसी तरह के सेल्स के और भी लोगों को भर्ती करें। ज़रूरी नहीं कि उन लोगों की शैक्षणिक योग्यता वैसी ही हो। उनका व्यक्तित्व और उनकी सोच ज़्यादा महत्त्व रखती है। अपने सेल्स के सुपरस्टार्स को एक साथ रखकर देखें-समझें और यह पता लगाएँ कि उनमें कौन सी बातें एक जैसी हैं। आप ये भी कर सकते हैं कि उनसे कहें कि वे अपने जैसे लोगों की भर्ती में आपकी मदद करें।

– तीसरी बात, यह पता लगाएँ कि सेल्स के श्रेष्ठ लोगों ने कब सबसे ज़्यादा बिक्री की और उस समय उन्होंने क्या अलग किया। 80/20 का सिद्धांत समय के साथ ही लोगों पर भी लागू होता है : आपके सेल्स के प्रत्येक व्यक्ति ने 80 प्रतिशत बिक्री संभवतः अपने काम के 20 प्रतिशत समय में की होगी। उन भाग्यशाली मौकों का पता लगाने का प्रयास करें और देखें कि ऐसा कैसे हुआ। इस बात को एक टिप्पणीकारी ने काफी अच्छी तरह समझाया है:

> अगर आप सेल्स में हैं, तो अपने सबसे अच्छे समय को याद कीजिए। उस हफ्ते आपने क्या अलग किया था? मैं नहीं जानता कि बेसबॉल के खिलाड़ी या सेल्स के लोग अंधविश्वासी होते हैं या नहीं... लेकिन हर क्षेत्र के सफल लोग ऐसी परिस्थितियों को याद रखते हैं, जो उनके सबसे अच्छे समय में बनी थीं और बार-बार इसका प्रयास करते हैं कि उन्हें बदलें नहीं। हालाँकि, एक बेसबॉल खिलाड़ी होने के बजाए आप अगर सेल्स में हैं और आपका समय बहुत अच्छा चल रहा है, तो उनकी तरह ऐसा मत कीजिएगा कि अपना अंडवियर ही न बदलें।

– चौथी बात, सभी से उन तरीकों को अपनाने को कहें, जिनका लागत (मूल्य) के मुकाबले मुनाफे के हिसाब से सबसे अच्छा अनुपात (रेशो) होता है। जैसे कभी विज्ञापन, कभी-कभी सेल्स के लिए व्यक्तिगत मुलाकात, कभी निशाना लगाकर भेजा गया मेल, तो कभी टेलीफोन पर बात करने से काम हो जाता है। ऐसा तरीका बार-बार अपनाएँ, जिसमें समय और पैसे की बचत सबसे अधिक होती है। आप इसका विश्लेषण भी कर सकते हैं लेकिन सेल्स के दिग्गज लोग अपना समय कैसे बिताते हैं, बस उस पर गौर करने से भी काम झटपट और सस्ते में हो सकता है।

– पाँचवीं बात, किसी दूसरी शाखा में जो टीम विफल हो, उसकी जगह पर सफल टीम को भेजें। इस प्रयोग को ईमानदारी से करें : जल्दी ही आप यह देख सकते हैं कि क्या अच्छी टीम ढ़ाँचे से जुड़ी मुश्किलों को हरा पाती है या फिर मुश्किलों में फँस जाती है। अगर पहले जिसे मुश्किल इलाका कहा जा रहा था, वहाँ सफल टीम समस्या दूर कर लेती है जबकि दूसरी टीम लगातार नाकाम हो रही है, तो सफल टीम से पूछिए कि क्या किया जाए? इसका जवाब यह हो सकता है कि टीमों को इस तरह बाँट दिया जाए ताकि हर इलाके में दोनों टीमों के कुछ-कुछ लोग रह जाएँ। हाल ही में मेरे एक क्लाइंट ने आंतरराष्ट्रीय बाज़ार में जबरदस्त बिक्री की लेकिन घरेलू टीम का हौसला पस्त था, जिससे बाज़ार में उसकी हिस्सेदारी कम होती जा रही थी। मैंने दोनों टीमों की अदला-बदली की सलाह दी। सीईओ ने इस पर ऐतराज़ किया क्योंकि निर्यातवाली टीम के पास विदेशी भाषाओं की जानकारी की जो प्रतिभा थी वह घरेलू बिक्री के चक्कर में बर्बाद हो जाती। खैर, अंत में वह एक आंतरराष्ट्रीय टीम को भेजने पर राजी हुए, घरेलू सेल्स टीम के निर्देशक को बाहर का रास्ता दिखाया गया और आंतरराष्ट्रीय टीम के युवक को इंचार्ज बना दिया। देखते ही देखते, जिस बाज़ार में नुकसान को पहले रोकना मुश्किल था वह मुनाफे में बदलने लगा। हमेशा ऐसे मामले में सफलता नहीं मिल सकती, लेकिन सेल्स में यह बात अक्सर लागू होती है कि विफलता से बड़ी विफलता नहीं और सफलता से बड़ी सफलता होती।

अंत में सवाल यह है कि सेल्स टीमों की ट्रेनिंग कैसी होनी चाहिए? 'क्या सेल्स टीमों के खराब प्रदर्शनवाले 80% लोगों के प्रदर्शन को बेहतर बनाने के लिए ट्रेनिंग पर पैसा खर्च करना सही है या ये समय की बर्बादी है? क्योंकि उनमें से कई ट्रेनिंग के बाद भी नाकाम ही रहेंगे।' किसी भी समस्या की तरह, आप मुझसे यही पूछेंगे कि 80/20 का सिद्धांत इस पर क्या कहता है। तो मेरा उत्तर ये रहा :

- केवल उन लोगों को प्रशिक्षित करें, जिनके बारे में आप निश्चित तौर पर कह सकते हैं कि वे कई वर्षों तक आपके साथ काम करेंगे।
- जो सेल्स के सबसे अच्छे लोग हैं, उनसे ट्रेनिंग दिलवाएँ। जिसमें सेल्स सुपरस्टार्स को उनके ट्रेनी के बेहतर प्रदर्शन पर इनाम भी दें।
- ट्रेनिंग के पहले दौर के बाद जिनका प्रदर्शन सर्वश्रेष्ठ हो, उनकी ट्रेनिंग पर सबसे अधिक निवेश करें। सबसे अच्छे 20 प्रतिशत प्रशिक्षुओं को चुनें और उन पर ट्रेनिंग के 80 प्रतिशत प्रयासों को लगाएँ। सबसे नीचे के 50 प्रतिशत की ट्रेनिंग बंद कर दें, जब तक कि आपको यह पता न चले कि उस प्रयास का भी आपको अच्छा फायदा मिल रहा है।

कई सेल्स टीम शुद्ध बिक्री कौशल से अपने प्रदर्शन में सकारात्मक अंतर प्राप्त करते हैं, जबकि कई टीम ऐसा नहीं कर पाती। इन संरचनात्मक कारणों पर 80/20 के अनुसार विचार किया जा सकता है।

बेचने में केवल बेचने का अच्छा तरीका मायने नहीं रखता

80/20 का विश्लेषण उन संरचनात्मक समस्याओं का पता लगा सकता है, जो व्यक्तिगत क्षमता से बाहर की बात होती है। इन संरचनात्मक समस्याओं को दूर करना व्यक्तिगत प्रतिभा को परखने की तुलना में अक्सर काफी आसान होता है और इसके लाभ भी मिलते हैं। बहुत कुछ बेचे जा रहे उत्पादों और जिन ग्राहकों को सेवा दी जा रही है, यह उन पर निर्भर करता है:

> सेल्स टीमों पर गौर कीजिए। उदाहरण के लिए, हम देखते हैं कि हमारी 73% बिक्री हमारी सेल्स टीमों के 20% लोग कर रहे हैं। हम देखते हैं कि हमारे 16% उत्पाद 80% बिक रहे हैं। इसके साथ ही, हमारे 22% ग्राहकों से हमारी 77% बिक्री हो रही है...
>
> अपनी सेल्स टीमों पर और गहराई से नज़र डालने पर हम देखते हैं कि ब्लैक के 100 एक्टिव अकाउंट हैं। इनमें से २० प्रतिशत ब्लैक की लगभग 80% बिक्री करते हैं। ग्रीन 100 देशों में काम करती है, और हम देखते हैं कि उसके 80% ग्राहक केवल 24 देशों में हैं। व्हाइट 30 भिन्न-भिन्न उत्पाद बेचता है। छह अकाउंट से उसकी 81% बिक्री होती है।

हमने मार्केटिंग के खंड में उत्पादों और ग्राहकों पर 80/20 सिद्धांत के लागू

होने के महत्त्व पर पहले ही चर्चा कर ली है। इस कारण जो लोग सेल्स टीमों के इंचार्ज हैं उन्हें :

- सेल्स से जुड़े व्यक्ति के प्रयासों को उन 20 प्रतिशत उत्पादों पर लगाना चाहिए, जो 80 प्रतिशत बिकते हैं। यह ध्यान रहे कि समान कीमत पर जो सबसे मुनाफेवाले उत्पाद हैं, उनसे चार गुना अधिक फायदा हो। सेल्स टीम को सबसे कम नहीं बल्कि सबसे अधिक मुनाफा देनेवाले उत्पादों की बिक्री पर इनाम दिया जाना चाहिए।

- सेल्स के लोगों को उन 20 प्रतिशत ग्राहकों के पीछे लगाएँ, जिनसे 80 प्रतिशत बिक्री और 80 प्रतिशत मुनाफा होता है। सेल्स की टीमों को सेल्स और मुनाफे के अनुसार अपने-अपने ग्राहकों की वरीयता तय करना सिखाएँ। इस पर ज़ोर डालें कि वे अपना 80 प्रतिशत समय बेहतरीन 20 प्रतिशत ग्राहकों पर लगाएँ, भले ही उन्हें इसके लिए कम महत्वपूर्ण ग्राहकों की अनदेखी ही क्यों न करनी पड़े।

ब्रांड के साथ जुड़े रहनेवाले कम संख्यावाले ग्राहकों पर अधिक समय देने का नतीजा उन्हें होनेवाली अधिक बिक्री के रूप में मिलना चाहिए। अगर उन पर मौजूदा उत्पादों को बेचने के सारे अवसरों का उपयोग कर लिया गया है, तो सेल्स टीमों को बेहतरीन सेवा देने पर ध्यान लगाना चाहिए ताकि मौजूदा कारोबार सुरक्षित रहे और उन नए उत्पादों का पता लगाना चाहिए, जिनकी माँग पक्के ग्राहक कर सकते हैं।

- ब्रांड के सबसे पक्के और मुनाफेवाले अकाउंट को सेल्स के एक व्यक्ति या टीम को सौंपे, भले ही वे दुनिया के किसी भी हिस्से में क्यों न हों। राष्ट्रीय स्तर के अकाउंट बढ़ाएँ और क्षेत्रीय को कम करें।

नेशनल अकाउंट उन कंपनियों तक सीमित रहते थे, जहाँ एक खरीदार किसी उत्पाद को पूरी तरह खरीद लेता था, चाहे उन्हें किसी भी स्थान पर क्यों न भेजा जाए। ऐसे में समझदारी इसी में है कि महत्वपूर्ण खरीदार की ज़िम्मेदारी किसी सीनियर नेशनल सेल्स एक्जीक्यूटिव को सौंप दी जाए। धीरे-धीरे बड़े अकाउंट को नेशनल अकाउंट के तौर पर देखा जाए और कोई एक व्यक्ति या टीम उसे संभाले, फिर चाहे स्थानीय स्तर पर कई स्थानों से खरीदारी क्यों न की जा रही हो। अमेरिकी कंपनी कंप्यूटर एसोसिएट्स इंटरनेशनल के सेल्स डिपार्टमेंट के पूर्व सीनियर वाइस प्रेसिडेंट, रिच चिरेलो कहते हैं:

20% सर्वश्रेष्ठ संगठनों से मैं 80% कमाई करनेवाला हूँ। मैं उन कंपनियों को नेशनल अकाउंट की तरह मानूँगा। एक प्रतिनिधि देशभर में उड़ान भरेगा, उस अकाउंट को चलाएगा और हम उस संगठन के एक-एक व्यक्ति का पता लगाकर अपने उत्पादों को बेचने की योजना तैयार करेंगे।

– लागत कम करें और कम महत्वपूर्ण अकाउंट के लिए टेलीफोन का इस्तेमाल करें। सेल्स टीमों को अक्सर शिकायत रहती है कि बड़े अकाउंट पर समय में कटौती करने या बढ़ाने से किसी–किसी इलाके में दोगुने या इतने अकाउंट हो जाते हैं कि उनकी ज़रूरतों को पूरा कर पाना मुश्किल हो जाता है। कुछ अकाउंट हटा देने का एक उपाय है, लेकिन ऐसा आखिरी उपाय के तौर पर ही किया जाना चाहिए। इससे अच्छा यह होगा कि 80 प्रतिशत छोटे–छोटे अकाउंट को मुख्यालय तक सीमित करें और टेलीफोन से ऑर्डर लेने और बेचने की व्यवस्था करें। इससे घूम–घूमकर बेचने के बजाए ज्यादा बेहतर सेवा काफी कम लागत पर दी जा सकेगी।

– आखिर में, सेल्स की टीमों से कहें कि वे पुराने ग्राहकों से संपर्क करें, जिन्होंने पहले काफी खरीदारी की थी। इसका मलतब होगा कि पुराने दरवाज़ों को खटखटाना या पुराने फोन नंबरों को फिर से घुमाना।

यह अद्भुत रूप से सफल सेल्स तकनीक है, जिसे अद्भुत ढंग से उपेक्षित किया गया है। इसकी संभावना अधिक रहती है कि पुराना, संतुष्ट ग्राहक आपसे दोबारा खरीदारी करे। बेन एंड कंपनी नाम की स्ट्रैटजिक कंसल्टेंट कंपनी के संस्थापक, बिल बेन अमेरिका के सुदूर दक्षिण में घर–घर जाकर बाइबिल बेचा करते थे। वह कहते हैं कि एक बार बुरा वक्त आया, जब घर–घर जाकर भी बिक्री नहीं हो पा रही थी, फिर अचानक ही उनके दिमाग में बेहद स्वाभाविक सी बात आई। वह उस महिला के पास फिर से गए जिसने उनसे आखिरी बार बाइबिल खरीदा था और उसे एक और बाइबिल बेच आए! इस तरीके का इस्तेमाल करनेवाले एक और शख्स हैं– निकोलस बारसन, जो रोमानिया से आकर अमेरिका में बसे और वहाँ के सबसे जाने–माने रियल एस्टेट ब्रोकर में से एक हैं। वह हर साल 1 मिलियन डॉलर से भी अधिक कमीशन के तौर पर कमा लेते हैं और इसमें से एक तिहाई उन ग्राहकों से होती है जो बार–बार उनके जरिए खरीदते–बेचते हैं। सही मायने में मिस्टर बारसन पुराने ग्राहकों के दरवाजे खटखटाते हैं और घर के मालिकों (जो उनके ग्राहक थे) से पूछते हैं कि क्या वे बेचने के लिए तैयार हैं।

80/20 के इन सभी पहलुओं का इस्तेमाल किया जाए तो औसत दर्जे के सेल्स के लोगों को अच्छा और जो अच्छे हैं, उन्हें सुपरस्टार बनाया जा सकता है। अगर सेल्स की टीम अच्छी है, तो किसी भी कंपनी की कमाई पर इसका प्रभाव तुरंत दिखता है। इससे भी ज़रूरी यह है कि बाज़ार पर लंबे समय तक प्रभाव को बनाए रखने और ग्राहकों को खुश रखने के लिए सेल्स की टीम ऐसी होना चाहिए, जो ऊर्जा और आत्मविश्वास से भरी हो, पक्के ग्राहकों को सबसे अच्छी सेवा देने का उसका पक्का इरादा हो और उसके बावजूद यह भी सुनने को तैयार रहे कि उन्हें सच में क्या चाहिए।

कुछ बेहद ज़रूरी ग्राहक

कुछ ग्राहक बेहद ज़रूरी होते हैं। ज़्यादातर ऐसे नहीं होते। सेल्स की कुछ कोशिशें कमाल दिखाती हैं। अधिकांश टीमें कोशिश भी नहीं करतीं। कुछ आपके पैसे बर्बाद कर देती हैं।

मार्केटिंग और सेल्स के प्रयासों को उस दिशा में आगे बढ़ाएँ, जहाँ आप अपने चुनिंदा ग्राहकों को कुछ अनोखा, बेहतर या उससे भी बेहतर दे सकें जो उन्हें कहीं और नहीं मिल सकता है, बशर्ते इस कोशिश में आपको ज़्यादा से ज़्यादा मुनाफा हो। कोई भी सफल कारोबार इस आसान और सबकुछ आसान बनानेवाले सिद्धांत से सफलता प्राप्त करता है।

07

80/20 सिद्धांत के 10 सर्वश्रेष्ठ व्यावसायिक उपयोग

80/20 के सिद्धांत का उपयोग इतनी परिस्थितियों में किया जा सकता है कि उनकी गिनती संभव नहीं है। इसका उपयोग कार्ययोजना और वित्तीय सुधार को सही दिशा देने के लगभग हर क्षेत्र या कार्य में किया जा सकता है। इस कारण, चित्र 34 में 80/20 सिद्धांत के मैंने जो सर्वश्रेष्ठ 10 उपयोग दिखाए हैं, वे स्पष्ट रूप से मेरी अपनी इच्छा से तय किए गए हैं। इस सूची को बनाते समय मैंने इस बात का ख्याल रखा कि अब तक के इतिहास में कारोबार जगत ने 80/20 सिद्धांत का उपयोग किया है और इसके संभावित और अपरिवर्तनीय मूल्य पर अपनी राय भी दी है।

पिछले अध्यायों में मैंने छह सर्वश्रेष्ठ उपयोगों पर चर्चा की थी: अध्याय 4 और 5 में कार्ययोजना में इसका उपयोग, अध्याय 3 में क्वालिटी और सूचना प्रौद्योगिकी, अध्याय 5 में लागत कम करने और सेवा बेहतर बनाने, तथा अध्याय 6 में मार्केटिंग और सेल्स में इसका उपयोग। इस अध्याय में 80/20 सिद्धांत के अन्य चार प्रयोगों को संक्षेप में बताया जा रहा है, जो मेरी पसंदीदा लिस्ट में शामिल हैं।

---

1. कार्ययोजना
2. क्वालिटी
3. लागत में कमी और सेवा में सुधार
4. मार्केटिंग
5. बिक्री
6. सूचना प्रौद्योगिकी
7. निर्णय लेना और विश्लेषण
8. इन्वेंटरी मैनेजमेंट

9. प्रोजेक्ट मैनेटमेंट

10. सौदेबाजी

चित्र 34 80/20 सिद्धांत के 10 सर्वश्रेष्ठ व्यावसायिक उपयोग

निर्णय लेना और विश्लेषण

कारोबार में अक्सर तुरंत और तेजी के साथ निर्णय लेना पड़ता है। कई बार यह भी समझ में नहीं आता कि यह सही है या गलत। वर्ष 1950 से ही, कारोबार पर प्रबंधन के वैज्ञानिकों और विश्लेषण करनेवाले मैनेजरों द्वारा बिजनेस स्कूलों, लेखा फर्म (अकाउंटिंग कंपनी) और सलाहकारों में इसका प्रयोग किया। इसके साथ ही विश्लेषण करके किसी आनेवाली समस्या को समझने योग्य बनाया है। पिछले पचास वर्षों में विश्लेषण शायद अमेरिका में सबसे तेजी से तरक्की करनेवाला उद्योग रहा है और अमेरिका के कुछ सबसे बड़े विजय अभियानों में विश्लेषण ने कारगर भूमिका निभाई है, जिनमें से एक चाँद पर उतरना भी शामिल है।

अंग्रजों के ज़माने के बड़े व्यवसायों ने विश्लेषण की अति कर दी

लेकिन विश्लेषण के दुष्परिणाम भी सामने आए, जैसे कि कॉरपोरेट स्टाफ की बेतहाशा बढ़ोत्तरी, जिन्हें अब सही तरीके से कम किया जा रहा है... नए-नए चलन का भूत सवार हो जाना, जिसे आँकड़ों का कुछ ज़्यादा ही ज्ञान रखनेवाले सलाहकार (कंसल्टेंट) बढ़ावा देते रहे... तुरंत आय के उलझाऊ विश्लेषण में स्टॉक मार्केट की हद से ज्यादा दिलचस्पी, जबकि इसमें कंपनी की सही कीमत के बेहद छोटे से हिस्से पर गौर किया जाता है... और दुनियाभर के कारोबार के बीच अपने संस्थान के प्रति विश्वास में कमी...। अपने संगठन के प्रति विश्वास में कमी के कारण न केवल 'एनालिसिस पैरालिसिस' की घिसी-पिटी अप्रिय वास्तविकता सामने आई है बल्कि पश्चिमी जगत के महान कॉरपोरेशनों को जो लोग चला रहे थे, उनकी सोच भी सही नहीं रह गई है। विश्लेषण ने दूरदर्शिता की छुट्टी कर दी है, वैसे ही जैसे सीईओ की जमात से विश्लेषकों ने दूरदर्शियों को खदेड़ दिया है।

संक्षेप में कहें तो हद से ज्यादा अच्छा भी हजम नहीं होता और इसमें कोई शक नहीं कि अमेरिका और ब्रिटेन ने विश्लेषण का सही जगह इस्तेमाल करने में अजीब गफलत की है। निजी क्षेत्र में यह हद से ज़्यादा ही है जबकि सार्वजनिक क्षेत्र

में कुछ ज़्यादा ही कम। हमारे बड़े-बड़े कॉरपोरेशनों को सीमित लेकिन उपयोगी विश्लेषण की ज़रूरत है।

80/20 सिद्धांत विश्लेषणात्मक है, लेकिन सही जगह पर विश्लेषण करता है

80/20 सिद्धांत के मुख्य नियमों को याद रखिए :

* चुनिंदा महत्वपूर्ण और अनावश्यक कई का नियम: अक्सर कुछ चीज़ों से ही फायदेमंद नतीजे मिलते हैं।
* अधिकांश प्रयासों से अपेक्षित नतीजे नहीं मिलते।
* अक्सर आपको जो दिखता है, वह आपको मिलता नहीं : रहस्यमयी शक्तियाँ सक्रिय रहती हैं।
* अक्सर यह पता लगाना कि क्या हो रहा है हद से ज़्यादा उलझाऊ और थकाऊ होता है और पता लगाना ज़रूरी भी नहीं होता: आपको बस इतना मालूम होना चाहिए कि कुछ काम कर रहा है या नहीं। जब तक काम नहीं करता तब तक बदलाव लाते रहें और जब काम करने लगे तब नाकाम होने तक उसमें बदवाल न करें।
* ज़्यादातर अच्छी चीज़ें गिनती भर की बेहद फायदेमंद शक्तियों के कारण होती हैं। अधिकांश बुरी चीज़ें गिनी-चुनी भारी नुकसानदेह शक्तियों के कारण होती हैं।
* अधिकांश काम, चाहे सबके साथ करें या व्यक्तिगत रूप से, समय की बर्बादी करते हैं। उनसे इच्छा के मुताबिक फायदा नहीं मिलेगा।

80/20 सिद्धांत के साथ निर्णय लेने के पाँच नियम

पहला नियम कहता है कि कई फैसले ज़रूरी नहीं होते। कुछ भी तय करने से पहले, कल्पना कीजिए कि आपके सामने दो ट्रे हैं, वैसे ही जैसे इन और आउट के दो डरावने ट्रे होते हैं। एक पर ज़रूरी फैसले और दूसरे पर गैर-ज़रूरी फैसले लिखा है। पहले मानसिक स्तर पर निर्णय ले और यह याद रखें कि मात्र बीस में से एक ही महत्वपूर्ण फैसला बॉक्स में जाने के लायक होता है। गैर-ज़रूरी फैसलों को लेकर ज़्यादा चिंता मत कीजिए और सबसे बड़ी बात ये कि खर्चीले और समय की बर्बादी करनेवाले विश्लेषण मत कीजिए। संभव हो, तो ये सारे काम दूसरों को सौंप दीजिए। अगर ऐसा नहीं कर सकते हैं, तो यह सोचिए कि जो फैसला आप

कर रहे हैं, क्या उसके सही होने की संभावना 51 प्रतिशत है? अगर आप तुरंत फैसला नहीं कर पाते, तो एक सिक्का उछाल दीजिए।

दूसरा नियम कहता है कि सबसे ज़रूरी फैसले अक्सर अनजाने में ही हो जाते हैं, ऐसा इस वजह से क्योंकि कायापलट करनेवाले मौके आते और चले जाते हैं, जिन्हें कोई समझ भी नहीं पाता। उदाहरण के लिए, आपके लिए सबसे ज्यादा पैसा कमानेवाले इस वजह से आपको छोड़कर चले जाते हैं क्योंकि आपकी उनसे इतनी करीबी नहीं थी कि उनके असंतोष को या तो देख पाते या उसे दूर कर पाते। इसके अलावा आपके प्रतिद्वंद्वी एक नया उत्पाद (जैसा कि IBM[2] के प्रतिद्वंद्वियों ने पर्सनल कंप्यूटर के मामले में किया) विकसित करते हैं, जो आपके हिसाब से सही सोच के साथ नहीं बनाया गया और कभी कामयाब नहीं होगा। या वितरण के माध्यमों के बदल जाने से बाजार में आपकी हिस्सेदारी कमज़ोर पड़ जाती है और आपको इसका पता भी नहीं चलता। या आप किसी शानदार नए उत्पाद का आविष्कार करते हैं और आपको ठीक-ठाक सफलता मिल जाती है, लेकिन कोई दूसरा आता है और उसके जैसा ही उत्पाद बनाकर करोड़ों की कमाई कर जाता है। या आपके आर एंड डी में काम करनेवाला बेवकूफ अपनी हैसियत बढ़ाता है और माइक्रोसॉफ्ट की स्थापना कर देता है।

जब ऐसा होता है, तब चाहे आप कितने भी आँकड़े जुटा लें और विश्लेषण कर लें, आपको समस्या या उससे बाहर निकलने का रास्ता समझ में नहीं आएगा। आपको सहज ज्ञान और किसी चीज़ को लेकर गहरी समझ पैदा करने होगी ताकि आप सही सवाल पूछें न कि गलत सवालों के सही जवाब हासिल करें। परिवर्तन लानेवाले अवसरों को समझने का केवल एक ही तरीका है कि अपने सारे आँकड़ों और विश्लेषणों को महीने के किसी दिन एक तरफ रखें और फिर इस तरह के प्रश्न पूछें:

1. ऐसी कौन सी अज्ञात समस्याएँ और अवसर हैं, जिनके नतीजे ज़बरदस्त हो सकते हैं और जो मेरे जाने बिना बढ़ते जा रहे हैं?

2. ऐसा क्या है, जो अच्छा कर रहा है जबकि उसे नहीं करना चाहिए था या कम से कम जिसकी योजना नहीं बनाई गई थी? ऐसा क्या है, जिसे हम ग्राहकों को अनजाने में ही दे रहे हैं और किन्हीं कारणों से वे उसे काफी पसंद कर रहे हैं?

3. क्या ऐसा कुछ है जो बहुत बुरी तरह बेकाबू हो रहा है, जिसे हम जानते हैं कि क्यों हो रहा है लेकिन उसमें सारी गलती हमारी ही थी?

4. चूँकि कुछ अच्छा हमेशा होता रहता है जो हमें दिखता नहीं, लेकिन वह क्या हो सकता है?

80/20 के फैसले लेने का **तीसरा नियम** महत्वपूर्ण फैसलों के लिए है: शुरुआत में उपलब्ध 20 प्रतिशत समय में 80 प्रतिशत आँकड़े जुटाएँ और 80 प्रतिशत ज़रूरी विश्लेषण करें, फिर 100 प्रतिशत समय पूरा होने पर फैसला करें। इस प्रकार निर्णायक रूप से काम करें जैसे आपको 100 प्रतिशत विश्वास है कि आपका निर्णय सही है। अगर याद रखने में आसानी हो तो आप इसे निर्णय लेने का 80/20/100/100 नियम कह सकते हैं।

चौथा नियम, यदि आपने जो तय किया वह कारगर नहीं है, तो तुरंत अपना फैसला बदल दीजिए। बाज़ार ऐसी जगह है, जहाँ सबकुछ सामने दिखता है और दुनियाभर के विश्लेषणों की तुलना में अधिक भरोसेमंद संकेत देता है। इसलिए प्रयोग करने से डरिए मत और नुकसान करानेवाले उपायों को आगे मत बढ़ाइए। बाज़ार से झगड़ा मत कीजिए।

अंतिम नियम, जब कुछ अच्छा चल रहा हो, तो अपनी कोशिश को दोगुना और फिर चौगुना करें। भले आप यह न जानते हों कि वह इतना कारगर क्यों है, लेकिन **कुदरत की सारी शक्तियाँ जब आपके साथ हों तो जितनी कोशिश कर सकते हैं उतनी करें।** पूँजी निवेश करनेवाले इसे जानते हैं। उनके अधिकांश निवेश उनकी उम्मीदों पर खरा नहीं उतरते, लेकिन उनकी कमी कुछ बंपर निवेशों से पूरी हो जाती है, जिनकी कामयाबी का अंदाज़ा कोई सपने में भी नहीं लगा सकता है। जब कोई कारोबार अपने बजट से लगातार कम प्रदर्शन कर रहा होता है, तब आप समझ लीजिए कि आप बर्बाद होनेवाले हैं। जब कोई कोराबार लगातार उम्मीदों से बढ़कर प्रदर्शन करता है, तो कम से कम इसकी संभावना है कि उसे दस या सौ गुना बढ़ाया जा सकता है। इन परिस्थितियों में, अधिकांश लोग औसत तरक्की से खुश हो जाते हैं। जो मौके का भरपूरा फायदा उठाते हैं वे भयंकर अमीर बन जाते हैं।

इन्वेंटरी मैनेजमेंट

अध्याय 5 में हमने देखा कि सरलता के हिसाब से केवल कुछ ही उत्पादों की ज़रूरत पड़ती है। स्टॉक का प्रबंधन एक और महत्वपूर्ण क्षेत्र है, जिसमें 80/20

सिद्धांत से सहायता मिलती है। मुनाफा और नकदी के लिए 80/20 सिद्धांत का पालन करना स्टॉक के अच्छे प्रबंधन के लिए ज़रूरी है। इससे यह भी पता चलता है कि कोई कारोबार सरलता की राह पर चल रहा है या जटिलता पर।

लगभग हर व्यवसाय में ज़रूरत से ज़्यादा ही स्टॉक रखा जाता है, शायद इस वजह से कि उनके पास कुछ ज़्यादा ही उत्पाद होते हैं और हर उत्पाद की भी अलग-अलग किस्में होती हैं। स्टॉक कितना है इसका पता स्टॉक कीपिंग यूनिट्स (एसकेयू) से लगाया जाता है, जिसमें हर किस्म को एक यूनिट माना जाता है।

अक्सर स्टॉक में एक प्रकार से 80/20 वितरण लागू होता है: मतलब ये कि लगभग 80 प्रतिशत स्टॉक केवल 20 प्रतिशत मात्रा या राजस्व के लिए होता है। इसका मतलब हुआ कि धीरे-धीरे निकलनेवाला स्टॉक काफी खर्चीला होता है और रखने पर बड़ी कीमत चुकानी पड़ती है और हर हाल में उसके घाटे का सौदा होने की ही आशंका रहती है।

स्टॉक की समीक्षा से जुड़े मैं दो उदाहरण आपको दे सकता हूँ। इनमें से एक ये रहा:

> आँकड़ों पर गौर करने के बाद पारेतो का 80/20 का नियम लगभग सही निकला : 20 प्रतिशत चुनिंदा एसकेयू की रोज़ाना 75 प्रतिशत तक बिक्री होती थी। ऐसे चुनिंदा सामान मुख्य रूप से थोक में बिकते थे और हर एसकेयू के कई-कई डब्बे बिका करते थे। बाकी 80 प्रतिशत एसकेयू में से हर दिन मात्र 25 प्रतिशत माल निकलता था। हर दिन इनके केवल कुछ ही पीस बिका करते थे।

20 प्रतिशत बहुत मुनाफा देनेवाला होता था और 80 प्रतिशत नुकसान करानेवाला। एक और उदाहरण एक गोदाम का है, जहाँ पहली बार इलेक्ट्रॉनिक सिस्टम रखा गया था। सामान रखने से पहले उसने सोचा, यह देखा जाए कि उसके पास सही स्टॉक है या नहीं :

> शुरुआती अध्ययन से पता चला कि 80/20 नियम लागू नहीं हो रहा था। गोदाम से 20 प्रतिशत एसकेयू 80 प्रतिशत तक नहीं निकल रहा था बल्कि मात्र 0.5 प्रतिशत (महज 144 एसकेयू) एसकेयू 70 प्रतिशत तक निकल रहा था।

मैं कहना चाहूँगा कि मुझे उस उत्पाद के बारे में कुछ नहीं पता, लेकिन इतना

ज़रूर कहूँगा कि बाकी के 99.5 प्रतिशत से अच्छा है कि सबसे अधिक बिकनेवाले 0.5 प्रतिशत एसकेयू को ही रखना चाहिए।

एक और उदाहरण जो मेरे लिए काफी महत्त्व रखता है, वह फाइलोफैक्स का है क्योंकि उसमें सुधार लाने पर मुझे काफी पैसे मिले थे। उस समय मेरे बिजनेस पार्टनर थे रॉबिन फील्ड जो आपको उसकी कहानी सुना रहे हैं।

> 1980 के दशक के आखिर में फाइलोफैक्स की डिजाइन और फीचर में कोई बदलाव नहीं आया था, प्रॉडक्ट लाइन बेकाबू होकर दुनियाभर में फैली थी। साधारण सी डायरी तरह-तरह के आकारों और प्रकारों में, मुख्य रूप से ऐसे विदेशी चमड़े के आवरणों में उपलब्ध थी कि उसे देखकर कोई भी हैरान रह जाए। आप बस किसी जानवर का नाम ले लीजिए और फाइलोफैक्स उसके चमड़े की बनी हज़ारों डायरियों का ऑर्डर दे दिया करती थी और गर्व से अपने कैटलॉग के साथ ही स्टॉक में भी भर लिया करती थी। मैं नहीं जानता की करुंग (एक प्रकार का साँप) क्या होता है, लेकिन 1990 में मुझे इसका ढेर सारा चमड़ा मिला था।
>
> इस तरह, किसी भी विषय का नाम लीजिए: ब्रिज, चेस, फोटोग्राफी, बर्ड वॉचिंग, विंड सर्फिंग और फाइलोफैक्स दुनियाभर की खास-खास तस्वीरें जुटाती और लाखों की संख्या में उन्हें प्रिंट करवाने के बाद अपनी इन्वेंटरी में शामिल कर लेती थी।
>
> बेशक, इसका नतीजा यह हुआ कि न केवल बेकार के स्टॉक का भयंकर ढेर लग गया, न केवल दुनियाभर की प्रशासनिक मुश्किल खड़ी हो गईं, बल्कि हमारे रिटेलरों में भी पूरी तरह से उलझन फैल गई।

वैसे तो अच्छा स्टॉक मैनजमेंट बेहद ज़रूरी है, फिर भी इस संबंध में केवल चार मुख्य बातों को ध्यान में रखना चाहिए। सबसे काम की बात है - नुकसान करानेवाले उत्पाद को आवश्यकता के अनुसार खत्म कर दें, जिसकी चर्चा अध्याय 3 में की जा चुकी है।

उत्पादों की संख्या जितनी भी हो, आपको उनकी किस्मों की संख्या को कम कर देना चाहिए और शुरुआत उन उत्पादों से होनी चाहिए, जो बिकने में बहुत समय लेते हैं। उन्हें बस उत्पाद की किस्मों से हटा दीजिए, जैसा कि फाइलोफैक्स ने किया था। कोई कहता है कि धीरे-धीरे बिकनेवाली चीज़ों की भी ज़रूरत पड़ती

है, तो उसे कहने दीजिए। अगर ऐसा होता, तो वे जल्दी-जल्दी बिक जातीं।

इस समस्या को और इन्वेंटरी मैनेटमेंट की लागत को मूल्य-संवर्धन श्रृंखला (वैल्यू ऐडेड चेन) के अन्य हिस्सों, अपने सप्लायरों या अपने ग्राहकों पर डालें। सबसे अच्छा उपाय यह है कि अपने स्टॉक को कभी अपने संगठन के करीब मत रखिए। आधुनिक सूचना प्रौद्योगिकी के रहते अब यह संभव है और लागत कम करने के साथ ही सेवा के स्तरों को भी बेहतर किया जा सकता है।

अंत में, अगर आपको किसी चीज़ का स्टॉक कुछ हद तक रखना ही है, तो 80/20 के सिद्धांत का कई तरीके से इस्तेमाल किया जा सकता है ताकि लागत कम हो और सामान ले जाने और उसे तैयार करने की गति बढ़ाई जा सके :

> 80/20 का उपयोग कई तरीके से विश्वसनीय ढंग से किया जा सकता है, जिसका मतलब ये हुआ कि 80 प्रतिशत गतिविधियों में लगभग 20 प्रतिशत ही इन्वेंटरी से जुड़ी गतिविधि होती है। आकार और वजन को पार्ट नंबर और अधिक या कम गतिविधि के हिसाब से बाँटा जा सकता है। तेजी से निकलनेवाले उत्पादों को जहाँ तक संभव हो कंधे-कमर की ऊँचाई के करीब रखा जाना चाहिए, जिससे उन्हें उठानेवाले को कम से कम थकान हो।

भविष्य का इन्वेंटरी मैनेजमेंट

भले ही इन्वेंटरी मैनेजमेंट की छवि बरसों से भूरे लिबास और धूल भरे स्टोर की बनी हुई है, लेकिन अब यह तेजी से बदलता और आकर्षक क्षेत्र बन गया है। जब से ऑनलाइन ऑर्डर की प्रक्रिया शुरू हुई है, तब से 'वर्चुअल इन्वेंटरी' (आभासी इन्वेंटरी) व्यापक रूप ले रही है, जिससे न केवल लागत कम हो रही है बल्कि वितरकों और ग्राहकों तक दी जानेवाली सेवा में भी सुधार हो रहा है। अस्पतालों को सामानों की सप्लाई करनेवाली बैक्सटर इंटरनेशनल जैसी नए-नए प्रयोग करनेवाली कंपनी को 'ग्राहकों से करीबी' की इन्वेंटरी प्रणाली से भारी सफलता मिल रही है। हर मामले में तरक्की फोकस से हो रही है: सबसे महत्वपूर्ण ग्राहकों पर फोकस, साधारण प्रॉडक्ट लाइन पर फोकस, जिन्हें आसानी से ढूँढ़ा और डिलीवर किया जा सकता है।

80/20 का सिद्धांत बड़ी-बड़ी कंपनियों की ओर से अपनी आय बढ़ाने के एक और महत्वपूर्ण पहलू पर भी अपना अच्छा प्रभाव दिखाता है, और वह है प्रोजेक्ट मैनेटमेंट।

प्रोजेक्ट मैनेजमेंट

प्रबंधन के ढाँचे अपर्याप्त और बेकार लगने लगे हैं। वे वैल्यू को बढ़ाने के बजाए अक्सर उसे खत्म कर देते हैं। ऐसे ढाँचे को खत्म करने या उनसे बचने का एक रास्ता है प्रोजेक्ट, जिसमें महत्वपूर्ण ग्राहकों के लिए सेवा और उत्पाद की गुणवत्ता में सुधार किया जाता है। चीफ एग्जीक्यूटिव से लेकर नीचे तक, कारोबार में अधिकांश क्षमतावान लोगों के पास अक्सर कोई काम नहीं होता और वे केवल कई तरह के प्रोजेक्ट की बस निगरानी करते हैं।

प्रोजेक्ट मैनेजमेंट मुश्किल काम है। एक तरफ तो प्रोजेक्ट में एक टीम होती है, जो सहयोग से चलती है, जहाँ सीनियर-जूनियर का झंझट नहीं होता है। वहीं दूसरी तरफ, टीम के सदस्यों को अक्सर पता नहीं होता कि क्या करना है क्योंकि प्रोजेक्ट में नए प्रयोगों से जुड़ा और समय आने पर किया जानेवाला काम ही होता है। प्रोजेक्ट मैनेजर की काबीलियत इसी से पता चलती है कि वह टीम के सभी सदस्यों का ध्यान उन चुनिंदा कामों पर कैसे लगाता है, जो सच में मायने रखते हैं।

काम को सरल बनाएँ

सबसे पहले काम को आसान बनाएँ। किसी प्रोजेक्ट में एक नहीं बल्कि कई प्रोजेक्ट शामिल होते हैं। हर प्रोजेक्ट की कोई मुख्य बात हो सकती है और उससे जुड़ी अनेक चुनौतियाँ हो सकती हैं। वैकल्पिक रूप से, उसी प्रोजेक्ट से तीन या चार अन्य बातें जुड़ी हो सकती हैं। अगर आप किसी भी प्रोजेक्ट के बारे में जानते हैं तो इस बात को समझ जाएँगे।

सभी प्रोजेक्ट संगठन की जटिलताओं का पालन करते हैं। किसी प्रोजेक्ट के लक्ष्य जितने अधिक होंगे, उस प्रोजेक्ट को संतोषजनक रूप से पूरा करने के प्रयास उस अनुपात में नहीं बल्कि ज्यामितीय रूप से बढ़ेंगे।

किसी भी प्रोजेक्ट का 80 प्रतिशत महत्त्व उसकी 20 प्रतिशत गतिविधियों से बढ़ता है और बाकी के 80 प्रतिशत काम गैर-ज़रूरी मुश्किलों के कारण करने पड़ते हैं। इस कारण, अपना प्रोजेक्ट तब तक शुरू न करें, जब तक कि आप उसे एक आसान लक्ष्य तक कम न कर लें। बेकार का बोझ उतार दें।

असंभव समय सीमा तय करें

इससे यह पक्का हो जाएगा कि प्रोजेक्ट टीम केवल सही मायने में महत्वपूर्ण

काम ही करे:

> असंभव समय सीमा के कारण, प्रोजेक्ट के सदस्य 80 प्रतिशत लाभ देनेवाले 80 प्रतिशत कामों को समझेंगे और उन्हें पूरा करेंगे। वैसे भी, 'अच्छा होता ये भी होता' जैसी विशेषताओं के कारण दमदार प्रोजेक्ट के ऊपर भी बर्बादी के बादल मंडराने लगते हैं।
>
> अपने लक्ष्य का विस्तार करें। कभी-कभी हताश करनेवाली परिस्थितियाँ भी रचनात्मक समाधानों को प्रेरित करती हैं। हर चार सप्ताह में अपना आदर्श क्या है, यह स्वयं से पूछे। तीन महीने में एक मार्गदर्शक की माँग करें। इससे हुआ विकास टीम को 80/20 नियम लागू करने और वास्तव में इसे काम करने के लिए मज़बूर करेगा। सही समय पर सही जोखिम उठाएँ।

काम शुरू करने से पहले योजना बनाएँ

किसी प्रोजेक्ट को जितना कम समय दिया जाता है, उतना ही अधिक समय उसकी विस्तृत योजना बनाने और पूरी तरह सोच विचार के लिए दिया जाना चाहिए। मैं जब मैनेजमेंट कंसल्टेंट्स बेन एंड कंपनी का पार्टनर था, तब हमने यह साबित कर दिया था कि जो सबसे अच्छी तरह चलाए गए प्रोजेक्ट थे, जिनके ग्राहकों और सलाहकार (कंसल्टेंट) की संतुष्टि सबसे अधिक थी, उनमें सबसे कम समय बर्बाद हुआ था और मुनाफा सबसे ज़्यादा हुआ था। वे ऐसे थे जिनमें योजना बनाने और लागू करने के समय का अनुपात सबसे अधिक था।

योजना बनाने के चरण में, आप जिन समस्याओं को सुलझाना चाहते हैं उन्हें लिख डालें। (अगर वे सात से अधिक हैं, तो सबसे कम महत्त्ववाले को हटा दें।) उनके संभावित हल को लिखें, भले ही वे एकदम अटकल ही क्यों न हों। आपका अंदाज़ा सही है या नहीं इसे पूरी तरह स्पष्ट करने के लिए, जितनी भी सूचना इकट्ठा करनी है या जो भी प्रक्रिया अपनाई जानी है, उसे तय कीजिए। यह तय कीजिए कि किसे क्या करना है और कब करना है। नई जानकारी के आधार पर और आपने पहले जो अंदाज़ा लगाया था, उसमें अंतर आने पर, कुछ-कुछ समय बाद फिर से योजना बनाएँ।

लागू करने से पहले डिजाइन तैयार करें

विशेष रूप से अगर प्रोजेक्ट में किसी उत्पाद या सेवा की डिजाइन तय की

जानी है, तो सुनिश्चित करें कि लागू किए जाने से पहले डिजाइन तैयार करने के दौरान आपके पास सबसे अच्छा और संभव तरीका मौजूद हो। 80/20 का एक और नियम कहता है कि किसी भी डिजाइन प्रोजेक्ट की 20 प्रतिशत समस्या से 80 प्रतिशत लागत या अतिरिक्त खर्च बढ़ जाता है। इस तरह 80 प्रतिशत मुश्किलें डिजाइन तैयार करने के दौरान पैदा होती हैं और बाद में उन्हें ठीक करने में बहुत भारी खर्च आता है। फिर से बड़े पैमाने पर काम करना पड़ता है और कुछ मामलों में तो पूरी की पूरी कंपनी को नए सिरे से खड़ा करना पड़ता है।

सौदेबाजी

व्यवसाय में 80/20 सिद्धांत के मेरे सर्वश्रेष्ठ 10 उपयोग सौदेबाजी के साथ पूरे हो जाते हैं। इसमें कोई आश्चर्य नहीं कि सौदेबाजी पर काफी अध्ययन किया गया है। 80/20 का सिद्धांत मात्र दो बातों को इसमें शामिल करता है, लेकिन दोनों ही काफी महत्वपूर्ण हो सकते हैं।

सौदेबाजी में कुछ बातें सच में मायने रखती हैं

80 प्रतिशत मूल्यवाले विवादित क्षेत्र पर 20 प्रतिशत या उससे भी कम मुद्दों को लेकर विवाद होता है। आपको ऐसा लग सकता है कि यह बात तो दोनों पक्षों के लिए स्वाभाविक है, लेकिन लोग कुछ न कुछ हासिल करना चाहते हैं, भले ही वे पूरी तरह से गैर-ज़रूरी ही क्यों न हों। इसी प्रकार वे रियायतों (कंसेशन) से खुश हो जाते हैं, भले ही वे छोटी-मोटी ही क्यों न हों।

इस कारण, किसी बातचीत के शुरुआती दौर में ही छोटी-मोटी चिंताओं की एक लंबी सूची बना लें और उन्हें जितना महत्वपूर्ण हो सके उतना दिखाने का प्रयास करें। ऐसी बातें पूरी तरह से गैर-वाजिब या कम से कम ऐसी हों, जिनमें अपना नुकसान कराए बिना दूसरा पक्ष रियायत देने के काबिल न हो। (वरना वे लचीला रुख रखने और बात मान लेने का श्रेय ले जाएँगे।) फिर, बातचीत के समापन के दौरान, आप गैर ज़रूरी बातों को उन बातों के बदले छोड़ सकते हैं, जो सच में काफी महत्त्व रखती हैं।

उदाहरण के लिए, मान लीजिए कि आप किसी उत्पाद के 100 पुर्ज़ों के इकलौते सप्लायर से कीमतों को लेकर सौदा कर रहे हैं। किसी भी उत्पाद की 80 प्रतिशत लागत उसके 20 प्रतिशत पुर्ज़ों में लगती है। आपको केवल उन 20

पुर्ज़ों की कीमतों पर अपना ध्यान केंद्रित करना चाहिए। लेकिन बातचीत की शुरुआत में ही अगर आपने बाकी के 80 पुर्ज़ों की कीमत को मान लिया, तो आपके हाथ से तोल-मोल का असली हथियार निकल जाएगा। इसलिए आपको गैर-ज़रूरी 80 पुर्ज़ों की कीमतों पर तोल-मोल के कुछ कारण ढूँढ़ने होंगे, जैसे आप बढ़ा-चढ़ाकर कह सकते हैं कि उन पुर्जों की खपत आनेवाले समय में बहुत ज़्यादा होनेवाली है।

तुरंत अंत पर ना पहुँचें

दूसरी बात, अक्सर यह देखा गया है कि ज़्यादातर सौदेबाजी में दिखावे का तनाव पैदा किया जाता है और सही मायने में बात तब आगे बढ़ती है जब समय सीमा खत्म होनेवाली होती है:

> यह बात भी सही लगती है कि समय का किसी भी सौदेबाज़ी पर इतना जबरदस्त दबाव पड़ता है कि 80 प्रतिशत रियायत... उपलब्ध समय के आखिरी 80 प्रतिशत समय में ही दी जाती है। अगर शुरुआत में ही माँग को सामने रख दिया जाए, तो कोई भी पक्ष शायद नहीं झुकेगा और सारी बातचीत वहीं खत्म हो सकती है। लेकिन अतिरिक्त माँग या समस्याओं को बातचीत के लिए उपलब्ध आखिरी 80 प्रतिशत समय में रखा जाए, तो दोनों पक्षों में लचीलापन ज़्यादा होगा।

अधीर लोग अच्छे सौदेबाज नहीं बन सकते हैं।

अपना वेतन कैसे बढ़वाएँ

80/20 सिद्धांत का इस मकसद के लिए फायदा कैसे लिया जाए इसका उदाहरण ऑर्टन स्किनर पेश करते हैं :

> 80 प्रतिशत रियायत बातचीत के आखिरी 20 प्रतिशत समय में दी जाती है। अगर लंबे समय से वेतन वृद्धि पर होनेवाली बातचीत का समय सुबह 9 बजे तय किया गया है और आप जानते हैं कि आपके सुपरवाइजर की दूसरी अप्वाइंटमेंट 10 बजे की है, तो आप अनुमान लगा सकते हैं कि निर्णायक मोड़ 9.50 बजे आएगा। अपनी रफ्तार को उसके मुताबिक ही रखें। अपनी माँग तुरंत जाहिर न करें, वरना आपका सुपरवाइजर बहला-फुसला कर आपको सस्ते में निपटा देगा।

सर्वेश्रेष्ठ 10 से आगे

अब तक आपको यह एहसास हो चुका होगा कि हम चाहे किसी भी परिस्थिति में क्यों न हों, 80/20 का सिद्धांत उस पर लागू होता है। इससे मिलनेवाली ज्ञान की बातें लोग, कारोबार और उस दुनिया के पीछे की वास्तविकता होती है, जिससे कारोबार चलता है। 80/20 का सिद्धांत इस कारण हर जगह लागू होता है क्योंकि यह उन रहस्यमयी शक्तियों का प्रतिबिंब है, जो हमारे जीवन को चलाती हैं। अब समय आ गया है कि इन सभी सिरों को एक साथ जोड़ा जाए।

08

कुछ महत्वपूर्ण चीज़ें आपको सफलता दिलाते हैं

80/20 सिद्धांत में रडार और ऑटोपायलट, दोनों ही होते हैं। रडार से हमें जानकारी मिलती है: इसकी मदद से हम अवसरों और खतरों को देखते हैं। ऑटोपायलट की मदद से हम अपने व्यवसाय की गतिविधियों को अच्छी तरह से देखते हैं और ग्राहकों के साथ ही अन्य जो लोग मायने रखते हैं, उनसे बात करते हैं। इससे हमें यह इत्मीनान होता है कि फिलहाल अपनी तकदीर के मालिक हम खुद ही हैं। 80/20 के सिद्धांत पर विश्वास करने के लिए यह ज़रूरी है कि हम कुछ सरल बातों को समझें और उन्हें अपने दिमाग में बिठा लें। इसके बाद हम जो भी कर रहे हैं, उसमें आसानी से '80/20 को सोच' सकते हैं, '80/20 पर काम' कर सकते हैं।

कुछ चीज़ें हमेशा ही ज़्यादातर चीज़ों से ज़्यादा ज़रूरी होती हैं

अक्सर यह बात सच होती है लेकिन इसे तुरंत मान लेना आसान नहीं होता। जब तक कि हमारे पास फैसला करने के लिए ज़रूरी आँकड़े नहीं होते या 80/20 की सोच नहीं होती, तब तक ज़्यादातर चीज़ें उन कुछ चीज़ों से ज़्यादा ज़रूरी लगती हैं, जितनी कि वे होती नहीं हैं। इस बात को हम स्वीकार कर भी लें, तो भी मन को स्थिर करके इस पर क्रिया करने में हम हिचकिचाते हैं। 'कुछ ज़रूरी' चीज़ों को अपने दिमाग में सबसे ऊपर रखें। समय-समय पर इसकी समीक्षा करते रहें कि क्या आप कुछ ज़रूरी चीज़ों पर अधिक समय और प्रयास खर्च कर रहे हैं या दुनियाभर की मामूली सी चीज़ों पर समय लगा रहे हैं?

बेहतर स्थिति की तरफ बढ़ने का मतलब है संसाधन को गैर-ज़रूरी से अधिक ज़रूरी उपयोग में लाना

व्यक्तिगत उद्यमियों की तरह ही, मुक्त बाजार संसाधनों को कम उत्पादकतावाले हिस्सों से हटाकर अधिक उत्पादकतावाले क्षेत्रों में ले जाते हैं। लेकिन न तो बाजार

और ना ही उद्यमी इसे पर्याप्त ढंग से अच्छी तरह करते हैं, साथ ही आजकल के बेहद उलझाऊ कॉरपोरेट या सरकारी नौकरशाही की तो बात ही छोड़ दीजिए। हमेशा ही बर्बादियों का एक सिलसिला होता है, जो आमतौर पर काफी लंबा होता है, जहाँ 80 प्रतिशत संसाधन महज 20 प्रतिशत वैल्यू की चीज़ों का उत्पादन कर रहे होते हैं। ऐसी स्थिति में जो सही मायने में अच्छे उद्यमी हैं, उनके लिए मुनाफा कमाने के अवसर पैदा हो जाते हैं। उद्यमी किस हद तक मुनाफा कमा सकते हैं, इसकी सीमा को अक्सर कम आँका जाता है।

कुछ लोगों की वजह से ही ज़्यादातर लाभ मिलता है

जो सबसे अच्छे लोग हैं यानी जिस काम को वे कर रहे हैं, उसे उनसे अच्छी तरह कोई कर नहीं सकता। जिनके काम से सबसे ज़्यादा पैसा आ रहा होता है, उसका मुनाफे में ज़बरदस्त योगदान रहता है और यह मुनाफा उन्हें दिए जानेवाले वेतन के मुकाबले अक्सर बहुत अधिक होता है। सामान्यतया ऐसे लोग गिने-चुने ही होते हैं। अधिकांश लोग जितना वेतन लेते हैं, उसके मुकाबले ना के बराबर योगदान करते हैं। वहीं कुछ गिने-चुने लोग (जो अक्सर बहुत बड़ी संख्या में भी होते हैं) ऐसे भी होते हैं, जो अपने योगदान से अधिक पैसा ले जाते हैं। जो बड़े और तरह-तरह के काम करनेवाले कॉरपोरेट हैं, उनमें संसाधनों का इस प्रकार का गलत बँटवारा सबसे अधिक होता है।

किसी भी बड़े प्रबंधन के दम पर चलनेवाले कॉरपोरेशन में मुनाफे के गलत बँटवारे की संगठित साजिश चलती रहती है। कंपनी जितनी बड़ी और जितनी ज़्यादा जटिल होगी, ऐसी साजिश उतनी ही बड़ी और सफल होती है। जो लोग कॉरपोरेशनों में काम करते हैं या जिनका उनसे हमेशा लेना-देना रहता है, वे जानते हैं कि कुछ कर्मचारी बेशकीमती होते हैं। वे अपने ऊपर की लागत से कई गुना लाभ कराते हैं। वहीं, कई कर्मचारी यात्री के समान होते हैं, जो अपने ऊपर के खर्च के मुकाबले ज़्यादा कुछ नहीं करते। और कुछ, जो शायद 10 से 20 प्रतिशत होते हैं, वे लाभ को कम करते हैं और उन्हें अपने वेतन की भी परवाह नहीं होती।

इन सबके होने के कई कारण हैं, जैसे- सही मायने में प्रदर्शन का अंदाजा लगाने की मुश्किल... अधिकारियों में राजनीतिक कौशल या अन्य बातों की कमी होती है, जिससे वे दूसरों के प्रदर्शन का सही आकलन कर व्यक्ति और संगठन को बेहतर नहीं बना पाते... हम जिन्हें पसंद करते हैं, उन्हें महत्त्व देने की अजीब सी प्रवृत्ति होती है जो खत्म नहीं होती... वहीं, हास्यास्पद लेकिन हर जगह

दिखनेवाली यह सोच भी ज़िम्मेदार है, जिसमें व्यक्तिगत प्रदर्शन से अधिक महत्त्व पद को दिया जाता है... और एक कारण मनुष्य में समतावाद की ज़बरदस्त प्रवृत्ति है, जिसके पीछे अक्सर सही सोच होती है कि टीम भावना को बढ़ाया जाए...। जहाँ जटिलता और लोकतंत्र का संगम होता है वहीं बर्बादी और निष्क्रियता खिंची चली आती है।

एक बार एक इन्वेस्टमेंट बैंक के प्रमुख को अपने कर्मचारियों के बीच सालाना बोनस की बहुत बड़ी रकम का बँटवारा करना था। तब मैंने ही उन्हें अपनी सलाह दी थी। मेरे क्लाइंट बेहद अमीर और अपने दम पर कारोबार खड़ा करनेवाले व्यक्ति हैं, जो बाज़ार की खामियों को देखने और उनका भरपूर लाभ उठाने में माहिर हैं। इस खूबी के कारण ही वह मस्त-मौला और सफल बने रहते हैं। बाज़ार पर उनका पूरा विश्वास है। जहाँ तक बोनस बाँटने की बात है, तो वह जानते थे कि पिछले साल कारोबार के विभाग के सैकड़ों लोगों में से दो लोगों ने ही बोनस की रकम का 50 फीसदी से अधिक जुटाया है। उनका बिजनेस जैसा है, उसमें इसका पता लगाना भी आसान है। लेकिन मैंने जब उनसे कहा कि वह बोनस की कुल रकम में से आधे से ज़्यादा इन दोनों को दें, तो वह हैरान रह गए। बाद में, हमने एक ऐसे अधिकारी को लेकर चर्चा की, जिसके बारे में हम दोनों ही जानते थे कि वह जितना योगदान करता है, उससे अधिक नुकसान कराता है (लेकिन बैंक में उसे लोग पसंद करते थे और वह काफी चालाक भी था)। मैंने सुझाव दिया कि उसका बोनस शून्य कर दिया जाए। ये सुनकर मेरे मित्र का मन घबराने लगा: 'अरे यार, रिचर्ड, मैंने पहले ही पिछले साल के मुकाबले उसे घटाकर एक चौथाई कर दिया है और अब इससे ज़्यादा कम नहीं कर सकता।' इसके बावजूद, स्थिति ऐसी थी कि इसकी बजाए कि बैंक उसे पैसा दे, बैंक में नौकरी के बदले उसे ही बैंक को पैसा देना चाहिए था। इस मुश्किल का हल बड़ी आसानी से निकल गया। उसका बोनस जीरो कर दिया गया। आज वह अधिकारी एक नई जगह काम कर रहा है और उसके काम से उसके संगठन को लाभ मिल रहा है।

अकाउंटिंग सिस्टम उचित इनाम का दुश्मन होता है क्योंकि वह बड़ी खूबसूरती से इस सच्चाई को छिपा लेता है कि पैसा सच में आ कहाँ से रहा है। यही वजह है कि इंसानी कमज़ोरी के अलावा, प्रदर्शन और इनाम के बीच असंतुलन बड़ी और जटिल कंपनियों में छोटे व्यवसायों के मुकाबले ज़्यादा होता है। चार कर्मचारियोंवाला उद्यमी जानता है कि संगठन के लिए पैसे कौन और कितना कमा रहा है। इसका पता लगाने के लिए उसे नफा-नुकसान (पी एंड एल - प्रॉफिट

एंड लॉस) के बहुत बड़े विभाग की ज़रूरत नही होती। किसी बड़े कॉरपोरेशन के सीईओ को अकाउंटिंग के गुमराह करनेवाले आँकड़ों पर और जो चश्मा ह्यूमन रिसोर्स (भयंकर शब्द!) वाले पहना देते हैं उसी पर भरोसा करना पड़ता है। इसमें कोई आश्चर्य नहीं कि बड़ी-बड़ी कंपनियों में जो सबसे अच्छा प्रदर्शन करते हैं, उन्हें जितना मिलना चाहिए उससे कम मिलता है जबकि तमाम औसत दर्जे के मैनेजर अपने हक से ज़्यादा ले जाते हैं।

मुनाफे में भारी अंतर आता है

कीमत और लागत एवं प्रयास और इनाम के बीच का अंतर हमेशा ही काफी असमान होता है। भारी मुनाफेवाली गतिविधियाँ कुल गतिविधियों का छोटा सा हिस्सा होती हैं लेकिन कुल मुनाफे में उनकी भूमिका बड़ी होती है। स्वाभाविक रूप से हमने अगर संसाधनों के बँटवारे में दखल नहीं दिया, तो इस तरह के असंतुलन और बढ़ जाएँगे। लेकिन हम शुतुरमुर्ग की तरह सिर गाड़ लेते हैं, (जिसमें अकाउंटिंग सिस्टम के रहते बड़ी आसानी से लंबा समुद्री किनारा भी मिल जाता है) और इस सच्चाई को स्वीकार नहीं करते कि हम और हमारी कंपनियाँ जो भी काम करती हैं, उनमें से अधिकांश भारी-मुनाफेवाली गतिविधियों से बेहद कम महत्त्व की होती हैं।

संसाधनों का आवंटन (allocated) हमेशा गलत होता है

हम कम मुनाफेवाले कामों में कुछ ज़्यादा ही संसाधन लगा देते हैं और भारी मुनाफेवाले में कम कर देते हैं। हमारे इस तरह के भरपूर प्रयास के बाद भी, भारी मुनाफेवाली गतिविधियाँ फलती-फूलती रहती हैं और बैसाखी की मदद से चलनेवाले काम आगे बढ़ने का नाम नहीं लेते। अगर संसाधन उपलब्ध हों, तो भारी मुनाफे की गतिविधियों के चलते आई सुस्ती के कारण, कम मुनाफेवाली गतिविधियाँ ज़्यादा से ज़्यादा संसाधनों की खपत करती हैं और थोड़ा, शून्य या मुनाफे के नाम पर घाटा कराती हैं, जिससे दोबारा निवेश तक नहीं किया जा सकता है।

हम हमेशा सोचते हैं कि बेहतरीन गतिविधियाँ इतना कमाल कैसे कर रही हैं और जो नुकसान करानेवाले काम हैं, वे कब जाकर सुधरेंगे। आमतौर पर नुकसान करानेवाले काम कभी नहीं सुधरते। इसे स्वीकार करने में हम हमेशा ही काफी देर लगाते हैं और किसी नए बॉस के दखल पर, किसी संकट के आ जाने पर या

मैनेजमेंट कंसल्टेंट के कहने पर हम वह करते हैं, जिसे काफी पहले ही कर देना चाहिए था।

सफलता को कम आँका जाता है और उसका जश्न भी कम मनाया जाता है

सफलता को न केवल कम महत्त्व दिया जाता है बल्कि उसकी खुशी भी कम मनाई जाती है और उसका फायदा भी पूरी तरह नहीं उठाया जाता है। अक्सर इसे किस्मत कहकर टाल दिया जाता है। लेकिन किस्मत का चमकना और दुर्घटना का घटना हम जैसा सोचते हैं, उतनी जल्दी-जल्दी नहीं होता। हम 'किस्मत' को सफलता मानते हैं, जिसे नापा नहीं जा सकता है। किस्मत के पीछे हमेशा ही एक जबरदस्त प्रभावी तंत्र होता है, जो मुनाफा देता रहता है भले ही हम उस पर गौर करें या नहीं। चूँकि हमें अपनी 'किस्मत' पर यकीन नहीं होता इसलिए हम मुनाफा देनेवाले अच्छे समय में अपने लाभ को कई गुना बढ़ाने में विफल रहते हैं।

संतुलन एक भ्रम है

कोई भी चीज़ हमेशा के लिए नहीं रहती और कुछ भी हमेशा संतुलन में नहीं रहता। केवल नयापन ही स्थिर रहता है। अक्सर नयापन का विरोध भी होता है और उसे अपनाने में देरी की जाती है, लेकिन शायद ही कभी उसे छोड़ा जाता है। सफल नया प्रयोग हमेशा ही जड़ता की स्थिति की तुलना में जबरदस्त लाभ देता है। वैसे भी उस स्थिति से बाहर निकलने के लिए ऐसा करना ज़रूरी होता है। एक निश्चित समय के बाद, असरदार नए प्रयोग को टाल पाना असंभव हो जाता है। निजी, कॉरपोरेट और राष्ट्रीय सफलता- आविष्कार के कारण, यहाँ तक कि बाज़ार में उतारे जाने लायक नए प्रयोग के कारण नहीं मिलती बल्कि उस समय की पहचान से मिलती है, जब नए प्रयोग को टालना असंभव हो जाता है और फिर उसकी पूरी कीमत वसूलने के लिए उसका इस्तेमाल किया जाता है।

अस्तित्व को बनाए रखने के लिए परिवर्तन आवश्यक है। सकारात्मक बदलाव के लिए यह जानकारी होनी चाहिए कि क्या सबसे प्रभावी है और फिर उसके सफल बनाने का तरीका क्या है।

हर बड़ी सफलता की शुरुआत छोटी होती है

आखिर में, कुछ बड़ा पाने के लिए हमेशा ही शुरुआत किसी छोटी चीज़ के साथ करनी पड़ती है। छोटी-छोटी वजह, छोटे-छोटे उत्पाद, छोटी कंपनियाँ, छोटे बाज़ार, छोटी व्यवस्था: ये सभी छोटी सी शुरुआत को बड़ा बनाते हैं। इसके

बावजूद इनकी पहचान इस रूप में नहीं की जाती है। अक्सर हमारा ध्यान जो पहले से होता है, उसके बड़े रूप पर रहता है, बजाए इस्के कि छोटी सी घटना से सामने दिख रहे चलन को हम देख पाएँ। अक्सर जब कुछ बहुत बड़ा हो जाता है तभी हम उस पर गौर करते हैं, जब उसकी तरक्की घटने लगती है। वही लोग अमीर बनते हैं, जो तरक्की का फायदा उसी समय उठाते हैं जब वह शुरुआती दौर में होती है और रफ्तार पकड़ रही होती है। यहाँ तक कि जो तरक्की कर रहे होते है, उन्हें भी इसका अंदाज़ा नहीं होता कि वह कितना महत्त्व रखती है या उससे किस हद तक पैसा कमाया जा सकता है।

50/50 सोचना बंद करें

50/50 सोचना बंद करने और 80/20 सोचने की शुरुआत करने के लिए हमें बड़े पैमाने पर फिर से शिक्षा ग्रहण करने की ज़रूरत है। चित्र 35 में कुछ संकेत दिए गए हैं।

---

* विषमता पर विचार कीजिए। उम्मीद कीजिए कि 20 प्रतिशत 80 प्रतिशत के बराबर होगा और 80 प्रतिशत 20 प्रतिशत के बराबर होगा।
* अप्रत्याशित घटना की उम्मीद कीजिए। उम्मीद कीजिए कि 20 प्रतिशत 80 प्रतिशत से आगे निकल जाएगा और 80 प्रतिशत से 20 प्रतिशत प्राप्त होगा।
* सबकुछ की उम्मीद कीजिए- जैसा कि आपके समय, आपके संगठन, आपके बाज़ार और हर इंसान या आप जिस व्यावसायिक संस्थान के संपर्क में आते हैं, उसके पास 20 प्रतिशत बेहतरीन गुण, क्षमता, मूल्य और छोटे से हिस्से में वह सारी अच्छाई होगी, जो दुनियाभर की औसत दर्जे की चीज़ों के बीच छिपी होगी। उस शक्तिशाली 20 प्रतिशत को ढूँढ़ें।
* अदृश्य 20 प्रतिशत और गुप्त 20 प्रतिशत की तलाश कीजिए। वह वहीं है, उसका पता लगाइए। अप्रत्याशित सफलता मुफ्त में मिल जाती है। अगर कोई व्यवसाय उम्मीद से अधिक सफल होता है, तो उसकी 20 प्रतिशत क्षमता रंग ला रही है और वह अभी आगे और तरक्की करेगा।
* यह मानकर चलिए कि कल का 20 प्रतिशत आज के 20 प्रतिशत

से अलग होगा। कल के 20 प्रतिशत का अंकुर, कल का बीज कहाँ है? वह 1 प्रतिशत कहाँ है, जो बढ़कर 20 प्रतिशत होगा और उसकी कीमत 80 प्रतिशत होगी? वह 3 प्रतिशत कहाँ है जो पिछले साल 1 प्रतिशत था?

* दिमाग को ऐसा बनाएँ कि वह 80 प्रतिशत को – उस आसान से जवाब को, स्पष्ट सच्चाई को, दुनियाभर की स्पष्ट चीज़ों को, मौजूदा ज़रूरत को, पारंपरिक ज्ञान को, वर्तमान आम राय को दिमाग में आने से रोक दे। इनमें से कोई भी जितना वजनदार दिखता है, उसकी कीमत उसके मूल से मूल धातु के बराबर न तो लगती है, ना ही होती है। ये जो 80 प्रतिशत हैं वे धरती पर बहुत बड़ा धब्बा हैं, जो आपको 20 प्रतिशत से आगे देखने नहीं देते। इन बदसूरत कलंकों से इधर-उधर देखिए, उनके ऊपर, उनके नीचे, उनके बीच से देखिए। चाहे कुछ भी हो उन्हें नज़रअंदाज़ कीजिए, ऐसा समझिए कि उनका अस्तित्व ही नहीं है। उस 20 प्रतिशत को देखने के लिए अपनी नज़र को तरोताज़ा रखिए जो आसानी से दिखता नहीं है।

चित्र 35 80/20 **कैसे सोचें**

हालाँकि, मनोवैज्ञानिक हमें बताते हैं कि विचारों और मनोवृत्तियों को उचित क्रिया से बदला जा सकता है और गलत कार्य से बिगाड़ा भी जा सकता है। 80/20 सोचने का सबसे अच्छा तरीका है 80/20 के अनुसार कार्य की शुरुआत करना, वैसे ही जैसे 80/20 के अनुसार कार्य का सबसे अच्छा तरीका है 80/20 के हिसाब से सोचना। आपको दोनों को साथ-साथ लागू करना होगा। चित्र 36 संकेत देता है कि 80/20 के अनुसार कार्य कैसे करें।

---

* आपको जब भी 20 प्रतिशत गतिविधि दिखे, उसकी तरफ दौड़ जाइए, अपने आपको उससे घेर लीजिए, उसमें डूब जाइए, उसका पेटेंट करा लीजिए, अपने आपको उसका एक्सपर्ट, उपासक, पुजारी, पार्टनर, क्रिएटर, प्रचारक और अनिवार्य साथी बना लीजिए। उसका भरपूर लाभ उठाइए। अगर सबसे अधिक आपकी कल्पना से अधिक है, तो अपनी कल्पना को कई गुना बढ़ा लीजिए।

* आपके पास जो भी संसाधन हैं – हुनर, पैसा, दोस्त, कारोबार के साथी, अपनी बात मनवाने की शक्ति, आपकी साख, आपका संगठन, जो कुछ भी आपके पास है या जो कुछ भी आप चुरा ले जा सकते हैं – उसका इस्तेमाल कीजिए ताकि आप 20 प्रतिशत अवसर को अपने कब्जे में लेकर, उसे बढ़ा सकें और उसका पूरा लाभ उठा सकें।

* दूसरे लोगों के साथ सहयोग का फायदा अपनी पहुँच को बढ़ाकर उठाएँ, लेकिन अपने आपको केवल 20 प्रतिशत लोगों के साथ जोड़कर रखें और वे ऐसे 20 प्रतिशत लोग हों, जो आपके शक्तिशाली साथी हैं। फिर अपने गठबंधन को अगले 20 प्रतिशत और फिर उसके बाद के 20 प्रतिशत लोगों तक बढ़ाने का प्रयास करें।

* 80/20 आर्बिट्रेज (अंतरपणन) का भरपूर लाभ उठाएँ। यानी जब किसी उत्पाद की कीमत दूसरे बाज़ार में या विदेशी मुद्रा के अनुसार लागत से अधिक हो तो उसे वहाँ बेचकर लाभ कमाएँ। जब भी संभव हो, संसाधनों को 80 प्रतिशत गतिविधियों से निकालकर 20 प्रतिशत गतिविधियों में लगाएँ। इससे होनेवाला लाभ बहुत अधिक होता है क्योंकि इस प्रकार के आर्बिट्रेज में फायदा बहुत ज़्यादा होता है। आप कम मूल्यवाली चीज़ का इस्तेमाल ऐसी चीज़ को बनाने में करें जिसकी कीमत जबरदस्त होती है, जिसमें आपको लागत और बिक्री दोनों में ही फायदा होता है।

* 80/20 आर्बिट्रेज के दो प्रमुख साधन होते हैं: लोग और पैसा या ऐसी संपत्तियाँ जो पैसे की जगह लेती हैं या जिन्हें पैसे में बदला जा सकता है।

* 20 प्रतिशत लोगों को (खुद आपके समेत) 80 प्रतिशत गतिविधियों से हटाकर 20 प्रतिशत गतिविधियों में लगाइए। यदि संभव हो और बहुत अधिक जोखिम न हो, तो इस प्रक्रिया में दबाव (जोर आजमाइश) का इस्तेमाल करें। अगर आप खुद 80 प्रतिशत से 20 प्रतिशत गतिविधियों की ओर जाएँगे, तो जोखिम उतना नहीं होगा, जितना कि समझा जाएगा। पैसे की ताकत के दो तरीके हैं। एक है कर्ज लेना। दूसरा है, दूसरे लोगों के पैसे का इस्तेमाल (ओपीएम) कर्ज के बजाए इक्विटी के

रूप में करना। 80 प्रतिशत गतिविधियों के लिए ओपीएम का इस्तेमाल किसी लत की तरह होता है, जो खतरनाक और जोखिम भरा होता है। इसके अंत में रोना पड़ता है। 20 प्रतिशत गतिविधियों के लिए ओपीएम के इस्तेमाल से हर तरफ सफलता मिलती है और आप सही रूप से सफलता प्राप्त करते हैं।

* 20 प्रतिशत नई गतिविधियों में नयापन लाएँ। 20 प्रतिशत आइडिया कहीं और से चुराएँ, जैसे अन्य लोगों, अन्य उत्पादों, अन्य उद्योगों, अन्य बुद्धिमत्ता के क्षेत्रों और अन्य देशों से। उन्हें अपने यहाँ की 20 प्रतिशत गतिविधियों में लागू करें।
* निर्दयता से 80 प्रतिशत गतिविधियों का सफाया कर दें। 80 प्रतिशत समय 20 प्रतिशत समय को भी नष्ट कर देता है। जब 20 प्रतिशत सहयोगियों को स्थान मिलना चाहिए तब उस पर 80 प्रतिशत सहयोगी डेरा जमाए रहते हैं। 80 प्रतिशत संपत्ति 20 प्रतिशत धन से वंचित कर देती है। 80 प्रतिशत संगठनों या स्थानों में होने से आपके पास 20 प्रतिशत संगठनों या स्थानों के लिए समय नहीं रहता। 80 प्रतिशतवाले स्थान पर रहने से आप 20 प्रतिशतवाले स्थान पर नहीं जा पाते हैं। 80 प्रतिशत गतिविधियों पर मानसिक ऊर्जा खर्च करने से 20 प्रतिशत प्रोजेक्ट में लगी ऊर्जा कम हो जाती है।

चित्र 36 80/20 के अनुसार कार्य कैसे करें

आपने देखा कि यह कैसे होता है। 80/20 सोचिए और 80/20 कार्य कीजिए। जो लोग 80/20 के सिद्धांत को नज़रअंदाज़ करते हैं, उनके हिस्से में औसत लाभ ही आता है। जो लोग इसका इस्तेमाल करते हैं उन्हें अद्‌भुत सफलता मिलती है।

चलें भाग तीन की ओर

80/20 सिद्धांत की सहायता से व्यापार और पश्चिमी देशों से लेकर एशिया तक व्यापार को आश्चर्य में डालनेवाली सफलता मिली है। यहाँ तक कि जिन्हें व्यापार में कोई रुचि नहीं, लेकिन 80/20 के बारे में जानते हैं, वे भी इसका इस्तेमाल करनेवाले सीमित लोगों की सफलता को देखकर प्रभावित हो जाते हैं।

फिर भी 80/20 का सिद्धांत व्यापार का नहीं, जीवन का सिद्धांत है। अर्थव्यवस्था के शिक्षण के दौरान इसका जन्म हुआ। व्यापार में यह इस कारण कारगर नहीं कि व्यापार से जुड़ी कोई बात 80/20 सिद्धांत में खास तौर पर फिट बैठती है बल्कि इस कारण कि यह दुनिया के तौर-तरीकों को समझता है। वैसे भी, 80/20 सिद्धांत या तो सही है या गलत, और व्यापार के क्षेत्र में या उससे बाहर, जब भी इसे परखा गया है तो यह दोनों ही क्षेत्रों में समान रूप से कारगर साबित हुआ है। हाँ, ये बात अलग है कि व्यापारिक उद्यमों में इस सिद्धांत की परीक्षा बार-बार ली गई है।

अब समय आ गया है, जब 80/20 सिद्धांत की ताकत को खुला छोड़ दिया जाए और इसका इस्तेमाल व्यापार से बाहर भी किया जाए। व्यापार और पूँजीवादी व्यवस्था का अपना ही आकर्षण और जीवन में महत्त्व है, लेकिन वे मूल रूप से प्रक्रियाएँ हैं, वे जीवन का आवरण हैं, उसका सार नहीं हैं। जीवन का सबसे कीमती हिस्सा इंसान के अंदरूनी और बाहरी जीवन में, व्यक्तिगत संबंधों और समाज के परस्पर संबंधों एवं मूल्यों में होता है।

भाग तीन 80/20 के सिद्धांत को हमारे अपने जीवन से जोड़ने, उसमें उपलब्धियाँ और खुशी दिलाने का प्रयास करता है। अब तक हमने जो कुछ पढ़ा है, उसमें अनुमान अधिक है और सिद्ध कम हुआ है, लेकिन देखा जाए तो यह और भी अधिक महत्त्व रखता है। पाठकों से यह आग्रह है कि हम जिस अज्ञात जानकारी को हासिल करने के सफर पर अब निकलनेवाले हैं, उसमें अपने आपको जोड़कर आगे बढ़ें।

भाग तीन

कम मेहनत में अधिक कमाएँ और अधिक आनंद उठाएँ

09
बेफिक्र रहें

जैसे सच बोलकर आप बेफिक्र रहते हैं, उसी तरह 80/20 का सिद्धांत भी आपको स्वच्छंद रखता है। आपका काम थोड़ा कम मेहनत से चल सकता है। इसके साथ ही आप ज़्यादा कमा सकते हैं और जीवन का अधिक आनंद ले सकते हैं। इसकी एकमात्र कीमत यह है कि 80/20 पर आपको थोड़ी गंभीरता से विचार करना होगा। इससे आपको कुछ ऐसी अहम जानकारी मिलेगी, जिस पर आपने यदि कदम उठाया तो आपकी जिंदगी बदल सकती है।

और इसमें धर्म, विचारधारा या बाहर से थोपी गई अन्य किसी बात का आप पर कोई दबाव भी नहीं रहेगा। 80/20 की सोच के साथ सबसे अच्छी बात यह है कि यह व्यावहारिक है और अपने अंदर से ही उत्पन्न होती है। इसके साथ ही यह व्यक्ति से जुड़ी बातों को ही ध्यान में रखती है। इसमें एक छोटी सी मुश्किल भी है। यह सोच आपकी होनी चाहिए। यहाँ इस पुस्तक में जो भी कहा जा रहा है, उसे आपको अपने हिसाब से ढालना होगा और अपने मकसद के लिए विस्तार से समझना होगा। आपके लिए ऐसा करना ज़्यादा मुश्किल नहीं होना चाहिए।

80/20 की सोच से मिलनेवाली जानकारी सीमित लेकिन काफी प्रभावशाली होती है। उनमें से सभी प्रत्येक पाठक पर लागू नहीं होगी इसलिए आपका अनुभव अगर अलग है, तो जब तक कोई जानकारी आपको अपनी स्थिति के अनुसार नहीं लगती तब तक उसे छोड़कर आगे बढ़ते जाइए।

अपने जीवन के साथ शुरुआत करते हुए, 80/20 विचारक बनें

मेरी आकांक्षा मात्र इतनी नहीं कि 80/20 की सोच से मिली जानकारी आप तक पहुँचा दूँ और आप उन्हें अपने जीवन के अनुसार उपयोग में ले आएँ। असल में मेरी महत्वाकांक्षा उससे भी अधिक है। मैं चाहता हूँ कि आप 80/20 की सोच के साथ इस तरह बंध जाएँ कि स्वयं ऐसी बातें जान लें, जो सामान्य भी हों और

विशेष भी, जिन्हें मैं भी कभी जान नहीं सका। मैं आपको 80/20 सोचनेवालों की सेना में भर्ती करना चाहता हूँ, जिससे इस संसार में 80/20 सोच की बाढ़ सी आ जाए।

80/20 सोच की कुछ खूबियाँ हैं, जो आमतौर पर दिखती हैं। इसमें मंथन किया जाता है, यह घिसे-पिटे ढर्रे से अलग, सुखवादी, दूरगामी परिणामों पर विचार करनेवाली और लीक से हटकर चलनेवाली होती है। इसके साथ ही बड़े आराम से और भरोसे के साथ कुछ हासिल करने की इसमें तीव्र (इस अर्थ में कि स्थिति को बेहतर बनाएँ) इच्छा रहती है। इसके साथ ही यह हमेशा ही 80/20 के जैसी संभावनाओं और जानकारियों की खोज में रहती है। इससे जुड़े उदाहरणों को समझ लेने के बाद आप जान लेंगे कि 80/20 की सोच को कैसे लागू करें ताकि जब आप सही रास्ते पर बढ़ें, तो आप उसके सही होने को लेकर निश्चिंत रहें।

80/20 की सोच काफी गहरी होती है

80/20 सोच का उद्देश्य ऐसी गतिविधियों को संभव बनाना होता है, जिनसे आपका और दूसरों का जीवन बेहतर बन सके। इस प्रकार के कार्य के लिए असाधारण ज्ञान होना चाहिए। ज्ञान के लिए चिंतन और आत्म मंथन ज़रूरी है। कभी-कभी ज्ञान के लिए आँकड़ों को जुटाना पड़ता है और चूँकि यह आपके ही जीवन से जुड़ा है इस कारण हम इस पर हल्की-फुल्की चर्चा करेंगे। अक्सर, ज्ञान मात्र चिंतन से मिल जाता है, जिसमें स्पष्ट सूचना की ज़रूरत नहीं पड़ती। दिमाग में इतनी जानकारी होती है कि हम सोच भी नहीं सकते।

आज लोगों की जैसी सोच है, उसके मुकाबले 80/20 की सोच काफी अलग है। आजकल की सोच हड़बड़ वाली, अवसरवादी, एक पक्षीय (उदाहरण के लिए, फलाँ अच्छा है या बुरा, और ऐसा क्यों है?) और छोटे-छोटे बदलाव करनेवाली होती है। आज के समय में अधिकांशतया तुरंत कार्य करनेवाली सोच होती है और इस कारण उसका स्तर बेहद औसत होता है। तुरंत कार्य करने से सोच विचार की गुंजाइश खत्म हो जाती है। 80/20 के अनुसार सोचनेवाले के रूप में हमारा उद्देश्य किसी कार्य को रोककर शांति से विचार करना, छोटी-छोटी काम की बातों की जानकारी हासिल करना और फिर उस पर कार्य करना है। इसका अर्थ ही चुनिंदा तौर पर कुछ एक उद्देश्यों के साथ सीमित मोर्चे पर निर्णायक और प्रभावी ढंग से कार्य करना ताकि कम से कम मेहनत में ज़बरदस्त नतीजे हासिल हों और संसाधन की खपत भी कम से कम हो।

80/20 की सोच घिसे-पिटे ढर्रे से अलग होती है

जहाँ पारंपरिक सोच समाप्त होती है, वहाँ से 80/20 की सोच शुरू होती है। अक्सर ही ऐसा होता भी है। अपने जीवन में ही हम जब देखते हैं कि संसाधनों की बर्बादी हो रही है और उनका सही उपयोग नहीं हो रहा है, तब हमें लगता है कि उसका कुछ करना होगा। पारंपरिक सोच इससे ज़्यादा कुछ कर नहीं पाती कि अलग ढंग से सोचने पर मज़बूर कर दे। वैसे भी पारंपरिक ज्ञान के कारण ही बर्बादी और संसाधनों का दुरुपयोग होता है। 80/20 सिद्धांत तब प्रभाव दिखाता है जब लीक से हटकर नए ज्ञान के आधार पर चीज़ों को अलग ढंग से किया जाता है। इससे आप समझ पाते हैं कि क्यों ज़्यादातर लोग चीज़ों को गलत तरीके से कर रहे हैं या अपनी क्षमता से काफी कम काम कर रहे हैं। अगर आपके पास गैर-परंपरागत ज्ञान नहीं है, तो आप 80/20 के अनुसार नहीं सोच रहे हैं।

80/20 की सोच सुखवादी है

80/20 की सोच सुखोन्मुख होती है। इसका मानना है कि जीवन आनंद उठाने के लिए होता है। इसका मानना है कि अधिकांश उपलब्धि के पीछे कहीं न कहीं रुचि, खुशी और भविष्य में आनंद उठाने की इच्छा का योगदान रहता है। लोग जानते हैं कि उनकी क्षमता क्या है, इसके बावजूद उनमें से अधिकांश अपनी खुशी के लिए आसान सी चीज़ें भी नहीं करते, जबकि ऐसा करने पर कोई विवाद नहीं होता।

ज़्यादातर लोग निम्नलिखित में से एक या अनेक जाल में फँस जाते हैं। वे उन लोगों के साथ काफी समय बिताते हैं, जिन्हें पसंद नहीं करते। वे ऐसी नौकरियाँ करते हैं, जिनमें उनका मन नहीं लगता। वे अपना अधिकांश 'खाली समय' (जो गैर-सुखवादी अवधारणा है) ऐसे कामों में गँवा देते हैं जिनमें उन्हें मजा नहीं आता। इसका विपरीत भी सही है। वे अधिकांश समय उन लोगों के साथ नहीं बिताते, जो उन्हें सबसे ज़्यादा अच्छे लगते हैं। वे उस करियर में नहीं जाते, जिन्हें सबसे अधिक पसंद करते हैं और वे अपना अधिकांश खाली समय अपने सबसे मजेदार कामों में नहीं बिताते। वे आशावादी नहीं होते और जो होते भी हैं, वे सोच समझकर योजना नहीं बनाते, जिससे कि अपना आगे का जीवन बेहतर बना सकें।

यह सबकुछ काफी दिलचस्प है। यह कहा जा सकता है कि यह आशा पर अनुभव की विजय है, सिवाय इसके कि 'अनुभव' आत्म-सृजित होता है, जिसके

कारण हम बाहर की सच्चाई को लेकर अपनी धारणा उसकी वास्तविकता से कहीं अधिक अपनी सोच के आधार पर बनाते हैं। यह कहना ज़्यादा सही होगा कि यह खुशी पर अपराध बोध की, बुद्धि पर आनुवंशिकी की या पसंद पर भाग्य की और सही मायने में जीवन पर मृत्यु की विजय है।

अक्सर 'सुखवादिता' से स्वार्थी होने का मतलब निकाला जाता है, जिसमें दूसरों को नीचा दिखाने के साथ ही कहा जाता है कि उनमें जीवन में कुछ करने की इच्छा नहीं है। यह सब बदनाम करने के लिए कहा जाता है। वास्तव में सुखवादिता दूसरों की सहायता करने और कुछ हासिल करने के लिए अनिवार्य है। जब तक किसी चीज़ का मज़ा न लिया जाए तब तक उसे हासिल करना काफी कठिन होता है और अक्सर उसमें काफी बर्बादी भी होती है। अगर ज़्यादा से ज़्यादा लोग सुखवादी हो जाएँ, तो यह संसार बेहतर और हर लिहाज से अधिक समृद्ध हो जाएगा।

80/20 की सोच तरक्की में यकीन करती है

पिछले 3000 वर्षों में इस बात पर सब एकमत नहीं हो पाए हैं कि प्रगति हो रही है या नहीं। इस पर आम राय नहीं है कि इस संसार और मानवता का इतिहास उथल-पुथल के बीच तरक्की की राह पर है या पतन की ओर जा रहा है। जो लोग यह नहीं मानते कि तरक्की हो रही है, उनमें हेसियोड (लगभग 800 ईपू), प्लेटो (428-348 ईपू), अरस्तू (384-322 ईपू), सेनेका (4 ईपू - सन 54), होरेस (सन 65-8), सेंट ऑगस्टीन (सन 354-430) और अधिकांश जीवित दार्शनिक और वैज्ञानिक शामिल हैं। दूसरी तरफ, जो लोग मानते हैं कि दुनिया प्रगति कर रही है, उनमें सत्रहवीं सदी के अंत और अठारहवीं सदी की लगभग सभी प्रबुद्ध हस्तियाँ, जैसे फोंटेनेले और कॉन्डोरसेट, तथा उन्नीसवीं सदी के डार्विन और मार्क्स जैसे अधिकांश वैज्ञानिक और विचारक शामिल हैं। प्रगति के पक्षवाली टीम की कप्तानी एडवर्ड गिबन (1734-94) को मिलनी चाहिए, जो एक अलग ही किस्म के इतिहासकार थे, जिन्होंने 'द डिक्लाइन एंड फॉल ऑफ द रोमन एंपायर' की रचना की थी :

> हम कह नहीं सकते कि उत्कृष्टता की दिशा में अपनी प्रगति की इच्छा के साथ मनुष्य किस ऊँचाई तक जा सकता है... इस कारण हम इस निष्कर्ष को आराम से मान सकते हैं कि यह संसार हर युग में प्रगति करता रहा है,

साथ ही सच्ची दौलत, खुशी, ज्ञान और शायद मानव जाति की खूबियाँ अब भी बढ़ती जा रही हैं।

बेशक, गिबन के जमाने की तुलना में आज तरक्की के खिलाफ दमदार प्रमाण दिए जा सकते हैं। लेकिन उतने ही प्रमाण तरक्की के पक्ष में भी हैं। इस बहस को अनुभव या प्रत्यक्ष प्रमाण के आधार पर कभी समाप्त नहीं किया जा सकता है। प्रगति में विश्वास आस्था का विषय है। प्रगति एक कर्तव्य है। अगर हमें प्रगति की संभावना में विश्वास नहीं होता, तो इस संसार में कभी बेहतर बदलाव नहीं आते। कुल मिलाकर, विज्ञान के साथ मिलकर व्यापार ने प्रगति का सबसे बड़ा सबूत दिया है। हमें जहाँ यह पता चला कि प्राकृतिक संसाधन सीमित हैं, वहीं व्यापार और विज्ञान ने आगे बढ़कर असीमित कृत्रिम वस्तुओं को उपलब्ध कराया है, जिनमें आर्थिक क्षेत्र, माइक्रोचिप, नई-नई तकनीक शामिल हैं। लेकिन प्रगति का सबसे अधिक लाभ तभी मिल सकता है जब वह विज्ञान, प्रौद्योगिकी और व्यापार तक ही सीमित न रह जाए। हमें प्रगति का उपयोग अपने-अपने और सभी के जीवन की गुणवत्ता को बेहतर बनाने के लिए करना होगा।

80/20 की सोच अपने आपमें ही आशावादी है क्योंकि यह एक विडंबना के रूप में यह दिखाती है कि सबकुछ उतनी अच्छी स्थिति में नहीं है, जितना कि होना चाहिए। उपलब्धि के लिए मात्र 20 प्रतिशत संसाधन काफी होता है। बाकी का अधिकांश हिस्सा केवल समय काटने में खर्च होता है और कुल प्रयासों में उनका योगदान नाम मात्र का ही रहता है। इस कारण 20 प्रतिशत को अधिक प्रभावी बनाएँ, 80 प्रतिशत को उचित स्तर तक लाएँ और तब आप परिणाम को कई गुना बढ़ा सकेंगे। प्रगति आपको एक नए और काफी ऊँचे स्तर तक ले जाती है। लेकिन, इस स्तर पर भी, परिणाम/लागत के बीच 80/20 का विशेष संबंध दिखाई देगा। इस कारण आप उससे भी बेहतर स्तर तक प्रगति कर सकते हैं।

व्यापार और विज्ञान की प्रगति 80/20 सिद्धांत को दोषमुक्त कर देती है। एक विशाल कंप्यूटर बनाएँ, जो किसी भी पिछली मशीन की तुलना में जोड़-घटाव को कई गुना तेजी से कर देता है। कंप्यूटर को छोटा, ज़्यादा से ज़्यादा छोटा, तेज और सस्ता बनाया जाने की माँग कीजिए। इसके लिए प्रक्रिया को दोहराएँ, फिर दोहराएँ। इस तरीके से तरक्की की कोई सीमा नहीं रहती। अब इसी सिद्धांत को जीवन के अन्य क्षेत्रों पर लागू करें। अगर हम मानते हैं कि तरक्की हो रही है, तो 80/20 के सिद्धांत से हम उसका अनुभव कर सकते हैं। हो सकता है कि हम एडवर्ड गिबन

को सही ठहरा सकें, जिन्होंने कहा था कि सच्ची दौलत, खुशी, ज्ञान और शायद खूबियों को लगातार बढ़ाया जा सकता है।

80/20 की सोच दूरगामी होती है

दूरगामी योजना बनाने के लिए ज़रूरी चीज़ों पर, उन चंद उद्देश्यों पर ध्यान देना पड़ता है, जिनसे हमें ज़्यादा फायदा मिल सकता है। यह देखना पड़ता है कि दूसरों से ज़्यादा हमारे लिए क्या ज़रूरी है और फिर जो योजना तैयार होती है उसे दृढ़संकल्प और पक्के इरादे के साथ लागू करना पड़ता है।

80/20 की सोच लीक से हटकर होती है

पारंपरिक सोच एक दमदार लेकिन ऐसे मानसिक मॉडल के भीतर बंद रहती है, जो कभी-कभी गलत तो कभी विनाशकारी भी होती है। यह लीक पर चलती है। यह मानती है कि क से ख होता है, ख से ग और अ का नतीजा अनिवार्य रूप से ब ही होता है। तुमने मेरा मूड खराब कर दिया क्योंकि तुमने देरी की... मेरी शिक्षा अच्छे तरीके से नहीं हुई इस वजह से मुझे अच्छी नौकरी नहीं मिली... मैं सफल हुआ क्योंकि मैं चालाक हूँ... हिटलर की वजह से ही द्वितीय विश्व युद्ध हुआ था... मेरी कंपनी तरक्की नहीं कर सकती क्योंकि उद्योग जगत गर्त में जा रहा है... कम मुद्रास्फीति की कीमत बेरोजगारी के तौर पर चुकानी पड़ रही है... गरीबों, बीमारों और वृद्धों की देखभाल के लिए अधिक टैक्स लगाना ज़रूरी है... और इसी तरह की तमाम बातें कही जाती हैं।

ये सभी एक ही लीक पर सोचने के उदाहरण हैं। इस प्रकार की सोच आकर्षित करती है क्योंकि यह आसान, पकी-पकाई होती है। मुश्किल यह है कि यह संसार की औसत तस्वीर पेश करता है और उससे भी औसत इसकी संसार को बदलने की तैयारी है। वैज्ञानिकों और इतिहासकारों ने बरसों पहले इस तरह लकीर के फकीर वाली सोच को छोड़ दिया है। आप क्यों इसी लकीर को पीट रहे हैं?

80/20 की सोच आपको जान बचानेवाली नौका दे रही है। ऐसा कुछ नहीं जो किसी मामूली कारण से होता है। कुछ भी निश्चित नहीं है। कुछ भी हमेशा स्थिर या अपरिवर्तनीय नहीं होता। जो हालात अप्रिय हैं, उन्हें खींचते रहना ज़रूरी नहीं। ऐसा कुछ नहीं जो इच्छा के बावजूद हासिल न किया जा सके। कुछ ही लोग समझ पाते हैं कि अच्छा या बुरा किस कारण हो रहा है। हो सकता है कि कारण काफी प्रभावी हों लेकिन उन पर नज़र नहीं जाती या फिर उनका विस्तार काफी

होता है। किसी छोटे से काम से यथास्थिति में व्यापक परिवर्तन लाया जा सकता है। केवल कुछ ही फैसले बहुत कुछ कर जाते हैं। और जो कर जाते हैं, उनका काफी महत्त्व होता है। अपनी इच्छा को हमेशा ही लागू किया जा सकता है।

अनुभव, आत्म मंथन और कल्पना के कारण 80/20 की सोच लीक पर चलने के जाल में नहीं फँसती। अगर आप खुश नहीं हैं, तो तात्कालिक कारण की चिंता मत कीजिए। उस वक्त को याद कीजिए, जब आप खुश थे और अपने लिए वैसी ही परिस्थिति बनाइए। अगर आपका करियर किसी काम का नहीं है, तो नौसिखियों की तरह हालात के सुधरने का इंतज़ार मत कीजिए बल्कि एक बड़े ऑफिस, महंगी कार, भारी भरकम डेजिग्नेशन, काम के कम घंटे, ज़्यादा समझदार बॉस जैसी चीज़ों के लिए प्रयास कीजिए। आपने अपने पूरे जीवन में कम ही सही लेकिन जिन सबसे बड़ी उपलब्धियों को हासिल किया उनके विषय में सोचिए और वैसी ही और पाने की कोशिश कीजिए। ज़रूरत पड़े तो नौकरी या करियर भी बदल डालिए। खास तौर पर विफलता के कारणों को मत ढूँढ़िए। कल्पना कीजिए और फिर ऐसी परिस्थितियाँ बनाइए, जिनसे आप खुश हों और कुछ बेहतर कर सकें।

80/20 सोच अति महत्वाकांक्षा और आत्मविश्वास का संगम है

हमें यही सोचना सिखाया गया है कि उच्च महत्वाकांक्षा रखनेवाले बेहिसाब दौड़-धूप, कई-कई घंटे तक काम करने के साथ ही बेहद व्यस्त होते हैं और अपने व दूसरों के हितों को कुचल देनेवाली बेदर्दी रखते हैं। संक्षेप में कहें तो वे गला काट प्रतिस्पर्धा में शामिल रहते हैं। इस तरह की सोच रखने की हमें भारी कीमत चुकानी पड़ती है। उच्च महत्वाकांक्षा के लिए ये सब न ज़रूरी होता है ना ही ऐसा करना पड़ता है।

इसकी बजाए जो बातें ज़रूरी हैं, उनमें अति महत्वाकांक्षा के साथ आत्मविश्वास, निश्चिंतता और सभ्य तरीके का संगम होता है, जिसे कुछ हद तक बनाए रखना संभव भी होता है। यही 80/20 की आदर्श स्थिति है, लेकिन यह अनुभव की ठोस बुनियाद पर टिकी होती है। अधिकांश महान उपलब्धियाँ निरंतर अभ्यास और अचानक मिले ज्ञान से ही संभव हुई हैं। आर्कीमिडीज को उनके स्नान करते समय जैसा ज्ञान मिला या सेब के पेड़ के नीचे बैठे न्यूटन को जो बात समझ में आई, उसे याद कीजिए। इस प्रकार जो बहुत बड़ा ज्ञान होता है, वह तब नहीं मिलता अगर आर्कीमिडीज ने विस्थापन के बारे में या न्यूटन ने गुरुत्वाकर्षण के बारे में नहीं सोचा होता। लेकिन आर्कीमिडीज को अगर जंजीर से उनकी डेस्क

से बाँध दिया गया होता या न्यूटन वैज्ञानिकों की टीमों को अंधाधुंध आदेश जारी कर रहे होते, तब इनमें से दोनों को ही ज्ञान की बातों का पता चल पाना संभव नहीं था।

हममें से अधिकांश लोग जीवन में अगर कुछ भी ऐसा हासिल करते हैं, जिसे सही मायने में हमारे और दूसरों के लिए महत्वपूर्ण माना जा सकता है, तो वह हमारे कामकाजी जीवन के काफी छोटे से हिस्से के दौरान होता है। 80/20 की सोच और अनुभव इसे बिलकुल स्पष्ट कर देते हैं। हमारे पास पर्याप्त से भी अधिक समय होता है। आकांक्षा की कमी और यह मानकर हम अपनी ही बेइज्जती करते हैं कि कुछ बड़ा करने के लिए अफरा-तफरी और व्यस्तता से गुज़रना पड़ता है। उपलब्धि असल में ज्ञान और सोच-समझकर कदम उठाने से मिलती है। हमारे जीवन में शांत ढंग से कही गई बातों का काफी महत्त्व होता है लेकिन हम उन बातों को उस समय समझ नहीं पाते। ज्ञान तब मिलता है, जब हम सुकून और अंदर से अच्छा महसूस करते हैं। ज्ञान के लिए समय की ज़रूरत होती है और पारंपरिक ज्ञान के अलावा हमारे पास बेहिसाब समय होता है।

व्यक्तिगत जीवन के लिए 80/20 से प्राप्त होनेवाला ज्ञान

भाग तीन के बाकी हिस्से में हम 80/20 से व्यक्तिगत जीवन के लिए मिलनेवाले ज्ञान का पता लगाएँगे, जिनमें से कुछ को यहाँ नमूने के रूप में रखा जाएगा। ज्ञान की कुछ बातों को अमल में लाने से ही आप अपने जीवन में काफी सुधार ला सकते हैं।

* 80 प्रतिशत उपलब्धि और खुशी हमारे 20 प्रतिशत समय में संभव होती है और इस प्रकार के चरमोत्कर्ष को हम अपने जीवन में अधिक से अधिक समय तक बनाए रख सकते हैं।

* कुछ घटनाओं और कुछ फैसलों से हमारे जीवन पर काफी प्रभाव पड़ता है, जो अच्छा भी हो सकता है और बुरा भी। कुछ फैसले सोच समझकर नहीं बल्कि अनायास ही ले लिए जाते हैं। जीवन में जो होता है उसे हम होने देते हैं न कि अपने जीवन का स्वरूप खुद तय करते हैं। जीवन में आनेवाले निर्णायक मोड़ को समझकर और जीवन को खुशहाल और फलदायी बनानेवाले फैसले लेकर हम अपने जीवन को आश्चर्यजनक रूप से बेहतर बना सकते हैं।

* कुछ घटनाएँ बस घट जाती हैं और अक्सर अप्रत्याशित होती हैं। अगर प्रमुख कारणों का पता लगाकर उन्हें अलग कर लिया जाए, तो हमें जितना लगता है उसकी तुलना में उस पर अधिक प्रभाव डाल सकते हैं।

* सभी कुछ न कुछ महत्वपूर्ण हासिल कर सकते हैं। यहाँ प्रयास सबकुछ नहीं होता बल्कि यह तय करना होता है कि आप सही चीज़ हासिल करें। कुछ चीज़ों में आप अन्य बातों के मुकाबले ज़्यादा कमाल करते हैं लेकिन तमाम चीज़ें करने के चक्कर में आप इस पर ध्यान नहीं देते जबकि दूसरे कामों में आपका कौशल इतना अच्छा नहीं होता।

* हमेशा कुछ लोग सफल होते हैं और कुछ लोग विफल और विफल होनेवालों की संख्या अधिक होती है। सही मुकाबला, सही टीम और सफल होने के सही तरीके को चुनकर आप कामयाब हो सकते हैं। अपने प्रदर्शन को सुधारने के लिए जूझते रहने से अच्छा है कि मुश्किलों को अपने पक्ष में (वैध और उचित तरीकों से) लाने का प्रयास करें, तो आपके सफल होने की संभावना बढ़ सकती है। आपके कामयाब होने की संभावना वहाँ अधिक होती है, जहाँ आप पहले सफल हो चुके हैं। आपके सफल होने की संभावना बढ़ जाती है जब आप सही मुकाबले में शामिल होते हैं।

* अक्सर हमारी विफलता उन मुकाबलों में होती है, जिनमें दूसरे लोग हमें धकेल देते हैं। उन मुकाबलों में हमें ज़्यादातर कामयाबी मिलती है, जिनमें हम खुद हिस्सा लेना चाहते हैं। अधिकांश मुकाबलों में हम इस वजह से हार जाते हैं क्योंकि हम कुछ ज़्यादा ही गलत मुकाबलों में शामिल हो जाते हैं, जिनमें हमारी नहीं बल्कि उनकी इच्छा होती है।

* कुछ लोग सभी उद्देश्यों को काफी गंभीरता से लेते हैं। वे कई चीज़ों में औसत प्रयास करते हैं, जबकि उन्हें कुछ ज़रूरी बातों पर अच्छे ढंग से विचार कर पूरा प्रयास करना चाहिए। जो लोग सबसे ज्यादा कामयाबी हासिल करते हैं, वे चुनिंदा काम करते हैं और पूरे संकल्प के साथ करते हैं।

* ज़्यादातर लोग अपना अधिकांश समय ऐसे कामों पर खर्च करते हैं, जिनका स्वयं उनके और दूसरे लोगों के लिए अधिक महत्त्व नहीं होता। 80/20 के अनुसार सोचनेवाला इस जाल में फँसने से बच जाता है और देखा जा सकता है कि बिना अधिक प्रयास के ही कुछ लोग अधिक महत्ववाले उद्देश्यों को पूरा कर लेते हैं।

* अगर जीवन में कुछ सबसे महत्वपूर्ण फैसले करने हों तो उनमें से एक अच्छे सहयोगियों का चुनाव हो सकता है। सहयोगियों के बिना कुछ भी हासिल करना संभव नहीं है। अधिकांश लोग अपने सहयोगी ध्यान से नहीं चुनते या चुनते ही नहीं। सहयोगी किसी तरह जुड़ जाते हैं। यह जीवन में कुछ भी हो जाने देने का गंभीर मामला है। अधिकांश लोगों के सहयोगी गलत होते हैं। अधिकांश लोगों के कुछ ज़्यादा ही सहयोगी होते हैं और वे उनका सही इस्तेमाल नहीं करते। 80/20 की सोच रखनेवाले कुछ सहयोगियों को सावधानी से चुनते हैं और अपने खास उद्देश्यों को प्राप्त करने के लिए गठबंधन को काफी ध्यान से बनाते हैं।

* सहयोगियों को चुनने में लापरवाही की हद का एक मामला गलत 'महत्वपूर्ण दूसरा हिस्सा' या जीवनसाथी चुनने को लेकर देखा जाता है। अधिकांश लोगों के कई दोस्त होते हैं और उनके साथ सही ढंग से चुने गए और ज़रूरत के समय काम आनेवाले करीबियों का साथ नहीं होता। कई लोगों के जीवनसाथी सही नहीं होते और तो और वे जीवनसाथी को सही ढंग से कुछ सिखाते भी नहीं।

* अगर पैसे का इस्तेमाल सही ढंग से किया जाए तो वह बेहतर जीवनशैली का एक स्रोत बन सकता है। कुछ ही लोग जानते हैं कि धन को कैसे कई गुना बढ़ाया जा सकता है। 80/20 की सोच रखनेवाले वाकई ऐसा कर सकते हैं। जब तक धन का स्थान जीवनशैली और खुशी से नीचे है, तब तक इस योग्यता में कोई बुराई नहीं।

* कुछ ही लोग अपनी खुशी को बढ़ाने पर पर्याप्त समय देते हैं और विचार करते हैं। वे अप्रत्यक्ष लक्ष्य जैसे धन और तरक्की पाने का प्रयास करते हैं, जिन्हें पाना कठिन हो सकता है और जब मिल जाते हैं तब उनसे उतनी खुशी नहीं मिलती है। खुशी की तुलना धन से नहीं की जा सकती, ना ही यह धन के समान होता है। पैसे को खर्च न किया तो उसकी बचत और उसका निवेश किया जा सकता है और चक्रवृद्धि ब्याज के चमत्कार से कई गुना बढ़ाया जा सकता है। लेकिन खुशी को आज खर्च नहीं किया गया तो उससे कल खुशी नहीं मिलेगी। अगर खुशी का इस्तेमाल नहीं किया गया तो दिमाग की तरह ही वह नष्ट हो जाएगी। 80/20 की सोच रखनेवाले जानते हैं कि उन्हें खुशी कैसे मिल सकती है और वे उसकी खोज पूरे मन से, प्रसन्न होकर और

विवेक से करते हैं। वे खुशी का इस्तेमाल आज करते हैं ताकि कल उसे कई गुना बढ़ा सकें।

समय बस आने ही वाला है

यह समय पर निर्भर करता है कि हम उपलब्धि और खुशी के विषय में 80/20 की सोच को लागू करना कब शुरू करें। समय के गुण और उसकी भूमिका को लेकर हमारे समाज की समझ औसत दर्जे की है। कई लोग सहज ही इसे जान लेते हैं और सैकड़ों, हज़ारों व्यस्त अधिकारियों ने समय के प्रबंधन का सहारा लिया है। लेकिन ऐसे अधिकारी नौसिखिए ही साबित होते हैं। समय को लेकर हमारी पूरी सोच को बदलने की ज़रूरत है। हमें समय के प्रबंधन की नहीं, समय की क्रांति की ज़रूरत है।

10

समय की क्रांति

मगर मैं सुन सकता हूँ पंख लगाए रथ पर सवार
अपने पीछे से आते उस समय को।
और दूर वहाँ सबकुछ हमारे सामने दिखता है
जहाँ समय का कोई अंत नहीं।

एंड्रयू मारवेल

चाहे कोई हद से ज़्यादा व्यस्त हो या हद से अधिक आलसी, सभी को समय की क्रांति की ज़रूरत है। ऐसा नहीं कि हमारे पास समय की कमी है या हद से अधिक समय है। हम समय और अवसर का इस्तेमाल किस प्रकार करते हैं, उनके विषय में कैसी सोच रखते हैं, यह बात अधिक मायने रखती है। अक्सर इसमें ही कमी रह जाती है। जिन लोगों ने समय की क्रांति का अनुभव नहीं किया है, उनके लिए मैं बता दूँ कि यह खुशी और अपनी क्षमता बढ़ाने के लिए लंबी छलाँग लगाने का सबसे तेज तरीका है।

80/20 का सिद्धांत और समय की क्रांति

अगर समय का इस्तेमाल करने में 80/20 के सिद्धांत को लागू किया जाए, तो निम्नलिखित बातें सामने आती हैं, जिन्हें परखा जा सकता है:

* किसी भी इंसान की बड़ी कामयाबी जिसमें वह अपने निजी, प्रोफेशनल, बौद्धिक, कलात्मक, सांस्कृतिक या खेल-कूद के क्षेत्र में कोई उपलब्धि हासिल करता है, वह उसके जीवन की एक छोटी सी अवधि के दौरान मिलती है। जो बनता है और उसके बनने में जो समय लगता है उसके बीच बहुत बड़ा अंतर रहता है, चाहे वह समय दिनों, हफ्तों, महीनों, वर्षों या एक जीवनकाल में ही क्यों न मापा जाए।
* इसी प्रकार, किसी इंसान को सबसे ज़्यादा खुशी समय की बेहद सीमित

अवधियों के दौरान ही मिलती है। अगर खुशी को बिलकुल ठीक से मापा जाए, तो उसका सबसे बड़ा हिस्सा कुल समय के काफी कम अनुपात में देखने को मिलेगा। और यह बात हर अवधि के लिए सही साबित होगी, चाहे उसे एक दिन, एक हफ्ते, एक महीने, एक साल या पूरे जीवनकाल में मापा जाए।

हम 80/20 शॉर्टहैंड का उपयोग करके इन दो विचारों को नकली सटीकता के साथ लेकिन अधिक तेजी से दोहरा सकते हैं:

* 80 प्रतिशत उपलब्धि हासिल करने में 20 प्रतिशत समय लगता है, इसके विपरीत, 80 प्रतिशत समय खर्च करने पर केवल 20 प्रतिशत ढंग का काम हो पाता है।

* 80 प्रतिशत खुशी जीवन के 20 प्रतिशत हिस्से में मिलती है और 80 प्रतिशत समय बिता देने के बाद 20 प्रतिशत खुशी ही मिल पाती है।

याद रहे कि ये अनुमान हैं, कोई स्पष्ट सत्य या व्यापक शोध के परिणाम नहीं इसलिए आप इनकी जाँच अपने अनुभव से कर सकते हैं।

ऐसे अनुमान जहाँ सही निकलते हैं, वहाँ चौंकानेवाले परिणाम देखने को मिलते हैं (जैसा कि मेरी जाँच से अधिकांश मामलों में पाया गया है):

* हम ज़्यादातर औसत दर्जे के काम करते हैं।

* हमारे समय के सबसे अधिक खुशी के पल बाकी समय से काफी कीमती होते हैं।

* अगर हम इसे सही करने के लिए कुछ कर सके, तो कोई ज़बरदस्त बदलाव करना चाहिए, वैसे भी नौसिखियों की तरह काम करते रहने या समय का इस्तेमाल थोड़ा बहुत काम करने के लिए किया भी, तो कोई फायदा नहीं होता।

* अगर हम अपने समय के मात्र 20 प्रतिशत समय का इस्तेमाल अच्छी तरह कर लें, तो समय की कभी कमी नहीं होगी!

कुछ मिनट या कुछ घंटे का समय निकालकर यह सोचिए कि इन सभी मामलों में 80/20 का सिद्धांत क्या आपके लिए भी इसी तरह काम करता है।

ठीक-ठीक प्रतिशत जो भी हो उससे फर्क नहीं पड़ता। वैसे भी उनका सटीक अंदाज़ा लगाना संभव नहीं होता। बड़ा सवाल यह है कि क्या खर्च किए गए समय और उपलब्धि या खुशी के बीच बहुत बड़ा असंतुलन है। क्या आपके समय के सबसे फलदायी 20 प्रतिशत हिस्से से 80 प्रतिशत महत्वपूर्ण नतीजे मिलते हैं? क्या आपको अपने जीवन की सबसे अधिक खुशी मात्र 20 प्रतिशत समय के दौरान ही मिली?

ऐसे सवाल ज़रूरी हैं और उनका जवाब सच-सच देना चाहिए। अच्छा होगा, अगर आप कुछ देर के लिए इस पुस्तक को बाजू में रख दें और टहलने निकल जाएँ। और तब तक वापस न लौटें जब तक कि आपको यह समझ में न आ जाए कि आपके जीवन में समय का उपयोग काफी असंतुलित है।

बात आपके समय के सही प्रबंधन की नहीं है!

अगर आपके समय के इस्तेमाल में असंतुलन है, तो समय की क्रांति ज़रूरी है। इसके लिए आपको स्वयं को अधिक व्यवस्थित करने या खाली समय में जो कर रहे हैं, उसे बंद करने की ज़रूरत नहीं। आपको समय बिताने के तरीके को बदलने की ज़रूरत है। शायद समय के बारे में आपको अपनी सोच भी बदलने की ज़रूरत है।

हालाँकि, आप जो करना चाहते हैं, उसे समय के प्रबंधन से जोड़कर देखने की ज़रूरत नहीं है। टाइम मैनेजमेंट की उत्पत्ति डेनमार्क में एक साधन के रूप में हुई ताकि वहाँ के व्यस्त अधिकारी अपने समय का अधिक से अधिक उपयोग कर सकें। अब यह 1 बिलियन डॉलर का उद्योग बन गया है, जिसका कारोबार पूरी दुनिया में फैला है।

समय के प्रबंधन की प्रमुख विशेषता अब उसकी ट्रेनिंग नहीं रही बल्कि अधिक से अधिक 'टाइम मैनेजर्स' का बाजारीकरण हो गया है, जिनमें अधिकारी या आयोजक शामिल हैं, जो पहले पारंपरिक किस्म के होते थे लेकिन अब उनकी जगह इलेक्ट्रॉनिक साधन आ गए हैं। टाइम मैनेजमेंट के साथ एक जबरदस्त धर्मोपदेश भी जुड़ा होता है, जो इस इंडस्ट्री में सबसे तेजी से तरक्की करते कॉरपोरेशन, फ्रैंकलिन को लेकर कहा जा सकता है, जिसका मॉरमोन संप्रदाय से गहरा संबंध है।

टाइम मैनेजमेंट कोई फैशन नहीं है क्योंकि इसका इस्तेमाल करनेवाले आमतौर

पर इसकी प्रणालियों की गहरी समझ रखते हैं और अक्सर कहते हैं कि इसके इस्तेमाल से उनकी उत्पादकता 15 से 25 प्रतिशत तक बढ़ गई है। लेकिन टाइम मैनेजमेंट गागर में सागर भरना चाहता है। इसमें सबकुछ झटपट करने की बात कही जाती है। इसे खासतौर पर उन कारोबारी लोगों के लिए बनाया गया है, जिन पर कम समय में बहुत कुछ करने का दबाव रहता है। इसमें सोच यह होती है कि दिन के हर छोटे से हिस्से की योजना अच्छी तरह बनाई जाए तो अधिकारी ज़्यादा प्रभावी ढंग से काम कर सकते हैं। टाइम मैनेजमेंट स्पष्ट प्राथमिकता तय करने की वकालत भी करता है ताकि रोज़ाना के व्यस्त काम के बोझ तले आप दब न जाएँ, जबकि वे काम तत्काल करने पड़ते हैं लेकिन देखा जाए तो वे इतने भी ज़रूरी नहीं होते।

टाइम मैनेजमेंट स्पष्ट रूप से यह मान लेता है कि हमें पता है कि समय का सही सदुपयोग क्या है और क्या नहीं। अगर 80/20 सिद्धांत की बात करें, तो ऐसा मान लेना ठीक नहीं है। वैसे भी, अगर हम जानते कि क्या ज़रूरी है तो हम उसे पहले ही कर लेते।

टाइम मैनेजमेंट अक्सर लोगों को यह सलाह देता है कि आप 'करना है' के काम की लिस्ट ए, बी, सी या डी की प्राथमिकता के हिसाब से बनाएँ। असल में, ज़्यादातर लोग अपने 60 से 70 प्रतिशत काम को ए या बी की प्राथमिकता के हिसाब से तय करते हैं। वे इस नतीजे पर पहुँचते हैं कि उनके पास सच में समय का अभाव है। इस वजह से ही उन्होंने टाइम मैनेजमेंट को अपनाने की शुरुआत की। इस प्रकार उन्होंने बेहतर प्लानिंग की, कई घंटे तक काम किया, पूरे तन-मन से किया और अक्सर काफी खीज के साथ भी किया। उन्हें टाइम मैनेजमेंट की लत पड़ गई, लेकिन इससे वे जो करते हैं उसमें मूलभूत बदलाव नहीं आया, ना ही उनका यह अपराधबोध कम हुआ कि वे ज़्यादा कुछ नहीं कर पा रहे हैं।

टाइम मैनेजमेंट यह नाम अपने आपमें सही नहीं है। इससे यही लगता है कि समय को ज़्यादा अच्छी तरह मैनेज किया जा सकता है। यह मूल्यवान और सीमित संसाधन है और हमें इसके इशारे पर चलना चाहिए। हमें समय के मामले में कंजूस होना चाहिए। मौका मिलते ही, यह हमारे हाथ से निकल जाता है। टाइम मैनेजमेंट के उपदेशक कहते हैं कि हाथ से निकला समय कभी वापस नहीं आता।

आज हम व्यस्तता के युग में जी रहे हैं। बरसों पहले जिस फुर्सत के समय की भविष्यवाणी की थी, उसके आने में एक युग लग जाएगा, सिवाय उनके लिए

जो बेरोज़गार हैं। आज हमारे सामने ऐसी विचित्र परिस्थिति है, जिसका ज़िक्र करते हुए चार्ल्स हैंडी ने कहा था कि 'अधिकारियों के काम के घंटे बढ़ रहे हैं। हफ्ते में 60 घंटे भी अब सामान्य हैं। उसके साथ ही काम की उपलब्धता इतनी भी नहीं कि सबको काम मिल सके।'

समाज दो हिस्से में बँट गया है, जहाँ एक तरफ वे लोग हैं जिनके पास पैसा है लेकिन उसका मज़ा लेने के लिए समय नहीं है; वहीं दूसरी तरफ वे लोग हैं जिनके पास पर्याप्त समय है लेकिन पैसा नहीं है। टाइम मैनेजमेंट की लोकप्रियता उसके सदुपयोग और अपना काम संतोषजनक तरीके से करने के लिए ज़रूरी समय के अभाव की चिंता के साथ जारी है।

समय पर 80/20 की अलग सोच

80/20 सिद्धांत समय के बारे में पारंपरिक सोच को पलट देता है। समय के 80/20 विश्लेषण से जो निष्कर्ष सामने आते हैं, वे एकदम अलग हैं और जो लोग समय को लेकर परंपरागत सोच से पीड़ित हैं, उन्हें मुक्ति का एहसास कराते हैं। 80/20 का सिद्धांत निम्नलिखित बातें कहता है :

* फिलहाल हम समय का जिस प्रकार इस्तेमाल कर रहे हैं, वह युक्तिसंगत नहीं है। इस कारण समय के इस्तेमाल में थोड़ा-बहुत सुधार करने की बात करना बेमानी है। हमें शून्य से शुरुआत करनी होगी और समय को लेकर अपनी सारी धारणाओं को बदलना होगा।

* समय की कोई कमी नहीं है। असल में, हमारी जिंदगी में समय भरपूर है। हम अपने समय के केवल 20 प्रतिशत का सदुपयोग करते हैं। और जो लोग बेहद गुणवान हैं, अक्सर वे एकदम कम समय में कमाल दिखा देते हैं। 80/20 का सिद्धांत कहता है कि हम अगर अपनी सबसे महत्वपूर्ण 20 प्रतिशत गतिविधियों पर अपना समय दोगुना कर दें, तो हफ्ते में दो दिन ही हमें काम करना होगा और हम अभी के मुकाबले 60 प्रतिशत अधिक लाभ हासिल कर सकते हैं। यह टाइम मैनेजमेंट की पागल बना देनेवाली दुनिया से करोड़ों वर्ष आगे की बात है।

* 80/20 का सिद्धांत समय को किसी शत्रु की नहीं बल्कि मित्र की तरह देखता है। बीता समय बर्बाद हुआ समय नहीं होता। समय हमेशा ही फिर से लौटकर आता है। इस वजह से ही हफ्ते में सात दिन, साल में बारह महीने होते हैं

और इस वजह से ही मौसम बदलते हैं। ज्ञान और लाभ तभी मिलेगा जब हम खुद को समय के साथ सुखद, निश्चिंत और सहयोग करने की स्थिति में रखेंगे। समय के उपयोग का तरीका भले ही हमारा दुश्मन हो, लेकिन समय कभी हमारा दुश्मन नहीं होता।

* 80/20 का सिद्धांत कहता है कि हमें काम कम करना चाहिए। काम के फेर में हम सोच-विचार करना भूल जाते हैं। हमारे पास ज़्यादा समय होता है तभी तो हम उसे बर्बाद करते हैं। किसी भी प्रोजेक्ट का सबसे लाभप्रद समय आखिर का 20 प्रतिशत समय होता है और ऐसा मात्र इस कारण होता है कि उसे डेडलाइन से पहले पूरा करना होता है। अधिकांश प्रोजेक्ट में उनके पूरा होने में लगनेवाले समय को आधा करके, उनकी उत्पादकता को बढ़ाया जा सकता है। इसे समय कम होने का प्रमाण नहीं माना जा सकता है।

समय भूत, वर्तमान और भविष्य के बीच की हितकारी कड़ी है

हमें समय के अभाव की नहीं बल्कि अपने भीतर इस प्रवृत्ति की चिंता होनी चाहिए, जिसके कारण हम उसका इस्तेमाल सही ढंग से नहीं कर पाते हैं। हड़बड़ी मचाने या समय के इस्तेमाल में अधिक 'दक्ष' होने का कोई फायदा नहीं होगा। देखा जाए तो इस तरह की सोच समाधान की बजाए समस्या ही है।

80/20 की सोच हमें समय को लेकर 'पूर्वी' दृष्टिकोण की ओर ले जाती है। समय को किसी सिलसिले के रूप में नहीं देखा जाना चाहिए, जो बाईं से दाईं ओर लगभग सभी ग्राफ में जाता दिखाई देता है और जिसे व्यापार की संस्कृति ने हम पर थोप दिया है। समय को साथ-साथ चलनेवाले और चक्र में घूमनेवाले किसी उपकरण के रूप में देखना सही होगा, जैसा इरादा घड़ी के आविष्कारकों का था। समय लौटकर आता है और अपने साथ सीखने का, कुछ अहम रिश्तों को गहरा बनाने का, एक बेहतर उत्पाद बनाने का और जीवन को और भी बेहतर बनाने का अवसर देता है। हम केवल वर्तमान में नहीं जीते, हमारी जड़ें अतीत में होती हैं और हमारे पास पुराने संबंधों का बेशकीमती खजाना होता है। अतीत की तरह ही हमारा भविष्य अभिन्न रूप से वर्तमान से जुड़ा होता है। बाईं से दाईं ओर के ग्राफ के बजाए हमारे जीवन में समय को ग्राफ के ज़रिए सही ढंग से से दिखाना है, तो इसे आपस में जुड़े और बड़े तथा ऊँचे त्रिकोणों के सिलसिले के रूप में दिखाना बेहतर होगा, जैसा कि चित्र 37 में दिखाया गया है।

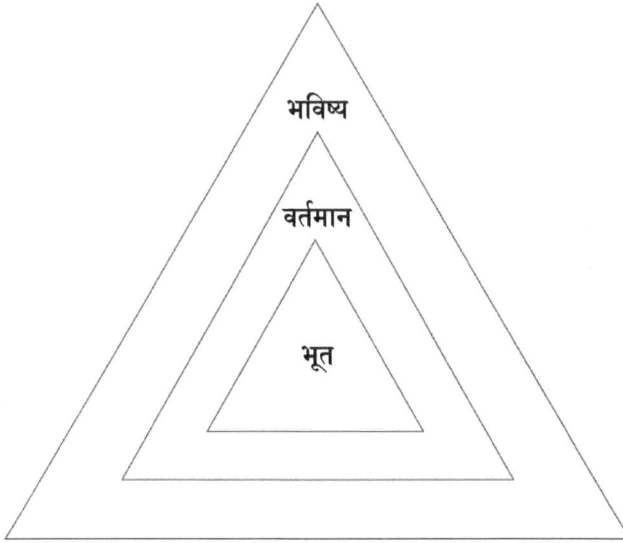

चित्र 37 **समय के त्रिकोण**

समय के विषय में इस प्रकार की सोच रखने से हम इसे उम्रभर अपने पास मौजूद उन सबसे बेशकीमती और महत्वपूर्ण 20 प्रतिशत चीज़ों को लेकर चलने की ज़रूरत को समझ पाते हैं। जिनमें हमारा व्यक्तित्व, गुण, मित्रवत संबंध, यहाँ तक कि सांसारिक चीज़ें भी शामिल रहती हैं। साथ ही, हम यह सुनिश्चित करते हैं कि उनकी देखभाल हो, उन्हें विकसित कर उनका विस्तार कर दिया जाए और उनमें गहराई आए ताकि हम और भी बेहतर, गुणवान और खुशहाल बन सकें। यह तभी संभव है जब हमारे संबंध स्थिर और लंबे समय तक चलें। वे इस आशावाद पर आधारित हों कि भविष्य वर्तमान से बेहतर होगा क्योंकि हम अतीत और वर्तमान में से सबसे अच्छे 20 प्रतिशत को सुनहरे भविष्य के निर्माण के लिए आगे बढ़ा सकेंगे। अगर ऐसा दृष्टिकोण होगा, तो भविष्य किसी बेमकसद फिल्म जैसा नहीं लगेगा, जिसकी आधी दूरी हम तय कर चुके हैं और ऐसा समझ रहे (और भयभीत) हैं कि समय तेजी से निकल रहा है। इसकी बजाए, भविष्य– वर्तमान और अतीत का एक आयाम होता है, जो हमें कुछ बेहतर करने का अवसर देता है। 80/20 की सोच कहती है कि ऐसा करना हमेशा संभव होता है। हमें बस इतना करना है कि अपने सबसे अच्छे 20 प्रतिशत को खुली छूट और बेहतर दिशा दें।

समय के क्रांतिकारियों के लिए चिंगारी

ये ऐसे सात कदम हैं, जिनसे समय की क्रांति धमाकेदार तरीके से शुरू हो सकती है।

प्रयास और परिणाम को अलग करने की कठिन मानसिक छलाँग लगाएँ

विरोध करने की आदत सभी के भीतर गहराई से बैठ चुकी है, फिर चाहे वह इंसान किसी भी धर्म का क्यों न हो। इस आदत को पूरी तरह से मिटाने के लिए गंभीर प्रयास करने की ज़रूरत है। मुश्किल ये है कि हमें कड़ी मेहनत करने में या कम से कम इस भावना से उसे करने में मज़ा आता है कि हमने बहुत अच्छा काम किया है। हमें इस बात को अच्छी तरह दिमाग में बिठा लेना चाहिए कि हम जो चाहते हैं, उसे हासिल करने के लिए – विशेष रूप से किसी दूसरे के लिए कड़ी मेहनत करने का कोई फायदा नहीं है। कठिन परिश्रम से बहुत कम लाभ मिलता है। ज्ञान से और हम जो खुद करना चाहते हैं, उसे करने से काफी फायदा होता है।

आप अधिक काम न करने पर भी उत्पादक रहनेवाले अपने-अपने गुरु चुन लीजिए। मेरे तो रोनाल्ड रीगन और वारेन बफेट हैं। बी ग्रेड फिल्मों के एक्टर रीगन बड़े आराम से रिपब्लिकन पार्टी के चहेते बन गए और कैलिफॉर्निया के गवर्नर पद पर जा बैठे। यही नहीं बेहद सफल अमेरिकी राष्ट्रपति भी रहे।

रीगन में ऐसा क्या था? अच्छी दिखते थे, बेहतरीन और मीठी आवाज़ थी जिसका इस्तेमाल वह जानबूझकर हर सही मौके पर किया करते थे (जिसका चरमोत्कर्ष वह पल था, जब अपने ऊपर गोली चलने के बाद उन्होंने कहा था, 'हनी, आई फॉरगॉट टू डक' – हनी, मैं नीचे झुकना ही भूल गया)। उनके पास कुछ बेहद होशियार चुनाव प्रचारक, पुराने जमाने की तहज़ीब और अमेरिका तथा विश्व के प्रति फिल्मी सोच थी। रीगन में कड़ी मेहनत करने की अपनी ही सीमा थी, दुनिया की सच्चाई पर उनका ज्ञान उससे भी कम था, अमेरिका को प्रेरित करने और साम्यवाद को तबाह करने की उनकी क्षमता का तो कहना ही क्या। चर्चिल के मशहूर बयान को दोहराते हुए बताऊँ तो शायद ही कभी बेहद मामूली मेहनत से किसी ने इतना कुछ हासिल किया होगा।

वारेन बफेट किसी समय अमेरिका के सबसे अमीर आदमी थे, लेकिन वह काम करने से नहीं बल्कि निवेश करने से अमीर बने। थोड़ी सी पूँजी से शुरुआत करते हुए, उन्होंने कई वर्षों में उसे इतनी तेजी से कई गुना बढ़ा लिया, जो शेयर

बाज़ार के उछाल की औसत दर से बहुत अधिक था। उन्होंने ऐसा बेहद सीमित विश्लेषण और कुछ ऐसी जानकारियों के साथ किया, जिनका इस्तेमाल उन्होंने बार-बार किया है। विश्लेषण की शुरुआत उन्होंने तब की थी जब स्लाइडरूल का आविष्कार भी नहीं हुआ था।

अमीरी के साथ बफेट के उतार-चढ़ाव भरे सफर की शुरुआत एक बिग आइडिया के साथ हुई। अमेरिकी स्थानीय अखबारों का स्थानीय बाज़ारों में ऐसा एकाधिकार था कि उससे बढ़िया बिजनेस फ्रेंचाइज़ी कोई और हो नहीं सकती थी। इस छोटे से आइडिया से उनकी किस्मत पहली बार चमकी और उसके बाद उन्होंने जितना पैसा कमाया उसका ज़्यादातर हिस्सा मीडिया इंडस्ट्री के शेयरों से आया, जिस इंडस्ट्री को वह बहुत अच्छी तरह समझते हैं।

अगर बफेट को आलसी नहीं तो इतना कहा जा सकता है कि वह अपनी मेहनत को लेकर काफी कंजूस हैं। जहाँ ज़्यादातर फंड मैनेजर दुनियाभर के शेयर खरीद लेते हैं और उन्हें खरीदते-बेचते रहते हैं, वहीं बफेट कुछ ही शेयर खरीदते हैं और उन्हें सदियों तक अपने साथ बनाए रखते हैं। इसका मतलब यह हुआ कि ज़्यादा काम करने की ज़रूरत ही नहीं है। विभिन्न प्रकार के निवेश करने की परंपरागत सोच को वह बेवकूफी भरा और बेकार का समझते हैं, जिसे उन्होंने एक से भले दो का नाम दिया है। इसमें 'व्यक्ति हर चीज़ दो-दो खरीदता है और अंत में उसका घर चिड़ियाघर बनकर रह जाता है।' जहाँ तक उनकी अपनी निवेश की फिलॉसोफी की बात है, तो वह 'उदासीनता के करीब' है।

मेरे अंदर जब भी बहुत कुछ करने की ललक पैदा होती है, तब मैं रोनाल्ड रीगन और वारेन बफेट को याद करता हूँ। आप उन लोगों को उदाहरण के तौर पर याद कर सकते हैं, जिन्हें व्यक्तिगत रूप से जानते हैं या जो चर्चित लोग हैं, जो उत्पादक निष्क्रियता की मिसाल हैं। उन्हें हमेशा याद करते रहें।

अपराध बोध को त्याग दें

अपराध बोध का त्याग करने का मतलब साफ तौर पर बेहिसाब मेहनत करने के खतरे से जुड़ा है। लेकिन इसका मतलब उन चीज़ों से भी है, जिन्हें करने में आपको मज़ा आता है। इसमें कोई बुराई नहीं है। उन चीज़ों को करने का कोई मतलब नहीं, जिनमें आपको मज़ा न आता हो।

वही काम करें, जिसे करना आपको अच्छा लगता है। उसे ही अपना पेशा बनाइए। लगभग सभी लोग जो अमीर बने हैं, उनके साथ यह बात जुड़ी है कि वे उन कामों को करते हुए अमीर बने, जिनमें उन्हें मज़ा आता था। हो सकता है कि इसे इस संसार के 80/20 की भ्रष्टता के एक और उदाहरण के रूप में देखा जाए।

20 प्रतिशत लोगों के पास न केवल 80 प्रतिशत दौलत है बल्कि उस काम से मिलनेवाले मज़े पर भी उनका 80 प्रतिशत का एकाधिकार है और मज़ा लेनेवाले भी वही 20 प्रतिशत लोग हैं!

बूढ़े बदमिजाज प्यूरिटन (16वीं-17वीं सदी के अंग्रेज प्रोटेस्टेंट समूह का सदस्य), जॉन केनेथ गालब्रेथ ने दुनिया में काम को लेकर बुनियादी भेदभाव की तरफ ध्यान आकर्षित किया था। मध्यम वर्ग को न केवल उनके काम के बदले ज़्यादा पैसा मिलता है बल्कि उनके पास ज़्यादा दिलचस्प काम है, जिसे करने में उन्हें मज़ा आता है। उनके पास सेक्रेटरी, सहाय्यक, फर्स्ट-क्लास में यात्रा, ऐशो-आरामवाले होटल और जिंदगी में काम का मज़ा लेने जैसी सुविधाएँ होती हैं। असल में, बड़े-बड़े उद्योगपति रोज़ाना जितना मज़ा करते हैं, उसका आनंद उठाने के लिए आपके पास बहुत बड़ी दौलत होनी चाहिए।

गालब्रेथ ने यह क्रांतिकारी विचार सामने रखा था कि नीरस काम करनेवालों को उन लोगों से ज़्यादा वेतन मिलना चाहिए, जो दिलचस्प काम करते हैं। सारा मज़ा किरकिरा कर दिया! ऐसे विचारों से सोचने पर लोग मज़बूर तो होते हैं, लेकिन किसी का भला नहीं होता। जैसा कि 80/20 की तमाम बातों के साथ होता है। अगर आप गहराई में जाकर देखेंगे तो आपको स्पष्ट असमानता के पीछे बहुत गहरा तर्क दिखाई देगा।

इस मामले में तर्क बड़ा सरल है। ऐसे लोग जो सबसे अधिक हासिल करते हैं, उन्हें अपने काम में मज़ा आना चाहिए। अपने आपको संतुष्ट करने के बाद ही कोई बहुत उम्दा चीज़ बनाई जा सकती है। किसी भी क्षेत्र में किसी भी महान कलाकर को उदाहरण के तौर पर याद कीजिए। उनके काम की गुणवत्ता और मात्रा हैरान करनेवाली होती है। वान गो न रुके, न थके। एंडी वारहोल से बहुत पहले ही पिकासो एक आर्ट फैक्ट्री चला रहे थे क्योंकि उन्हें अपने काम में मज़ा आता था।

माइकल एंजेलो की अद्भुत, यौन विषयों से प्रेरित और सुंदर कृतियों का खुलकर मज़ा लीजिए। मुझे भी उनमें से कुछ याद हैं, जैसे उनका डेविड, द डाइंग

स्लेव, लॉरेंशियन लाइब्रेरी, द न्यू सैक्रिस्टी, द सिस्टीन चैपल सीलिंग, सेंट पीटर्स में द पिएटा की रचना करना किसी व्यक्ति के लिए चमत्कार से कम नहीं है। माइकल एंजेलो ने ये सब इसलिए नहीं किया क्योंकि ये उनका काम था, या उन्हें गुस्सैल पोप जूलियस द्वितीय से डर लगता था या फिर पैसा बनाने के लिए किया बल्कि इस वजह से किया क्योंकि उन्हें अपनी कृतियों और युवाओं से प्यार था।

हो सकता है कि आपके भीतर ऐसी कोई प्रेरणा न हो, लेकिन आप तब तक किसी ऐसी चीज़ को नहीं बना सकते जिसका महत्त्व लंबे समय तक बना रहे, जब तक कि आप उसे प्यार से नहीं बनाएँगे। यह बात विशुद्ध रूप से निजी चीज़ों से लेकर कारोबार से जुड़े मामलों पर भी लागू होती है।

मैं कभी खत्म न होनेवाले आलस्य की वकालत नहीं कर रहा हूँ। काम तो ऐसी स्वाभाविक गतिविधि है, जो किसी की अनिवार्य इच्छा को पूरा करती है, जो बेरोजगारों से लेकर रिटायर्ड और उन लोगों में भी होती है, जो रातों-रात अमीर बन जाते हैं। सभी में अपने स्वभाव के अनुसार संतुलन, लय और काम/खेल का अनुकूल मिश्रण होता है और अधिकांश लोगों को समझ में आ जाता है कि कब वे बहुत ज़्यादा आलसी हो रहे हैं या मेहनत कर रहे हैं। 80/20 की सोच लोगों को काम और मौज-मस्ती के दौरान अधिक महत्त्व वाली/संतुष्टि देनेवाली गतिविधियाँ करने के लिए प्रेरित करती है, न कि काम के बदले उन्हें मौज करने के लिए उकसाती है। लेकिन मुझे ऐसा लगता है कि ज़्यादातर लोग गलत चीज़ें करने में काफी मेहनत करते हैं। आधुनिक जगत को तब ज़्यादा फायदा होगा, जब हर तरफ कम काम करने से रचनात्मकता और बुद्धिमानी देखने को मिलेगी। अगर बहुत काम करने से हमारे सबसे आलसी 20 फीसदी लोगों को फायदा मिलेगा, तो उससे कम काम करने से सबसे मेहनती 20 प्रतिशत लोगों तक लाभ पहुँचेगा। और इस तरह का लेन-देन समाज के दोनों तरीके से फायदा पहुँचाएगा। काम की मात्रा से ज़्यादा महत्त्व उसकी गुणवत्ता का होता है और इसकी गुणवत्ता अपनी इच्छा से उस दिशा में चलने पर निर्भर करती है।

अपने आपको दूसरों के थोपे गए दायित्वों से मुक्त करें

जब 80 प्रतिशत समय देने पर नतीजा 20 प्रतिशत हासिल होता है और उस 80 प्रतिशत समय को दूसरों के कहने पर खर्च किया जाता है, तो इसमें कोई बुराई नहीं।

अब यह बात सबकी समझ में आ रही है कि किसी दूसरे के लिए काम करना, जिसमें आपकी मर्जी नहीं चलती लेकिन नौकरी की सुरक्षा रहती है, वह काम करने के इतिहास में महज बदलाव का एक दौर (भले ही यह दो सदियों तक बना रहा) था। यहाँ तक कि आप अगर किसी बड़े कॉरपोरेशन के लिए काम कर रहे हैं, तब भी आपको खुद को एक स्वतंत्र व्यवसाय के रूप में सोचना चाहिए, जिसमें आप अपने लिए काम कर रहे हैं, भले ही आप उस विशाल कॉरपोरेशन के वेतनभोगी ही क्यों न हों।

80/20 का सिद्धांत बार-बार यह दिखाता है कि ऐसे 20 प्रतिशत लोग जो सबसे ज्यादा लाभ हासिल करते हैं, वे या तो अपने लिए काम करते हैं या उनके व्यवहार से कम से कम ऐसा ही दिखता है कि वे अपने लिए कर रहे हैं।

काम के अलावा भी यही बात लागू होती है कि अगर आप समय को काबू में नहीं रखेंगे तो आप उसका इस्तेमाल सही ढंग से नहीं कर पाएँगे। (असल में यह काफी मुश्किल है क्योंकि आपका दिमाग अपराध बोध के वश में होता है और फिर सामाजिक चलन और दूसरों की नसीहत होती है कि आपको क्या करना चाहिए। इस कारण आप ऐसा कर नहीं पाएँगे, लेकिन आपके पास इन बातों को सीमित करने का एक मौका तो होता ही है।)

मेरी सलाह को बहुत अधिक मानना असंभव, यहाँ तक कि अप्रिय भी है। अक्सर आपके ऊपर दूसरों के एहसान होंगे और आपके हिसाब से वे काफी उपयोगी हो सकते हैं। यहाँ तक कि उद्यमी भी अकेला नहीं होता क्योंकि उसकी भी जवाबदेही बनती है। उसके साथ भी पार्टनर, कर्मचारी, सहयोगी कंपनियों और संबंधों का जाल होता है, जिन्हें कुछ दिए बिना किसी चीज़ की उम्मीद नहीं की जा सकती है। यहाँ ज़रूरी यह हो जाता है कि अपने पार्टनर को ध्यान से चुनें और अपनी जवाबदेहियों को संभलकर निभाएँ।

समय का इस्तेमाल करने में आपका रवैया हटकर और अपने ही ढंग का होना चाहिए

अगर आपने वही किया, जो आपके साथ के लोग करते हैं या सामाजिक परंपरा के अनुसार अपनी भूमिका को आपने निभाया, तो यह संभव नहीं कि आप अपने सबसे मूल्यवान 20 प्रतिशत समय का इस्तेमाल एक अच्छा सैनिक बनने, दूसरों की उम्मीदों पर खरा उतरने और उन बैठकों में हिस्सा लेने के लिए कर पाएँगे,

जिसकी उम्मीद सभी करते हैं। असल में, आपको यह पूछना चाहिए कि क्या इनमें से कोई चीज़ ज़रूरी है।

80/20 के कोप से आप बच नहीं सकते। अगर आपने पारंपरिक तौर-तरीके या समाधानों को अपनाया तो इसकी आशंका रहेगी कि आपका 80 प्रतिशत समय कम महत्त्ववाले कामों पर खर्च होगा।

एक अच्छा उपाय उन गैर-परंपरागत या अनोखे तरीकों का पता लगाना है, जिनके अनुसार आप अपना समय खर्च कर सकते हैं यानी आप अपने तौर-तरीकों को इतना बदल सकते हैं कि आपको अपने समाज से बाहर न कर दिया जाए। ज़रूरी नहीं कि सभी अनोखे तरीके आपकी कुशलता को कई गुना बढ़ा दें, लेकिन कुछ या कम से कम उनमें से एक तो ऐसा कर ही देगा। तमाम परिस्थितियों का खाका खींच लें और उस एक को अपनाएँ, जिससे आप सबसे मूल्यवान कामों पर अपना अधिकांश समय दे सकें, जिन्हें करने में आपको मज़ा आता है।

आप किसी को जानते हैं, जो कुशल भी है और एकदम अलग तौर-तरीके वाला भी है? उनके बारे में जानने की कोशिश करें कि वे अपना समय कैसे बिताते हैं और अलग तौर-तरीके कैसे अपनाते हैं। हो सकता है कि आप उनके कुछ तरीकों को अपना लें और कुछ को छोड़ दें।

उस 20 प्रतिशत का पता लगाएँ, जिससे 80 प्रतिशत लाभ मिलता है

संभव है कि आपको अपने 20 फीसदी समय से 80 फीसदी उपलब्धि या लाभ और 80 फीसदी खुशी मिले। चूँकि वे वही 20 फीसदी हों यह ज़रूरी नहीं (हालाँकि वह दौर लगभग वही होता है)। इसलिए सबसे पहले आपको यह तय कर लेना चाहिए कि हर बार आपका मकसद कुछ पाना या खुशी हासिल करना है या नहीं। मेरी सलाह है कि आप दोनों को अलग-अलग देखें।

खुशी के लिए, अपनी खुशी के पलों का पता लगाएँ। ऐसे छोटे-छोटे दौर या कुछ साल, जिनमें आपको बेहिसाब खुशी मिली। एक सादा कागज़ लें, उसके सबसे ऊपर 'खुशी के पल' लिखें और उनमें से जितने भी पल आपको याद हों, उन्हें लिखते जाएँ। उसके बाद यह पता लगाने का प्रयास करें कि खुशी के उन सभी या कुछ पलों में कौन सी बातें समान हैं।

इस प्रक्रिया को अपने गम के पलों के लिए दोहराएँ। आमतौर पर वे आपके बाकी के 80 प्रतिशत समय का हिस्सा नहीं होंगे क्योंकि (ज़्यादातर लोगों के साथ)

ऐसा होता है कि खुशी और गम के पलों के बीच औसत खुशी का एक बड़ा दौर होता है, जो न इस पार होता न उस पार। इसके बावजूद गम की सबसे बड़ी वजहों और उनके बीच कुछ समान बातों का पता लगाना ज़रूरी होता है।

इस पूरी प्रक्रिया को उपलब्धि के लिए दोहराएँ। अपनी उपलब्धि के पलों को याद करें। ऐसे छोटे-छोटे पल जब आपने उस हफ्ते, महीने, साल या संपूर्ण जीवन की तुलना में थोड़े से समय में कोई बहुत बड़ी कामयाबी हासिल की हो। सादे कागज़ पर 'उपलब्धियों के पल' शीर्षक लिखें और पूरे जीवन को मिलाकर, जहाँ तक संभव हो, उन पलों की सूची बनाएँ।

उपलब्धियों के पलों की कुछ समान विशेषताओं को समझने की कोशिश करें। अपने विश्लेषण को समाप्त करने से पहले, आप समय के सर्वश्रेष्ठ सर्वाधिक महत्वपूर्ण उपयोगों की सूची पर एक नज़र ज़रूर डालना चाहेंगे। यह अनेक लोगों के अनुभव के आधार पर तैयार की गई एक सामान्य सूची है और हो सकता है कि इससे आपकी यादें ताज़ा हो जाएँ।

अपनी उपलब्धियों के अकाल के पलों की सूची अलग से बना लें। ये सबसे अधिक बंजर और कम उत्पादकतावाले दौर होंगे। समय के 10 सबसे कम महत्वपूर्ण उपयोग की सूची से आपको मदद मिल सकती है। एक बार फिर से देखिए कि उनमें कौन सी बातें समान हैं?

अब इनके अनुसार ही काम कीजिए।

उस 20 प्रतिशत समय को कई गुना बढ़ाइए, जिससे आपको 80 प्रतिशत लाभ मिलता है

आप जब खुशी और उपलब्धि के पलों का पता लगा लेंगे, तब आप इन पर और इनके जैसे कार्यों पर अधिक से अधिक समय देना चाहेंगे।

मैं जब लोगों को इस उपाय के बारे में बताता हूँ, तो उनमें से कुछ कहते हैं कि मेरे तर्क में गड़बड़ी है क्योंकि सर्वोच्च 20 प्रतिशत काम पर अधिक समय देने से घटता हुआ प्रतिफल लागू होने जाएगा। यानी जितना समय लगाया जाएगा, उसके मुकाबले लाभ में कमी हो जाएगी। सर्वाधिक उपयोगी 20 प्रतिशत काम पर ज़्यादा समय देने से ज़रूरी नहीं कि 80 प्रतिशत लाभ और मिल जाए। हो सकता है कि लाभ 40, 50, 60 या 70 प्रतिशत हो।

इस दलील पर मुझे दो बातें कहनी हैं। पहली, चूँकि खुशी या कुशलता का प्रमाण (इस समय) पूरी सफाई के साथ कर पाना असंभव है इसलिए आलोचक कुछ मामलों में सही हो सकते हैं। लेकिन इससे क्या फर्क पड़ता है? इसके बावजूद जो सबसे अच्छा है, उसमें अच्छी-खासी बढ़ोत्तरी होगी।

लेकिन मेरा दूसरा जवाब यह है कि आलोचक आमतौर पर सही होते हैं। मेरा सुझाव यह नहीं है कि आप बिलकुल उसी काम को हू-ब-हू करें, जिसे आज कर रहे हैं और जिसमें 20 प्रतिशत के बदले 80 प्रतिशत लाभ मिल रहा है। आपकी खुशी और उपलब्धि के जो पल हैं, उनकी समान बातों पर ग़ौर करने का उद्देश्य ही यह है कि कुछ मूल बातों को अलग किया जाए। उन कामों को अलग किया जाए, जिन्हें करने में आपका कोई जवाब नहीं।

इतना तो हो ही सकता है कि आपको कुछ चीज़ों को करना चाहिए (ताकि आप भरपूर उपलब्धि या खुशी प्राप्त करें), जिन्हें अभी आप सही ढंग से नहीं कर पा रहे हैं या जिन्हें आपने करना शुरू ही नहीं किया है। उदाहरण के लिए, डिक फ्रांसिस एक शानदार नेशनल हंट जॉकी थे। अपनी घुड़सवारी के रहस्य पर पहला लेख उन्होंने तब प्रकाशित किया जब वह 40 साल के हो गए। उन्हें जितनी सफलता, पैसा और शायद व्यक्तिगत संतुष्टि लेखन से मिली, वह घुड़सवारी से मिलनेवाले आनंद से कहीं अधिक थी। रिचर्ड एडम्स एक असंतुष्ट, अधेड़, मध्यम दर्जे के नौकरशाह थे और फिर उन्होंने 'वाटरशिप डाउन' नामक किताब लिखी जो बेहद लोकप्रिय हुई।

खुशी या उपलब्धि के पलों पर किए जानेवाले विश्लेषण से यह बात समान रूप से सामने आती है कि कौन सा व्यक्ति किस काम को सबसे अच्छे तरीके से कर सकता है और कौन सा काम उनके लिए सबसे अच्छा है। इस जानकारी के बाद वे पूरी तरह से नए कार्यों को करते हैं, जिनसे उन्हें पहले करनेवाले काम के मुकाबले काफी अच्छा लाभ मिलता है। इस कारण लाभ के बढ़ने के साथ ही लाभ के कम होने के आसार भी हो सकते हैं। असल में, आपको करियर या जीवनशैली में बदलाव पर खासतौर से विचार करना चाहिए।

आपने जब उन विशेष कार्यों और सामान्य कार्यों का पता लगा लिया है, जिन पर आप 20 प्रतिशत समय खर्च करते हैं और उससे 80 प्रतिशत खुशी या उपलब्धि हासिल होती है, तब आपका मूल उद्देश्य यह होना चाहिए कि आप उन पर और वैसे ही कार्यों पर खर्च किए जानेवाले 20 प्रतिशत समय को ज़्यादा से

ज़्यादा बढ़ाएँ।

एक अल्पकालिक उद्देश्य अधिक लाभवाले कार्यों पर खर्च किए जानेवाले 20 प्रतिशत समय को एक साल के भीतर 40 प्रतिशत तक ले जाने का होना चाहिए, जो आमतौर पर संभव होता है। इस एक कदम से आपकी 'उत्पादकता' 60 से 80 प्रतिशत तक बढ़ जाएगी। (आपके पास 20 प्रतिशत समय के दो हिस्से और 80 प्रतिशत लाभ के दो हिस्से होंगे, इस प्रकार आपका लाभ 100 से 160 तक जा सकता है। भले ही आप अपने पिछले 20 प्रतिशत समय को कम लाभवाले कार्यों पर बर्बाद कर चुके हों लेकिन अब उस समय को आप अधिक लाभवाले कार्यों पर दे रहे होंगे!)

आदर्श स्थिति यह होती है कि अधिक लाभवाले कार्यों पर खर्च किए जानेवाले समय को 20 से बढ़ाकर 100 प्रतिशत कर दिया जाए। यह करियर और जीवनशैली में बदलाव से ही संभव है। अगर ऐसा है तो समयसीमा के साथ योजना बनाएँ और तय करें कि आप इन बदलावों को किस प्रकार लागू करने जा रहे हैं।

कम लाभवाले कार्यों को समाप्त या कम कर दें

आदर्श स्थिति यह कहती है कि ऐसे 80 प्रतिशत कार्यों को समाप्त कर देना चाहिए, जिनसे आपको सिर्फ 20 प्रतिशत परिणाम मिलते हैं। आपको यह काम – अधिक लाभवाले कार्यों पर अधिक समय देने से पहले कर देना चाहिए। (वैसे तो अक्सर लोगों को यह अनुभव होता है कि अधिक लाभवाले कार्यों पर अधिक समय देने का निश्चय करना समय बर्बाद करनेवाले फिजूल के कामों को दरकिनार करने का बेहतर तरीका है)।

लोगों की पहली प्रतिक्रिया अक्सर यही होती है कि कम महत्त्ववाले कार्यों से बचने की गुंजाइश बहुत कम है। ऐसा कहा जाता है कि वे परिवार, समाज या काम की ज़िम्मेदारियों के अभिन्न अंग हैं। अगर आप भी ऐसा सोचते हैं, तो दोबारा सोचिए।

आपकी मौजदा परिस्थितियों के भीतर ही चीज़ों को अलग तरीके से करने की काफी गुंजाइश होती है। ऊपर दी गई सलाह को याद कीजिए: समय का इस्तेमाल लीक से हटकर और अनोखे तरीके से करें। भेड़ चाल न चलें।

अपनी नई नीति को आज़माएँ और देखें कि क्या होता है। चूँकि आप जिन कामों को छोड़ना चाहते हैं, उनका कोई महत्त्व नहीं होता इसलिए आप उन्हें करना

छोड़ देंगे, तो लोगों का ध्यान भी उस ओर नहीं जाएगा। अगर लोगों ने इस पर गौर कर भी लिया, तो भी यह देखकर वे ज़्यादा परवाह नहीं करेंगे कि आप पर उन कामों को करने का दबाव बनाने में उन्हें काफी मेहनत करनी पड़ेगी।

फिर भी कम लाभवाले कामों को छोड़ने के लिए हालातों में किसी बड़े बदलाव की ज़रूरत पड़ती है- जैसे कोई नई नौकरी, कोई नया करियर, नए दोस्त, यहाँ तक कि नई जीवनशैली और जीवनसाथी चुनने की स्थिति बनती है, तब भी ज़रूरी बदलाव के लिए एक योजना बनाएँ। ऐसा नहीं करने पर आप कभी भी उपलब्धि और खुशी हासिल करने की अपनी क्षमता का उपयोग नहीं कर सकेंगे।

समय के अनोखे और प्रभावी उपयोग के चार उदाहरण

मैं पहला उदाहरण विलियम एवर्ट ग्लैडस्टोन का दूँगा, जो विक्टोरियाई ब्रिटेन के उदारवादी नेता थे और जिन्हें चार बार प्रधानमंत्री चुना गया था। ग्लैडस्टोन कई मायने में अजीब इंसान थे, जिनमें से उनका हैरतअंगेज तरीके से 'पतित स्त्रियों' को वेश्यावृत्ति से बचाने का असफल प्रयास और समय-समय पर खुद की कड़ी निंदा करना शामिल था। लेकिन यहाँ हम अपना ध्यान समय का इस्तेमाल करने में उनकी अजीब आदतों पर ही देंगे।

ग्लैडस्टोन पर अपने राजनीतिक दायित्वों का कोई बंधन नहीं था बल्कि वे उन्हें प्रभावी ढंग से निभाते थे। वे अपने समय का इस्तेमाल कमाल के कई अनोखे तरीके से करते थे। उन्हें पर्यटन का ज़बरदस्त शौक था, वे ब्रिटेन के द्वीप समूहों से लेकर बाहरी देशों तक घूमने निकल जाते थे। प्रधानमंत्री रहते हुए भी अपने काम से अक्सर चुपचाप फ्रांस, इटली या जर्मनी चले जाया करते थे।

उन्हें थिएटर से गहरा लगाव था, स्त्रियों के साथ कई तरह के संबंध (निश्चित रूप से गैर-शारीरिक) थे, उन्हें पुस्तकें पढ़ने का शौक था। अपने जीवन में उन्होंने करीब 20,000 पुस्तकें पढ़ी हैं। वे हाउस ऑफ कॉमन्स में अविश्सनीय रूप से लंबे-लंबे भाषण दिया करते थे, फिर भी लोग उनके भाषणों को ध्यान से सुनते थे। कहा जा सकता है कि आधुनिक चुनाव प्रचार के तौर-तरीकों को उन्होंने ही इजाद किया, जिसे वे पूरे जोश और आनंद के साथ किया करते थे। उन्हें जब कभी अपनी तबीयत खराब लगती, तो कम से कम दिनभर के लिए बिस्तर पर लेट जाते थे, जहाँ वे पढ़ते और सोचा करते थे। समय का वह जिस अजीबोगरीब तरीके से इस्तेमाल करते थे, उससे उन्हें ज़बरदस्त राजनीतिक ऊर्जा और कुशलता मिलती थी।

उनके बाद के ब्रिटेन के प्रधानमंत्रियों में, केवल लॉयड जॉर्ज, चर्चिल और थैचर ही समय के इस्तेमाल में ग्लैडस्टोन की विचित्रता के आसपास आ सके। ये तीनों ही असामान्य रूप से सफल थे।

तीन ज़बरदस्त रूप से विचित्र प्रबंधन के सलाहकार

समय के प्रबंधन के अन्य गैर-परंपरागत उदाहरण मैनेजमेंट सलाहकार (कंसल्टेंट्स) की धीर-गंभीर दुनिया से दिए जा सकते हैं। सलाहकार कई-कई घंटे तक पागलों की तरह काम करने के लिए कुख्यात होते हैं। मैं जिन तीन लोगों की बात करनेवाला हूँ, जिन्हें मैं अच्छी तरह जानता हूँ, उन्होंने सारे नियम तोड़ दिए। वे सभी ज़बरदस्त तरीके से सफल भी हुए।

पहले को मैं फ्रेड के नाम से पुकारूँगा। उसने सलाहकार बनकर करोड़ों डॉलर कमाए। वह कभी बिजनेस स्कूल नहीं गया, लेकिन सलाहकर की एक बहुत बड़ी और सफल कंपनी ज़रूर खोल ली, जहाँ उसके अलावा सभी हर हफ्ते 70 या उससे ज़्यादा घंटे काम किया करते थे। फ्रेड कभी-कभार ऑफिस आया करता था और महीने में एक बार पार्टनर्स मीटिंग की अध्यक्षता करता था, जिसमें दुनियाभर के पार्टनरों को मजबूर किया जाता था कि वे इसमें शामिल हों। जबकि फ्रेड टेनिस खेलने और सोचने में अपना समय बिताता था। वह कंपनी को किसी तानाशाह की तरह चलाता था लेकिन कभी चीखता-चिल्लाता नहीं था। फ्रेड अपने पाँच मुख्य अधिनस्थों के ज़रिए सारी चीज़ों पर नियंत्रण रखता था।

जो दूसरा था यानी रैंडी, वह इन अधिनस्थों में से एक था। कंपनी के संस्थापक के अलावा, एक यही था जो कंपनी के काम में डूबे रहने की संस्कृति का अपवाद था। उसने स्वयं अपना तबादला इतनी दूर कर लिया था कि वहाँ बड़े आराम से अपने घर में बैठे-बैठे मोटी कमाई देनेवाला और तेजी से तरक्की करनेवाला दफ्तर चला रहा था। दफ्तर के लोग भी बेहिसाब कड़ी मेहनत कर रहे थे। कोई नहीं जानता था कि रैंडी अपना समय कैसे बिता रहा था और कितना कम काम कर रहा था, लेकिन वह पूरे आराम से जी रहा था। रैंडी केवल बेहद ज़रूरी क्लाइंट मीटिंग में शामिल होता था, जबकि बाकी सबकुछ उसने अपने जूनियर सहयोगियों के भरोसे छोड़ रखा था और उस मीटिंग में भी शामिल नहीं हो पाता तो बेहद विचित्र कारण बता दिया करता था।

भले ही रैंडी उस दफ्तर का मुखिया था, लेकिन प्रशासनिक मामलों में उसका

दखल लगभग शून्य था। उसका पूरा ध्यान इस पर था कि कैसे सबसे ज़रूरी क्लाइंट्स के ज़रिए कमाई को बढ़ाए और फिर ऐसा इंतज़ाम करे कि खुद उसे कुछ न करना पड़े और काम भी हो जाए। रैंडी कभी तीन से अधिक प्राथमिकताएँ तय नहीं करता था। अक्सर तो एक ही प्राथमिकता होती थी। बाकी सबकुछ बोर्ड के हवाले था। रैंडी के साथ काम करना बेहद हताशाजनक था, लेकिन उसकी सफलता का कोई जोड़ नहीं था।

समय का विचित्र तरीके से इस्तेमाल करनेवाला मेरा तीसरा और आखिरी उपयोगकर्ता एक दोस्त और पार्टनर था, जिसे हम जिम कहेंगे। जिम के साथ बिताया समय मुझे आज भी याद है। जब हम एक छोटे से दफ्तर में गिने-चुने अन्य सहयोगियों के साथ काम किया करते थे। वह काफी तंग जगह थी, जहाँ लोग पागलों की तरह काम करते थे। फोन पर बातचीत चलती रहती थी, प्रेजेंटेशन तैयार करने की भाग-दौड़ मची रहती थी, ऑफिस के एक कोने से दूसरे कोने तक शोर मचा रहता था।

लेकिन उन सबके बीच निष्क्रियता के शांत हरे-भरे बाग की तरह था जिम, जो अपने कैलेंडर को टकटकी लगाए देखता रहता और सोचता था कि आगे क्या करना है। कभी-कभार, वह अपने साथियों को लेकर एक शांत कमरे में जाता और उन्हें समझाता कि सभी को क्या करना है। एक नहीं, दो नहीं बल्कि तीन-तीन बार। वह भी इतना धीरे-धीरे कि जैसे साँस ही रुक जाए। फिर जिम एक-एक से पूछता था कि वह बताए कि वह क्या करनेवाला है। जिम धीमा, मंद चाल-ढाला वाला और थोड़ा ऊँचा सुननेवाला आदमी था। वह अपना पूरा समय यह पता लगाने में बिताता था कि कौन से काम से ज़्यादा लाभ मिलेगा और उन्हें कौन करेगा, फिर उन्हें हर हाल में पूरा किया जाता था।

समय के 10 सबसे कम लाभवाले उपयोग

अगर आपने कम लाभवाले काम को करना छोड़ दिया है, तो आप केवल अधिक लाभवाले काम (चाहे कुछ हासिल करने के लिए हो या मौज के लिए) पर ही अपना समय खर्च करेंगे। ऊपर मैंने आपसे कहा था कि आप समय की बर्बादी करनेवाले कम लाभ के कामों का पता लगाएँ। उनमें से आपने किसी को छोड़ दिया हो, तो चित्र 38 में समय बर्बादीवाले 10 सबसे सामान्य कामों की सूची दी गई है।

इन कामों को बिना तरस दिखाए करना छोड़ दें। किसी भी हाल में किसी को भी अपना ज़्यादा समय न दें। यही नहीं, कोई भी काम इस वजह से न करें कि लोगों ने कहा है या आपको फोन या ई मेल आया है। नैंसी रीगन की सलाह (जो किसी दूसरे संदर्भ में है) का पालन करें और बस नो कह दें! – या उस मामले को इस तरह लें, जैसा कि लॉर्ड जॉर्ज ब्राउन ने कहा था कि मानो आप 'एकदम अज्ञानी हैं।'

---

1. ऐसा काम जो दूसरे लोग चाहते हैं कि आप करें
2. काम जो किसी खास तरीके से किए जाते हैं
3. ऐसे काम जिन्हें आप अच्छी तरह नहीं कर पाते हैं
4. जिन कामों को करने में आपको मज़ा नहीं आता
5. ऐसे काम जिन्हें हमेशा रोक दिया जाता है
6. जिन कामों में शायद ही किसी की दिलचस्पी हो
7. जिन कामों में उम्मीद से दोगुना समय लग चुका हो
8. ऐसा काम जिनमें आपके सहयोगी भरोसे के लायक नहीं या औसत दर्जे के हैं
9. ऐसे काम जो चक्र की तरह चलते रहते हैं
10. फोन उठाकर जवाब देना

चित्र 38 समय के 10 सबसे कम लाभ वाले उपयोग

समय के 10 सबसे अधिक लाभ वाले उपयोग

चित्र 39 सिक्के के दूसरे पहलू को दिखाता है।

1. ऐसे काम जिनसे जीवन में आपका संपूर्ण उद्देश्य आगे बढ़ता है
2. ऐसे काम जिन्हें आप हमेशा से करना चाहते थे
3. ऐसे काम जो पहले ही समय और परिणाम के 20/80 के अनुसार हों
4. अनोखे तरीके जिनसे लगनेवाला समय कम हो जाए और नतीजा बेहतरीन हो
5. जो काम दूसरे लोग कहते हैं कि हो नहीं सकते
6. जिन कामों को अन्य लोगों ने दूसरे क्षेत्र में सफलतापूर्वक किया है
7. जिन कामों में आपकी रचनात्मकता का उपयोग होता है
8. ऐसे काम जिन्हें दूसरे लोग आपके लिए बड़ी आसानी से कर दें
9. कोई भी काम जिन्हें ऐसे बेहतरीन सहयोगी कर दें, जो समय के 80/20 के नियम से ऊपर उठ चुके हैं, जो समय का अजीबोगरीब और प्रभावी ढंग से इस्तेमाल करते हैं
10. अभी नहीं तो कभी नहींवाले काम

चित्र 39 समय के 10 सबसे अधिक लाभवाले उपयोग

जब समय के सदुपयोग का ख्याल आए, तो दो सवाल कीजिए:

* क्या वह गैर-परंपरागत है?
* क्या उससे कुशलता कई गुना बढ़ जाएगी?

जब तक दोनों प्रश्नों का उत्तर हाँ में नहीं मिलता तब तक समय का सदुपयोग संभव नहीं है।

क्या समय की क्रांति संभव है?

आपमें से कई लोगों को लगता होगा कि मेरे कई सुझाव क्रांतिकारी हैं लेकिन

ख्याली पुलाव की तरह हैं। मेरे सुझावों पर जो टिप्पणियाँ की गई हैं और जो उनकी आलोचना हुई है वो कुछ इस प्रकार हैं:

* मैं तय नहीं कर सकता कि मैं समय कैसे बिताऊँ। मेरे बॉस इसकी इजाजत नहीं देंगे।
* आपकी सलाह मानने के लिए मुझे अपनी नौकरी बदलनी होगी और मैं अभी ऐसा जोखिम नहीं उठा सकता हूँ।
* ये सारे सुझाव अमीरों के लिए बहुत अच्छे हैं, लेकिन मुझे इतनी आज़ादी कहाँ है।
* मुझे अपने जीवनसाथी को तलाक देना पड़ेगा!
* मुझे अपने आपको 20 फीसदी कुशल बनाना है, 250 फीसदी नहीं। मुझे नहीं लगता कि जो दूसरा लक्ष्य है, उसे हासिल किया जा सकता है।
* अगर आप जैसा कह रहे हैं वह इतना आसान होता तो सभी कर लेते।

अगर आप भी ऐसी कोई बात कहते हैं, तो समय की क्रांति आपके लिए नहीं है।

अगर आप क्रांतिकारी नहीं बनना चाहते तो समय की क्रांति की शुरुआत मत कीजिए

मैं ऐसी प्रतिक्रियाओं को खुद बता सकता हूँ (या कम से कम उनकी नकल कर सकता हूँ) जो इस तरह होंगी: 'मैं प्रगतिशील नहीं हूँ, क्रांतिकारी होना तो दूर की बात है इसलिए मुझे अकेला छोड़ दो। मैं अपनी दुनिया से बिलकुल खुश हूँ।' अच्छी बात है। क्रांति तो क्रांति होती है। मुश्किलों भरी, उथल-पुथल मचानेवाली और खतरनाक। किसी क्रांति की शुरुआत करने से पहले, आपको यह समझना होगा कि इसमें बड़े-बड़े जोखिम आएँगे और आप एक अपरिचित दुनिया में चले जाएँगे।

जो लोग समय की क्रांति चाहते हैं, उन्हें अपने अतीत, वर्तमान और भविष्य को उसी प्रकार साथ लाना होगा, जैसा सुझाव ऊपर चित्र 37 में दिया गया है। हम अपने समय का बँटवारा किस प्रकार करते हैं इसके पीछे मूल रूप से यह बात होती है कि हम अपने जीवन से क्या चाहते हैं।

11

आप जो चाहें पा सकते हैं

सबसे ज़्यादा महत्त्व की चीज़ों को
सबसे महत्त्वहीन चीज़ों की दया का पात्र नहीं होना चाहिए।

जोहान वोल्फगैंग वॉन गेटे

तय करें कि आप जिंदगी से क्या चाहते हैं। 1980 के दशक में जैसा कहा जाता था, उसके अनुसार 'सबकुछ पाने' का लक्ष्य रखें। आप जो भी चाहते हैं, आप जिस तरह का काम करना चाहते हैं; आप जैसे रिश्ते रखना चाहते हैं, सब आपको मिलना चाहिए। सामाजिक, मानसिक और सौंदर्य के प्रति आकर्षण जो आपको सुखी और संतुष्ट कर दे। जैसी जीवनशैली आपके लिए सही है उसके लिए पैसा होना चाहिए। और ऐसी कोई भी ज़रूरत जो किसी उपलब्धि या दूसरों की मदद के लिए आपको पड़े (या न पड़े) वह भी पूरी होनी चाहिए। अगर आपने सबकुछ पाने का लक्ष्य नहीं रखा, तो आप कभी इन सबको नहीं पा सकेंगे।

हम में से अधिकांश तो तय ही नहीं करते कि जीवन में हमें क्या चाहिए। नतीजा यह होता है कि हम में से ज़्यादातर की जिंदगी असंतुलित हो जाती है। हो सकता है कि हमें काम अच्छा मिल जाए पर रिश्ते अच्छे न हों या इसका उल्टा भी हो सकता है। हम पैसे या उपलब्धि के पीछे भाग रहे हैं, लेकिन लक्ष्य हासिल करने के बाद समझ में आता है कि इस जीत का कोई मतलब नहीं।

80/20 का सिद्धांत इस दयनीय स्थिति पर गौर करता है। हम जो 20 फीसदी काम करते हैं, उसका नतीजा 80 फीसदी के रूप में निकलता है। लेकिन हम जो 80 फीसदी करते हैं, उससे हमें केवल 20 फीसदी ही मिलता है। हम औसत दर्जे के काम पर 80 फीसदी मेहनत बर्बाद करते हैं। हम जिन 80 फीसदी चीज़ों को कीमती समझते हैं उन पर हमारा 20 फीसदी समय खर्च होता है। हमारा 80 फीसदी

समय उन चीज़ों पर व्यर्थ चला जाता है, जिनका हमारे लिए कोई मोल नहीं होता। हमारे समय का 20 फीसदी हिस्सा हमें 80 फीसदी खुशी देता है। लेकिन हमारे 80 फीसदी समय से थोड़ी सी ही खुशी मिलती है।

लेकिन 80/20 का सिद्धांत हमेशा ही लागू नहीं होता और लागू होना भी नहीं चाहिए। यह केवल एक समस्या को बताता है। यह बताता है कि हालात कितने असंतोषजनक और बर्बादी के हैं। हमें 80/20 के इस सिद्धांत का इस्तेमाल इस स्थिति को टालने या कम से कम अच्छे काम के लिए करना चाहिए ताकि हम ज़्यादा खुश और अधिक प्रभावी बन सकें। 80/20 सिद्धांत के उस वादे को याद करें: अगर हम ध्यान दें कि यह क्या कह रहा है, तो हमें कम मेहनत, अधिक आय, ज़्यादा मज़ा और अधिक उपलब्धि हासिल हो सकती है।

ऐसा करने के लिए, हमें सबसे पहले जो हम चाहते हैं उनके सभी पहलुओं को साथ लाना होगा। यह अध्याय इसी की चर्चा करता है। इसके बाद अध्याय 12, 13 और 14 कुछ अन्य बातों, जैसे संबंधों की, करियर और पैसे की चर्चा करता है, जिसके बाद हम अध्याय 15 में अंतिम लक्ष्य यानी खुशी पर लौटेंगे।

जीवनशैली से शुरुआत करें

क्या आपको अपनी ज़िंदगी में मज़ा आ रहा है? पूरे तौर पर नहीं, पर ज़्यादातर यानी कम से कम 80 फीसदी? और आपको मज़ा आ रहा है या नहीं, पर क्या कोई ऐसी जीवनशैली है जो आपकी जिंदगी को बेहतर बना सकती है? कुछ सवाल खुद से पूछें:

* क्या मैं सही व्यक्ति या लोगों के साथ रह रहा हूँ?
* क्या मैं सही जगह पर हूँ?
* क्या मैं जितना काम कर रहा हूँ, वह सही है और मेरे पसंदीदा काम/खेल की लय के अनुसार है और मेरे परिवार और सामाजिक ज़रूरतों के लिए सही है?
* क्या मैं सुरक्षित महसूस करता हूँ?
* क्या मैं जब चाहूँ व्यायाम कर सकता हूँ या ध्यान लगा सकता हूँ?
* क्या मैं अपने माहौल में हमेशा काफी निश्चित और सुकून महसूस करता हूँ?

* क्या मेरी जीवनशैली ऐसी है कि मेरे लिए सृजनात्मक होना और अपनी क्षमता का पूरा उपयोग करना संभव है?
* क्या मेरे पास पर्याप्त पैसा है और मेरे मामले इतने व्यवस्थित हैं कि मुझे उनकी चिंता नहीं करनी पड़ती है?
* क्या मेरी जीवनशैली इसकी इज़ाजत देती है कि जिन लोगों की मैं मदद करना चाहता हूँ, उनके लिए कुछ कर सकूँ?
* क्या मैं अक्सर अपने करीबी दोस्तों से मिल पाता हूँ?
* क्या मैं जितनी यात्रा करता हूँ वह सही है, न बहुत ज़्यादा है न कम?
* क्या यह जीवनशैली मेरे जीवनसाथी और परिवार के लिए भी सही है?
* क्या मुझे जो चाहिए सब अभी मेरे पास है: मैंने सबकुछ पा लिया है?

काम कैसा चल रहा है?

काम जीवन का महत्वपूर्ण हिस्सा है, जो न बहुत ज़्यादा होना चाहिए ना ही कम। लगभग हर किसी को काम करना पड़ता है, चाहे उसके बदले पैसे मिलें या नहीं। किसी को भी इसकी इज़ाजत नहीं देनी चाहिए कि उसका काम उसकी जिंदगी को अपने वश में कर ले, चाहे उनके मुताबिक इसमें उन्हें कितना ही मज़ा क्यों न आता हो। सामाजिक मान्यता से काम के घंटे तय नहीं होने चाहिए। यहाँ 80/20 का सिद्धांत सही पैमाना तय कर सकता है और बता सकता है कि आपको अधिक काम करना चाहिए या कम। यह सोच समझ का मामला है: अगर आप काम करने से ज़्यादा काम से बाहर खुश हैं, तो आपको काम कम करना चाहिए या अपनी नौकरी बदल देनी चाहिए। आमतौर पर यदि आपको काम के बजाए काम करने में खुशी मिलती है, तो आपको ज़्यादा काम करना चाहिए या काम के बाहर की जिंदगी को बदल देना चाहिए। जब तक आप काम और काम के अलावा समान रूप से खुश नहीं हैं तब तक यह संतुलन सही नहीं है। यह तब तक सही नहीं होगा जब तक कि आप काम करते हुए कम से कम 80 फीसदी खुश नहीं हैं और काम के अलावा 80 फीसदी खुशी नहीं मिल रही है।

काम से दूर भागना

कई लोग अपने काम को पसंद नहीं करते। उन्हें नहीं लगता कि उन्हें वह

काम करना चाहिए। फिर भी उन्हें वह काम 'करना ही' पड़ता है क्योंकि इससे उनका जीवन चलता है। आप भी ऐसे लोगों को जानते होंगे, जिनके लिए यह कहना सही नहीं होगा कि उन्हें अपनी नौकरी पसंद नहीं, फिर भी उनकी राय मिली-जुली होती है। कभी-कभी या कुछ हिस्से उन्हें अच्छे लगते हैं, जबकि कुछ समय या कुछ हिस्से उन्हें बिलकुल पसंद नहीं आते। अनेक या शायद ज़्यादातर लोगों को अगर उतना ही पैसा किसी और काम को करने के लिए दिया जाए, जितना अभी उन्हें मिल रहा है, तो वे दूसरे काम को करना पसंद करेंगे।

करियर कोई अलग हिस्सा नहीं

वह काम जिसे आप या आपका जीवनसाथी कर रहा है, उस काम को इस रूप में देखा जाना चाहिए कि उसका हर स्तर पर आपके जीवन पर क्या प्रभाव पड़ रहा है। जैसे आप कहाँ रह रहे हैं, आप एक-दूसरे के साथ और दोस्तों के साथ कितना समय बिताते हैं और काम से सही मायने में आपको कितनी संतुष्टि मिलती है। इसके साथ ही टैक्स चुकाने के बाद जितना पैसा बचता है, वह आपकी उस जीवनशैली के लिए पर्याप्त है।

आप जितना सोचते हैं, शायद उससे कही ज़्यादा विकल्प आपके पास हैं। हो सकता है कि आपका अभी का करियर सही है और आप इसे बेंचमार्क मान रहे हैं। पर कुछ और अच्छा करने के लिहाज से सोचिए कि क्या आप किसी दूसरे करियर या जीवनशैली को अपनाना नहीं चाहेंगे। अपने आज और कल की जीवनशैली के तमाम विकल्पों को सामने रखिए।

इस शर्त के साथ शुरू करें कि आपके काम और काम के अलावा जिन चीज़ों में आपको मज़ा आता है, उनके बीच कोई टकराव नहीं है। 'काम' बहुत कुछ हो सकता है, खासतौर पर जब मौज-मस्ती से जुड़े धंधे की अर्थव्यवस्था में एक बड़ी हिस्सेदारी है। हो सकता है कि जो आपकी हॉबी है आप उसी क्षेत्र में काम करें या अपनी हॉबी को ही अपना कारोबार बना लें। याद रखें कि उत्साह से सफलता मिल सकती है। दूसरों के बताए करियर में उत्साह जगाने से कहीं ज़्यादा आसान होता है कि आप अपने उत्साह को ही करियर में बदल दें।

आप जो भी करें, उस सर्वोच्च स्तर को याद रखें जहाँ तक आप पहुँचना चाहते हैं और इसे अपने जीवन के पूरे संदर्भ में देखें। कहने और करने में फर्क होता है: पुरानी आदतें जल्दी नहीं जातीं और जीवनशैली की ज़रूरत को बड़ी आसानी से करियर को लेकर पुरानी सोच के नीचे दबा दिया जाता है।

उदाहरण के लिए, 1983 में मैंने जब दो साथियों के साथ मिलकर अपने मैनेजमेंट कंसल्टेंसी के बिजनेस को शुरू किया, तब हम जानते थे कि दिन-रात काम करने का और उससे पहले अपने पुराने बॉस के कहने पर कई-कई दिनों तक हमने जो यात्रा की थी, उसका हमारे जीवन पर क्या असर होगा। इसलिए हमने तय किया कि अपने नए कारोबार में हम 'जीवनशैली का पूरा ख्याल' रखेंगे और जितना महत्त्व आय को देंगे, उतना ही जीवन की गुणवत्ता को देंगे। पर जब काम की बाढ़ सी आई, तो हम फिर से उसी हर हफ्ते 80 घंटे काम के तौर-तरीके पर लौट आए और इससे भी बुरा तो यह हुआ कि हमने अपने स्टाफ के लिए भी इसे लागू कर दिया। (जब एक परेशान कंसल्टेंट ने मुझ पर और मेरे पार्टनरों पर यह आरोप लगाया कि हम 'लोगों की जिंदगी बर्बाद' कर रहे हैं, तो पहले तो मुझे कुछ समझ में ही नहीं आया) पैसे के पीछे भागने में, जीवनशैली का पूरा ख्याल जल्दी ही कूड़ेदान में चला गया।

कैसे करियर से आप सबसे ज़्यादा खुश रहेंगे?

क्या यहाँ मैं ऐसा कह रहा हूँ कि आप गलाकाट प्रतियोगिता को 'छोड़' दें? नहीं, ऐसा कुछ भी नहीं है। हो सकता है कि इस आपाधापी में भी आप बहुत खुश हों, शायद मेरी तरह ही आप भी भागमभाग करनेवाले व्यक्ति हैं।

आपको मालूम होना चाहिए कि किस काम में आपको मज़ा आता है और उसे अपने करियर का हिस्सा बनाना चाहिए। पर आप जो करते हैं वह पूरे समीकरण का सिर्फ एक पहलू है। आपको काम के संदर्भ को भी समझना होगा, जिसके दायरे में आप गतिविधि कर सकते हैं। प्रोफेशनल अचीवमेंट का आपके लिए कितना महत्त्व है, काम धंधे में आपकी खुशी को तय करने में इन बातों का उतना ही महत्त्व रहता है।

आपको यह समझना होगा कि दो मामलों में आप कहाँ खड़े हैं:

* क्या उपलब्धि और करियर में सफलता पाने की आपमें तीव्र इच्छा है?
* क्या आप किसी संगठन के लिए, स्व-रोजगार और आत्मनिर्भर व्यक्ति (एक 'अकेले व्यापारी') के रूप में या दूसरे लोगों को रोजगार देनेवाले व्यक्ति के रूप में सबसे अधिक खुश होंगे?

चित्र 40 इस विकल्प को दिखाता है। कौन सा बॉक्स आपके बारे में सबसे अच्छी तरह बताता है।

उपलब्धि पाने की ज़रूरत	संगठनों में काम पसंद	स्वनियोजित आत्म निर्भर व्यापारी बनना पसंद	दूसरों को रोजगार देना या संगठित करना पसंद
अधिक	1	2	3
कम	4	5	6

चित्र 40 मनचाहा करियर और जीवन शैली

बॉक्स 1 वाले लोग काफी महत्वाकांक्षी होते हैं लेकिन दूसरों की ओर से बनाई गई और उपलब्ध कराई गई व्यवस्था में काम करना पसंद करते हैं। जो ठेठ 'संगठनात्मक व्यक्ति' होता है, वह इसी खाने में रखा जा सकता है। ऐसी भूमिकाओं की संख्या कम हो रही है क्योंकि बड़े संगठन कम लोगों को रखते हैं और इसके साथ ही छोटी-छोटी कंपनियों के कारण बड़े संगठनों की बाज़ार में हिस्सेदारी कम हो जाती है (जो चलन लंबे समय तक जारी नहीं रहेगा)। लेकिन ऐसे पदों की सप्लाई कम हो रही है, तो इनकी माँग भी कम हो रही है। अगर आप ऐसी भूमिका चाहते हैं, तो आपको इस बात को समझते हुए आगे बढ़ना चाहिए, भले ही यह कितना भी अनफैशनेबल क्यों न हो गया हो। आज भी बड़े संगठन एक ढाँचा और स्टेटस देते हैं, भले ही वहाँ अब पहले जितनी नौकरी सुरक्षित न हो।

बॉक्स 2 वाले लोग ठेठ प्रोफेशनल होते हैं, जो चाहते हैं कि उनके साथियों के बीच उनकी वाहवाही हो, जो अपने क्षेत्र में सबसे आगे रहना चाहते हैं। वे स्वतंत्र होना चाहते हैं और संगठनों के ढाँचे में उनका फिट होना तब तक मुश्किल होता है, जब तक कि संगठन (ज़्यादातर यूनिवर्सिटियों की तरह) हद से ज़्यादा छूट देनेवाले न हों। ऐसे लोगों को निश्चित कर लेना चाहिए कि वे जितनी जल्दी

संभव हो अपना रोज़गार शुरू कर दें। एक बार उन्होंने ऐसा कर लिया, तो उन्हें दूसरे लोगों को रोज़गार देने के आकर्षण से बचना चाहिए, भले ही उससे उन्हें अधिक मुनाफा मिलने की संभावना हो। बॉक्स 2 वाले लोग अकेले व्यापारी होते हैं, जो दूसरों पर पेशेवर आत्मनिर्भरता से जहाँ तक संभव हो बचना चाहते हैं।

बॉक्स 3 वाले लोगों में ज़बरदस्त उत्साह और कुछ करने की चाह होती है, जो दूसरों की नौकरी करना पसंद नहीं करते बल्कि अकेले कारोबार करना चाहते हैं। ऐसे लोग लीक से हटकर हो सकते हैं, लेकिन वे निर्माता होते हैं: अपने आसपास एक वेब या एक ढाँचा खड़ा करना चाहते हैं। वे कल के उद्यमी होते हैं।

अमेरिका के सबसे अमीर लोगों में से एक, बिल गेट्स कॉलेज ड्रॉपआउट थे, जिन पर अपने पर्सनल कंप्यूटर सॉफ्टवेयर की धुन सवार थी। लेकिन बिल गेट्स अकेले कारोबारी नहीं हैं। उन्हें लोगों की ज़रूरत पड़ती है, वह भी बड़ी संख्या में, जो उनके लिए काम करें। कई लोग इस प्रकार के होते हैं। सशक्तिकरण की विचारधारा के कारण यह पहलू सामने नहीं आ सका है और कारोबार खड़ा करने की इच्छा को कुछ हद तक पुराने ज़माने का बना दिया गया है। अगर आप लोगों के लिए नहीं बल्कि उनके साथ काम करना चाहते हैं, तो आप बॉक्स 3 वाले व्यक्ति हैं। आप इस बात को अच्छी तरह समझ लें और इस दिशा में काम करें। कई हताश प्रोफेशनल बॉक्स 3 वाले लोग होते हैं, जो वही करना चाहते हैं जो उन्हें अच्छा लगता है लेकिन वे बॉक्स 1 या 2 में काम कर रहे होते हैं। उन्हें यह समझ में नहीं आता कि उनकी हताशा का कारण प्रोफेशनल नहीं बल्कि संगठन से जुड़ा है।

बॉक्स 4 वाले लोगों में करियर में उपलब्धि के प्रति बहुत ज़्यादा जोश नहीं होता लेकिन उन्हें दूसरों के साथ काम करना अच्छा आता है। उन्हें यह सुनिश्चित करना चाहिए कि वे हर हफ्ते इसे ज़्यादा से ज़्यादा करें, चाहे किसी परंपरागत काम में या स्वैच्छिक रूप से किसी भूमिका में।

बॉक्स 5 वाले लोग महत्वाकांक्षी नहीं होते लेकिन अपने काम में आज़ादी की उनमें गहरी इच्छा होती है। अपनी कंपनी बनाने के बजाए, बॉक्स 5 वाले लोगों के लिए सबसे अच्छी भूमिका फ्रीलांसर के रूप में होती है, जहाँ अपनी सुविधा के अनुसार वे दूसरी कंपनियों के किसी खास प्रोजेक्ट पर काम करते हैं।

बॉक्स 6 वाले लोग ऐसे होते हैं, जिनमें करियर में उपलब्धि की इच्छा कम

होती है लेकिन उन्हें दूसरों को संगठित करना और आगे बढ़ाना अच्छा लगता है। कई शिक्षक, सामाजिक कार्यकर्ता और परोपकारी कार्यकर्ता बॉक्स 6 वाले लोग होते हैं और अपनी भूमिका को सही ढंग से निभाते हैं। बॉक्स 6 वाले लोगों के लिए यात्रा ही सबकुछ होती है, उनमें मंज़िल तक पहुँचने की इच्छा नहीं होती।

कई लोग अपने 'सही' बॉक्स के आसपास ही होते हैं, लेकिन जहाँ भी काम के प्रति अनिच्छा होती है, वहाँ अक्सर ऐसा देखा जाता है कि व्यक्ति गलत बॉक्स में है।

पैसा कैसे कमाएँ?

सच में! पैसे को लेकर ज़्यादातर लोगों की राय एक जैसी होती है। उन्हें यह ज़रूरत से ज़्यादा महत्वपूर्ण लगता है। लेकिन उन्हें यह भी लगता है कि इसे पाना बहुत मुश्किल होता है जबकि ऐसा नहीं है। चूँकि ज़्यादातर लोग यही चाहते हैं कि उनके पास जितना है उससे ज़्यादा पैसा मिले, इसलिए दूसरे बिंदु पर हम पहले आते हैं।

मेरे विचार से पैसा कमाना इतना मुश्किल नहीं और आपके पास थोड़ी सी भी बचत है, तो इसे कई गुना बढ़ाया जा सकता है।

सबसे पहला सवाल यह है कि आपको पैसा कैसे कमाना चाहिए? चौंकानेवाला लेकिन सबसे अच्छा जवाब यही है कि आप कुछ ऐसा करें, जिसमें आपको मज़ा आता है।

इस मामले में तर्क कुछ इस तरह है। अगर आपको कुछ करना अच्छा लगता है तो आप उसे अच्छी तरह कर सकते हैं। आप उस काम में उन कामों से बेहतर कर सकते हैं, जो आपको अच्छे नहीं लगते (यह हमेशा सही नहीं होता, लेकिन इसके अपवाद शायद ही मिलते हैं)। अगर आप किसी काम में अच्छे हैं, तो आप कुछ ऐसा बना सकेंगे जिससे दूसरे संतुष्ट होंगे। अगर आप दूसरों को संतुष्ट करेंगे, तो सामान्य रूप से वे आपको इसकी अच्छी कीमत देंगे। और चूँकि अधिकांश लोग ऐसे काम नहीं करते जिनमें उन्हें मज़ा आए और वे आपके जितने उत्पादक नहीं होंगे इसलिए बाज़ार में आप अपने काम की दर से ज़्यादा कमा पाएँगे।

लेकिन यह तर्क दोषरहित नहीं है। कुछ काम ऐसे होते हैं, जैसे एक्टिंग, जहाँ सप्लाई माँग के मुकाबले बहुत ज़्यादा होती है। ऐसे में आप क्या करेंगे?

आपको हार नहीं मानना है। इसकी बजाए, ऐसा पेशा ढूँढ़िए जहाँ सप्लाई और डिमांड बराबर हो, लेकिन इसके लिए ज़रूरी योग्यता आपके पसंदवाले काम से मिलती-जुलती हो। ऐसे आसपास के काम आमतौर पर मिल जाते हैं, भले ही वे एकदम से दिखाई न दें। रचनात्मक रूप से सोचें। उदाहरण के लिए, राजनीतिज्ञों की योग्यता एक्टरों के काफी करीब होती है। सबसे प्रभावी राजनीतिज्ञ जैसे रोनाल्ड रीगन, जॉन एफ केनेडी, विंस्टन चर्चिल, हैरोल्ड मैकमिलन या मार्गरेट थैचर या तो सफल एक्टर थे या हो सकते थे। चार्ली चैपलिन और एडॉल्फ हिटलर बिलकुल एक दूसरे से मिलते-जुलते थे और यह संयोग नहीं था। दुर्भाग्य से, हिटलर सदी के एक सबसे शानदार और सबसे करिश्माई एक्टर थे। यह सबकुछ स्वाभाविक सा लग सकता है। लेकिन कुछ ही भावी एक्टर राजनीति में करियर बनाने की बात सोचते हैं, जबकि वहाँ होड़ कम है और लाभ की संभावना ज़्यादा।

अगर ऐसा हो कि आपको जो अच्छा लगता है उसका रोज़गार ही न हो और आपको उससे मिलता-जुलता काम भी न मिले जिसमें अच्छी संभावना हो? तब जो अगला काम आपको सबसे ज़्यादा पसंद है, उसे कीजिए और उस प्रक्रिया को तब तक दोहराइए, जब तक कि आपको अपने पसंद का काम न मिल जाए, जिसमें पैसा भी अच्छा मिले।

एक बार आपने काम शुरू कर दिया और अगर आपके लिए पैसे कमाना सच में मायने रखता है, अपने काम में आप अच्छे हैं, तो आपको जल्द से जल्द अपना रोज़गार शुरू करने का लक्ष्य रखना चाहिए। उसके बाद, दूसरों को नौकरी देनी चाहिए।

इस निष्कर्ष पर मैं मध्यस्थता को लेकर 80/20 के सिद्धांत की दलील के आधार पर पहुँचा हूँ। किसी भी संगठन या प्रोफेशन में 80 प्रतिशत महत्वपूर्ण काम 20 प्रतिशत लोग करते हैं। ऐसे लोग जो औसत से बेहतर हैं उन्हें औसत से नीचेवालों से अधिक पैसे मिलते हैं, लेकिन प्रदर्शन के मुकाबले वह कहीं से भी पर्याप्त नहीं होता। इससे यह पता चलता है कि सबसे अच्छे लोगों को कम और सबसे खराब लोगों को हमेशा ही अधिक पैसा मिलता है। अगर आप औसत से बेहतर हैं, तो इस समस्या से बच नहीं सकते। आपके बॉस को लगता होगा कि आप अच्छे हैं, लेकिन दूसरों की तुलना में कभी आपको उसकी सही कीमत नहीं देगा। इसका एक ही रास्ता है कि आप अपना बिजनेस खुद शुरू करें और अगर आपकी इच्छा है तो अन्य औसत से बेहतर लोगों को नौकरी पर रख सकते हैं।

आप स्वरोज़गार से या बॉस बनकर खुश हैं (देखें चित्र 40) तो इनमें से कुछ भी मत कीजिए।

पैसे को कई गुना बढ़ाना आसान है

याद रखनेवाली एक और बात यह है कि अगर थोड़ा भी अतिरिक्त पैसा आपके पास है, तो उसे आसानी से कई गुना बढ़ाया जा सकता है। बचत करें और निवेश करें। इसे ही पूँजीवाद कहते हैं। पैसे को कई गुना बढ़ाने के लिए ज़रूरी नहीं कि आप बिजनेस करें। 80/20 सिद्धांत के मार्गदर्शन में आप बस शेयर बाज़ार में निवेश कर सकते हैं। अध्याय 14 में इस पर विस्तार से बताया गया है।

पैसे को ज़रूरत से ज़्यादा महत्त्व दिया जाता है

मैं चाहूँगा कि आपके पास काफी पैसा हो, लेकिन इसे हद से ज़्यादा इकट्ठा मत कीजिए। पैसे से आप जैसा चाहते हैं वैसा जीवन जी सकते हैं, लेकिन सावधान रहें: मिडास और उनके जैसी ही जो भयंकर कहानियाँ कही जाती हैं सब सच हैं। पैसे से आपको खुशी मिल सकती है, लेकिन वहीं तक जहाँ तक कि आप उसका उपयोग सही तरीके से करते हैं। इसके साथ ही, पैसा आपको नुकसान भी पहुँचा सकता है।

याद रहे कि आपके पास जितना अधिक पैसा होगा, उसके बाद उसमें अतिरिक्त धन की बढ़ोत्तरी का महत्त्व उतना ही कम होता जाएगा। किसी अर्थशास्त्री की भाषा में कहें, तो पैसे की सीमांत उपयोगिता तेजी से कम होती जाती है। एक बार आप उच्च स्तर के जीवन के अभ्यस्त हो गए, तो आपको उससे थोड़ी या कोई भी अतिरिक्त खुशी नहीं मिलेगी। अगर नई जीवनशैली को चलाते रहने में अतिरिक्त खर्च के कारण चिंता बढ़ जाती है या गलत तरीके से पैसे कमाने का दबाव बढ़ जाता है, तो इससे खुशी और कम हो सकती है।

अधिक पैसे के लिए अधिक प्रबंधन भी करना पड़ता है। अपने पैसों का हिसाब-किताब रखने से मुझे चिढ़ होती है। (नहीं, मुझे इससे निजात दिलाने का ऑफर मत दीजिए, मुझे इससे उतनी चिढ़ नहीं होती जितना कि किसी को अपने पैसे देने से होगी!)

टैक्स वसूलनेवाले अधिकारी भी पैसे को बेकार बना देते हैं। ज़्यादा कमाई कीजिए, उससे ज़्यादा टैक्स भरिए। ज़्यादा कमाइए, ज़्यादा काम कीजिए। ज़्यादा काम कीजिए तो आपको खर्च ज़्यादा करना पड़ेगा: काम की जगह के करीब

किसी महंगे महानगरीय इलाके में रहना होगा या वहाँ तक आने-जाने में खर्च करना होगा, मेहनत बचानेवाले उपकरणों पर, घर के काम किसी और से कराने पर और इनसे भी अधिक पैसा सुख-सुविधा के साधनों पर खर्च होगा। आप जितना खर्च करेंगे उतना ही काम करना होगा। अंत में आपका जीवन इतना महंगा हो जाएगा कि आप उस पर नहीं बल्कि वही आप पर नियंत्रण करने लगेगा। सादी और किफायती जीवनशैली ज़्यादा बेहतर और ज़्यादा खुशी दे सकती है।

उपलब्धि कैसे हासिल होगी?

कुछ लोग होते हैं, जो उपलब्धि पाना चाहते हैं और कुछ लोग समझदार होते हैं। सारे प्रेरणादायी लेखक आपको यह बताने के जाल में फँस जाते हैं कि आपके जीवन की एक दिशा और एक मकसद होना चाहिए। फिर वे आपसे कहते हैं कि आपके पास दोनों ही नहीं है। फिर वे आपको आपकी दिशा और मकसद को तय करने के कष्ट में डालते हैं। आखिर में, वे बताते हैं कि उनके अनुसार आपको क्या करना चाहिए।

अगर आप कुछ भी खास हासिल नहीं करना चाहते और यह मानकर जीवन को जीने में खुश हैं कि आपके पास (उपलब्धि के बिना) सबकुछ है, तो मान लीजिए कि आपकी किस्मत अच्छी है (और आप सीधे इस अध्याय के अंत में चले जाइए)।

लेकिन मेरी तरह, अगर आपको भी उपलब्धि के बिना अपराध बोध और असुरक्षा महसूस होती है और आप इसे पाना चाहते हैं, तो 80/20 का सिद्धांत आपको इस कष्ट से निजात दिला सकता है।

उपलब्धि आसानी से हासिल की जानी चाहिए। इसमें '99 फीसदी मेहनत और 1 फीसदी प्रेरणा' नहीं होनी चाहिए। इसकी बजाए, आप यह पता लगाएँ कि क्या यह सच है कि आज तक आपकी 80 प्रतिशत उपलब्धि, अगर आप उसे उपलब्धि मानते हैं, तो क्या वह आपके 20 प्रतिशत प्रयासों से मिली है? अगर ये सच है या उसके करीब है, तो उन सबसे अच्छे 20 फीसदी प्रयासों पर विचार कीजिए। क्या आप उन उपलब्धियों को दोहरा सकते हैं? उन्हें अपग्रेड कर सकते हैं? बड़े पैमाने पर उनके जैसी उपलब्धि फिर से हासिल कर सकते हैं? संतुष्टि को बढ़ाने के लिए पिछली दो उपलब्धियों को एक साथ हासिल कर सकते हैं?

* अपनी पिछली उपलब्धियों को याद कीजिए, जिन पर दूसरे लोगों ने सबसे सकारात्मक 'बाज़ारवादी' प्रतिक्रिया दी, जिनकी सबसे अधिक सराहना की गई: जैसे काम और खेल के 20 फीसदी, जिसके कारण दूसरों ने आपकी 80 फीसदी प्रशंसा की है। आपको सच में इससे कितनी संतुष्टि मिली थी?
* अतीत में आपके लिए कौन से तरीके सबसे अधिक कारगार हुए थे? आपके सहयोगी कौन थे? दर्शक कौन थे? फिर से 80/20 के हिसाब से सोचिए। किसी भी काम पर समय या प्रयास की तुलना में औसत दर्जे की संतुष्टि मिली तो उसे छोड़ दीजिए। उन असाधारण कामयाबियों को याद कीजिए जो असाधारण आसानी से मिली थीं। अपने समय की तुलना किसी छात्र, किसी पर्यटक से या दोस्तों से कीजिए।
* आगे की बात सोचिए कि आप ऐसा क्या हासिल कर सकते हैं जिससे आपको गर्व हो, जिसे और कोई भी उसी आसानी से नहीं कर सकता है? अगर आपके आसपास 100 लोग हैं जो कुछ करना चाहते हैं, तो आप 20 फीसदी समय में क्या कर सकते हैं, जिसे करने में उन्हें 80 फीसदी समय लगेगा? टॉप 20 में आप कहाँ होंगे? इससे भी स्पष्ट यह पूछें कि ऐसा क्या है, जिसे आप 80 फीसदी लोगों से बेहतर कर सकते हैं लेकिन सिर्फ 20 फीसदी समय में? ऐसे सवाल आपको पहेली की तरह लग सकते हैं, लेकिन मेरी मानिए तो इनमें ही समाधान छिपा है! अलग-अलग क्षेत्रों में लोगों की योग्यता अविश्वसनीय रूप से अलग होती है।
* अगर आप किसी चीज़ से मिलनेवाली खुशी को माप सकते, तो अपने 95 प्रतिशत साथियों से अधिक खुशी किससे मिलती? कौन सा काम आप 100 में से 95 लोगों की तुलना में बेहतर कर सकते हैं? कौन सी उपलब्धि दोनों शर्तों को पूरा कर सकती है?

आपको जो आसान लगता है उस पर ध्यान देना ज़रूरी है। यहीं पर अधिकांश प्रेरणादायी लेखक चूक कर जाते हैं। वे यह मानते हैं कि आपको ऐसी चीज़ें करनी चाहिए जो कठिन हैं। शायद इस वजह से ही जब कैप्सूल का आविष्कार नहीं हुआ था तब दादा-परदादा कॉड लीवर ऑयल का सेवन करने के लिए कहा करते थे। प्रेरणावादी लेखक टी जे वाटसन जैसे महान लोगों का उदाहरण देते हैं, जिन्होंने कहा था कि '**सफलता विफलता के अंतिम छोर पर होती है।**' मेरी सोच यह है कि

आमतौर पर विफलता विफलता के आखिरी छोर पर होती है। यही नहीं, सफलता विफलता के नज़दीकी किनारे पर होती है। आप पहले ही कई चीज़ों में सफल हो चुके हैं और इससे कोई फर्क नहीं पड़ता कि उन चीज़ों की संख्या काफी कम है।

80/20 का सिद्धांत स्पष्ट है। उन कामों को करना चाहिए, जिनमें आप दूसरों की तुलना में बेहतरीन हैं और जिनमें आपको सबसे अधिक मज़ा आता है।

सबकुछ पाने के लिए आपको और क्या चाहिए?

हमने काम की बात कर ली, जीवनीशैली, पैसे और उपलब्धि की बात कर ली। इन सभी को पाने के लिए, आपको कुछ सुकून देनेवाले रिश्तों की ज़रूरत है। इसके लिए अलग से एक चैप्टर ज़रूरी है।

12
अपने दोस्तों की थोड़ी मदद के साथ

> हम क्या हैं और क्या बन सकते हैं, इसका पता संबंधों से चलता है। हम में से अधिकांश अपनी सफलता का कारण महत्वपूर्ण संबंधों में देख सकते हैं।
>
> डोनाल्ड ओ क्लिफ्टन और पाउला नेलसन

संबंधों के बिना हम दुनिया के लिए मर चुके हैं या दुनिया हमारे लिए खत्म हो चुकी है। भले ही यह बात सुनी-सुनाई है, लेकिन सही है: **हमारी दोस्ती हमारी जिंदगी की जान होती है।** यह भी सच है कि हमारे प्रोफेशनल रिश्ते हमारी सफलता में महत्वपूर्ण भूमिका निभाते हैं। इस अध्याय में निजी और व्यावसायिक, दोनों ही संबंधों की बात होगी। सबसे पहले हम निजी संबंधों की बात करेंगे, जिनमें हमारे दोस्त, प्रेमी और प्रियजन शामिल रहते हैं। फिर प्रोफेशनल रिश्तों पर गौर करेंगे, जिनका अपना ही महत्त्व होता है।

भला इन बातों का 80/20 के सिद्धांत से क्या लेना-देना है? इसके एक नहीं कई जवाब हैं। मात्रा और गुणवत्ता के बीच एक संतुलन होता है, जो सबसे अधिक महत्वपूर्ण होता है, हम उसे पूरी तरह आगे नहीं बढ़ाते हैं।

80/20 का सिद्धांत सोचने पर मजबूर कर देनेवाली तीन परिकल्पनाओं को सामने रखता है:

1. हमारे 80 प्रतिशत संबंधों में से 20 प्रतिशत संबंध मूल्यवान होते हैं।
2. हमारे संबंधों में 80 प्रतिशत मूल्य उन 20 प्रतिशत करीबी संबंधों से प्राप्त होता है, जो हमारे जीवन में पहली बार बनते हैं।
3. हम उन 20 प्रतिशत संबंधों पर 80 प्रतिशत से कम ध्यान देते हैं, जिनसे 80 प्रतिशत मूल्य का निर्माण होता है।

अपने 20 सर्वश्रेष्ठ संबंधों का चार्ट बनाएँ

इसके लिए, अपने 20 उन सबसे अच्छे दोस्तों और प्रियजनों के नाम लिखें जिनके साथ आपके संबंध सबसे महत्वपूर्ण हैं और उन्हें सबसे महत्त्ववाले क्रम में सजाएँ। 'महत्वपूर्ण' का अर्थ है व्यक्तिगत संबंध की गहराई और करीबी, जिस हद तक संबंध जीवन में आपकी सहायता करते हैं और जिस हद तक संबंध आपमें ऐसा भाव जगाते हैं कि आप कौन हैं और आप क्या बन सकते हैं। आगे पढ़ने से पहले आप इसे यहाँ कर लीजिए।

दिलचस्पी के लिए ही सही, लेकिन यह देखिए कि आपका प्रेमी/पार्टनर इस लिस्ट में कहाँ है? आपके माता-पिता या बच्चों से ऊपर या नीचे? सच-सच बताइए (हालाँकि, इस चैप्टर को पढ़ने के बाद आपको शायद उस सूची को नष्ट कर देना चाहिए)।

इसके बाद, संबंधों के महत्त्व अनुसार उन्हें कुल 100 प्वाइंट में से प्वाइंट दीजिए। उदाहरण के लिए, अगर सूची में पहला व्यक्ति नीचे के 19 लोगों के कुल जोड़ के बराबर महत्त्व रखता है, तो उसे 50 प्वाइंट दीजिए। आपको कई बार आँकड़ों पर नज़र डालनी होगी, तब जाकर आप सभी को इस प्रकार प्वाइंट दे पाएँगे कि उनका कुल जोड़ 100 आएगा।

मैं नहीं बता सकता कि आपकी सूची कैसी है लेकिन 80/20 के सिद्धांत की छाप जिस सूची पर होगी, उसमें दो विशेषताएँ देखी जा सकेंगी: सबसे ऊपर के चार संबंधों (कुल के 20 प्रतिशत) को सबसे अधिक प्वाइंट (शायद 80 फीसदी) मिले होंगे और प्रत्येक नंबर व उसके नीचेवाले नंबर के बीच एक निरंतर संबंध दिखाई देगा। उदाहरण के लिए, नंबर दो नंबर वन की तुलना में दो-तिहाई या दोगुना महत्वपूर्ण हो सकता है। नंबर तीन भी उसी प्रकार नंबर दो का दो-तिहाई या दोगुना महत्वपूर्ण हो सकता है और इसी प्रकार का संबंध बाकी सूची में देखा सकता है। यह भी कम दिलचस्प नहीं कि अगर पहले स्थान का संबंध दूसरे संबंध से दोगुना महत्वपूर्ण है और यही बात आगे के संबंधों पर लागू होती है, तो छठे नंबर का संबंध नंबर एक की तुलना में लगभग 3 प्रतिशत ही महत्वपूर्ण होगा!

इस अभ्यास के दौरान प्रत्येक नाम के आगे उस व्यक्ति के साथ बिताए जानेवाले समय यानी उससे बातें करने या साथ मिलकर किए जानेवाले काम के समय का अनुपात लिखें। (जिसमें से उस समय को निकाल दें जब साथ होकर पूरा

ध्यान उस व्यक्ति पर नहीं होता, जैसे टीवी या फिल्म देखते समय।) 20 लोगों के साथ बिताए गए कुल समय को 100 यूनिट मानें और फिर समय को बाँटें। आप देखेंगे कि चंद लोग जिनके साथ संबंधों को आप 80 फीसदी 'मूल्यवान' समझते हैं, उनके साथ आप 80 प्रतिशत से कम समय बिताते हैं।

इस काम को करते समय एक बात का ध्यान रखना ही है। मात्रा के बजाए गुणवत्ता पर ध्यान दें। अपना समय और अपनी भावनात्मक ऊर्जा उन संबंधों को मज़बूत और गहरा बनाने पर खर्च करें, जो सबसे महत्वपूर्ण हैं।

यहाँ एक अप्रत्याशित स्थिति भी सामने आती है, जिसका संबंध हमारे जीवन के रिश्तों की इस सूची से होता है। यह बात सामने आती है कि करीबी रिश्तों के लिए हमारी क्षमता सीमित होती है। गुणवत्ता और मात्रा के बीच एक और संतुलन होता है, जिसे हमें जान लेना चाहिए।

गाँव का सिद्धांत

मानवविज्ञानी इस बात पर ज़ोर देते हैं कि लोगों में ऐसे संबंध बनाने की एक सीमा होती है, जिनसे दिल में उमंग पैदा हो और वे रिश्ते अहम होते हैं। स्पष्ट रूप से, किसी भी समाज में आमतौर पर देखा जाता है कि लोगों के दो बचपन के महत्वपूर्ण साथी होते हैं, वयस्क होने पर दो अहम दोस्त होते हैं और वे दो डॉक्टरों के संपर्क में होते हैं। विशेष रूप से, दो जबरदस्त सेक्सुअल पार्टनर होते हैं, जो एक-दूसरे पर हावी होते रहते हैं। आमतौर पर, आपको केवल एक बार ही प्यार होता है और परिवार का एक सदस्य होता है, जिससे आप अन्य सभी की तुलना में अधिक प्यार करते हैं। गौर करनेवाली बात है कि महत्वपूर्ण व्यक्तिगत संबंधों की संख्या सभी के लिए समान होती है, चाहे वे किसी भी स्थान, समाज या संस्कृति के क्यों न हों।

इसने ही मानवविज्ञानियों के 'गाँव के सिद्धांत' को जन्म दिया है। अफ्रीका के एक गाँव में, इस तरह के सारे संबंध कुछ सौ मीटर के दायरे में बनते हैं और अक्सर कम समय में बन जाते हैं। जहाँ तक हमारी बात है, तो इनका दायरा पूरे विश्व में और पूरे जीवनकाल में हो सकता है। इसके बावजूद वे एक गाँव का हिस्सा होते हैं, जो हमारे दिमाग में बसता है। और एक बार संबंधों के स्थान भर गए, तो समझो हमेशा के लिए भर गए।

मानवविज्ञानी कहते हैं कि अगर आपको ज़रूरत से ज़्यादा अनुभव समय से

बहुत पहले हो गया, तो आप संबंधों को गहरा बनाने की अपनी क्षमता को खो देते हैं। इस बात को सेल्स से जुड़े लोगों, सेक्स वर्कर या उन लोगों के उदाहरण से समझा जाता है जो जल्दी-जल्दी अपना घर बदलते हैं। ऐसे लोगों का व्यवहार बनावटी होता है और उनका पेशा या जीवन के हालात उन्हें अनेक लोगों से संबंध बनाने पर मजबूर करते हैं।

जे जी बैलार्ड कैलिफोर्निया में पुनर्वास परियोजना के एक मामले का हवाला देते हैं, जहाँ ऐसी युवतियों को रखा जाता था, जिनकी साठगाँठ अपराधियों से हो जाती थी। इन महिलाओं की उम्र कम थी, 20 या 21 के करीब और पुनर्वास का कार्यक्रम उन्हें नए सामाजिक परिवेश में ले जाता था, जिसमें मध्यमवर्गीय स्वयंसेवी उनसे दोस्ती करते थे और फिर उन्हें अपने घर आने का न्योता दिया करते थे।

इनमें से कई लड़कियों की शादी इतनी कम उम्र में हो गई थी कि उन पर यकीन करना संभव नहीं है। कई लड़कियों ने तो 13 या 14 की उम्र में पहले बच्चे को जन्म तक दे दिया था। कुछ तो 20 की होने से पहले तीन-तीन बार शादी कर चुकी थीं। अक्सर उनके सैकड़ों प्रेमी हुआ करते थे और उनमें से कुछ के साथ करीबी संबंध बनते थे। जब तक वे उनमें से किसी पुरुष के बच्चों की माँ बनती थीं, तब तक उन्हें या तो गोली मार दी जाती थी या जेल में डाल दिया जाता था। वे सबकुछ झेल चुकी थीं। रिश्ते बनाने से लेकर मातृत्व, ब्रेकअप और पति या बच्चे की मौत तक के सारे मानवीय अनुभव 20 की होने से पहले ही महसूस कर चुकी होती थीं।

यह परियोजना पूरी तरह विफल रही। सफाई दी गई कि ऐसी महिलाएँ किसी भी प्रकार के गहरे रिश्ते बनाने के काबिल नहीं थीं। उन पर इन बातों का कोई असर नहीं होता था। उनके जीवन में रिश्तों की जगह हमेशा के लिए पूरी तरह भर चुकी थी।

यह कहानी रास्ता दिखानेवाली है। यह 80/20 के सिद्धांत में भी फिट बैठती है: सीमित संख्या में रिश्तों का भावनात्मक मूल्य बहुत अधिक होता है। अपने रिश्ते की खाली जगह को बेहद सावधानी के साथ और जल्दबाजी में न भरें!

प्रोफेशनल रिश्ते और सहयोगियों से संबंध

अब हम आपके उन रिश्तों पर आते हैं, जो आपके काम-धंधे से जुड़े संबंध और सहयोग पर आधारित हैं। कुछ करीबी सहयोगियों से रिश्ते कितने मज़बूत होते

हैं यह बताने की आवश्यकता नहीं।

लोग अकेले ही कमाल कर सकते हैं और वे करते भी हैं। लेकिन असाधारण प्रदर्शन के लिए सहयोगियों की ज़रूरत पड़ती है।

आप अकेले ही अपने आपको सफल नहीं बना सकते हैं। केवल दूसरे लोग ही इसमें आपकी मदद कर सकते हैं। आप बस इतना कर सकते हैं कि अपने उद्देश्यों के लिए सबसे अच्छे संबंधों और सहयोगियों को चुन सकते हैं।

आपको सहयोगियों की सख्त ज़रूरत पड़ती है। उनके साथ आपके संबंध अच्छे होने चाहिए जैसे वे आपका हिस्सा हों या जैसा व्यवहार अपने साथ करते हैं (या करना चाहिए)। यह मानकर मत चलिए कि आपके सभी दोस्त और सहयोगी लगभग समान महत्त्व रखते हैं। आप अपना ध्यान अपने जीवन के प्रमुख सहयोगियों को साथ जोड़ने पर दीजिए। अगर आपको यह सामान्य या सुनी-सुनाई बात लगती है, तो खुद से पूछिए कि आपके कितने दोस्त ऐसा करते हैं। फिर खुद से पूछिए कि क्या आप ऐसा करते हैं।

सारे आध्यात्मिक गुरुओं के अनेक सहयोगी थे। अगर उन्हें ज़रूरत थी, तो आपको भी है। एक उदाहरण लीजिए: ईसा मसीह को अपनी तरफ लोगों का ध्यान खींचने के लिए जॉन द बैपटिस्ट, फिर 12 शिष्यों की, फिर अन्य प्रचारकों की ज़रूरत पड़ी, जिनमें से सेंट पॉल उल्लेखनीय हैं। उन्हें इतिहास का सबसे महान मार्केटिंग जीनियस कहा जाता है।

अपने सहयोगियों के रूप में आप किन्हें चुनते हैं और कैसे उन्हें मज़बूत करते हैं, इससे अधिक महत्त्व और किसी का नहीं हो सकता है। उनके बिना आप कुछ नहीं हैं। उनके साथ, आप अपने जीवन को, अक्सर अपने आसपास के लोगों के जीवन को और कभी-कभी, सीमित या व्यापक तरीके से, इतिहास की दिशा भी बदल सकते हैं।

इतिहास की संक्षिप्त यात्रा से हम सहयोगियों से संबंध के महत्त्व को सबसे अच्छी तरह समझ सकते हैं।

प्रभावी गठबंधनवाले व्यक्तियों ने इतिहास को दिशा दी

'बूर्जुआ कार्ल मार्क्स' विलफ्रेड पारेतो ने दावा किया कि इतिहास मुख्य रूप से कुलीनों के राज्यारोहन का इतिहास है। इस कारण ऊर्जावान लोगों या परिवारों

का उद्देश्य कुलीनों के रूप में उभरने या उस कुलीन गुट का हिस्सा बनने का रहता था (या, वह पहले से ही उस कुलीन वर्ग का हिस्सा है तो उसके साथ बना रहे और उसे विशिष्ट बनाए रखे), जिसने दूसरे को विस्थापित किया।

अगर आप पारेतोवादी या मार्क्सवादी बन जाते हैं, जहाँ इतिहास को लेकर सोच वर्ग आधारित होती है, तो आप इस निष्कर्ष पर पहुँच सकते हैं कि कुलीनों या भावी कुलीनों के बीच गठबंधन प्रगति की प्रेरक शक्ति होती है। निश्चित रूप से व्यक्ति किसी वर्ग के एक अंग से अधिक कुछ नहीं होता। लेकिन यह भी निश्चित है कि व्यक्ति उसी वर्ग के अन्य लोगों के साथ (या संभवतः दूसरे लोगों के साथ) जुड़ जाता है तो वही सबकुछ हो जाता है।

अन्य लोगों के साथ जुड़े इंसानों का महत्त्व इतिहास के कुछ निर्णायक मोड़ से स्पष्ट होता है। 1917 में यदि लेनिन की निर्णायक भूमिका नहीं होती, तो क्या रूसी क्रांति हो पाती? शायद नहीं और निश्चित रूप से वैसी तो बिलकुल ही नहीं, जिसने विश्व इतिहास की दिशा को अगले 72 वर्ष के लिए मोड़ दिया। अगर बोरिस येल्तसिन जैसी सूझबूझ और साहसवाला व्यक्ति नहीं होता तो क्या 1989 की रूसी क्रांति होती, जिसने 1917 की क्रांति को पलट दिया था और सफल भी हुई थी? अगर वह रूसी व्हाइट हाउस के बाहर खड़े एक टैंक पर सवार नहीं होते, तो शायद बूढ़े कम्युनिस्ट अपने कमज़ोर विद्रोह को मज़बूत कर लेते।

महान व्यक्तियों के महत्त्व को दिखाने के लिए हम इतिहास के 'अगर ऐसा होता तो' (What-ifs) का खेल खेल सकते हैं। हिटलर न होता तो यहूदियों का नरसंहार न होता और ना ही द्वितीय विश्वयुद्ध होता। रूज़वेल्ट और चर्चिल के बिना, हिटलर ने शायद यूरोप को बहुत पहले ही और अधिक व्यापक रूप से एकजुट कर दिया होता और उतनी तबाही भी नहीं मची होती, जितनी उसके बाद के शासकों के कारण मची। इसी तरह की घटनाएँ बताई जा सकती हैं। लेकिन जिस बड़ी बात को अनदेखा कर दिया जाता है, वह यह है कि इनमें से कोई भी व्यक्ति संबंधों और गठबंधनों के बिना इतिहास की दिशा नहीं बदल सकता था।

उपलब्धि के लगभग किसी भी क्षेत्र में, आप कुछ गिने-चुने प्रमुख सहयोगियों की पहचान कर सकते हैं, जिनके साथ आए बिना अलग-अलग व्यक्ति सफल नहीं हो सकते थे लेकिन उनके साथ आते ही जबरदस्त प्रभाव देखने को मिला। सरकार, व्यापक वैचारिक आंदोलनों, कारोबार, चिकित्सा, विज्ञान, परोपकार या खेल में, ऐसे हर क्षेत्र में यही पैटर्न देखने को मिलता है। इतिहास विवेकहीन,

गैर-मानवीय ताकतों से नहीं बनता। इतिहास ऐसे वर्गों या कुलीनों से नहीं चलता, जो पूर्वनियोजित आर्थिक या समाजशास्त्रीय फॉर्मूले के अनुसार चलते हैं। इतिहास समर्पित लोगों के द्वारा निर्धारित किया जाता है और बदला जाता है, जो कुछ करीबी सहयोगियों के साथ प्रभावी गठबंधन बनाते हैं।

आपको कुछ प्रमुख सहयोगियों की ज़रूरत पड़ती है

यदि जीवन में आपको कोई भी सफलता मिली है, तो आप अपनी उपलब्धियों में सहयोगियों के महत्त्व को समझ सकते हैं (यदि आप अहंकार में अंधे होकर गर्त में नहीं जा रहे हैं)। इसके साथ ही आपको यहाँ 80/20 सिद्धांत की भूमिका भी नज़र आएगी। प्रमुख सहयोगी अधिक संख्या में नहीं होते।

आमतौर पर यह एक सुरक्षित दावा है कि आपके सहयोगियों का कम से कम 80 प्रतिशत मूल्य उनकी कुल संख्या के 20 प्रतिशत से भी कम से प्राप्त होता है। ऐसा प्रत्येक व्यक्ति जिसने कुछ हासिल किया है, उसके विषय में आप सोचेंगे, तो पाएँगे कि उसके सहयोगियों की सूची अविश्वसनीय रूप से लंबी है। लेकिन उनमें शामिल सैकड़ों या उससे भी ज़्यादा लोगों का महत्त्व उतना नहीं होता। आमतौर पर आधा दर्जन प्रमुख सहयोगी बाकी सभी से कहीं अधिक महत्वपूर्ण होते हैं।

आपको कई नहीं लेकिन कुछ सहयोगियों की ज़रूरत होती है। आपके और उनमें से प्रत्येक के बीच तथा आपस में उन सभी के बीच संबंध अच्छे होने चाहिए। आपको सही समय, सही जगह और उन सभी के एक उद्देश्य की ज़रूरत पड़ती है और वह उद्देश्य आपके हितों को बढ़ाने का होता है। इन सबसे कहीं अधिक, सहयोगियों को आप पर भरोसा होना चाहिए और आपको उन पर भरोसा होना चाहिए।

अपने 20 बेहतरीन कारोबारी संबंधों की सूची बनाएँ और उसमें उन लोगों को शामिल करें, जिन्हें आप महत्वपूर्ण सहयोगी मानते हैं और उस सूची की तुलना ऐसे जाननेवाले लोगों की कुल संख्या से करें, जिन्हें आप उनके पहले नाम से बुलाते हैं - यानी अगर आपके पास रोलोडेक्स, फाइलोफैक्स या टेलीफोन की सूची है, तो वही उस सूची के सक्रिय संपर्कों की कुल संख्या है। आपके लिए आपके सहयोगियों का 80 प्रतिशत मूल्य उनमें से 20 प्रतिशत के साथ संबंधों से मिलता है। अगर ऐसा नहीं है, तो इसकी आशंका है कि सहयोगियों (या उनमें से कुछ) की क्वालिटी अच्छी नहीं है।

उपलब्धि प्राप्त करनेवाले सहयोगी संबंध

अगर आपका करियर अच्छा चल रहा है, तो ऐसे लोगों की लिस्ट बनाएँ जिन्होंने अब तक आपकी सबसे अधिक मदद की है। उन्हें ऊपर से नीचे के क्रम में रखें और फिर टॉप 10 को 100 अंकों में से अंक दें।

आमतौर पर, जिन लोगों ने अतीत में आपकी सबसे अधिक सहायता की है, वे ऐसे लोग होंगे जो भविष्य में भी ऐसा कर सकते हैं। हालाँकि, कभी-कभी एक अच्छा मित्र जो सूची में बहुत नीचे है, वह अधिक महत्वपूर्ण सक्षम सहयोगी बन जाता है: शायद इस कारण क्योंकि उसे कोई नया और काफी प्रभावशाली पद मिल गया है, उसने निवेश के जरिए बड़ी कमाई की है या उसे जबरदस्त पहचान मिली है। सूची बनाने के काम को फिर से दोहराएँ, जिसमें अपने सहयोगियों को एक से दस के क्रम में रखें और उन्हें फिर से 100 अंकों में से अंक दें और इस बार आधार यह बनाएँ कि वे भविष्य में आपकी कितनी सहायता कर सकेंगे।

लोग आपकी मदद इस कारण करते हैं क्योंकि उनका आपसे मज़बूत संबंध होता है। सबसे अच्छे संबंध पाँच खूबियों के कारण बनते हैं: एक-दूसरे का मज़ेदार साथ, सम्मान, साझा अनुभव, परस्पर आदान-प्रदान और विश्वास। सफल कारोबारी संबंधों में ऐसी खास बातें एक-दूसरे से जुड़ी होती हैं और उन्हें एक-दूसरे से अलग करना संभव नहीं होता, लेकिन हम उन्हें अलग-अलग रूप में देख सकते हैं।

1. एक-दूसरे का मज़ेदार साथ

हमारी पाँच विशेषताओं में से पहली विशेषता स्पष्ट है। अगर आपको किसी से उनके दफ्तर, किसी रेस्त्राँ, सामाजिक अवसर या फोन पर बात करने में मज़ा नहीं आता, तो आप उनसे मज़बूत संबंध नहीं बना सकते हैं। उन्हें भी आपके संग रहने में मज़ा आना चाहिए।

अगर यह बात भयंकर घिसीपिटी लग रही है, तो पलभर के लिए उन लोगों के विषय में सोचिए, जिनके साथ आप सामाजिक रूप से मेल-जोल बढ़ाते हैं, लेकिन उसके पीछे प्रोफेशनल उद्देश्य होते हैं। उनमें से आप सच में कितने लोगों को पसंद करते हैं? हैरान करनेवाली संख्या में लोग उन लोगों के साथ समय बिताते हैं, जिन्हें वे पसंद नहीं करते। यह समय की पूरे तौर पर बर्बादी है। इसमें मज़ा नहीं आता, यह थकानेवाला होता है, अक्सर खर्चीला होता है, इसमें आप अच्छी

चीज़ें नहीं कर पाते और इससे आपको कोई लाभ नहीं होगा। ऐसा करना बंद कर दीजिए! उन लोगों के साथ ज़्यादा समय बिताएँ, जिनके साथ आपको अच्छा लगता है, विशेष रूप से जब वे आपके लिए उपयोगी भी हो सकते हैं।

2. **सम्मान**

कुछ ऐसे लोग हैं, जिनके साथ मुझे जबरदस्त मज़ा आता है, लेकिन व्यावसायिक तौर पर मैं उनका ज़्यादा सम्मान नहीं करता और ऐसा ही कुछ उनकी तरफ से भी है। अगर मैं किसी की व्यावसायिक योग्यता का सम्मान नहीं करता, तो मैं उसे कभी करियर में आगे नहीं बढ़ाता।

अगर आप चाहते हैं कि व्यावसायिक रूप से कोई आपकी मदद करे, तो आपकी योग्यता से उनका प्रभावित होना ज़रूरी है! इसके बावजूद हम अपनी प्रतिभा को छिपा लेते हैं। पॉल एक अच्छा साथी है, जो किसी समय इतनी अच्छी पोजीशन में था कि मेरे करियर को बहुत आगे बढ़ा सकता था। एक बार किसी बोर्ड मीटिंग में जहाँ हम दोनों ही उस कंपनी के नहीं बल्कि सहयोगी कंपनी के डायरेक्टर थे, उसने कहा कि वह मानता है कि मैं व्यावसायिक रूप से सक्षम हूँ, भले ही उसने आज तक मेरी क्षमता की हल्की सी भी झलक नहीं देखी है! मैंने ठान लिया कि मौका मिलते ही मैं उसे झलक दिखाकर ही रहूँगा। मैंने दिखाया भी और पॉल कारोबारी सहयोगियों की मेरी सूची में तेजी से ऊपर आ गया।

3. **साझा अनुभव**

किसी बेहद साधारण गाँव की तरह ही हमारे जीवन में भी काम से जुड़े अनुभव पर आधारित संबंध की संख्या सीमित होती है। साझा अनुभव, खास तौर पर अगर उसमें संघर्ष या कष्ट शामिल रहा है, तो वह संबंधों को काफी मज़बूत बनाता है। कारोबार में सहयोगी और दोस्त के रूप में मेरा जो सबसे शानदार संबंध था, वह अपनी पहली नौकरी में एक रंगरूट से बना। जहाँ मैं भी रंगरूट था और हम दोनों की स्थिति एक जैसी थी। मैं यकीन के साथ कह सकता हूँ कि अगर हम दोनों ही ऑयल रिफाइनरी में अपनी-अपनी नौकरी से नफरत नहीं कर रहे होते, तो हम दोनों के बीच ऐसा करीबी संबंध नहीं बना होता।

इसका नतीजा यह हुआ कि अगर आप किसी कष्टवाली नौकरी में हैं, तो किसी एक को अपना साथी बनाइए, जिसे आप पसंद करते हैं और जिसका सम्मान करते हैं। इसे करीबी और फायदेमंद गठजोड़ में बदलिए। अगर आप ऐसा नहीं

करते, तो एक बड़े अवसर को गँवाने की भूल कर रहे हैं!

अगर आप तकलीफ में नहीं हैं, तब भी किसी एक व्यक्ति को ढूँढ़ें, जिसका अनुभव काफी हद तक आपके जैसा ही है और उसे अपना प्रमुख सहयोगी बनाइए।

4. परस्पर आदान-प्रदान

सहयोगी रिश्ता तभी कारगर होता है जब हर सहयोगी दूसरे के लिए बहुत कुछ करता है, वह भी एक लंबे समय तक बार-बार, लगातार।

परस्पर आदान-प्रदान के लिए ज़रूरी है कि रिश्ता एक-तरफा न हो। इसी प्रकार, परस्पर आदान-प्रदान स्वाभाविक होना चाहिए जिसमें बहुत-ज़्यादा हिसाब-किताब न हो। यहाँ ज़रूरी यह है कि दूसरे व्यक्ति की मदद के लिए आपसे जो बन पड़ता है, वह आप करते रहें। इसके लिए समय और सोच होनी चाहिए! आपको उस समय तक इंतज़ार नहीं करना चाहिए कि सामनेवाले को मदद माँगनी पड़ जाए।

मैं जब कारोबारी संबंधों की समीक्षा करता हूँ कि तो यह देखकर हैरान रह जाता हूँ कि सच्चे परस्पर आदान-प्रदान में कितनी कोताही बरती जाती है। दोस्ती, सम्मान, साझा अनुभव और विश्वास जैसी सारी बातें मौजूद रहती हैं, तब भी लोग अक्सर अपने सहयोगियों की मदद आगे बढ़कर करने की बात को नज़रअंदाज़ करते हैं। एक बार फिर से यह संबंधों को गहरा बनाने और भविष्य में सहायता को सुनिश्चित करने के अवसर को गँवाने की भारी चूक है।

बीटल्स ने हमें समझाया कि 'आखिर में, **आप जो प्यार पाते हैं वह उस प्यार के बराबर होता है जो आप करते हैं।**' इसी प्रकार, आखिर में, आपको व्यवसाय में जो मदद मिलती है, वह आपकी ओर से की गई मदद के बराबर होती है।

5. विश्वास

विश्वास रिश्तों को मज़बूती देता है। विश्वास की कमी से रिश्ते बहुत जल्दी बिखर जाते हैं। विश्वास के लिए हमेशा पूरी ईमानदारी होनी चाहिए। अगर ज़रा सा भी संदेह हो जाता है कि आपके मन में जो चल रहा है, उसे आप नहीं बता रहे हैं, तो चाहे कितनी ही बड़ी सोच के साथ या बातों को आप घुमाफिराकर रख रहे हैं, विश्वास कमज़ोर पड़ सकता है।

अगर आप किसी पर पूरा विश्वास नहीं करते, तो उसके साथ सहयोगी संबंध

बनाने का प्रयास न करें। यह कारगर नहीं हो सकता और नहीं होगा।

लेकिन आपको पूरा भरोसा है, तो इससे कारोबारी रिश्ते तेजी से आगे बढ़ते हैं और अधिक फायदेमंद भी साबित होते हैं। समय और लागत को काफी कम किया जा सकता है। मौकापरस्त, डरपोक या धूर्त बनकर विश्वास कभी मत तोड़िए।

अगर आप अपने करियर के शुरुआती दौर में हैं, तो अपने सहयोगियों के खाली स्थान को सावधानी से भरें

सबसे अच्छा सिद्धांत तो यह होता है कि आप पूरी तरह से भरोसेमंद ऐसे छह या सात कारोबारी सहयोगी गठबंधन बनाएँ, जो इनसे मिलकर बने हों:

* एक या दो रिश्ते जिनमें तजुर्बेकार सलाहकार हों, ऐसे लोग हों जो आपसे वरिष्ठ हों
* अपने साथ के लोगों के साथ दो या तीन संबंध
* एक या दो संबंध जहाँ आप तजुर्बेकार सलाहकार हैं।

तजुर्बेकार सलाहकारों से संबंध

अपने एक या दो सलाहकारों को सावधानी से चुनें। ऐसा न हो कि वे आपको चुनें: ऐसा होने पर उनसे बेहतर सलाहकार नहीं चुने जा सकेंगे। आप जिन सलाहकारों को चुनें उनमें निम्नलिखित दो विशेषताएँ होनी चाहिए:

* आप 'पाँच तत्त्वों'वाले संबंध बना सकें, जिनमें एक-दूसरे का मज़ेदार साथ, सम्मान, साझा अनुभव, परस्पर आदान-प्रदान और विश्वास शामिल हों।
* सलाहकार अधिक से अधिक वरिष्ठ हो या इससे बेहतर यह कि जूनियर हो, लेकिन उसका शीर्ष पर पहुँचना निश्चित हो। सबसे अच्छे सलाहकार बेहद योग्य और महत्वाकांक्षी होते हैं।

यह सुनकर आपको विचित्र लगेगा कि सलाहकारों से संबंध परस्पर आदान-प्रदान का होना चाहिए, जबकि सलाहकार निश्चित रूप से सलाह लेनेवाले से ज़्यादा ही देता है। लेकिन सलाहकारों को इनाम मिलना चाहिए, वरना उनकी दिलचस्पी खत्म हो जाएगी। सलाह लेनेवाले को सलाह देनेवाले के लिए नए-नए विचार, मानसिक प्रेरणा, उत्साह, परिश्रम, नई तकनीकों की जानकारी या मेंटर को

कोई अन्य मूल्यवानी चीज़ उपलब्ध करानी चाहिए। बुद्धिमान सलाहकार अक्सर युवा साथियों को उभरते चलन और फायदेमंद अवसरों या ऐसे खतरों की जानकारी देते रहते हैं, जिनका सतही तौर पर अंदाज़ा लगाना मुश्किल होता है।

साथियों के साथ संबंध

साथियों के बीच से चुनाव करना हो तो विकल्पों की कमी नहीं होती। उनमें से कई में अच्छे सहयोगी की संभावना रहती है। लेकिन याद रहे कि आपके पास भरने के लिए केवल दो या तीन खाली स्थान ही होते हैं। काफी सावधानी से चुनें। सभी संभावित सहयोगियों की एक सूची बनाएँ, जिनमें 'पाँच तत्त्व' हों या उनकी संभावना हो। सूची में से उन दो या तीन को चुनें, जो आपको लगता है कि सबसे अधिक सफल होंगे। फिर उन्हें सहयोगी बनाने पर कड़ा परिश्रम करें।

संबंध जिनमें आप सलाहकार हैं

इन संबंधों को नज़रअंदाज़ न करें। अगर आपसे सलाह लेनेवाला आपके लिए काम करे, वह भी लंबे समय तक तो संभव है कि आपको अपने एक या दो सलाह लेनेवालों से सबसे अधिक लाभ मिलेगा।

अनेक सहयोगी गठबंधन

सहयोगी संबंध अक्सर वेब या नेटवर्क का रूप ले लेते हैं, जहाँ समान लोगों के एक-दूसरे से संबंध होते हैं। ऐसे नेटवर्क काफी शक्तिशाली हो सकते हैं, या कम से कम बाहर से ऐसे दिख सकते हैं। ये काफी मज़ेदार होते हैं।

अपने आपको कामयाब समझकर इस भुलावे में न रहें कि आप 'खास लोगों में से एक हैं।' हो सकता है कि आप हाशिए पर खड़े हों। यह न भूलें कि सारे सच्चे और मूल्यवान संबंध द्विपक्षीय होते हैं। अगर द और ध दोनों से आपके संबंध मज़बूत हैं और उनके बीच भी संबंध अच्छा है, तो बहुत अच्छी बात है। लेनिन ने कहा था कि **कोई भी जंजीर कितनी मज़बूत है इसका पता उसकी एक कमज़ोर कड़ी से चल जाता है।** द और ध के बीच संबंध चाहे कितने ही मज़बूत क्यों न हों, आपके लिए यह मायने रखता है कि आपके संबंध द से और आपके संबंध ध से कैसे हैं।

निष्कर्ष

व्यक्तिगत और व्यावसायिक संबंधों का अधिक और कम गहरा होने से अच्छा है कि वे सीमित लेकिन गहरे हों। एक संबंध दूसरे के जितना ही अच्छा नहीं होता। उन कमज़ोर रिश्तों को जितनी जल्दी संभव हो, खत्म कर देना चाहिए जिनमें आप साथ-साथ काफी समय बिताते हैं, लेकिन नतीजा कुछ भी नहीं निकलता। खराब रिश्ते अच्छे रिश्तों की संभावना खत्म कर देते हैं। संबंधों के लिए सीमित स्थान होते हैं, उन स्थानों को बहुत जल्दी या खराब रिश्तों से मत भरिए।

सावधानी से चुनिए। फिर समर्पण की भावना से उन्हें बढ़ाइए।

पुस्तक का दोराहा

अब इस पुस्तक में हम एक ऐसे स्थान पर पहुँच गए हैं, जहाँ से दो रास्तों में से एक को चुनने का विकल्प पाठकों के सामने है। अगले दो अध्याय (13 और 14) उनके लिए हैं, जो जानना चाहते हैं कि वे अपने करियर में तरक्की कैसे पाएँ या अपने पैसों को कई गुना कैसे बढ़ाएँ। ऐसे पाठक जिनके लिए इनका महत्त्व नहीं है, वे अध्याय 15 पर जा सकते हैं, जहाँ खुशी की सात आदतें उनका इंतज़ार कर रही हैं।

13
बुद्धिमान और आलसी

> अधिकारी केवल चार प्रकार के होते हैं। पहले जो आलसी, मूर्ख किस्म के होते हैं। उन्हें उनके हाल पर छोड़ दो, वे नुकसान नहीं पहुँचाते... दूसरे, कठिन परिश्रमी और बुद्धिमान होते हैं। वे बेहतरीन स्टाफ ऑफीसर साबित होते हैं और सुनिश्चित करते हैं कि छोटी से छोटी बात पर भी सही ढंग से विचार किया जाए। तीसरे मेहनती, मूर्ख किस्म के होते हैं। वे सभी के लिए फिजूल का काम बढ़ाते रहते हैं। आखिरी, बुद्धिमान आलसी किस्म के होते हैं। वे सर्वोच्च पद के उपयुक्त होते हैं।
>
> जनरल वॉन मैनस्टीन का जर्मन ऑफीसर कोर पर कथन

ये अध्याय उनके लिए है, जो सही मायने में महत्वाकांक्षी हैं। अगर आप उस असुरक्षा के शिकार नहीं हैं जो अमीर या मशहूर होने की इच्छा को बढ़ाती है, तो अध्याय 15 की ओर प्रस्थान कर जाइए। लेकिन आप अगर गलाकाट प्रतियोगिता को जीतना चाहते हैं, तो कुछ सुझाव दिए जा रहे हैं जो आपको चौंका देंगे।

जनरल वॉन मैनस्टीन ने इस अध्याय का सार बता दिया है, जो सफल करियर बनाने पर 80/20 के सिद्धांत के मार्गदर्शन पर आधारित है। अगर जनरल साहब मैनजमेंट कंसल्टेंट होते, तो चित्र 41 में जो ढाँचा दिखाया गया है, उससे मालामाल हो गए होते।

यह सलाह इस पर है कि दूसरे लोगों का क्या करें। लेकिन आपका अपने बारे में क्या ख्याल है? ऐसा माना जा सकता है कि बुद्धिमानी और काम के प्रति झुकाव निश्चित गुण होते हैं और यदि ऐसा है तो वॉन मैनस्टीन का मैट्रिक्स दिलचस्प होने के बावजूद किसी काम का नहीं है। लेकिन इस अध्याय में जो तर्क दिया जा रहा है वह थोड़ा अलग है। अगर आप परिश्रमी हैं तो थोड़ा आलसी होना सीख सकते हैं। और अगर आप या दूसरे लोग सोचते हैं कि आप मूर्ख हैं, तो किसी अन्य काम में आप बुद्धिमान होंगे। स्टार बनने का मंत्र है– आलसी बुद्धि की नकल, निर्माण

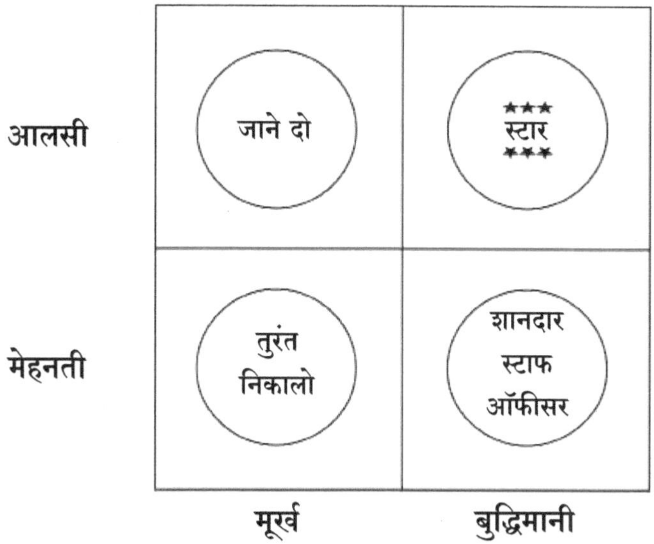

चित्र 41 वॉन मैनस्टीन मैट्रिक्स

और उसे लागू करना। जैसा कि हम देखेंगे, आलसी बुद्धि से काम लिया जा सकता है। अधिक कमाई और कम काम का मंत्र यही है कि सही काम को किया जाए और केवल उन्हीं कामों को किया जाए, जिनसे सबसे अधिक लाभ मिलता है।

हालाँकि, सबसे पहले यह देखने की सलाह दी जाती है कि 80/20 का सिद्धांत उन लोगों के बीच लाभ का बँटवारा किस प्रकार करता है, जो काम करते हैं। लाभ असंतुलित भी होते हैं और अनुचित भी। या तो हम इसको कोस सकते हैं या खुद को वॉन मैनस्टीन मैट्रिक्स के हिसाब से ढालकर उसका लाभ उठा सकते हैं।

काम–धंधे में सफलता और कमाई में घोर असंतुलन दिखता है

80/20 का सिद्धांत आज इससे ज़्यादा और कहीं साफ तौर पर नहीं दिखता जितना कि वहाँ, जहाँ गिने–चुने बेहतरीन प्रोफेशनल ज़बरदस्त और लगातार बढ़ती कमाई का मज़ा उठाते हैं।

हम एक ऐसी दुनिया में जी रहे हैं, जहाँ जीवन के किसी भी क्षेत्र में, उच्च कोटि की प्रतिभावाले लोगों को कभी अधिक लाभ नहीं मिला है। कुछ ही पेशेवर लोगों को बेहिसाब पहचान और शोहरत मिलती है और अक्सर वही लोग उपलब्ध

कमाई का बहुत बड़ा हिस्सा भी अपने जेब में डालते हैं।

आप चाहे तो आज के किसी भी मानवीय पेशे को देख लीजिए, चाहे किसी देश में या फिर पूरी दुनिया में। चाहे वह एथलेटिक्स, बेसबॉल, बास्केटबॉल, फुटबॉल, गोल्फ, रग्बी, टेनिस का या अन्य किसी भी लोकप्रिय खेल-कूद का क्षेत्र हो या फिर आर्किटेक्चर, स्कल्पचर, पेंटिंग या विजुअल आर्ट का कोई क्षेत्र या किसी भी श्रेणी का संगीत, फिल्म या थिएटर, उपन्यास, कुकरी बुक या आत्मकथा, यहाँ तक कि टीवी चैट शो की होस्टिंग, खबरें पढ़ना, राजनीति या अन्य कोई भी जाना-माना क्षेत्र, उनसे जुड़े कुछ ही मशहूर लोगों के नाम दिमाग में आते हैं।

आप सोचकर देखिए कि हर देश में ऐसे कितने लोग होते हैं, तो उनकी संख्या बेहद कम होती है और अपने-अपने क्षेत्र के जाने-माने लोगों का प्रतिशत अक्सर काफी कम होता है, देखा जाए तो 5 प्रतिशत से भी कम। किसी भी प्रोफेशन में पहचाने जानेवाले 'नाम' गिने-चुने ही होते हैं, इसके बावजूद उनका ही जलवा होता है। लोग उन्हीं को देखना-सुनना चाहते हैं और वही खबरों में बने रहते हैं। जैसे उपभोक्ताओं के बीच कुछ उत्पाद लोकप्रिय हो जाते हैं, उसी तरह वे भी लोगों के बीच जाने-पहचाने जाते हैं।

लोकप्रियता और कमाई के मामले में भी यही फॉर्मूला लागू होता है। जाने-माने 20 प्रतिशत से भी कम उपन्यास 80 प्रतिशत से ज़्यादा बिकते हैं। अन्य किसी भी प्रकाशित चीज़ पर भी यही बात लागू होती है: जैसे पॉप सीडी और कंसर्ट, फिल्में, यहाँ तक कि कारोबार के विषय पर लिखी गई किताबों पर भी। यही बात अभिनय करनेवाले कलाकारों, टीवी के सेलिब्रिटी या खेल-कूद के किसी भी क्षेत्र की हस्तियों पर लागू होती है। गोल्फ में 80 प्रतिशत से अधिक इनामी राशि 20 प्रतिशत से भी कम प्रोफेशनल गोल्फरों को मिलती है। टेनिस में भी यही होता है और हॉर्स रेसिंग में भी, जहाँ 20 प्रतिशत से भी कम मालिकों, जॉकी और ट्रेनर्स को जीत की 80 प्रतिशत राशि मिलती है।

हम तेजी से बाज़ारवादी होते संसार में जी रहे हैं। सबसे मशहूर नाम मनमर्ज़ी की फीस वसूल सकते हैं, लेकिन जो उनके जितने अच्छे नहीं या नामी-गिरामी नहीं उन्हें थोड़ा ही लाभ मिलता है।

चोटी पर होने और सबकी ज़ुबां पर नाम होने के बीच बड़ा अंतर होता

है। इतना ही अंतर हमेशा ही सबसे आगे होने और कुछ ही लोगों के बीच नाम कमानेवालों के बीच होता है। नामी-गिरामी बेसबॉल, बास्केटबॉल या फुटबॉल के स्टार करोड़ों कमा सकते हैं। पर जो चोटी के खिलाड़ियों के बाद होते हैं, उन्हें बस गुजारा करने पर ही पैसा मिलता है।

जीतनेवाले ही सारा पैसा क्यों ले जाते हैं?

जो सुपरस्टार हैं, उनके और आम जनता के बीच कमाई का असंतुलन तो और भी ज़्यादा है और 80/20 के (या ज़्यादातर मामलों में, 90/10 या 95/5) सिद्धांत को समझने का यह एक शानदार उदाहरण है। कई लेखकों ने सुपरस्टार्स की सुपरकमाई को समझने के लिए अर्थशास्त्र या समाजशास्त्र का सहारा लिया है।

सबसे अधिक स्वीकार्य ऐसे दो तर्क लगते हैं जिनके कारण सुपरस्टार कमाई करते हैं। सुपरस्टार की पहुंच एक साथ कई लोगों तक होती है। ऐसा आधुनिक संचार व्यवस्था के कारण संभव हुआ है। जेनेट जैकसन, जेके रोलिंग, स्टीवन स्पीलबर्ग, ओपरा विनफ्रे, पेरिस हिल्टन, रोजर फेडरर, मरिया कैरी या डेविड बेकहम को दुनियाभर के लोगों तक 'पहुँचाने' की भारी लागत को देखा जाए तो कुछ भी नहीं क्योंकि प्रसारण, सीडी बनाने या किताब छापने पर आनेवाला अतिरिक्त खर्च कुल खर्च के मुकाबले काफी कम होता है।

इन सुपरस्टार्स को लोगों तक पहुँचाने का अतिरिक्त खर्च दूसरे-दर्जे के विकल्पों के मुकाबले ज़्यादा नहीं होता, सिवाय इसके कि सुपरस्टार एक बड़ी कीमत वसूलते हैं। भले ही उनकी फीस करोड़ों या अरबों में हो, फिर भी प्रति उपभोक्ता अतिरिक्त खर्च काफी कम होता है, जो अक्सर सेंट्स या एक सेंट से भी कम होता है।

सुपरस्टार कमाई की दूसरी शर्त यह है कि प्रतिभा के विकल्प के रूप में मध्यम दर्जे की चीज़ नहीं होनी चाहिए। हर हाल में सबसे अच्छी चीज़ की ही माँग होनी चाहिए। अगर घर की सफाई करनेवाला एक लिक्विड दूसरे से दोगुना अच्छा है, तो बाज़ार में कम अच्छे लिक्विड का आधा ही दाम मिलेगा। लेकिन आधा बेहतर टाइगर वुड्स, सेलीन डायोन या एंड्रिया बोसेली को कौन स्वीकार करेगा? ऐसे मामले में, जो सुपरस्टार नहीं है, वह बिना पैसे के काम करे, तब भी सुपरस्टार की तुलना में उसकी पूछ नहीं होगी। गैर-सुपरस्टार को देखनेवाले कम ही लोग मिलेंगे और उससे कमाई भी कम होगी, जबकि कुल खर्च में ज्यादा कमी नहीं आएगी।

विजेता के नाम पूरा इनाम ही आज का चलन है

एक बात हैरान करती है कि सबसे अधिक कमाई करनेवालों और बाकी लोगों के बीच का यह अंतर हमेशा से नहीं रहा है। उदाहरण के लिए, 1940 के दशक और 1950 के दशकवाले सबसे अच्छे बास्केटबॉल या फुटबॉल के चैंपियनों ने इतने पैसे नहीं कमाए थे। अक्सर ऐसे मशहूर नेता का पता चलता था, जिसकी मौत तंगहाली में हुई। हम और पीछे जाएँगे तो यह बात उतनी ही सही साबित होगी कि जीतनेवाले ही सारा पैसा नहीं ले जाते थे।

उदाहरण के लिए, विलियम शेक्सपियर ने प्रतिभा के मामले में अपने सभी समकालीनों को बहुत पीछे छोड़ दिया था। कुछ ऐसा ही लियोनार्दो दा विंची के लिए भी कहा जा सकता है। इसे चाहे उनका अधिकार कहें या अगर आज के हिसाब से देखें तो उन्हें अपने तेजस्वी होने का, अपनी रचनात्मकता और शोहरत का फायदा अपने समय के सबसे अमीर लोगों में से एक होने के लिए उठाना चाहिए था। इसकी बजाए, उन्होंने उतनी ही आय से अपना काम चलाया जितनी आमदनी आज के ज़माने में उनकी तुलना में साधारण प्रतिभावाले करोड़ों लोग चला रहे हैं।

समय के साथ प्रतिभा के बदले कमाई का असंतुलन और बिगड़ता जा रहा है। आज के समय में आय को प्रतिभा के साथ-साथ बाज़ार में उसकी कीमत से जोड़ा जाता है, इस कारण 80/20 का संबंध और स्पष्ट रूप से देखा जा सकता है क्योंकि इसे पैसे के लिहाज से दिखाया जा सकता है। आज हमारे समाज में सौ साल पहले या एक पीढ़ी पहले के मुकाबले भी प्रतिभा की पूछ ज़्यादा है। आमतौर पर यूरोप में और खासतौर पर ब्रिटेन में ऐसा ही है।

अगर बॉबी मूर जैसे ज़बरदस्त फुटबॉल खिलाड़ी 1940 या 1950 के दशक में बेशुमार दौलत कमा लेते, तो ब्रिटिश सरकार आगबबूला हो सकती थी। उसे यह बात हजम नहीं होती। 1960 के दशक के संपादकीय लेखकों को जब पता चला कि बीटल्स करोड़पति हैं, तो वे हैरान रह गए। आज जब यह पता चलता है कि मैडोना की दौलत 325 मिलियन डॉलर, जे के रोलिंग की 1 बिलियन डॉलर और ओपरा विनफ्रे की दौलत 1.5 बिलियन डॉलर है, तो किसी को आश्चर्य नहीं होता। आजकल हम पद से ज़्यादा सम्मान बाज़ार का करते हैं।

एक और नई बात भी है, जैसा कि मैंने ऊपर बताया है, वह है प्रसारण,

दूरसंचार और उपभोक्ता उत्पादों जैसे कि सीडी और सीडी रॉम में आई तकनीकी क्रांति। अब सबसे अधिक ज़ोर पैसे को ज़्यादा से ज़्यादा बढ़ाने पर दिया जाता है, जो सुपरस्टार ही कर सकते हैं। भले ही उनसे काम लेने पर किसी एक व्यक्ति को बड़ी भयंकर कीमत चुकानी पड़े, लेकिन एक-एक उपभोक्ता पर बँटते ही वही कीमत मामूली हो जाती है।

उपलब्धि ने हमेशा 80/20 के सिद्धांत का ही पालन किया है

इसके बावजूद अगर हम पैसे को एक तरफ रख दें और अधिक स्थायी और महत्वपूर्ण मामलों की बात करें (कम से कम सुपरस्टार्स के सिवाय अन्य सभी को लेकर), तो हम देखते हैं कि चाहे कोई भी प्रोफेशन हो, उपलब्धि और शोहरत कुछ लोगों तक सीमित रहती है और यह बात हमेशा ही सच साबित हुई है। यह सोचकर थोड़ा विचित्र लगता है लेकिन शेक्सपियर और लियोनार्दो दा विंची अगर करोड़पति नहीं बन सके, तो इसका कारण यह था कि न तो उस समय उनके लिए समाज में वैसा वर्ग था; ना ही दूरसंचार के साधन थे। फिर भी दौलत की कमी से उनकी उपलब्धि छोटी नहीं होती, ना ही यह तथ्य बदल सकता है कि एक जबरदस्त प्रभाव गिने-चुने रचनाकारों के कारण ही पड़ा।

80/20 का लाभ गैर-मीडिया प्रोफेशनलों पर भी लागू होता है

वैसे तो मीडिया से जुड़े सुपरस्टार्स के मामले में यह एकदम साफ और हद से ज़्यादा ही दिखता है, लेकिन यह भी कम महत्वपूर्ण नहीं कि 80/20 से होनेवाले लाभ मनोरंजन जगत तक ही सीमित नहीं हैं। वास्तव में, करोड़पतियों और अरबपतियों में मशहूर हस्तियों का हिस्सा महज 3 फीसदी है। 7 मिलियन या उससे भी अधिक अमेरिकी, जिनकी कमाई 1 से 10 मिलियन डॉलर के ब्रैकेट में है, वे किसी न किसी क्षेत्र के प्रोफेशनल हैं। उनमें अधिकारी, वॉल स्ट्रीट टाइप, मशहूर वकील और डॉक्टर जैसे लोग शामिल हैं। इनसे ऊपरवाले 1.4 मिलियन अमेरिकी लोगों की बात करें, जिनके पास 10 से 100 मिलियन डॉलर की दौलत है, तो उनमें 'गरीब करोड़पतियों' से दोगुने उद्यमी हैं। हम जब काफी कम संख्यावाले (कुछ हज़ार) उन अमेरिकी लोगों तक पहुँचते हैं, जिनके पास 100 मिलियन से 1 बिलियन डॉलर की दौलत है, तो उनमें ज़्यादातर उद्यमी और पैसों का प्रबंधन करनेवाले लोग हैं। यही बात अरबपतियों पर भी लागू होती है, जिनकी संख्या फोर्ब्स पत्रिका के अनुसार 2007 में 946 थी, जिनमें से 178 नए लोग थे और 17

फिर से शामिल हुए थे।

संभवतः प्रतिभा हमेशा ही 80/20 के पैटर्न पर चलती है। तकनीक के प्रभाव से प्रतिभा शायद 90/10 या 95/5 के वक्र के आसपास पहुँच जाती है। लाभ संभवतः 70/30 के वक्र के हिसाब से मिलता है, लेकिन जो सबसे अधिक लोकप्रिय हैं, उनके लिए यह निश्चित रूप से 95/5 या इससे भी अधिक असंतुलित वक्र के करीब पहुँच जाती है।

धन का बँटवारा 80/20 या फिर 99/1 तक की लाइन पर भी होता दिखता है, जिसे टाला नहीं जा सकता और ऐसा लगता है कि यह और भी भयावह ट्रेंड बनता जा रहा है। साल 1990 से 2004 के बीच, अमेरिका में सबसे अधिक कमाई करनेवालों की आमदनी 57 फीसदी तक बढ़ गई। ऐसे 1 प्रतिशत लोग जिनमें दसवाँ हिस्सा सबसे अधिक कमाई करनेवालों का था, उनकी कमाई 85 प्रतिशत तक बढ़ गई। अरबपतियों ने और ज़्यादा कमाई कर ली। उन सबकी मिली-जुली दौलत 1995 में 439 बिलियन डॉलर की ऊँचाई को छूने लगी, लेकिन अब यह आठ गुना बढ़कर 305 ट्रिलियन डॉलर हो चुकी है। साल 2007 तक, इसकी रफ्तार 26 फीसदी से कभी नीचे नहीं आई। 2007 के अरबपतियों के दो-तिहाई दौलतमंद पिछले सालवालों के मुकाबले और अमीर हो चुके थे और मात्र 17 फीसदी की कमाई उनसे कम हुई थी।

महत्वाकांक्षियों के लिए इन सबके मायने क्या हैं?

80/20 की इस दुनिया में सफलता के नियम क्या हैं? हो सकता है कि आप ऐसे संसार में प्रतिस्पर्धा से इनकार कर दें और हार मान लें, जहाँ ज़बरदस्त सफलता के लिए मुश्किलों का अंत न हो। लेकिन मेरे हिसाब से ऐसा निष्कर्ष निकालना सही नहीं है। अगर आप सबको पछाड़नेवाले करोड़पति बनने का लक्ष्य नहीं रखते हैं (और अगर रखते हैं), तो तेजी से 80/20 की होती जा रही इस दनिया में सफल करियर के 10 सुनहरे नियम हैं। (चित्र 42 देखें)

1. सीमित सुविधाजनक पेशे में विशिष्टता हासिल करें, कोई एक कुशलता विकसित करें।
2. उस पेशे को चुनें, जिसमें आपको मज़ा आता है, जहाँ आप बेहतरीन प्रदर्शन कर सकते हैं और अपनी पहचान बना सकते हैं।
3. जान लें कि ज्ञान ही शक्ति है।
4. अपने बाज़ार और मुख्य ग्राहकों को जानें और उन्हें सर्वोत्तम सेवा दें।
5. यह पता लगाएँ कि कहाँ 20 प्रतिशत प्रयास से 80 प्रतिशत लाभ मिलेगा।
6. सबसे अच्छे लोगों से सीखें।
7. अपने करियर की शुरुआत में ही स्वरोज़गार कर लें।
8. शुद्ध लाभ दिलानेवाले अधिक से अधिक लोगों को काम पर रखें।
9. अपने मूल कौशल के सिवाय बाकी सारी चीज़ें बाहर ठेके पर दें।
10. ऋण पर ली गई पूँजी का पूरा लाभ उठाएँ।

चित्र 42 सफल करियर के 10 सुनहरे नियम

वैसे तो ये सिद्धांत काफी महत्त्व रखते हैं और आप जितने महत्वाकांक्षी होंगे, ये करियर और कुछ करने के इरादे को उतना ही आगे बढ़ाएँगे। हम जैसे-जैसे विस्तार से बता रहे हैं, वैसे-वैसे 80/20 की सोच को अपने दिमाग में उतारते हुए आप अपने करियर की रूपरेखा को लिखते जाएँ। वॉन मैनस्टीन मैट्रिक्स को याद कीजिए: देखिए किस जगह पर आपका नाम पहले से लिखा है, जहाँ आप बुद्धिमान, आलसी और जबरदस्त लाभ कमा सकते हैं।

सीमित काम-धंधे में विशिष्टता हासिल करें

स्पेशलाइजेशन या किसी एक काम में विशिष्टता हासिल करना जीवन का जबरदस्त और सभी पर लागू होनेवाला नियम है। जीवन इसी तरह आगे बढ़ा है, जहाँ हर प्रजाति इस संसार में अपनी विशेष भूमिका को तय करता है और अनोखी विशेषता को विकसित करता है। कोई भी छोटा कोराबार जो खुद को विशिष्ट नहीं बनाता वह दम तोड़ देगा। कोई व्यक्ति जो अपने आपको विशिष्ट नहीं बनाता, वह

गुलामों की तरह काम करता हुआ मर जाएगा।

इस संसार में कितनी प्रजातियाँ हैं यह कोई नहीं जानता, लेकिन उनकी संख्या निश्चित रूप से इतनी बड़ी है कि होश उड़ जाएँ। कारोबार जगत में इतने किस्म के काम हैं कि उनकी सही-सही जानकारी किसी के पास नहीं है। इसलिए किसी व्यापक बाज़ार में जब प्रतिस्पर्धा की बात होगी तो कई छोटे कारोबार अपने-अपने धंधे में आगे निकल जाएँगे और उनमें आपसी होड़ में टकराव भी नहीं होगा।

जहाँ तक व्यक्ति की बात है तो वहाँ भी यही बेहतर होगा कि दुनियाभर की चीज़ों की सतही जानकारी रखने के स्थान पर, कुछ चीज़ों की या फिर एक ही चीज़ की उत्कृष्ट जानकारी रखी जाए।

विशिष्टता 80/20 के सिद्धांत का अभिन्न अंग है। दरअसल, इसकी वजह से ही यह प्रभावी ढंग से काम करता है क्योंकि 20 प्रतिशत प्रयास से 80 प्रतिशत लाभ मिल सकता है। और लाभ दिलाने के लिए 80 फीसदी अनुत्पादक प्रयास के मुकाबले कारगर पाँचवाँ हिस्सा यानी 20 फीसदी काम के लिहाज से अधिक विशिष्ट और उपयुक्त होता है।

हम जहाँ भी देखते हैं कि 80/20 सिद्धांत काम कर रहा है, तो वहाँ संसाधनों की बर्बादी (अनुत्पादक 80 फीसदी प्रयास) और अधिक विशिष्टता का प्रमाण साफ तौर पर दिखता है। अगर अनुत्पादक 80 फीसदी उस काम में विशिष्टता हासिल करें, जिसे वे अच्छी तरह कर सकते हैं, तो किसी अन्य क्षेत्र में वे उत्पादक 20 प्रतिशत बन सकते हैं। इससे 80/20 का एक और संबंध देखने को मिलेगा, लेकिन इससे भी उच्च स्तर पर। जो 80 प्रतिशत अनुत्पादक था या उसका कुछ हिस्सा जो उत्पादक नहीं था, वही अब किसी अन्य स्थान पर 20 प्रतिशत उत्पादक हो जाता है।

उन्नीसवीं सदी के दार्शनिक जी डब्लू एफ हेगेल ने इस प्रक्रिया को 'डायलेक्टिक' यानी तर्कविद्या कहा था, जो अनवरत चल सकती है और प्रगति को संचालित करती है। निश्चित रूप से, इस बात के प्रमाण मिलते हैं कि स्वाभाविक संसार और समाज में जैसे-जैसे समय बीता वैसे-वैसे क्या कुछ हुआ है। जैसे-जैसे जीवन का स्तर बढ़ा, वैसे-वैसे विशिष्टता भी बढ़ती गई।

इलेक्ट्रॉनिक्स में नई विशिष्टता के कारण कंप्यूटर का विकास हुआ। और विशिष्टता के बाद पर्सनल कंप्यूटर बना। इससे भी अधिक विशिष्टता के बाद आज

के ज़माने के यूज़र-फ्रेंडली सॉफ्टवेयर बने। सीडी-रॉम उस प्रक्रिया के ही एक और चरण में सामने आए। अनाज उत्पादन में क्रांति लानेवाली बायोटेक्नोलॉजी भी इसी प्रकार से सामने आई है, जिसे नित नई विशिष्टता उन्नत बनाती चली जा रही है।

आपका करियर भी इसी प्रकार से आगे बढ़ना चाहिए। इसके लिए ज्ञान ही मूल मंत्र है। काम करनेवालों की इस दुनिया में पिछली पीढ़ी से इस पीढ़ी तक आते-आते तकनीक के जानकारों की ताकत और हैसियत लगातार बढ़ती चली गई है। जिन्हें पहले श्रमिक समझा जाता था, वही विशिष्ट ज्ञान की क्षमता से लैस होकर बेहद विशिष्ट सूचना प्रौद्योगिकी का हिस्सा बन चुके हैं। अब तक जिन पुराने और तकनीक के मामले में पिछड़े मैनेजरों को ऐसे जानकारों को जुटाकर क्षमता बढ़ाने का श्रेय दिया जाता था, उनकी तुलना में तकनीक के मामले में माहिर इन लोगों की ताकत बढ़ गई है और इन्हें पैसा भी अच्छा मिल रहा है।

बिलकुल शुरुआती स्तर पर, विशिष्टता के लिए योग्यता की ज़रूरत होती है। अधिकांश समाजों में 80 प्रतिशत से अधिक योग्यता 20 प्रतिशत कामगारों में होती है। विकसित समाजों में धीरे-धीरे वर्गों के बीच अंतर जमीन के स्वामित्व या फिर दौलत से नहीं, सूचना के स्वामित्व से तय हो रहा है। 80 प्रतिशत सूचना पर 20 प्रतिशत लोगों का अधिकार होता है।

अमेरिकी अर्थशास्त्री और राजनीतिज्ञ रॉबर्ट रीच ने अमेरिका के कामगारों को चार समूहों में विभाजित किया है। सबसे ऊपर के समूह को वह 'प्रतीकात्मक विश्लेषक' कहते हैं, जो आँकड़ों, उपायों, समस्याओं और शब्दों का ज्ञान रखते हैं। इनमें वित्त विश्लेषक, कंसल्टेंट, आर्किटेक्ट, वकील, डॉक्टर और पत्रकार आते हैं। निश्चित रूप से ऐसे सभी काम करनेवाले जिनकी बुद्धि और ज्ञान सत्ता और प्रभाव के स्रोत हैं। यह भी दिलचस्प है कि वह इस समूह को 'फॉर्चूनेट फिफ्थ' कहते हैं, जिसे सबसे ऊपर के 20 प्रतिशत लोगों के रूप में देखा जाता है। वह कहते हैं कि उनके पास 80 प्रतिशत सूचना और 80 प्रतिशत दौलत होती है।

कोई भी जिसे बुद्धिमत्ता से जुड़े विषयों की ताज़ा जानकारी है, वह यह समझता है कि ज्ञान के क्षेत्र में कितना ज़बरदस्त और चरणबद्ध विभाजन हो रहा है। कुछ मायने में यह चिंताजनक है क्योंकि बुद्धिमान लोगों के बीच या समाज में ऐसा कोई नहीं जो जानकारी के क्षेत्र में अलग-अलग प्रकार की तरक्की को एक सूत्र में बाँध सके और यह बता सके कि इन सबका मतलब क्या है। वहीं, दूसरे मायने में यह विभाजन बताता है कि स्पेशलाइजेशन की और ज़रूरत है और उसके महत्त्व

को भी बताता है।

जहाँ तक लोगों की बात है तो यह देखते हुए कि ज़्यादा से ज़्यादा कमाई ऊपर बैठे लोग ले जाते हैं, यह प्रक्रिया काफी उम्मीद जगाती है। आप भले ही अल्बर्ट आइंस्टाइन या बिल गेट्स बनने का सपना न देखते हों, लेकिन करोड़ों नहीं तो कम से कम हज़ारों काम ऐसे हैं, जहाँ आप अपनी पसंद के क्षेत्र को स्पेशलाइज करने के लिए चुन सकते हैं। जैसा कि गेट्स ने किया था, उसी तरह आप कोई अपना अनोखा काम भी ढूँढ़ सकते हैं।

अपनी पसंद का काम ढूँढ़िए। हो सकता है कि इसमें काफी समय लगे, लेकिन जबरदस्त कमाई के लिए आपके पास यही एक रास्ता है।

ऐसा काम चुनें जिसमें आपको मज़ा आता है और जिसमें आप बेहतरीन हैं

स्पेशलाइजेशन के लिए काफी सोच-समझ की ज़रूरत होती है। कोई क्षेत्र जितना सीमित होता है, उसे चुनते समय उतनी ही सावधानी बरतनी पड़ती है।

उस क्षेत्र में स्पेशलाइज करें, जिसमें आपकी दिलचस्पी पहले से है और जिसमें आपको मज़ा आता है। ऐसे किसी भी क्षेत्र में आप अपनी पहचान नहीं बना सकते, जिसके प्रति आपमें उत्साह और लगन न हो।

यह उतना भी मुश्किल नहीं, जितना आप सोच रहे होंगे। हर कोई किसी न किसी चीज़ को लेकर उत्साहित रहता है। अगर नहीं, तो वे या तो मर चुके हैं या मर रहे हैं। और लगभग हर शौक, हर उमंग, हर पेशा आज की तारीख में कारोबारी गतिविधि में बदला जा सकता है।

आप इसे दूसरे छोर से भी देख सकते हैं। ऐसा कोई भी व्यक्ति जो शीर्ष तक पहुँचा है, उसने उस काम को जबरदस्त उत्साह के साथ किया है। उत्साह व्यक्तिगत उपलब्धि की प्रेरणा देता है, यह दूसरों में भी उत्साह जगाता है और इसका प्रभाव बढ़ता ही जाता है। उत्साह का न तो आप ढोंग कर सकते हैं ना ही उसे पैदा कर सकते हैं।

अगर आप अपने मौजूदा करियर को लेकर उत्साहित नहीं हैं, लेकिन तमन्ना आगे बढ़ने की है, तो ऐसा करना छोड़ दीजिए। लेकिन इस कदम को उठाने से पहले किसी बेहतर करियर को अपनाने का फैसला कीजिए। उन सारी चीज़ों को लिखिए जिनके प्रति आप में उत्साह है। फिर यह तय कीजिए कि इनमें से किस

किसको करियर के रूप में आगे बढ़ाया जा सकता है। फिर उनमें से जिसके प्रति आप सबसे ज़्यादा उत्साहित हैं उसे चुनिए।

जान लें की ज्ञान ही शक्ति है

अपने उत्साह को करियर में बदलने का मूल मंत्र ज्ञान में छिपा है। अपने क्षेत्र के विषय में आपके पास किसी की भी तुलना में अधिक जानकारी होनी चाहिए। फिर उसे बाज़ार में उतारने का रास्ता ढूँढ़िए, उसके लिए बाज़ार बनाइए और कुछ पक्के ग्राहक तय कीजिए।

किसी छोटी चीज़ के बारे में बहुत जान लेना ही काफी नहीं है। उससे जुड़ी किसी भी चीज़ के बारे में आपको इतनी जानकारी होनी चाहिए, जो किसी और के पास न हो। अपने हुनर को तब तक तराशते रहिए जब तक कि आपको यकीन न हो जाए कि आप बहुत कुछ जान चुके हैं और किसी अन्य की तुलना में अपने पेशे में आप बेहतर हैं। फिर अपनी बढ़त को निरंतर अभ्यास और कभी न खत्म होनेवाली जिज्ञासा से और मज़बूत बनाइए। आप तब तक लीडर बनने की उम्मीद नहीं कर सकते, जब तक कि आप अन्य सभी से अधिक जानकारी नहीं रखते हैं।

बाज़ारीकरण एक रचनात्मक प्रक्रिया है: आप इसे कैसे करेंगे, यह आपको खुद तय करना होगा। शायद आपको उन लोगों के उदाहरण को समझना होगा जिन्होंने अपने ज्ञान को उससे जुड़े क्षेत्र के बाज़ार में उतारा है। लेकिन यह विकल्प उपलब्ध नहीं है, तो निम्नलिखित दिशानिर्देशों को अपनाएँ।

अपने बाज़ार और अपने पक्के ग्राहकों की पहचान करें और उन्हें सर्वोत्तम सेवा दें

ऐसे लोग ही आपका बाज़ार हैं, जो आपके ज्ञान की कीमत अदा करेंगे। पक्के ग्राहक वे लोग हैं, जो आपकी सेवा के महत्त्व को सबसे अधिक समझते हैं।

बाज़ार वह क्षेत्र है, जिसके भीतर आपको काम करना है। इसके लिए ज़रूरी है कि आप बताएँ कि अपने ज्ञान को आप किस प्रकार बेच सकते हैं। आप किसी स्थापित कंपनी के लिए या किसी व्यक्ति के लिए एक कर्मचारी के रूप में काम करेंगे, अनेक कॉरपोरेशन या व्यक्तियों के लिए स्वतंत्र रूप से कार्य करेंगे या व्यक्तियों या फिर कंपनियों के लिए बिजनेस मार्केटिंग सर्विस (जो आपके और दूसरों की मेहनत से चलेगा) शुरू करेंगे?

क्या आप सिर्फ जानकारी उपलब्ध कराएँगे, जिसे खास परिस्थितियों में इस्तेमाल किया जाएगा या उस जानकारी से कोई उत्पाद तैयार होगा? क्या आप उस उत्पाद का आविष्कार करेंगे या किसी अन्य के उत्पाद की गुणवत्ता बढ़ाएँगे, जो अभी अधूरा है या फिर तैयार उत्पादों के रिटेलर बनेंगे?

आपका पक्का ग्राहक या कई पक्के ग्राहक खास व्यक्ति या कॉरपोरेशन होंगे, जो आपके काम की सबसे अधिक कीमत लगाएँगे और उनसे आपको लगातार काम मिलेगा, जिससे अच्छी कमाई भी हो जाएगी।

चाहे आप नौकरी कर रहे हों, आपका अपना रोज़गार है, आप छोटे या बड़े संस्थान में नौकरी कर रहे हैं या आप ही सर्वेसर्वा हैं, तब भी आपके कुछ मूल ग्राहक होंगे जिन पर आपकी निरंतर सफलता निर्भर करेगी। पहले चाहे आपकी सफलता का जो भी स्तर रहा हो, यह बात सही साबित होगी।

इत्तेफाक से, यह समझ में नहीं आता कि क्यों अपने मूल ग्राहक समूह की अनदेखी कर या उनके साथ बुरा व्यवहार कर बुलंदी को छू रहे लोग अपनी स्थिति को गँवा देते हैं? टेनिस स्टार जॉन मैकेनरो यह भूल गए कि दर्शक ही नहीं प्रोफेशनल टेनिस के आयोजक भी उनके ग्राहक हैं। मिसेज थैचर (जब अपने पद पर थीं) भूल गईं कि उनके सबसे महत्वपूर्ण ग्राहक उनके अपने कंजर्वेटिव पार्टी के सांसद थे। रिचर्ड निक्सन भूल गए कि उनका मूल ग्राहक समूह मध्य अमेरिका था, जिसे साथ जोड़ने की ज़रूरत थी।

ग्राहकों की सेवा ही मूल मंत्र है, लेकिन आपके ग्राहक सही होने चाहिए, जिन्हें थोड़ी सी मेहनत से ही आप हद से ज़्यादा खुश कर लें।

पता करें कि कहाँ 20 प्रतिशत प्रयास से 80 प्रतिशत लाभ मिलता है

काम में कोई मज़ा तब तक नहीं, जब तक कि आप थोड़े प्रयास से बहुत कुछ हासिल कर लें। अगर आपको हालात को संभालने के लिए हर हफ्ते 60 से 70 घंटे कमरतोड़ मेहनत करनी पड़े, अगर आपको हमेशा यही लगे कि आप पिछड़ रहे हैं, अगर आप काम की ज़रूरतों के आगे जूझ रहे हैं, तो आप सही काम में नहीं हैं, या उसे एकदम गलत तरीके से कर रहे हैं! निश्चित रूप से आप 80/20 सिद्धांत का या वॉन मैनस्टीन मैट्रिक्स का लाभ नहीं ले रहे हैं।

80/20 के सुनहरे ज्ञान की कुछ बातों को याद कीजिए। काम के किसी भी क्षेत्र में, 80 फीसदी लोग मात्र 20 प्रतिशत परिणाम प्राप्त कर रहे हैं और 20 प्रतिशत

लोग 80 फीसदी नतीजे हासिल कर रहे हैं। अधिकांश लोग क्या गलत और कुछ लोग क्या सही कर रहे हैं? इस पर विचार कीजिए कि कम संख्यावाले लोग कौन हैं? क्या वे जो कर रहे हैं उसे आप कर सकते हैं? क्या वे जो कर रहे हैं उसे करने की क्षमता आप में है और आप उनसे भी जबरदस्त तरीके से कर सकते हैं? क्या आप उसे करने का उससे अधिक चतुराई भरा और दक्ष तरीका इजाद कर सकते हैं?

क्या आपके और आपके 'ग्राहकों' के बीच बेहतरीन तालमेल है? क्या आप सही कॉरपोरेशन में हैं? सही डिपार्टमेंट में हैं? सही नौकरी में हैं? आप अपने 'ग्राहकों' को कहाँ काफी कम प्रयास के साथ प्रभावित कर सकते हैं? क्या आप जो करते हैं उसमें मज़ा आता है और आप उसके प्रति उत्साहित हैं? यदि नहीं, तो आज से ही उसके बजाए दूसरे काम की तलाश शुरू कर दीजिए, जिसे आप उत्साह के साथ कर सकते हैं।

अगर आपको अपना काम और अपने 'ग्राहक' पसंद हैं लेकिन आप बुलंदी को नहीं छू रहे हैं, तो शायद आप अपने समय का सही इस्तेमाल नहीं कर रहे हैं। आपका 20 प्रतिशत समय कौन सा होता है, जिसमें आप अपने 80 फीसदी नतीजे हासिल करते हैं? उस समय उस काम को और ज़्यादा करें! कौन सा वह 80 फीसदी समय है, जिसमें आपको ज़्यादा कुछ हासिल नहीं होता? उसे कम से कम कीजिए! समस्या का हल बिलकुल आसान है, लेकिन इस बदलाव को लागू करने के लिए आपको अपनी आदतों और पुराने तौर-तरीकों को छोड़ना होगा।

हर बाज़ार में, हर ग्राहक के लिए, हर कंपनी में, सभी पेशे में, काम को ज़्यादा कुशल और प्रभावी ढंग से करने का तरीका होता है: यह तरीका मामूली बेहतर नहीं बल्कि काफी बेहतर होता है। अपने प्रोफेशन या इंडस्ट्री के भीतर 80/20 की सच्ची बातों की तलाश कीजिए।

मेरे अपने प्रोफेशन यानी मैनजमेंट कंसल्टिंग में, इसका उत्तर एकदम स्पष्ट है। बड़े ग्राहक अच्छे होते हैं। बड़े काम अच्छे होते हैं। बड़ी टीम जिसमें कई कम वेतनवाले जूनियर सदस्य हों, अच्छी होती है। व्यक्तियों के बीच करीबी ग्राहकोंवाले संबंध अच्छे होते हैं। सबसे बड़े बद पर बैठे व्यक्ति, सीईओ से संबंध काफी अच्छा होता है। ग्राहकों से लंबे समय तक बना संबंध अच्छा होता है। बड़े बजटवाले बड़े-बड़े कॉरपोरेशन में शीर्ष पर बैठे लोगों से संबंध और कई जूनियर कंसल्टेंट के साथ छप्परफाड़ बैंक बैलेंस बनाया जा सकता है!

आपके काम-धंधे की लाइन में 80/20 के सत्य क्या हैं? कहाँ पर कॉरपोरेशन असाधारण, यहाँ तक कि अश्लील मुनाफा कमाते हैं? आपके कौन-कौन से साथी पैसा पीट रहे हैं, फिर भी एकदम सुखद स्थिति में दिखते हैं और अपने पसंदीदा काम के लिए उनके पास समय भी होता है? वे ऐसा क्या कर रहे हैं जो इतना प्यारा है? सोचिए, सोचिए, सोचिए। उत्तर वहीं कहीं छिपा है। आपको बस इतना करना है कि उसे ढूँढ़ना है। लेकिन औद्योगिक प्रतिष्ठान से इसका उत्तर मत पूछिए, अपने सहयोगियों पर सर्वे मत कीजिए और किताबों में जवाब ढूँढ़ने की कोशिश मत कीजिए। आपको बस घिसा-पिटा ज्ञान मिलेगा, जो करोड़ों तरीके से बताया जा चुका है। इसका उत्तर कारोबार में परंपरा को तोड़नेवालों, एकदम अलग सोच रखनेवाले पेशेवर लोगों और गैर-परंपरागत सोच रखनेवाले व्यक्तियों से मिलेगा।

सबसे अच्छे लोगों से सीखें

किसी भी क्षेत्र में कामयाबी का झंडा गाड़नेवालों ने इस प्रकार 20 प्रतिशत से 80 प्रतिशत लाभ हासिल करने का तरीका ढूँढ़ निकाला है, मानो उन्हें इसका फॉर्मूला मिल गया हो। इसका मतलब यह नहीं कि ऐसे लोग आलसी होते हैं या उनकी लगन में कमी होती है। आमतौर पर लीडर कड़ी मेहनत करते हैं। लेकिन उसके नतीजे उन लोगों के प्रयासों से कई गुना अधिक महत्त्व रखते हैं, जो महज क्षमतावान होते हैं जबकि लीडर के जितना ही समय देते हैं। लीडर ऐसे नतीजे हासिल करते हैं, जो गुणवत्ता और मात्रा, दोनों ही लिहाज से इस टक्कर में कई गुना अधिक होते हैं।

इसे इस तरह से समझें कि लीडर के काम करने का तरीका अलग होता है। आमतौर पर लीडर बाहरी होते हैं, वे अलग सोच और एहसास रखते हैं। ऐसे लोग जो किसी भी क्षेत्र में सर्वश्रेष्ठ होते हैं, औसत प्रदर्शन करनेवालों की तरह न तो सोचते हैं ना ही काम करते हैं। हो सकता है कि ऐसे लीडर इस बात पर गौर न करते हों कि वे कामों को अलग तरीके से करते हैं। शायद ही कभी वे इसके बारे में सोचते हैं और बताते हैं। लेकिन, लीडर अपने रहस्य को आमतौर पर नहीं भी बताते, तब भी उन पर गौर कर उन्हें सीखा जा सकता है।

पिछली पीढ़ियों ने इसे अच्छी तरह समझ लिया था। गुरु के चरणों में बैठा शिष्य, कारीगर से काम सीखता प्रशिक्षु, रिसर्च में प्रोफेसर की मदद करते हुए सीखनेवाला छात्र, किसी पारंगत कलाकार के साथ समय बितानेवाला कलाकार: इन सभी ने अपने-अपने क्षेत्र के सर्वश्रेष्ठ लोगों को देखकर, उनकी सहायता कर

और उनकी नकल कर सीखा है।

सर्वश्रेष्ठ लोगों के साथ काम करने के बदले में ऊँची कीमत चुकाने के लिए तैयार रहें। उनके साथ किसी न किसी बहाने से समय बिताएँ। समझें कि उनके काम करने का खास-खास तरीका क्या है। आप पाएँगे कि वे चीज़ों को अलग नज़रिए से देखते हैं, अलग तरीके से समय बिताते हैं और दूसरे लोगों से अलग तरीके से बात करते हैं। अब जब तक वे जो करते हैं, उसे या उस प्रोफेशन के सामान्य तौर-तरीकों से और भी अलग कुछ नहीं करेंगे, तब तक आप कभी बुलंदी तक नहीं पहुँच पाएँगे।

कभी-कभी, बात केवल सबसे अच्छे लोगों के साथ काम करने भर की नहीं होती। महत्वपूर्ण व्यावहारिक ज्ञान सबसे अच्छी कंपनियों की सामूहिक संस्कृति से हासिल किया जा सकता है। रहस्य उनके काम करने के अलग तौर-तरीकों में छिपा रहता है। बेशक आपको पहले औसत कंपनियों के साथ काम करना चाहिए, फिर जो सबसे अच्छे हैं और दोनों के बीच के अंतर को देखना चाहिए। उदाहरण के लिए, मैंने शेल के साथ काम किया और कई सारे मेमो लिखे। फिर मैंने मार्स की कंपनियों में से एक के साथ काम किया और मैंने लोगों से आमने-सामने बात करना सीखा। मैं तब तक बातचीत करता था जब तक कि मुझे अपना जवाब नहीं मिल जाता था। दूसरे में 20/80 वाला हिसाब था: 20 प्रतिशत मेहनत से 80 प्रतिशत लाभ मिलता था। सर्वेश्रेष्ठ लोगों में 20/80 की ऐसी कई आदतें होती हैं।

देखिए, सीखिए और व्यवहार में लाइए।

अपने करियर की शुरुआत में ही अपना रोज़गार शुरू करें

अपने समय का सबसे अधिक सदुपयोग करें ताकि आप उन चीज़ों पर ध्यान दे सकें, जिनसे आप दूसरे काम की तुलना में पाँच गुना लाभ हासिल कर सकें। दूसरा कदम यह सुनिश्चित करना है कि इसका अधिकतम लाभ खुद आपको मिले। आदर्श स्थिति तो यह होती है कि आप अपने करियर की शुरुआत में यह लक्ष्य रखें कि आपके काम का पूरा लाभ सिर्फ आपको मिले।

कार्ल मार्क्स की सरप्लस वैल्यू की थ्योरी कहती है कि सारा लाभ श्रमिकों के कारण मिलता है और जो अतिरिक्त लाभ होता है, उस पर श्रमिकों से काम लेनेवाले पूँजीपति कब्जा जमा लेते हैं। इसे बेझिझक होकर कहा जाए, तो मुनाफा वह अतिरिक्त लाभ होता है जिसे श्रमिकों से चुरा लिया जाता है।

यह थ्योरी बकवास है, लेकिन इसे अलग तरीके से समझा जा सकता है। ऐसा सामान्य कर्मचारी जो औसत नतीजे देता है, हो सकता है वह कॉरपोरेशन का फायदा इससे ज़्यादा उठाता है, जितना की कॉरपोरेशन उसका फायदा उठाता है। कॉरपोरेशनों में विशेष रूप से कुछ ज़्यादा ही मैनेजर होते हैं और कुल मिलाकर उनसे जो लाभ मिलता है, वह असल में घाटे का ही सौदा होता है। फिर भी जो कर्मचारी 80/20 सिद्धांत का इस्तेमाल सही ढंग से करेगा, वह औसत कर्मचारियों की तुलना में अधिक प्रभावी होता है। इसके बावजूद 80/20 वाले कर्मचारी को उसके साथियों के मुकाबले कई गुना वेतन नहीं मिलेगा। इसलिए, 80/20 के कर्मचारी के लिए बेहतर होगा कि वह स्वरोज़गार कर ले।

आप जब अपना रोज़गार कर रहे होंगे, तब आपकी कमाई परिणामों से होती है। जो 80/20 के सिद्धांत का इस्तेमाल करते हैं, उनके लिए यह अच्छी खबर है।

इसके बावजूद एक परिस्थिति ऐसी है, जिसमें अपना रोज़गार करना सही नहीं हो सकता है और वह तब जब आप तेजी से सीखने के दौर में होंगे। अगर कोई कॉरपोरेशन या प्रोफेशनल कंपनी आपको बहुत कुछ सीखा रही है, तो इस सीखने का जो महत्त्व होगा, वह कंपनी में आपका योगदान और जो वेतन आपको मिलता है, उसके बीच के अंतर से कहीं अधिक होगा। प्रोफेशनल करियर के पहले दो या तीन साल में ऐसा विशेष रूप से देखा जाता है। ऐसा ही मामला तब भी हो सकता है जब अधिक अनुभवी प्रोफेशनल किसी नई कंपनी से जुड़ते हैं, जिसका स्तर उससे ऊँचा होता है जिसमें वे पहले काम कर रहे थे। इस मामले में, सुपर-लर्निंग का जो समय होता है वह आमतौर पर कुछ ही महीने या ज़्यादा से ज़्यादा एक साल तक ही चलता है।

यह समय जब पूरा हो जाए, तब अपना रोज़गार करना चाहिए। आमदनी की सुरक्षा की ज़रूरत से ज़्यादा चिंता न करें। अपनी प्रोफेशनल योग्यता और 80/20 के नियमों के इस्तेमाल से आप सुरक्षित रहेंगे। वैसे भी, कंपनियों में अब सुरक्षा नहीं रही।

शुद्ध लाभ देनेवाले अधिक से अधिक लोगों को काम पर रखें

अगर पहले चरण में आप समय का सबसे अच्छा उपयोग कर फायदा उठाते हैं और दूसरे चरण में सुनिश्चित कर लेते हैं कि आप जो कमाएँ वह सिर्फ आपका हो, तो तीसरा चरण अन्य लोगों की क्षमता से लाभ हासिल करने का है।

आप तो अकेले ही हैं, लेकिन बड़ी संख्या में ऐसे लोग हैं, जिन्हें आप काम पर रख सकते हैं। इनमें से कुछ ही लोग ऐसे होते हैं, जो अपने ऊपर आनेवाले खर्च से अधिक लाभ दिलाते हैं। 80/20 का प्रयोग करनेवाले को ऐसे ही लोगों को चुनना चाहिए।

इससे यह समझ में आता है कि सबसे अधिक फायदा दूसरे लोगों से मिल सकता है। कुछ हद तक आप ऐसे दूसरे लोगों का फायदा उठा सकते हैं और उठाना भी चाहिए, जिन्हें आप नौकरी नहीं दे सकते। ये बाहर से आपका सहयोग कर सकते हैं। लेकिन सबसे सीधा और पूरा फायदा आपको उन लोगों से मिल सकता है, जिन्हें आप नौकरी पर रखते हैं।

रोज़गार देकर कितना भारी लाभ कमाया जा सकता है, इस बात को आँकड़ों से आसानी से समझा जा सकता है। मान लीजिए कि 80/20 के सिद्धांत का इस्तेम ाल कर अपने कारोबार की लाइन में आप औसत प्रोफेशनल की तुलना में पाँच गुना अधिक प्रभावी बन सकते हैं। यह भी मान लेते हैं कि आप स्वरोज़गार कर रहे हैं और पूरा-पूरा आपको ही मिल रहा है। इसलिए ज़्यादा से ज़्यादा आपको औसत से 500 गुना लाभ मिलेगा। इस प्रकार औसत की तुलना में आपका 'सरप्लस' 400 इकाई होगा।

लेकिन यह मान लें कि आपने 10 अन्य प्रोफेशनल की पहचान की है, जिनमें से हर एक या तो औसत से तीन गुना अधिक बेहतर है या बनाया जा सकता है। वे आपके जितने अच्छे नहीं, लेकिन उन पर जितना खर्च आता है वे उससे ज़्यादा लाभ दिलाते हैं। मान लेते हैं कि ऐसे लोगों को साथ जोड़ने और बनाए रखने के लिए आप उन्हें बाज़ार में मिल रही कीमत से 50 प्रतिशत अधिक वेतन देते हैं। उनमें से हर एक 300 यूनिट लाभ पैदा करेगा और उन पर 150 यूनिट लागत आएगी। इस प्रकार आपको प्रत्येक कर्मचारी पर 150 यूनिट 'लाभ' या पूँजीवादी सरप्लस मिलेगा। इसी तरह, 10 लोगों को काम पर रखकर आप जो खुद 400 यूनिट कमा रहे थे, उसमें 1500 यूनिट और जोड़ सकते हैं। अब आपका कुल सरप्लस 1900 यूनिट हो जाएगा, जो आपकी ओर से लोगों को नौकरी पर रखे जाने की तुलना में लगभग पाँच गुना अधिक होगा।

स्वाभाविक रूप से, ज़रूरी नहीं कि आप 10 कर्मचारियों तक ही आकर रुक जाएँ। इसमें समस्या यही आएगी कि आपको ऐसे कर्मचारी आसानी से नहीं मिलेंगे,

जो सरप्लस को बढ़ाएँ और आपके (उनके भी) लिए ग्राहक ढूँढ़ना आसान नहीं होगा। अगर बादवाली समस्या न हो तो पहलेवाली समस्या नहीं आती क्योंकि ज्यादा मूल्य जोड़नेवाले प्रोफेशनल को अपनी सेवा के लिए तैयार बाज़ार आमतौर पर मिल जाता है।

साफ है कि केवल शुद्ध लाभ दिलानेवाले लोगों को ही रखा जाए, ऐसे लोग जो अपने खर्च से ज़्यादा लाभ दिलाते हैं। लेकिन यह कहना गलत होगा कि आपको केवल उन्हें ही रखना चाहिए, जो सबसे अच्छे हैं। अधिकांश अतिरिक्त लाभ ऐसे ज़्यादा से ज़्यादा अतिरिक्त लाभ उत्पन्न करनेवालों को रखने से मिलता है, भले ही उनमें से कुछ औसत से दोगुना अच्छे हैं, जबकि अन्य पाँच गुना (या उससे भी अधिक) बेहतर हो सकते हैं। आपके कामगारों में, इसके बाद भी 80/20 या 70/30 का बँटवारा हो सकता है। प्रतिभा के काफी असमान वितरण के साथ-साथ सबसे अधिक पूर्ण लाभ देखने को मिल सकता है। इतना ही काफी है कि जो प्रभावियों में भी सबसे कम प्रभावी है, वह भी अपने ऊपर की लागत से अधिक लाभ उत्पन्न करे।

अपने मुख्य कौशल को छोड़कर अन्य सबकुछ के लिए बाहर के कॉन्ट्रैक्टरों का इस्तेमाल करें

80/20 का सिद्धांत सोच समझकर सही चुनाव करने का सिद्धांत है। आप उन बीस फीसदी कामों पर ध्यान लगाकर सबसे अधिक सफलता प्राप्त करते हैं, जिनमें आप बेहतरीन हैं। यह सिद्धांत मात्र लोगों पर ही नहीं बल्कि कंपनियों पर भी लागू होता है।

सबसे सफल प्रोफेशनल कंपनियाँ और कॉरपोरेशन वे होते हैं, जो उस काम को छोड़कर बाकी सबकुछ दूसरों से करवाते हैं, जिसमें वे सबसे अच्छे होते हैं। अगर उनकी दक्षता मार्केटिंग में है, तो वे मैन्युफैक्चरिंग नहीं करते। अगर उनकी विशेषता रिसर्च और डेवलपमेंट में है, तो वे दूसरे पक्ष का इस्तेमाल न केवल सामानों को बनाने में बल्कि उनकी मार्केटिंग और बिक्री के लिए भी करते हैं। अगर वे मानकीकृत उत्पादों के थोक निर्माण में बेहतरीन हैं, तो वे 'स्पेशल' या अप-मार्केट वेरायटी नहीं बनाते। अगर वे हाई-मार्जिन स्पेशल में बेस्ट हैं, तो वे थोक बाज़ार में अपनी किस्मत नहीं आज़माते हैं। इसी तरह यह प्रक्रिया अपनाई जाती है।

फायदा उठाने के चौथे चरण में जहाँ तक संभव हो बाहरी कॉनट्रैक्टरों का इस्तेमाल किया जाता है। अपनी कंपनी को जहाँ तक संभव हो सरल और उन क्षेत्रों पर केंद्रित रखें, जहाँ यह प्रतिस्पर्धा में दूसरों से कई गुना बेहतर है।

ऋण पर ली गई पूँजी का पूरा लाभ उठाएँ

अब तक हमने बाहर से लिए गए श्रम का लाभ उठाने की वकालत की है, लेकिन आप ऋण पर ली गई पूँजी का भी फायदा उठा सकते हैं।

ऐसी पूँजी का लाभ उठाने का मतलब है, पैसे के इस्तेमाल से अतिरिक्त सरप्लस वैल्यू पर कब्जा जमाना। एकदम मौलिक रूप में, इसका मतलब होता है- जहाँ भी मशीनों से लागत कम हो, वहाँ श्रम की ज़रूरत को समाप्त करने के लिए मशीनों की खरीदारी। आज पूँजी का लाभ उठाने का सबसे दिलचस्प उदाहरण है, पैसे का इस्तेमाल अच्छे उपायों को 'नए की तरह पेश करना' जो पहले ही अपने आपको किसी खास स्थानीय परिस्थिति में साबित कर चुके हैं। वास्तव में, इस पूँजी का उपयोग किसी खास फॉर्मूले से सामने आए व्यावहारिक तरीके को अपनाना और उसे कई गुना बढ़ाना है। सभी प्रकार के सॉफ्टवेयर वितरण, मैकडोनाल्ड जैसे फास्ट-फूड (जो अब उतने भी फास्ट-फूड नहीं रहे) रेस्टोरेंट का फॉर्मूला और सॉफ्ट ड्रिंक की सप्लाई का जाल पूरी दुनिया में बिछाना इसके उदाहरण हैं।

सारांश

80/20 के सिद्धांत को बढ़ते लाभ से समझा जा सकता है, जिसमें जीतनेवाला सबकुछ अपने नाम कर लेता है। ऐसे लोग जो सही मायने में महत्वाकांक्षी हैं, उन्हें अपने क्षेत्र में सबसे आगे जाने का लक्ष्य रखना चाहिए।

अपने क्षेत्र का चुनाव ध्यान से करें। उसमें विशिष्टता प्राप्त करें। उस काम को चुनें, जो आपके लिए बना है। आप तब तक बेहतरीन नहीं हो सकते जब तक कि आप जो कर रहे हैं, उसमें आपको मज़ा न आए।

सफलता के लिए जानकारी ज़रूरी है। लेकिन सफलता के लिए यह ज्ञान भी होना चाहिए कि वह क्या है जिससे कि संसाधनों के सबसे कम इस्तेमाल से ग्राहकों को सबसे अधिक संतुष्ट किया जा सकता है। उस क्षेत्र का पता लगाएँ, जहाँ 20 प्रतिशत संसाधनों से 80 प्रतिशत लाभ हासिल किया जा सकता है।

अपने करियर की शुरुआत में, वह सबकुछ सीख लें जिन्हें सीखना ज़रूरी है। ऐसा आप सबसे अच्छी कंपनियों और उनमें सबसे अच्छे लोगों के साथ काम करके ही कर सकते हैं। यहाँ 'सबसे अच्छे' को आपके चुने हुए पसंदीदा क्षेत्र के आधार पर ही तय किया जा सकता है।

लाभ उठाने के चार तरीकों को अपनाएँ। सबसे पहले, अपने समय का पूरा उपयोग करें। दूसरा, उसका शत-प्रतिशत लाभ उठाने के लिए स्वरोज़गार शुरू करें। तीसरा, जहाँ तक संभव हो शुद्ध लाभ देनेवाले अधिक से अधिक लोगों को काम पर रखें। चौथा, उन सारे कामों को दूसरों से करवाएँ, जिनमें आप और आपके सहकर्मी दूसरों से कई गुना बेहतर नहीं हैं।

अगर आप यह सब करते हैं, तो आप अपने करियर को एक कंपनी में बदल पाएँगे, जो आपकी कंपनी होगी। इस चरण में, पूँजी का लाभ उठाकर उसे कई गुना बढ़ाएँ।

पैसे को कई गुना बढ़ाना

अगर आप सफल करियर बनाना चाहते हैं, तो शायद आपकी दिलचस्पी अपने पैसे को कई गुना बढ़ाने में भी होगी। जैसा कि हम अध्याय 14 और 15 में देखेंगे, यह दोनों ही काफी आसान और जितना सोचा जाता है, उससे कम महत्त्व का है।

14
पैसा, पैसा, पैसा

उन सभी को जिनके पास पहले से है, उन्हें और दिया जाएगा और उनके पास अथाह पैसा होगा, लेकिन यह उनसे लेकर दिया जाएगा, जिनके पास नहीं है और जो है उसे भी छीन लिया जाएगा।

मैथ्यू 25:29

यह एक और वैकल्पिक अध्याय है, जो उन लोगों के लिए बनाया गया है, जिनके पास कुछ पैसा है और वे यह जानना चाहते हैं कि इसे कैसे बढ़ाया जाए।

यदि भविष्य बिलकुल अतीत की तरह हो, तो धन को बढ़ाना काफी आसान है। आपको बस इसे सही जगह पर रखना है और फिर इसे वहीं छोड़ देना है।

पैसा 80/20 के सिद्धांत का पालन करता है

यह संयोग नहीं था कि जिसे आज हम 80/20 सिद्धांत के नाम से जानते हैं, उसका पता विल्फ्रेड पारेतो ने उस समय लगाया था, जब वे आय और धन के वितरण पर शोध कर रहे थे। उन्होंने पाया कि पैसे का बँटवारा अनुमानित और भारी असंतुलित रूप से हो रहा था। ऐसा लगता है, जैसे पैसे ही नहीं चाहते कि उसे समान रूप से बाँटा जाए :

* जब तक अधिक कमाईवालों से ज़्यादा टैक्स लेकर उसे फिर से बाँटा नहीं जाता, तब तक आमदनी का वितरण समान नहीं होता। इसमें थोड़े लोग कुल आय का ज़्यादातर हिस्सा अपनी जेब में डाल लेते हैं।
* यहाँ तक कि आय के साथ बढ़ते टैक्स के बावजूद, धन आय से और भी अधिक असमान पैटर्न को अपनाता है। आय को समान बनाना आसान है लेकिन धन को समान बनाना बेहद मुश्किल।
* इसका कारण यह है कि अधिकांश धन आय से ज़्यादा निवेश से इकट्ठा किया

जाता है और इस कारण कि निवेश पर आमदनी आय से होनेवाले लाभ से और भी अधिक असमान होती है।

* चक्रवृद्धि के कारण निवेश और ज़्यादा धन पैदा करता है। उदाहरण के लिए, औसत रूप से शेयरों की कीमत सालाना 12.5 प्रतिशत तक बढ़ सकती है। इसका मतलब है कि 1950 में 100 पाउंड का निवेश 2017 में 2,39,795 पाउंड हो जाएगा। सामान्य रूप से, यदि बेहिसाब महंगाई न हो तो निवेश पर वास्तविक लाभ (महंगाई के असर को छोड़कर) काफी अधिक होता है।

* निवेश पर चक्रवृद्धि लाभ में काफी अंतर होता है: कुछ निवेश दूसरों की तुलना में ज़्यादा बेहतर होते हैं। इससे यह स्पष्ट हो जाता है कि क्यों धन का वितरण इतना असमान होता है। इससे काफी अंतर आता है कि आप धन की सालाना चक्रवृद्धि ब्याज की दर क्या तय करते हैं, जैसे 5, 10, 20 या 40 प्रतिशत। इन दरों के हिसाब से 10 साल के लिए 1000 पाउंड पर चक्रवृद्धि लाभ तय किया जाए, तो क्रमशः 1629, 2593, 6191 या 28,925 पाउंड प्राप्त होगा! सालाना आठ गुना लाभ पाने के लिए, 40 प्रतिशत की दर से चक्रवृद्धि ब्याज तय करने पर 5 प्रतिशत की तुलना में लगभग 18 गुना अधिक लाभ प्राप्त होता है और यह जितनी लंबी अवधि के लिए होगा, लाभ उतना ही अधिक असमान होता चला जाएगा।

यह भी विचित्र है कि कुछ खास कैटेगरी के निवेश और निवेश की कुछ रणनीतियाँ धन इकट्ठा करने के लिए दूसरे तरीकों से उम्मीद के मुताबिक काफी बेहतर होती हैं।

पैसे कमाने के 80/20 के उपाय

* रोजगार से होनेवाली कमाई के मुकाबले आप निवेश से होनेवाली कमाई से ज़्यादा धनी हो सकते हैं या आपका धन सबसे ज़्यादा तेजी से बढ़ेगा। इसका मतलब है कि निवेश में पैसे डालने के लिए शुरुआत में ही पर्याप्त धन इकट्ठा करने का लाभ मिलता है। निवेश की शुरुआत करने के लिए धन इकट्ठा करने में आपको आमतौर पर कड़ी मेहनत के साथ खर्च में कमी करनी पड़ती है: कुछ समय के लिए शुद्ध आय खर्च से अधिक होनी चाहिए।

  इस नियम के अपवादों में विरासत में प्राप्त धन या अन्य उपहार, किसी धनी परिवार में विवाह करना, लॉटरी से छप्परफाड़ धन मिलना या अन्य प्रकार

का जुआ और अपराध भी शामिल हैं। पहले का अनुमान नहीं लगाया जा सकता है, तीसरे की संभावना इतनी कम होती है कि उसे खारिज कर देना चाहिए, चौथे की सलाह नहीं दी जाती इसलिए सिर्फ दूसरे पर ही योजनाबद्ध रूप से काम किया जा सकता है और उसका नतीजा भी अनिश्चित ही होता है।

* निवेश पर चक्रवृद्धि दर से होनेवाले लाभ के कारण आप या तो जीवन की शुरुआत में ही निवेश कर धनी बन सकते हैं, या लंबे समय तक जीवित रहकर या दोनों ही से। जल्दी शुरुआत करने की रणनीति को ही अपने वश में किया जा सकता है।

* जितनी जल्दी संभव हो, उन सिद्धांतों पर आधारित एक नियमित, दूरगामी निवेश की रणनीति बनाएँ, जो पहले भी काफी कारगर साबित हुई है।

तो फिर 20 प्रतिशत धन के निवेश से हम 80 प्रतिशत लाभ कैसे प्राप्त कर सकते हैं? इसका उत्तर निवेश पर कोच के 10 सुझावों का पालन करने में छिपा है, जिसे चित्र 43 में दिया गया है।

---

1. आपके निवेश के तरीके में आपके व्यक्तित्व की झलक होनी चाहिए
2. सक्रिय और असंतुलित बनें
3. मुख्य रूप से शेयर बाज़ार में निवेश करें
4. लंबे समय के लिए निवेश करें
5. सबसे अधिक तब निवेश करें जब बाज़ार मंदा हो
6. अगर आप जोखिम नहीं उठा सकते, तो बाज़ार पर नज़र रखिए
7. अपनी दक्षता के आधार पर निवेश करें
8. उभरते बाज़ारों की खूबियों पर विचार करें
9. नुकसान पहुँचानेवालों को बेच डालें
10. लाभ को बढ़ाते जाएँ

चित्र 43 निवेश पर कोच के 10 सुनहरे नियम

आपके निवेश के तरीके में आपके व्यक्तित्व की झलक होनी चाहिए

सफल व्यक्तिगत निवेश का मंत्र यह है कि आप अपने व्यक्तित्व और कौशल के अनुसार सिद्ध हो चुकी तकनीक में से किसी एक को चुनें। ज़्यादातर निजी निवेशक इस कारण विफल हो जाते हैं क्योंकि वे ऐसी तकनीकों का इस्तेमाल करते हैं, जो मान्य होने के बावजूद व्यक्तिगत रूप से उनके अनुकूल नहीं होती। निवेशक को लगभग 10 सफल रणनीतियों में से उसे चुनना चाहिए, जो उसके स्वभाव और ज्ञान से मेल खाता है। उदाहरण के लिए:

* अगर आपको अंकों की बाजीगरी आती है और आप विश्लेषण करते हैं, तो आपको निवेश के किसी एक विश्लेषणात्मक तरीके का मुरीद बन जाना चाहिए। इनमें से जो मुझे सबसे अधिक पसंद है वह है मूल्य निवेश (लेकिन अगला प्वाइंट देखिए), जिसमें आय में तेजी का पता लगाया जाता है और वारंट जैसे स्पेशलिस्ट इनवेस्टमेंट किए जाते हैं।

* अगर आप निराशावाद से कहीं अधिक आशावाद का समर्थन करते हैं, तो किसी भी हद से ज़्यादा विश्लेषणात्मक तरीके से बचें, जैसा कि ऊपर बताया गया है। आशावादी अक्सर अच्छे निवेशक नहीं बन पाते इसलिए यह सुनिश्चित करें कि आपके निवेश सच में इंडेक्स को पछाड़ रहे हैं। अगर ऐसा नहीं होता, तो उन्हें बेच दें और पैसे को इंडेक्स-ट्रैकिंग फंड में डाल दें।

कभी-कभी आशावादी, जो इस मामले में 'दूरदर्शी' कहलाने के हकदार हैं, वे इस कारण ज़बरदस्त निवेशक साबित होते हैं कि वे दो या तीन ऐसे शेयर चुनते हैं, जिनमें उनके हिसाब से बेहिसाब संभावना होती है। लेकिन आप अगर आशावादी हैं, तो अपने जोश पर काबू रखिए और पूरी सावधानी के साथ लिखकर बताइए कि आप जिन शेयरों को पसंद करते हैं, वे इतने आकर्षक क्यों हैं। उन्हें खरीदने से पहले दिमाग से काम लीजिए। और नुकसान करा रहे हर शेयर को बेच डालिए, भले ही आप उनके साथ भावनात्मक रूप से क्यों न जुड़े हों।

अगर आप ना तो विश्लेषक हैं ना ही 'दूरदर्शी' बल्कि दुनियादार किस्म के व्यक्ति हैं, तो आपको या तो किसी ऐसे क्षेत्र में दक्षता प्राप्त करनी चाहिए, जिसके बारे में आप काफी कुछ जानते हैं या उन सफल निवेशकों के नक्शेकदम पर चलिए जिनका इंडेक्स को मात देने का बेदाग रिकॉर्ड रहा है।

सक्रिय और असंतुलित बनें

सक्रिय बनने का मतलब है कि अपने निवेश के फैसले आप खुद करें। सलाहकारों और मनी मैनेजरों से खतरा इस बात का ही नहीं कि वे मुनाफे की मलाई हजम कर जाते हैं बल्कि इससे बड़ी समस्या ये है कि वे उस प्रकार का विविध पोर्टफोलियो बनाने का सुझाव नहीं देते या उसे अमल में नहीं लाते, जो भारी कमाई का रास्ता है। ऐसा कहा जाता है कि निवेश विभिन्न प्रकार के माध्यमों, जैसे कि बॉन्ड, स्टॉक, कैश, रियल एस्टेट, सोना और संग्रह की जानेवाली वस्तुओं पर करने से जोखिम कम से कम हो जाता है। लेकिन जोखिम को कम से कम करने की बात बढ़ाचढ़ाकर कही जाती है। अगर आप इतना अमीर बनना चाहते हैं कि अपने भविष्य की जीवनशैली को बदल दें, तो आपको औसत से अधिक लाभ की ज़रूरत है। इसकी संभावना तब अधिक हो जाएगी जब आप विविध प्रकार के शेयर का पोर्टफोलियो रखें। और इसका मतलब यह भी है कि आपके निवेश सीमित हों: ऐसे जिनके बारे में आप निश्चित हों कि वे आपको ज़्यादा लाभ देंगे। और इसका मतलब यह भी है कि आपको एक माध्यम में निवेश करना चाहिए...।

मुख्य रूप से शेयर बाज़ार में निवेश करें

अगर आप किसी बेहद गुप्त किस्म के निवेश माध्यम के एक्सपर्ट नहीं हैं, जैसे कि उन्नीसवीं सदी के चीनी सिल्क के पर्दों या खिलौनेवाले सैनिकों के, तो सबसे अच्छा माध्यम शेयर बाज़ार है।

लंबे समय की बात करें, तो ऐसा देखा गया है कि स्टॉक (जिसे शेयर या इक्विटी भी कहते हैं) में निवेश का बैंक या सरकारी या कॉरपोरेट बॉन्ड जैसे ब्याज देनेवाले निवेशों की तुलना में अधिक लाभ मिला है। उदाहरण के लिए, मैंने यूके में हिसाब लगाया कि अगर आपने 1950 में किसी बिल्डिंग सोसाइटी में 100 पाउंड का निवेश किया होता, तो 1992 में आप 813 पाउंड कमा लेते। लेकिन उसी 100 पाउंड को शेयर बाज़ार में लगाया गया होता तो 14,198 पाउंड की आय होती, जो उसके 17 गुना के बराबर है। अमेरिका के लिए और अन्य किसी भी बड़े शेयर बाज़ार के लिए भी ऐसी ही गणना की जा सकती है।

एनी शाइबर एक निजी अमेरिकी निवेशक हैं, जो शेयर बाज़ार में कोई बड़ी माहिर नहीं है, फिर भी उन्होंने द्वितीय विश्व युद्ध के तुरंत बाद 5000 डॉलर ब्लूचिप स्टॉक यानी बड़ी और टिकाऊ कंपनियों में लगा दिए। 1995 आते-आते 5000

डॉलर बढ़कर 22 मिलियन डॉलर हो चुका था: यानी मूलधन का 4,40,000 प्रतिशत!

जिन्हें बहुत ज़्यादा जानकारी नहीं, उनके लिए शेयर बाज़ार तुलनात्मक रूप से निवेश का आसान माध्यम है।

लंबे समय के लिए निवेश करें

किसी एक शेयर की या अपने तमाम शेयरों की खरीद-बिक्री में जल्दबाजी मत कीजिए। जब तक कि आपके शेयर साफ तौर पर घाटे में नहीं जा रहे हैं, तब तक उन्हें रखिए और वर्षों तक रखिए। शेयरों को खरीदना और बेचना धन और समय दोनों के लिहाज से खर्चीला होता है। यदि संभव हो, तो 10 साल तक या उससे भी बेहतर होगा कि 20, 30 या 50 साल तक की सोच को लेकर चलिए। अगर आप पैसे को शेयरों में थोड़े समय के लिए लगाएँगे, तो सही मायने में आप निवेश नहीं कर रहे बल्कि जुआ खेल रहे हैं। अगर आपके मन में पैसे निकालने और उसे खर्च करने का लालच आया, तो आप निवेश करने के बजाए खर्चे को टालने का काम कर रहे हैं।

बेशक, एक समय आएगा जब आपकी इच्छा होगी कि अपने वारिसों को अपनी दौलत सौंपने से पहले उसका मज़ा खुद भी लें। वैसे, दौलत का सबसे अच्छा इस्तेमाल एक नई जीवनशैली को अपनाने में किया जाता है। जब आप तय कर सकते हैं कि अपना समय कैसे बिताएँ, किस करियर को चुनें या कौन सा काम करें, जिसमें आपको सबसे अधिक आनंद आता है। उसके बाद निवेश की अवधि समाप्त हो जाती है। लेकिन इस तरह की स्थिति में आने के लिए जब तक आपके पास पर्याप्त पैसा न हो, तब तक उसे इकट्ठा करते जाएँ।

सबसे अधिक निवेश तब करें जब शेयर बाज़ार मंदा हो

वैसे तो इसकी कीमत समय के साथ बढ़ती जाती है, लेकिन शेयर बाज़ार चक्र की तरह घूमता है, जिसकी एक वजह यह है कि यह आर्थिक चक्र से जुड़ा होता है लेकिन मुख्य वजह यह है कि मनोदशा बदलती रहती है। यह कमाल की बात है, लेकिन फैशन, सांसारिक उपभोग, आशा और भय जैसी बेतुकी चिंता कीमतों को बढ़ा या घटा सकती है। पारेतो ने स्वयं इस बात पर गौर किया था:

> आचार-विचार, धर्म, और राजनीति में हम भावनाओं की एक लय को देखते हैं, जो व्यापार के चक्र के जैसा लगता है...

जब तरक्की हो रही होती है तब ऐसे सारे तर्क स्वीकार कर लिए जाते हैं कि कोई उपक्रम पैसे कमाएगा, जबकि घाटे के समय ऐसी किसी भी दलील को सिरे से खारिज कर दिया जाएगा... ऐसा व्यक्ति जो घाटे के समय भी कुछ शेयरों को खरीदने से इनकार कर देता है और जिसे लगता है कि वह सिर्फ तर्क पर चलता है, अनजाने में ही हज़ारों छोटी-छोटी बातों के आगे घुटने टेक देता है, जिन्हें हर दिन आर्थिक समाचारों में सुनता-पढ़ता है। आगे चलकर जब उनमें उछाल आता है, तब वह उन्हीं शेयरों को या उनके जैसे शेयर खरीदता है, जिनमें सफलता की संभावना नहीं रह जाती है। तब वह फिर से सोचता है कि वह केवल तर्क के हिसाब से चल रहा है और इस बात से अनजान रहता है कि अविश्वास से विश्वास में उसका बदलाव उसके आसपास के माहौल में पैदा होनेवाली भावनाओं पर निर्भर करता है...

शेयर बाज़ार में यह बात सब जानते हैं कि लोग उस वक्त खरीदारी करते हैं जब बाज़ार उछाल पर होता है और जब गिर रहा होता है तब बेचते हैं। इस व्यवसाय में ज़्यादा दिन बितानेवाले फाइनेंसर अपने सोच-समझ का पूरा इस्तेमाल करते हैं और कभी-कभी भले ही भावनाओं में बह जाएँ, लेकिन परिस्थितियों के विपरीत ही काम करते हैं, यही उनके लाभ का मुख्य स्रोत होता है। जब बाज़ार बूम पर होता है तब औसत बुद्धिवाला भी यह कह सकता है कि यह उछाल जारी रहेगा और कई लोग उसकी बातों में आ भी जाते हैं, लेकिन आपने उससे यदि यह कहा कि कीमत किसी हाल में अनिश्चित काल तक ऊपर नहीं जा सकती है, तो जान लीजिए कि वह आपकी बात नहीं सुनेगा।

इसी थ्योरी के आसपास मूल्य निवेश की एक पूरी विचारधारा पली-बढ़ी है: इसके अनुसार खरीदना तब चाहिए जब पूरा शेयर बाज़ार या कोई एक शेयर मंदा है और बेचें तब जब वह उछाल पर है। दुनिया में अब तक के सबसे सफल निवेशकों में से एक, बेंजामिन ग्राहन ने मूल्य निवेश के नियमों की पुस्तक लिखी और उनके नियम हर बार सही साबित हुए हैं।

मूल्य निवेश से जुड़े कई नियम हैं, जो आपका मार्गदर्शन करेंगे। इन्हें एकदम सरल बना दिया गया है, फिर भी 20 प्रतिशत स्थान में उनके 80 प्रतिशत मूल्य को समेटने के लिए, तीन नियम हैं जो आपके काम आ सकते हैं:

* शेअर उस समय मत खरीदिए जब सब खरीद रहे हैं और सब इस बात से

सहमत हैं कि शेयर बाज़ार केवल ऊपर जा सकता है। इसकी बजाए, खरीदें तब जब सभी उम्मीद छोड़ चुके हों।

* यह जानने के लिए कि शेयर महंगे हैं या सस्ते, कीमत/आय (P/E – Price/Earning) के अनुपात का इस्तेमाल एकमात्र मापदंड के रूप में करें। किसी शेयर का P/E वह कीमत है, जो टैक्स के बाद की आय से विभाजित करने पर निकलती है। उदाहरण के लिए, एक शेयर की कीमत यदि 250 सेंट है और इसकी आय प्रति शेयर 25 सेंट है, तो उस शेयर की P/E 10 होगी। यदि शेयर की कीमत आशावाद की अवधि में बढ़कर 500 सेंट हो जाती है, लेकिन प्रति शेयर आय अब भी 25 सेंट ही है, तो उसकी P/E अब 20 है।

* आमतौर पर, 17 से ज्यादा P/E शेयर बाज़ार के लिए कुल मिलाकर खतरे का संकेत होती है। बाज़ार जब इतनी ऊँचाई पर होता है तब भारी निवेश मत कीजिए। 12 से कम P/E खरीदारी करने का संकेत देती है और 10 से नीचे तो खरीदारी का निश्चित संकेत है। आपका स्टॉक ब्रोकर या कोई भी अच्छा फाइनेंशियल अखबार आपको बता देगा कि बाज़ार की मौजूदा औसत P/E क्या है। अगर यह पूछा जाए कि आपका मतलब किस P/E से है, तो ज्ञानी व्यक्ति की तरह बोलिए 'ऐतिहासिक P/E, बेवकूफ'।

अगर आप जोखिम नहीं उठा सकते, तो बाज़ार पर नज़र रखिए

कुछ उसूलों को अपनाकर और अपने व्यक्तित्व तथा कौशल के अनुसार तरीका विकसित कर यह काफी हद तक संभव है कि आप निवेश का ऐसा रास्ता अपनाएँ, जो शेयर बाज़ार के औसत से काफी बेहतर हो। इन संभावनाओं पर नीचे विचार किया गया है। लेकिन इसकी संभावना अधिक है कि अपने ही निवेशों को चुनने से शेयर बाज़ार के तय मानकों के मुकाबले आपका प्रदर्शन उतना अच्छा न हो।

यदि ऐसा होता है या आप नुकसान से बचने के लिए अपने तरीके को बिलकुल भी आजमाना नहीं चाहते हैं, तो आपको 'सूचकांक पर नज़र' रखनी चाहिए।

इंडेक्स ट्रैकिंग को मार्केट ट्रैकिंग भी कहा जाता है, जिसका मतलब है उन शेयरों को खरीदना जो स्टॉक मार्केट इंडेक्स में हैं। ऐसे में आप शेयर तभी बेचते हैं जब वे इंडेक्स से बाहर हो जाते हैं (ऐसा खराब प्रदर्शनवाले शेयरों के साथ होता

है) और आप नए शेयर सिर्फ तब खरीदते हैं, जब उन्हें इंडेक्स में शामिल किया जाता है।

आप इंडेक्स पर खुद से नज़र रख सकते हैं और इसके लिए आपको बाज़ार की खबरें देनेवाले प्रेस पर गौर करते रहना होगा। इसके अलावा, आप अपना पैसा किसी 'ट्रैकर फंड' में भी डाल सकते हैं, जिन्हें फंड मैनेजर चलाते हैं, जो एक छोटी सी सालाना फीस के बदले आपके लिए इस काम को कर देंगे।

आप अलग-अलग फंड को चुन सकते हैं, जो इस पर निर्भर करेगा कि आप किस बाज़ार को चुनते हैं। आमतौर पर, अपने घरेलू बाज़ार को चुनना सबसे सुरक्षित होता है और उस फंड ट्रैकिंग इंडेक्स में पैसा लगाना चाहिए, जिसमें सबसे बड़े और सबसे अच्छे शेयर (जिन्हें 'ब्लू चिप' कहा जाता है) शामिल रहते हैं।

इंडेक्स ट्रैकिंग में जोखिम काफी कम होता है और इसके बावजूद, लंबे समय में वे अच्छा पैसा भी दे जाते हैं। अगर आप इस तरीके पर चलना चाहते हैं, तो आपके लिए पहले छह निर्देश ही काफी हैं। अपना चुनाव करने में आपको मज़ा और मुनाफा दोनों ही ज़्यादा होगा, भले ही जोखिम अधिक रहेगा। उस मामले में अगले चार निर्देश लागू होते हैं। हालाँकि, याद रखिए कि इस निर्देश से आपको इंडेक्स ट्रैकिंग की तरफ लौटना होगा जब तक कि आप निवेश की अपनी कार्यनीति से इंडेक्स के जोखिम को कम नहीं कर लेते हैं। अगर ऐसा नहीं होता तो नुकसान कम कीजिए और इंडेक्स पर नज़र रखिए।

अपनी दक्षता के आधार पर निवेश करें

80/20 सिद्धांत का सार ही यही है कि कुछ चीज़ों को अच्छी तरह जानें, उसके विशेषज्ञ बनें।

यह नियम निवेश पर विशेष रूप से लागू होता है। अगर आप खुद से तय कर रहे हैं कि कौन से शेयर खरीदें, तो उस क्षेत्र में विशेष जानकारी हासिल करें, जिसके आप कुछ हद तक एक्सपर्ट हैं।

विशेष जानकारी होने का एक बड़ा लाभ यह होता है कि आपके पास असीम संभावनाएँ होती हैं। उदाहरण के लिए, आप उस उद्योग के शेयरों के माहिर बन सकते हैं, जिसमें आप काम करते हैं या अपने शौक, अपने स्थानीय इलाके या ऐसी किसी भी चीज़ में; जिसमें आपकी दिलचस्पी है। उदाहरण के लिए अगर आपको शॉपिंग का शौक है, तो आप खुदरा विक्रेताओं के शेयर के माहिर बन

सकते हैं। फिर अगर आप देखते हैं कि एक नई रिटेल चेन खुल रही है, जिसमें हर नए स्टोर के पास पक्के ग्राहक हैं, तो हो सकता है आप उनके शेयर में निवेश करना चाहें।

शुरुआत में आप भले ही एक्सपर्ट न हों, लेकिन कुछ शेयरों की विशेष जानकारी से लाभ मिल सकता है। उदाहरण के लिए जो किसी खास उद्योग के हैं ताकि आप उस क्षेत्र के बारे में ज़्यादा से ज़्यादा जान सकें।

उभरते बाज़ारों की खूबियों पर विचार करें

उभरते बाज़ारों के अंतर्गत ऐसे शेयर बाज़ार आते हैं, जो विकसित देशों के बाहर होते हैं। ऐसे देशों में जहाँ की अर्थव्यवस्था तेजी से बढ़ रही है और जहाँ शेयर बाज़ार भी विकसित हो रहा है। उभरते बाज़ारों में एशिया के अधिकांश देश (लेकिन जापान नहीं) अफ्रीका, भारतीय उपमहाद्वीप, दक्षिण अमेरिका, मध्य और पूर्वी यूरोप के गैर-कम्युनिस्ट देश और यूरोप के पुर्तगाल, ग्रीस और टर्की जैसे हाशिए पर खड़े देश शामिल हैं।

बुनियादी सिद्धांत एकदम सरल है। शेयर बाज़ार के प्रदर्शन का किसी अर्थव्यवस्था के संपूर्ण विकास से गहरा संबंध होता है। इस कारण, उन देशों में निवेश करें, जिनका मौजूदा और अनुमानित जीएनपी विकास सबसे तेज है, जिनके कारण उन्हें उभरता बाज़ार कह सकते हैं।

कुछ अन्य कारण भी हैं कि उभरते बाज़ारों में निवेश का काफी लाभ मिल सकता है। उनके पास भविष्य के निजीकरण को लेकर बड़ी हिस्सेदारी होती है और आमतौर पर उनमें पैसे कमाने की संभावना अधिक होती है। 1990 के आसपास साम्यवाद के अचानक और विचित्र अंत ने कई उभरते देशों को अधिक मुक्त-बाज़ार की आर्थिक नीतियों को अपनाने के लिए मज़बूर कर दिया, जो अनिवार्य सामाजिक उथल-पुथल के बाद अपना रास्ता निकाल रहे थे और जहाँ निवेशकों के लिए लाभ अधिक था। फिर उभरते देशों के शेयर अक्सर काफी अच्छे होते हैं क्योंकि उनका कीमत/आय (P/E) अनुपात काफी कम होता है। बाज़ार जैसे जैसे विकसित और परिपक्व होता है और कंपनियाँ बड़ी होती जाती हैं, कीमत/आय झ/ए के अनुपात बढ़ते जाते हैं, जिससे शेयरों की कीमतें तेजी से बढ़ती हैं।

लेकिन उभरते बाज़ारों में निवेश निश्चित रूप से घरेलू बाज़ार में निवेश करने की तुलना में ज़्यादा जोखिम भरा होता है। कंपनियाँ नई और कम स्थिर होती हैं,

राजनीतिक बदलाव से या जिन्सों की कीमतों में कमी से पूरे देश का शेयर बाज़ार धराशायी हो सकता है, मुद्रा में गिरावट (और उसके साथ आपके शेयर की कीमतों में गिरावट) आ सकती है और आपने जितनी आसानी से पैसे डाले थे, उन्हें निकालना उतना ही मुश्किल हो सकता है। इसके साथ ही, स्प्रेड और कमीशन की बात करें, तो विकसित बाज़ारों में निवेश की कीमत काफी ज़्यादा होती है। इसकी आशंका ज़्यादा रहती है कि कोई मार्केट मेकर आपको ठग ना ले।

उभरते बाज़ारों में निवेश करनेवाले को तीन नीतियों का पालन हर हाल में करना चाहिए। पहला है उभरते बाज़ार में अपने कुल पोर्टफोलियो के छोटे हिस्से में यानी 20 प्रतिशत तक निवेश करना। दूसरा है अपने अधिकांश उभरते बाज़ार के फंड में तभी निवेश करें जब बाज़ार गिरावट पर हो और जिन देशों में आप निवेश कर रहे हैं, उनकी औसत कीमत/आय 12 से नीचे है। तीसरा है लंबे समय के लिए निवेश करना और सिर्फ तभी अपना पैसा निकालना जब कीमत/आय काफी अधिक हों।

लेकिन इन सावधानियों के साथ ही, यह जान लें कि उभरते बाज़ार लंबे समय में काफी अच्छा प्रदर्शन करते हैं और उनमें थोड़ा-बहुत निवेश करना बुद्धिमानी के साथ ही रोचक भी हो सकता है।

नुकसान पहुँचानेवाले शेअर्स को बेच डालें

यदि कोई भी शेयर (आपने जो कीमत अदा की उसके) 15 प्रतिशत से नीचे गिर जाता है, जो उसे बेच दीजिए। इस नियम का पालन सख्ती के साथ और निरंतर करें।

अगर आप बाद में उसे उससे कम कीमत पर खरीदना चाहते हैं, तो तब तक इंतज़ार कीजिए जब तक कि कीमत गिरना बंद न हो जाए, कम से कम कुछ दिनों तक (और बेहतर होगा यदि हफ्तों तक) और तब आप फिर से निवेश करें।

इस 15 प्रतिशत के नियम को नए निवेश पर भी लागू करें यानी नुकसान को 15 प्रतिशत पर ही रोक दें।

इस निर्देश का केवल एक अपवाद है और वह तब लागू होता है जब आप बहुत लंबे समय के निवेशक हैं, जो बाज़ार के ऊपर-नीचे होने की परवाह नहीं करते और आपके पास इतना समय नहीं कि निवेशों पर नज़र रख सकें। जिन लोगों

ने 1929-32, 1974-75 और 1987 में बाज़ार के धराशायी होने पर भी अपने शेयर नहीं बेचे, उन्होंने लंबे समय में अच्छी कमाई की होगी। जिन लोगों ने 15 प्रतिशत की गिरावट के बाद बेच दिया होगा (जहाँ संभव हुआ होगा) और जब बाज़ार 15 प्रतिशत चढ़ा होगा तब उन्हें फिर से खरीद लिया होगा, उन्होंने उनसे भी अच्छी कमाई की होगी।

इस 15 प्रतिशत के नियम की मुख्य बात यह है कि यह अलग-अलग शेयरों पर लागू होता है, पूरे बाज़ार पर नहीं। अगर कोई एक शेयर 15 प्रतिशत गिर जाता है, लेकिन बाज़ार उतना नहीं गिरता, जैसा कि अक्सर होता है तो उसे बेच दीजिए। हालाँकि, कुछ मामलों में लंबे समय तक शेयर बाज़ार के साथ बने रहने पर (या कई प्रकार के शेयर रखने पर) घाटा भी हुआ है, जब किसी एक या कुछ गिरते शेयरों का साथ न छोड़ने पर कई लोगों को नुकसान उठाना पड़ा। अलग-अलग शेयरों के मामले में, भविष्य को लेकर सबसे अच्छा संकेत वर्तमान में ही मिल जाता है।

लाभ को बढ़ाते जाएँ

नुकसान कम करें, लेकिन अपने लाभ कम न करें। अच्छे निवेश का सबसे अच्छा दूरगामी संकेत अल्पकालिक लाभ होता है, जिसे बार-बार दोहराया जाए! तुरंत लाभ कमाने के लालच से बचें। यहीं कई व्यक्तिगत निवेशक सबसे बड़ी चूक करते हैं: वे अच्छा मुनाफा कमाते हैं लेकिन उससे भी बड़ा मुनाफा गँवा देते हैं। मुनाफा कमाने से कभी कोई कंगाल नहीं हुआ, लेकिन उसी प्रक्रिया को अपनाकर कई लोग कभी अमीर नहीं बन पाए!

अब भी निवेश के विषय में 80/20 के दो ऐसे नियम बाकी हैं, जिनके बारे में हमने नहीं जाना है:

* अगर लंबे समय तक बड़ी संख्या में रखे गए निवेश पोर्टफोलियो की तुलना करें, तो आमतौर पर यह सच होता है कि 20 प्रतिशत पोर्टफोलियो से 80 प्रतिशत लाभ मिल सकता है।
* व्यक्तिगत शेयर धारक यदि किसी पोर्टफोलियो को लंबे समय तक रखता है, तो सामान्य रूप से उसे 80 प्रतिशत लाभ 20 प्रतिशत निवेश से प्राप्त होगा। सिर्फ इक्विटीवाले पोर्टफोलियो में, 80 प्रतिशत लाभ 20 प्रतिशत शेयरों से मिलेगा।

इस नियम के सही साबित होने का कारण यह है कि कुछ निवेश अपने प्रदर्शन से चौंका देते हैं, जबकि अधिकांश ऐसा नहीं कर पाते हैं। ऐसे कुछ सुपरस्टार शेयर जबरदस्त मुनाफा दे सकते हैं। इस कारण, यह बेहद महत्वपूर्ण है कि पूरी प्रक्रिया के दौरान ऐसे सुपरस्टार पोर्टफोलियो में बने रहें ताकि मुनाफा बढ़ता जाए। अनीता ब्रूकनर के एक उपन्यास के एक किरदार ने मौत से पहले ये आखिरी शब्द कहे थे: 'ग्लैक्सो को कभी मत बेचना।'

1950 या 1960 के दशक में आईबीएम, मैकडोनाल्ड, जेरॉक्स या मार्क्स एंड स्पेंसर्स, 1970 के दशक में शेल, जीई, लॉनरो, बीटीआर या स्वीडन की दवा कंपनी एस्ट्रा में, 1980 के दशक में अमेरिकन एक्सप्रेस, बॉडी शॉप या कैडबरी श्वेपे में या उसके बाद के दशक में माइक्रोसॉफ्ट में 100 प्रतिशत लाभ आसानी से लिया जा सकता था। जिन निवेशकों ने इस लाभ को ले लिया होगा वे बाद में उनकी कीमतों में आए उछाल का लाभ उठाने से वंचित रह गए होंगे।

अच्छा कारोबार लगातार एक ऐसा गुणकारी चक्र बनाता रहता है, जिसके कारण लगातार बेहतर प्रदर्शन जारी रहता है। जब यह चाल उल्टी होने लगती है और जो कई दशक बाद होती है, तब आपको बेचने पर विचार करना चाहिए। एक बार फिर, अच्छा नियम यही है कि तब तक मत बेचिए जब तक कि किसी शेयर की कीमत उसके हाल की ऊँची दर से 15 प्रतिशत कम न हो जाए।

इसके लिए, आप 'लॉक-गेन' प्राइस सेट कर लीजिए, जिसके अनुसार ऊँची कीमत से 15 प्रतिशत की गिरावट पर आप शेयर को बेचेंगे। 15 प्रतिशत की गिरावट ट्रेंड का अंदाज़ा दे सकती है। नहीं तो, तब तक मत बेचिए जब तक कि हालात मजबूर न कर दें।

निष्कर्ष

पैसे से पैसा बनता है। लेकिन पैसा बनाने के कुछ तरीके बहुत ज़्यादा फलदायी होते हैं। सैमुअल जॉनसन ने कहा था कि 'किसी इंसान को इतनी मासूमियत से काम करते कभी नहीं देखा गया था, जितना कि पैसा कमाते वक्त।' उनकी यह बात नैतिकता के साथ धन इकट्ठा करने पर बल देती है, चाहे वह निवेश के ज़रिए हो या एक सफल प्रोफेशनल करियर से या फिर दोनों से। दोनों ही प्रयासों को तुच्छ नहीं बताना चाहिए, लेकिन यह भी उतना ही सही है कि इनमें से कोई भी न तो समाज की सेवा या व्यक्तिगत खुशी की गारंटी देता है। पैसे बनाना और

प्रोफेशनल सफलता हासिल करना, दोनों में ही यह खतरा होता है कि वही अंतिम लक्ष्य बन जाते हैं।

सफलता का जुनून सवार हो जाना भी संभव है। दौलत को संभालना भी पड़ता है और उसके लिए वकीलों, टैक्स सलाहकारों, बैंकरों के साथ-साथ दूसरे लुभावने संपर्कों को बनाने की ज़रूरत भी पैदा हो जाती है। पिछले अध्याय में प्रोफेशनल सफलता को लेकर जो बात कही गई है, उसमें न चाहते हुए भी प्रोफेशन से जुड़ी कई ज़रूरतें खड़ी हो जाती हैं। सफल होने के लिए आपको सबसे ऊँचे पायदान का लक्ष्य रखना पड़ता है। वहाँ तक पहुँचने के लिए, आपको खुद को एक कारोबार में बदलना पड़ता है। सबसे अधिक लाभ पाने के लिए, आपको बड़ी संख्या में लोगों को रखना पड़ता है। अपने कारोबार को बढ़ाने के लिए, आपको अन्य लोगों के पैसों और ऋण के लाभ को उठाना पड़ता है ताकि कारोबार और बड़ा तथा अधिक मुनाफेवाला बन जाए। आपके संपर्क का दायरा बढ़ता जाता है और दोस्तों तथा रिश्तेदारों के लिए समय सिमटता जाता है। सफलता के इस चक्र से जब सिर चकराने लगता है, तब ध्यान भटकना और सोच तथा व्यक्तिगत मूल्यों का बदल जाना बड़ा आसान होता है। तब कभी-कभी लगता है कि सफलता से कह दें: रुक जाओ मुझे यहीं उतरना है!

यही कारण है कि करियर और पैसे बनाने से पहले जो सबसे ज़रूरी चीज़ है, उसके बारे में सोचें और वह है खुशी।

15
खुश रहने की सात आदतें

इंसान का स्वभाव उसका भाग्य नहीं होता।

डेनियल गोलमैन

अरस्तू ने कहा था कि इंसान जो भी करे, उसका लक्ष्य केवल खुशी हासिल करना होना चाहिए। सदियों से, हम अरस्तू की बातों को नज़रअंदाज़ करते चले आए हैं। काश, वे हमें बता देते कि हम खुश कैसे रहें। अच्छा होता कि वे खुशी और गम के कारणों का विश्लेषण करते।

क्या 80/20 के सिद्धांत को सच में खुशी हासिल करने पर लागू किया जा सकता है? मुझे लगता है, यह हो सकता है। अधिकांश लोगों पर यह बात लागू होती है कि हम जिसे खुशी कहते हैं, उसका बड़ा हिस्सा बहुत थोड़े समय तक मिलता है। 80/20 को लेकर एक परिकल्पना यह हो सकती है कि 80 प्रतिशत खुशी हमारे 20 प्रतिशत समय के दौरान हमें मिलती है। मैंने जब इस परिकल्पना को अपने दोस्तों पर लागू किया और उनसे कहा कि वे अपने हफ्तों को दिनों और दिन के अलग-अलग हिस्सों में बाँट दें, या अपने महीनों को हफ्तों में बाँटें या अपने वर्षों को महीनों में या अपने जीवन को वर्षों में बाँट दें, तो उनमें से दो-तिहाई का जवाब असंतुलित लेकिन एक खास पैटर्न का था और यह पैटर्न 80/20 के आसपास था।

यह परिकल्पना सभी पर लागू नहीं होती। मेरे लगभग एक तिहाई दोस्तों में 80/20 का यह पैटर्न नहीं दिखता। उनकी खुशी लगभग पूरे समय पर समान रूप से बंटी हुई है। एक रोचक बात यह है कि यह एक तिहाईवाला समूह उस बड़े समूहवाले लोगों की तुलना में कुल मिलाकर अधिक खुश लगा, जिनकी खुशियाँ उनके जीवन में थोड़े-थोड़े समय के लिए बुलंदी पर पहुँच जाती हैं।

यह सामान्य समझ के हिसाब से फिट बैठती है। जो लोग अपने जीवन में अक्सर खुश रहते हैं, उनका कुल मिलाकर अधिक खुश रहना स्वाभाविक है। जिन लोगों की खुशी थोड़े-थोड़े समय के लिए खूब बढ़ जाती है, वे जीवनभर उतने खुश नहीं रह पाते हैं।

यह इस पुस्तक में बार-बार बताए गए विचार से भी मेल खाता है कि 80/20 के संबंध बताते हैं कि कितनी बर्बादी होती है और सुधार की कितनी अधिक गुंजाइश रहती है। लेकिन यह इससे भी बड़ा संदेश देती है कि 80/20 का सिद्धांत हमें ज़्यादा खुश बना सकता है।

ज़्यादा खुश रहने के दो तरीके

- उस समय को याद कीजिए जब आप सबसे ज़्यादा खुश रहते हैं और उस समय को जितना बढ़ा सकते हैं बढ़ा दीजिए।

- उस समय को याद कीजिए जब आप सबसे कम खुश रहते हैं और उस समय को जितना कम कर सकते हैं कर दीजिए।

उन गतिविधियों में अधिक समय बिताइए, जो आपको खुश रखने में काफी असरदार होती हैं और अन्य कामों में समय कम कीजिए। 'नाखुशी की घाटियों' को कम करने से शुरुआत कीजिए यानी ऐसी चीज़ें जो आपको सक्रिय रूप से नाखुश करती हैं। खुश रहने का सबसे अच्छा तरीका है कि नाखुश रहना छोड़ दीजिए। आप इस पर इतना नियंत्रण कर सकते हैं, जितना आपने सोचा भी नहीं होगा। आपको बस उन परिस्थितियों को टालना है, जिनके बारे में आपको अनुभव है कि वे आपको नाखुश कर सकती हैं।

ऐसी गतिविधियाँ जो आपको खुश करने में काफी प्रभावी हैं (या नाखुश करने में प्रभावी हैं), उनके विषय में गहराई से विचार करें कि आप उनका आनंद अधिक से अधिक किस प्रकार ले सकते हैं। अगर यह कारगर है तो फिर ठीक है। अगर नहीं है, तो इन परिस्थितियों से बचने पर विचार कीजिए।

पर क्या लोग नाखुशी से निपटने में असहाय नहीं हो जाते?

इस पर आपको ऐतराज़ हो सकता है, खासतौर पर यदि आपको कुछ ऐसे लोगों का अनुभव है, जो दिन-रात नाखुश रहते हैं (और अक्सर जिन्हें सच में ही 'मानसिक बीमार' लोगों के भयंकर लेकिन असहाय वर्ग में डाल दिया जाता

है, जिसके कारण इस संसार में अन्य किसी भी वर्ग की तुलना में अधिक दुःख देखा जाता है)। आप यह कह सकते हैं कि यह विश्लेषण कुछ ज़्यादा ही सरल है और यह मान बैठा है कि हम अपनी खुशी को नियंत्रित कर सकते हैं, जबकि गंभीर मनोवैज्ञानिक कारणों से, कई या ज़्यादातर या सभी लोग ऐसा नहीं कर पाते हैं। क्या यह सच नहीं कि खुश रहने की हमारी क्षमता काफी हद तक आनुवंशिकी और बचपन के अनुभवों से पूर्वनिर्धारित होती है? क्या अपनी खुशियों पर हमारा सच में नियंत्रण होता है?

इसमें कोई शक नहीं कि कुछ लोग ऐसे होते हैं, जो स्वभाव से ही दूसरों की तुलना में अधिक खुश रहते हैं। कुछ लोगों के लिए ग्लास हमेशा आधा भरा होता है, कुछ के लिए आधा खाली। मनोवैज्ञानिक और मनोचिकित्सक मानते हैं कि खुश रहने की क्षमता आनुवंशिक, बचपन के अनुभवों, दिमाग की केमिस्ट्री और जीवन की महत्वपूर्ण घटनाओं से निर्धारित होती है।

स्पष्ट रूप से, वयस्क लोग अपनी आनुवंशिकी, बचपन के अनुभवों या जीवन की दुखदायी घटनाओं को लेकर कुछ नहीं कर सकते। ऐसे लोग जो ज़िम्मेदारी से भागते हैं, वे बड़ी आसानी से हार मान जाने की अपनी प्रवृत्ति के लिए अपने नियंत्रण से बाहर की ताकतों पर दोष मढ़ देते हैं। खासतौर पर यदि वे चिकित्सा जगत के निराशावादियों की बातों में आसानी से आ जाते हैं।

यह अच्छी बात है कि सामान्य समझ, सोच-विचार और बिलकुल ताज़ा वैज्ञानिक प्रमाण यह संकेत देते हैं कि सभी को दूसरी अच्छी चीज़ों की तरह ही खुशी भी बराबर नहीं मिलती, फिर भी जो भी हमें मिले उसे बढ़ाकर हम ज़िंदगी को बेहतर बना सकते हैं। वयस्कों की शारीरिक क्षमता आनुवंशिकी के साथ ही बचपन, जवानी और उसके बाद ट्रेनिंग और व्यायाम से अलग ही होती है। इसके बावजूद सभी अपनी फिटनेस को सही और नियमित व्यायाम से बेहतर बना सकते हैं। इसी प्रकार, आनुवंशिक प्रभावों और पृष्ठभूमि, दोनों के अनुसार हमें भले ही कम या अधिक बुद्धिमान समझा जाता हो, लेकिन सभी अपने दिमाग को प्रशिक्षित और विकसित कर सकते हैं। वंशानुगत कारणों और माहौल की वजह से भले ही इस बात के आसार हों कि हमारा मोटापा बढ़ जाए, लेकिन स्वस्थ भोजन और व्यायाम से अधिकांश मोटे लोग काफी पतले हो सकते हैं। इसी प्रकार, चाहे हमारा स्वभाव कैसा भी हो, सिद्धांत के तौर पर खुश रहने की हमारी क्षमता में कमी क्यों आएगी?

हम में से अधिकांश ने ऐसे उदाहरण देखें हैं, जहाँ परिचितों या दोस्तों का जीवन उनकी ओर से खुलकर किए गए काम की वजह से सांसारिक रूप से काफी समृद्ध हो गया और खुशी हमेशा के लिए बढ़ या घट गई। एक नया साथी, नया करियर, रहने की नई जगह, नई जीवनशैली, यहाँ तक कि सोच समझकर जीवन के प्रति अलग नज़रिया रखने का लिया गया फैसला: इनमें से कोई भी किसी व्यक्ति की खुशी में काफी फर्क ला सकता है और वे सभी उस व्यक्ति के ही नियंत्रण में होते हैं। पूर्वनिर्धारित होने का अनुमान भरोसे के लायक नहीं लगता क्योंकि जो लोग इसमें यकीन करते हैं, केवल वही इसका सामना करते हैं। इस बात के प्रमाण कहीं अधिक भरोसे के लायक हैं, जिनमें लोग अपनी इच्छा से अपनी किस्मत को बदल लेते हैं और हमें ऐसे लोगों के दिखाए रास्ते पर चलने का हौसला मिलता है, जो अपना रास्ता खुद बनाते हैं।

खुश रहने की आज़ादी को आखिर में विज्ञान ने भी मान लिया

आखिरकार, मनोविज्ञान और मनोचिकित्सा (जिसे अर्थशास्त्र से भी अधिक निराशाजनक विज्ञान कहा गया है) के क्षेत्र, अन्य वैज्ञानिक विषयों के नतीजों के आधार पर, अधिक सुखद तस्वीर पेश करतें हैं, जो हमारी सामान्य समझ और जीवन को देखने के हमारे नज़रिए के अनुकूल है। आनुवंशिकी के जानकार कुछ ज़्यादा ही नियतिवादी हुआ करते थे, जो ये मान लेते थे कि इंसान का व्यवहार जो इतना जटिल होता है, वह वंशानुगत जीन्स पर निर्भर करता है। जैसा कि आनुवंशिकी के जानकार, लंदन के यूनिवर्सिटी कॉलेज के प्रोफेसर स्टीव जोन्स कहते हैं: 'गहरे डिप्रेशन, शिजोफ्रेनिया और शराब की लत के लिए एकल जीन को ढूँढ़ निकालने के दावे किए गए थे। उन सभी को वापस ले लिया गया है।' हाल ही में एक जाने-माने न्यूरोसाइकिएट्रिस्ट ने बताया है, 'साइकोन्यूरो-इम्युनोलॉजी का नया क्षेत्र हमें बताता है कि कोई भी इंसान पूरी तरह से एक होकर कार्रवाई करता है... ऐसे प्रमाण हैं जो बताते हैं कि हम हर दिन जो सोचते और महसूस करते हैं, उनका हमारे शारीरिक और मानसिक स्वास्थ्य से एक नाजुक संतुलन होता है।' दूसरे शब्दों में, आपके लिए यह संभव है कि सीमा में रहकर आप खुद को खुश या दुःखी रख सकते हैं। यहाँ तक कि खुद को स्वस्थ या अस्वस्थ भी रख सकते हैं।

शुरुआती परिस्थितियों पर संवेदनशील निर्भरता

इसका मतलब ये नहीं कि हम बचपन के अनुभवों (या बाद की मुसीबतों)

के महत्त्व पर पहले की गई रिसर्च को खारिज कर दें। भाग एक में हमने देखा कि अराजकता का सिद्धांत 'शुरुआती परिस्थितियों पर संदेवनशील निर्भरता' के महत्त्व को बताता है। इसका मतलब है कि जीवन के शुरुआती दिनों में घटी कोई भी घटना, संयोग और कुछ छोटे-छोटे कारण अंतिम परिणाम से काफी दूर ले जा सकते हैं।

बचपन में कुछ ऐसी ही चीज़ें होती हैं, जिनसे हम अपने बारे में धारणा बनाते हैं कि हमें प्यार किया जाता है या नहीं, हम बुद्धिमान हैं या नहीं, हमारी पूछ ज़्यादा है या कम, हम जोखिम उठाते हैं या हमें आदेशों का पालन करने को कहा जाता है। और आगे चलकर यही चीज़ें जीवन में देखने को मिलती हैं। शुरुआत में जो धारणा बन जाती है, भले ही उनके पीछे पूरा सोच-विचार नहीं किया जाता, फिर भी उनका अपना अस्तित्व होता है और वे आपके जीवन को दिशा देती हैं। बाद में कुछ ऐसी घटनाएँ घटती हैं, जो हमें रास्ते से भटका सकती हैं और अपने बारे में हमारी सोच नकारात्मक हो सकती है। ऐसी घटना इस प्रकार की हो सकती हैं, जैसे परीक्षा में खराब नंबर आना, प्रेमी का छोड़कर चले जाना, हम जिस नौकरी को चाहते हैं उसका न मिलना, वेतन बढ़े बिना काम का बढ़ना, नौकरी से निकाल दिया जाना, सेहत बिगड़ जाना।

खुशी पाने के लिए वक्त को पीछे ले जाना

तो क्या ये दुनिया एक ऐसी डरावनी जगह है, जहाँ हमारे रास्ते में दुःख ही दुःख है? मुझे ऐसा नहीं लगता।

मानवतावादी पीको ऑफ मिरानडोला (1463-93) ने कहा था कि 'इंसान हर लिहाज से दूसरे जानवरों की तरह नहीं है।' बाकी सारे जीवों का एक निश्चित स्वभाव होता है, जिसे वे बदल नहीं सकते हैं। इंसानों का स्वभाव अनिश्चित होता है और इस कारण उनमें खुद को बदलने की क्षमता होती है। बाकी सारी सृष्टि निष्क्रिय है सिर्फ मनुष्य ही स्वभाव से सक्रिय है। अन्य जीवों की रचना की गई थी, हम रचना कर सकते हैं।

जब दुःख का पहाड़ टूटता है, तो हम जान सकते हैं कि हमारे साथ क्या हो रहा है और हम उसे स्वीकार करने से इनकार कर सकते हैं। हम अपने सोचने और काम करने के तरीके में जैसा चाहें वैसा बदलाव ला सकते हैं। जीन-जैक रूसो ने कहा था, 'इंसान हर जगह बेड़ियों में है, फिर भी हर जगह मुक्त रह सकता है।' बाहर की घटनाओं के बारे में हम अपने सोचने का तरीका बदल सकते हैं, यहाँ

तक कि वहाँ भी जहाँ हम उन्हें बदल नहीं सकते। और हम इससे भी कुछ ज़्यादा कर सकते हैं। हम सोच-समझकर उन घटनाओं पर गौर कर सकते हैं, जो हमें खुश या नाखुश बनाती हैं।

भावनात्मक बुद्धि को मज़बूत कर खुद को खुश रखना

डेनियल गोलमैन और कुछ दूसरे लेखकों ने शैक्षिक बुद्धिमत्ता या आईक्यू की तुलना भावनात्मक बुद्धिमानी से की है, जहाँ इंसान में : 'खुद को प्रेरित करने और परिणामों से तुरंत संतुष्ट न होने, अपने मूड को नियंत्रित रखने और बहुत ज़्यादा दुःख से सोचने की क्षमता को प्रभावित न होने देने, दूसरों की भावनाओं को समझने और उम्मीद बनाए रखने की क्षमता होती है।' खुशी के लिए भावनात्मक बुद्धिमानी का महत्त्व बौद्धिक बुद्धिमानी से अधिक होता है, फिर भी हमारा समाज भावनात्मक बुद्धिमानी को बढ़ावा देने पर बिलकुल भी ज़ोर नहीं देता है। गोलमैन ने बिलकुल ठीक ही कहा है:

> भले ही अच्छा आईक्यू समृद्धि, प्रतिष्ठा या जीवन में खुशी की गारंटी नहीं देता है। फिर भी हमारे स्कूलों में और हमारी संस्कृति शैक्षणिक योग्यताओं को ही सबकुछ समझती है और भावनात्मक बुद्धिमानी को नज़रअंदाज़ करती है, जिसमें कुछ ऐसे गुण होते हैं, जिन्हें कोई चरित्र कह सकता है, जिसका हमारे व्यक्तिगत भाग्य में बहुत अधिक महत्त्व होता है।

अच्छी बात ये है कि न केवल बचपन में बल्कि जीवन के किसी भी चरण में, भावनात्मक बुद्धिमानी को सीखा और उसे बढ़ाया जा सकता है। जैसा कि गोलमैन का ये उम्दा वाक्य है, 'इंसान का स्वभाव उसका भाग्य नहीं होता': अपने स्वभाव को बदलकर हम अपना भाग्य बदल सकते हैं। मनोवैज्ञानिक मार्टिन सेलिगमैन कहते हैं कि 'आपके मन में चिंता, उदासी और क्रोध जैसी स्थिति बिना आपके नियंत्रण के नहीं बनती... आप जो भी सोचते हैं, उसका तरीका बदलकर अपने एहसास को बदल सकते हैं।' इससे पहले कि दुःख और अवसाद की भावना आपकी सेहत और आपकी खुशी को नुकसान पहुँचाए, ऐसे अचूक उपाय हैं जिनसे शुरुआत में ही उन्हें मन से बाहर निकाला जा सकता है। इतना ही नहीं, आशावाद की आदतों को अपनाकर आप बीमारियों से बचने के साथ ही अपने जीवन को खुशहाल बना सकते हैं। एक बार फिर, गोलमैन ने दिखाया है कि खुशी दिमाग की तंत्रिका संबंधी प्रक्रियाओं से जुड़ी होती है:

खुश होने पर शरीर में मुख्य रूप से कुछ जैविक परिवर्तन आते हैं, उनमें दिमाग के मध्य में गतिविधि बढ़ जाती है, जो नकारात्मक भावनाओं को रोकती है और उपलब्ध ऊर्जा को बढ़ाने के साथ ही उन भावनाओं को शांत करती है जो परेशान करनेवाले विचार पैदा करती हैं... एक निष्क्रियता होती है, जो परेशान करनेवाली जैविक भावनाओं से शरीर को ज़्यादा जल्दी उबरने में मदद करती है।

अपने भीतर उन नियंत्रकों की पहचान करें, जो सकारात्मक विचारों को बढ़ाते हैं और नकारात्मक विचारों को समाप्त कर देते हैं। ऐसा कब-कब होता है कि आप अपने सबसे सकारात्मक मूड में रहते हैं और कब आपकी सोच सबसे नकारात्मक होती है? आप तब कहाँ होते हैं? किसके साथ होते हैं? आप क्या कर रहे होते हैं? उस समय मौसम कैसा होता है? हर किसी की भावनात्मक बुद्धि काफी व्यापक होती है, जो इन परिस्थितियों पर निर्भर करती है। आप खुद को ब्रेक देकर, मुश्किलों को अपने पक्ष में मोड़कर और ऐसे काम कर भावनात्मक बुद्धि का निर्माण कर सकते हैं, जिनसे आपको लगता है कि सबकुछ आपके नियंत्रण में हैं और आपका स्वभाव सबसे अच्छा रहता है। आप उन परिस्थितियों से बच सकते हैं या उन्हें बिलकुल कम कर सकते हैं, जिनमें आप भावनात्मक रूप से सबसे ज़्यादा बेवकूफ साबित होते हैं!

घटनाओं के बारे में अपने सोचने का तरीका बदलकर खुद को खुश रखना

खुद को ज़बरदस्ती डिप्रेशन में डालकर उसके फंदे में फँसने का अनुभव हम सभी कर चुके हैं, जब हम निराशाजनक और नकारात्मक तरीके से सोचते हैं और हालात को अधिक खराब बना देते हैं, जिससे कि हमे उससे बाहर निकलने का रास्ता नहीं दिखता है। हम जब डिप्रेशन से बाहर आते हैं, तो समझ जाते हैं कि बाहर निकलने का रास्ता तो पहले से ही मौजूद था। कुछ आसान कदमों से हम खुद से ही डिप्रेशन में चले जाने की इस प्रवृत्ति को दूर करने के लिए अपने आपको तैयार कर सकते हैं, जैसे लोगों से मिलना-जुलना, स्थान को बदल देना या अनिच्छा के बावजूद नियमित रूप से व्यायाम करना।

ऐसे कई उदाहरण हैं, जिनमें लोगों को भारी बदकिस्मती का सामना करना पड़ा। जैसे कि उन्हें बंदी शिविरों में रहना पड़ा या वे किसी घातक बीमारी के शिकार हो गए लेकिन सकारात्मक सोच और दृष्टिकोण में बदलाव से उन्होंने हालत से

निपटने की अपनी क्षमता को काफी मज़बूत कर लिया।

कंसल्टेंट न्यूरोसाइकिएट्रिस्ट, डॉ पीटर फेनविक के अनुसार, 'निराशा के अंधकार में आशा की किरण को देखना महज घोर आशावाद नहीं है बल्कि ये एक अच्छा स्व-सुरक्षा का तंत्र है, जिसका एक अच्छा जैविक आधार है।' ऐसा लगता है, मानो आशावाद सफलता के साथ ही खुशी का भी चिकित्सकीय रूप से मान्य तत्त्व और धरती पर सबसे बड़ा प्रेरक है। कंसास यूनिवर्सिटी के मनोवैज्ञानिक, सी आर स्नाइडर ने विशेष रूप से आशा को इस प्रकार परिभाषित किया है, जिसमें आप 'मानते हैं कि अपने लक्ष्यों को प्राप्त करने के लिए आपके पास इच्छा भी है और रास्ता भी, भले ही आपका लक्ष्य कुछ भी क्यों न हो।'

अपने बारे में सोचने के अपने तरीके को बदलकर खुद को खुश रखना

आप खुद को सफल मानते हैं या असफल? अगर आप खुद को असफल मानते हैं तो ये भी जानते होंगे कि कितने ही लोग ऐसे हैं, जिन्होंने आपसे भी कम मुकाम हासिल किया है, जो आपकी तुलना में कम सफल होंगे। अपनी सफलता को लेकर उनकी धारणा में उनकी सफलता और उनकी खुशी का राज़ छिपा होता है। आपकी खुद को असफल समझने की भावना आपकी सफलता और आपकी खुशी को कम कर देती है।

यही बात आप पर तब लागू होती है, जब आप खुद को खुश या नाखुश मानते हैं। रिचर्ड निक्सन ने ये कहते हुए वियतनाम युद्ध के समापन की घोषणा कर दी कि अमेरिका के उद्देश्य पूरे हो चुके हैं। उन्होंने सच नहीं कहा था, पर इसकी परवाह किसको थी? अमेरिका के आत्म-सम्मान का निर्माण तो शुरू हो ही चुका था। इस तरह, आप अपने बारे में क्या सोचना चाहते हैं, इससे खुद को खुश या नाखुश बना सकते हैं।

आप तय कर लीजिए कि आपको खुश रहना है। इसका श्रेय आपको और दूसरे लोगों को भी जाता है। जब तक आप खुश नहीं होंगे, तब तक आप अपने साथी और जिनके साथ भी लंबे समय तक आपके संबंध होंगे, उन्हें खुश नहीं रख पाएँगे। इस कारण आप पर खुश रहने की एक अच्छी जिम्मेदारी है।

मनोवैज्ञानिक हमें बताते हैं कि खुशी को लेकर हमारी सारी धारणा इससे जुड़ी होती है कि हम अपने आपको कितना अहम मानते हैं। अपने बारे में अच्छी छवि

खुशी के लिए ज़रूरी है। अपने महत्त्व की भावना को बढ़ाया जा सकता है और बढ़ाया जाना चाहिए। आप जानते हैं कि आप ऐसा कर सकते हैं इसलिए ग्लानि की भावना को छोड़िए, कमज़ोरियों को भूल जाइए, अपनी ताकत पर ध्यान दीजिए और उसी के बल पर आगे बढ़िए। याद कीजिए उन अच्छी चीज़ों को जो आपने किया है, जितनी भी छोटी-बड़ी उपलब्धियाँ आपके नाम हैं, उन सारी अच्छी प्रतिक्रियाओं को जो आपको अब तक मिली हैं। आपके बारे में बताने को बहुत कुछ है। तो उसे बताइए या कम से कम उसके बारे में सोचिए तो सही। आपके संबंधों, आपकी उपलब्धियों और आपकी खुशी में यह कितना ज़बरदस्त बदलाव ला सकता है, यह देखकर आप हैरान रह जाएँगे।

आपको लग सकता है कि आप खुद को धोखा दे रहे हैं। लेकिन सच यही है कि अगर आपकी सोच अपने खुद के बारे में नकारात्मक होगी, तो भी खुद को धोखा देने के लिए आप उतने ही दोषी होंगे। हमेशा हम खुद से अपने बारे में कहानियाँ कहते रहते हैं। हमें कहनी भी चाहिए क्योंकि सच कभी निष्पक्ष नहीं होता। आप चाहें तो नकारात्मक बातों के बजाए सकारात्मक बातों को याद कर सकते हैं। ऐसा करने से आप इंसानी खुशी को कुल मिलाकर बढ़ा सकते हैं, जिसकी शुरुआत आप खुद से करेंगे और दूसरों के चेहरे पर भी उस खुशी की चमक ला सकेंगे।

आपके पास जितनी इच्छाशक्ति है, उन सबका इस्तेमाल खुद को खुश रखने के लिए कीजिए। अपने बारे में अच्छी बातें को बनाइए और उन पर यकीन कीजिए!

घटनाओं को बदलकर खुद को खुश रखना

जबरदस्त खुशी का एक और रास्ता उन घटनाओं को बदलने का भी है, जिनका सामना आप अपनी खुशी को बढ़ाने के दौरान करते हैं। घटनाओं पर हम में से किसी का भी कभी पूरा नियंत्रण नहीं होता लेकिन हम उन पर इतना नियंत्रण रख सकते हैं, जितना कि हम सोचते भी नहीं हैं।

अगर खुश रहने का सबसे अच्छा तरीका नाखुश रहना बंद कर देने का है, तो सबसे पहले हमें ऐसी परिस्थितियों और लोगों से बचना चाहिए, जो हमें निराश या दुःखी कर देते हैं।

सबसे ज़्यादा संपर्क में रहनेवाले लोगों को बदलकर खुद को खुश रखना

अगर कुछ लोगों से हमारे निजी संबंध बेहतरीन हों तो भारी तनाव से निपटा जा सकता है और इसके चिकित्सकीय प्रमाण भी हैं। लेकिन ऐसे संबंध जो हमारा बहुत ज़्यादा समय लेते हैं और हमारी रोज़मर्रा की जिंदगी से जुड़े हैं, चाहें घर पर, ऑफिस में या हमारे सामाजिक जीवन में, तो उनका हमारी खुशी और हमारी सेहत, दोनों पर ही गहरा प्रभाव पड़ेगा। ओहायो स्टेट यूनिवर्सिटी के जॉन कैकिऑपो ने कहा था:

> आपके जीवन से जुड़े जो सबसे महत्वपूर्ण संबंध हैं, जिन लोगों से आपका आए दिन मिलना-जुलना लगा रहता है, उनका आपकी सेहत पर गहरा प्रभाव पड़ता है। और वह संबंध आपके जीवन में जितना ही महत्वपूर्ण होगा, उसका आपकी सेहत से संबंध उतना ही अधिक होगा।

सोचिए आप किन-किन लोगों से हर रोज़ मिलते हैं। क्या वे आपको खुश रखते हैं या नहीं? क्या आप इसके अनुसार उनके साथ बिताए जानेवाले समय में बदलाव कर सकते हैं?

दिमाग खराब करनेवाली जगहों से बचें

अक्सर ऐसी परिस्थितियाँ आ जाती हैं, जिनसे हर किसी को जूझना पड़ता है। मुझे लोगों को कभी यह सिखाने की ज़रूरत महसूस नहीं हुई कि उन्हें साँपों से डरना नहीं चाहिए। इससे ज़्यादा समझदारीभरा कदम यह हो सकता है कि जंगल (या पेट शॉप) से ही बचें।

हमें कौन सी चीज़ परेशान कर देती है, यह एक व्यक्ति से दूसरे व्यक्ति पर निर्भर करता है। बेवजह की नौकरशाही से मुझे गुस्सा आ जाता है। अगर मुझे वकीलों से बात करना पड़े तो कुछ ही देर में मेरा तनाव बढ़ने लगता है। ट्रैफिक जाम में मैं चिंतित हो जाता हूँ। कुछ दिन तक सूरज न निकलने पर मैं थोड़ा डिप्रेस हो जाता हूँ। मुझे थोड़ी सी जगह में ढेर सारे लोगों के बीच फँस जाना अच्छा नहीं लगता। मैं ऐसे लोगों को ज़्यादा देर नहीं झेल सकता जो बहाने बनाते रहते हैं और उन समस्याओं पर विस्तार से बात करते हैं, जो उनके नियंत्रण में नहीं हैं। अगर मुझे भीड़-भाड़ में सफर करना पड़े, वकीलों के साथ काम करना पड़े और स्वीडन में रहना पड़ जाए, तो मैं यकीन से कह सकता हूँ कि मैं डिप्रेस हो जाऊँगा और हो

सकता है कि खुदकुशी कर लूँ। लेकिन मैंने ऐसी परिस्थितियों से जहाँ तक संभव है वहाँ तक बचना सीख लिया है। मैं ज़्यादा सफर नहीं करता, भीड़-भाड़ वाले वक्त में सार्वजनिक सवारियों का इस्तेमाल नहीं करता, एक महीने में कम से कम एक हफ्ता धूप में बिताता हूँ, नौकरशाही से निपटने के लिए दूसरों को पैसे देता हूँ, जाम से बचने के लिए लंबा रास्ता लेता हूँ, नकारात्मक सोचवाले लोगों से दूर रहता हूँ और वकीलों का फोन आता है, तो ऐसा उपाय करता हूँ कि पाँच मिनट बाद फोन रहस्यमयी कारणों से कट जाता है। इन कदमों का नतीजा यह है कि अब मैं काफी खुश रहता हूँ।

इसमें शक नहीं कि आपके तनाव के कारण कुछ और होंगे। उन्हें लिख डालिए- अभी! अपने जीवन को ऐसा बनाइए कि आप उनसे बचें: लिखिए कि आप ऐसा कैसे करेंगे- उसे अभी ही लिखिए! और फिर हर महीने देखिए कि आप कितने सफल हो रहे हैं। जब भी आप बच निकलने में कामयाब होते हैं तो खुद को बधाई दीजिए।

अध्याय 10 में आपने अपने दुःख देनेवाले द्वीपों की पहचान की। अक्सर जब आप इसका विश्लेषण करते हैं या विचार करते हैं कि कब आप सबसे कम खुश थे तो स्वाभाविकरूप से नतीजे सामने आते हैं। आपको अपनी नौकरी पसंद नहीं! आप अपने जीवनसाथी से डिप्रेस हो जाते हैं! या और स्पष्ट रूप से कहें तो आपको अपनी नौकरी एक-तिहाई पसंद नहीं, आपको अपने जीवनसाथी के दोस्तों या उसके माता-पिता के साथ रहना पसंद नहीं आता, आप अपने बॉस की मानसिक यातना झेलते हैं, आपको घरेलू काम बिलकुल भी पसंद नहीं है। कमाल हो गया! आखिरकार आपको स्वाभाविक बातों की झलक तो साफ तौर पर दिख गई। अब इन्हें ठीक करने के लिए कुछ कीजिए...।

खुश रहने के लिए रोज़ाना की कुछ आदतें

आपने दुःखी करनेवाले कारणों को या तो दूर कर दिया है या कम से कम उन्हें दूर करने की योजना पर काम करना शुरू कर दिया है, तो फिर आप अपनी पूरी ताकत खुशी की तलाश में लगा दीजिए। इस काम के लिए इससे अच्छा और कुछ नहीं होता कि आप आज और अभी से शुरुआत कर दें। यहाँ-वहाँ हर जगह ढेर सारी खुशियाँ मौजूद हैं। खुशी सिर्फ वर्तमान में है। अतीत की खुशियों को भले ही याद किया जा सकता है या भविष्य की खुशी की योजना बनाई जा सकती है, लेकिन इससे जो सुख मिलता है उसका अनुभव 'अभी' ही किया जा सकता है।

हम सभी को जिस चीज़ की ज़रूरत है, वह है खुश रहने की रोज़ाना की कुछ आदतें, जो हमारे रोज़ाना की फिटनेस या स्वस्थ भोजन करने के तौर-तरीकों के ही समान (और सच कहें तो कुछ हद तक उससे संबंधित भी) है। मेरी खुश रहने की रोज़ाना की सात आदतों को चित्र 44 में संक्षेप में बताया गया है।

खुशी से भरे किसी भी दिन में एक अनिवार्य तत्त्व होता ही है और वह है शारीरिक व्यायाम। मुझे व्यायाम के बाद अच्छा महसूस होता है। स्वाभाविक रूप से इस कारण क्योंकि मेहनत करने से एंडोर्फिन रिलीज होता है, जो प्राकृतिक एंटी-डिप्रेसेंट है और रोमांच बढ़ा देनेवाली दवाइयों के जैसा ही होता है। (लेकिन इसमें कोई खतरा या खर्च नहीं होता!) रोज़ाना व्यायाम करना एक अनिवार्य आदत है: अगर आप इसकी आदत नहीं डालते, तो आप इसे ज़रूरत से काफी कम करेंगे। अगर मुझे काम पर जाना होता है, तो मैं काम पर जाने से पहले हमेशा ही व्यायाम करता हूँ ताकि मेरे व्यायाम का समय काम के अनजाने तनाव से बर्बाद न हो जाए। यदि आप बहुत अधिक सफर करते हैं, तो जब आप टिकट बुक करते हैं उसी समय तय कीजिए कि आप व्यायाम कब करेंगे और ज़रूरी हो तो व्यायाम का समय निकालने के लिए कार्यक्रम में फेरबदल कीजिए। अगर आप ऊँचे ओहदेवाले अधिकारी हैं, तो अपनी सेक्रेटरी से कह दीजिए कि सुबह 10 बजे से पहले कोई मीटिंग न रखे ताकि आपको व्यायाम करने और दिनभर के लिए खुद को तैयार करने का पर्याप्त समय मिल जाए।

1	व्यायाम
2	मानसिक उत्तेजना
3	आध्यात्मिक/कलात्मक उत्तेजना/ध्यान
4	किसी की मदद करना
5	दोस्त के साथ फुर्सत के पल बिताना
6	खुद को ट्रीट देना
7	खुद को बधाई देना

चित्र 44 खुशी देनेवाली रोज़ाना की सात आदतें

खुशी देनेवाले दिन का दूसरा महत्वपूर्ण तत्त्व है मानसिक उत्तेजना। काम के दौरान भी आप इसे हासिल कर सकते हैं, लेकिन उस दौरान ऐसा करना संभव नहीं होता तो सुनिश्चित करें कि आप हर दिन थोड़ा बौद्धिक या मानसिक व्यायाम करें। इसे करने के कई तरीके हैं, जो आपकी दिलचस्पी पर निर्भर करते हैं: क्रॉसवर्ड पजल, कुछ अख़बारों और पत्रिकाओं के ज़रिए, किसी किताब के एक हिस्से को पढ़कर, किसी काल्पनिक विषय पर एक बुद्धिमान मित्र से कम से कम 20 मिनट की चर्चा कर, कोई छोटा लेख या खर्च का ब्योरा लिखकर आदि। सच कहें तो ऐसा कोई भी काम जिसके दौरान आपको दिमाग लगाना पड़े (इसमें टेलिविजन देखना नहीं आता, चाहे कार्यक्रम कितने ही गंभीर मुद्दे पर क्यों न हो)।

रोज़ाना की तीसरी ज़रूरी आदत आध्यात्मिक या कलात्मक उत्तेजना पैदा करना है। ये उतनी भी बुरी या डरावनी चीज़ नहीं है, जितना सुनने में लगती है। इसमें बस कम से कम आधे घंटे तक किसी चीज़ की कल्पना करने या आत्मा को टटोलने की स्थिति पैदा करना है। इसमें कंसर्ट, आर्ट गैलरी, थिएटर या फिल्म देखने जाना शामिल किया जा सकता है। उसी तरह कविता पढ़ना, सूरज को उगते या ढलते देखना, तारों को देखना या किसी ऐसे कार्यक्रम में (बॉल गेम, रेस मीटिंग, राजनीतिक रैली, चर्च या पार्क) जाना भी शामिल होता है, जहाँ जाकर आपका जोश और रोमांच बढ़ जाता है। ध्यान लगाने से भी उतना ही फायदा होता है।

रोज़ाना की चौथी आदत है दूसरे व्यक्ति या लोगों के लिए कुछ करना। ज़रूरी नहीं कि ये परोपकार का कोई बहुत बड़ा काम हो। यह दयालुता का कोई भी काम हो सकता है जैसे किसी के पार्किंग मीटर के पैसे देना या थोड़ी मेहनत कर किसी की मदद करना। यहाँ तक कि भलाई का छोटा सा काम भी आपके मन पर गहरा प्रभाव डाल सकता है।

पाँचवीं आदत है किसी मित्र के साथ खुशनुमा पल बिताना। यह आधे घंटे तक बिना किसी व्यवधान के चलनेवाली हल्की-फुल्की चर्चा हो सकती है, लेकिन यह किस तरह के माहौल (एक कप कॉफी, ड्रिंक, खाने के साथ-साथ या फुर्सत के पल में टहलते हुए जैसा कुछ भी उपयुक्त है) में होगा ये आपको तय करना है।

आदत नंबर छह है खुद को ट्रीट देना। अब आप उन सारे आनंद लेनेवाले कामों की लिस्ट बना लें, जिन्हें आप चाहते तो कर सकते थे (चिंता मत कीजिए,

आपको उसे किसी को दिखाने की ज़रूरत नहीं है!) और आपका उत्साह बना रहता। सुनिश्चित करें कि आप इनमें से कम से कम एक आनंद देनेवाले काम को ज़रूर करें।

रोज़ाना की आखिरी आदत ये होनी चाहिए कि आप दिन के अंत में खुद को बधाई दें कि आपने खुशी देनेवाली आदतों का पालन किया है। चूँकि मुद्दा ये है कि आप खुद को खुश रखें ना कि दुःखी इसलिए पाँच या अधिक (इन सात आदतों में से) आदतों को भी आप अपना सके तो खुद को सफल मानें। अगर आपने पाँच आदतों को भी नहीं अपनाया, लेकिन कुछ अच्छा महसूस किया या आपको मज़ा आया, तो भी खुद को बधाई दीजिए कि आपने जीवन का एक दिन अच्छी तरह जी लिया।

खुश के लिए मध्यकालिक रणनीति

खुशी देनेवाली हमारी सात आदतों के साथ ही, चित्र 45 खुशहाल जीवन के चुनिंदा सात शॉर्टकट बताती है।

शॉर्टकट नंबर एक है अपने जीवन पर अधिक से अधिक नियंत्रण रखें। ज़्यादातर बेचैनी और अनिश्चितता का मूल कारण है नियंत्रण की कमी। ड्राइव करते हुए मैं शहर के घुमावदार रास्ते से जाना पसंद करूँगा भले ही रास्ता लंबा हो, बजाए इसके कि मैं किसी छोटे रास्ते को लूँ जिसे मैं जानता नहीं। बस के ड्राइवर को बस कंडक्टरों की तुलना में ज़्यादा खीज होती है और वे हार्ट अटैक के ज़्यादा शिकार होते हैं। इस कारण यह नहीं होता कि काम के दौरान उनके शरीर को ज़्यादा व्यायाम नहीं मिलता बल्कि इसकी वजह यह होती है कि बस चलाने के दौरान उसे कब चलाना है और कब रोकना है इस पर उनका ज़्यादा नियंत्रण नहीं होता। बरसों से चली आ रही लंबी-चौड़ी नौकरशाही से मन खट्टा हो जाता है क्योंकि वहाँ काम करनेवालों का अपने काम पर नियंत्रण नहीं होता। जो लोग अपना व्यवसाय चलाते हैं वे अपने काम के घंटे और कब कौन सा काम करना है, इसे तय कर सकते हैं। ऐसे लोग नौकरी करनेवाले लोगों से ज़्यादा खुश रहते हैं, जो ऐसा नहीं कर सकते हैं।

1	अपना अधिक से अधिक नियंत्रण रखें
2	हासिल करने योग्य लक्ष्य निश्चित करें
3	लचीला रुख अपनाएँ
4	अपने पार्टनर से घनिष्ठ संबंध रखें
5	खुश रहनेवाले कुछ मित्र बनाएँ
6	कुछ करीबी पेशेवर संबंध बनाएँ
7	अपनी जीवनशैली को आदर्श बनाएँ

चित्र 45 खुशहाल जीवन के सात शॉर्टकट

अपने जीवन के अधिक से अधिक हिस्से पर अपना नियंत्रण रखने के लिए आपको योजना बनानी पड़ेगी और अक्सर जोखिम भी उठाना होगा। लेकिन खुशी के जो फायदे मिलेंगे, उसे भी आप कम नहीं आँक सकते हैं।

उचित और हासिल करने योग्य लक्ष्य निश्चित करना खुशहाल रहने का दूसरा शॉर्टकट है। मनोवैज्ञानिक शोध ने दिखाया है कि हम तब सबसे ज़्यादा हासिल करने की स्थिति में होते हैं जब हमारे सामने चुनौतिपूर्ण लेकिन हद से ज़्यादा मुश्किल लक्ष्य नहीं होते। जो लक्ष्य कुछ ज़्यादा ही आसान होते हैं उनसे हम तुरंत संतुष्ट होकर औसत दर्जे के प्रदर्शन को भी स्वीकार कर लेते हैं। लेकिन जो लक्ष्य बेहद मुश्किल होते हैं, जिन्हें हम में से कुछ लोग निश्चित कर लेते हैं, जो गलत काम करने के बोझ से लदे होते हैं या इतनी अधिक उम्मीद के बोझ तले दबे होते हैं, जिन्हें पूरा करना संभव नहीं। तो वे हमारा मनोबल तोड़ने लगते हैं और हम सोचने लगते हैं कि हम सफल हो ही नहीं सकते। याद रखिए कि आप खुश रहने की कोशिश कर रहे हैं। अगर अपने लक्ष्य तय करते समय कोई शक हो, तो थोड़ा आसान लक्ष्य चुन लीजिए। खुश रहने के लिए बेहतर होगा कि आप थोड़ा आसान लक्ष्य तय करें और सफल हो जाएँ। यह मुश्किल लक्ष्य तय करने और विफल होने से तो अच्छा ही है, भले ही मुश्किल लक्ष्य के कारण आपका प्रदर्शन बेहतर हो गया हो। अगर उपलब्धि और खुशी में से किसी एक को चुनना हो, तो खुशी को चुनिए।

तीसरा शॉर्टकट ये है कि जब अचानक कोई घटना आपकी योजनाओं और उम्मीदों के रास्ते में खड़ी हो जाए तो लचीला रुख अपनाएँ। एक बार जॉन लेनन ने कहा था कि 'जीवन वही है, जो तब घटता है जब हम दूसरी योजनाएँ बना रहे होते हैं।' हमारा उद्देश्य ऐसा हो कि हमारी योजनाएँ काम कर सकें ताकि जीवन के साथ हम घटना के रूप में घटें न कि जीवन हमारे साथ घटे। लेकिन हमें इसके लिए भी तैयार रहना चाहिए कि जीवन अपनी ही रुकावटें और भटकाव लेकर सामने आएगा। जीवन की इन बाधाओं को अपनी योजनाओं के दूसरे ही सुर के रूप में सहर्ष और खुशी-खुशी स्वीकार कर लेना चाहिए। यदि संभव हो तो जीवन में बिना किसी योजना के कुछ घट जाने को अपनी योजना के साथ शामिल कर लेना चाहिए ताकि वह और भी ऊँचे स्तर तक जा सके। अगर ऐसा होने पर हमें कुछ समझ में नहीं आता, तो जीवन की बाधाओं का रास्ता निकालना चाहिए या उन्हें कुचल देना चाहिए। अगर इनमें से कोई भी उपाय काम न करे, तो हम जिसे नियंत्रित नहीं कर सकते उसे सम्मान और परिपक्वता के साथ स्वीकार कर लेना चाहिए और उन कामों की ओर बढ़ना चाहिए, जिन्हें हम नियंत्रित कर सकते हैं। किसी भी कारणवश हमें जीवन की मुश्किलों से बेहाल नहीं होना चाहिए, ना ही हम क्रोध करें, खुद पर शक करें या अपने भीतर कड़वाहट भर लें।

चौथा शॉर्टकट, खुश रहनेवाले पार्टनर के साथ करीबी रिश्ता बनाएँ। हमें ऐसा बनाया गया है कि जीवन में किसी एक व्यक्ति के साथ हमारा करीबी रिश्ता रहता ही है। इस पार्टनर को चुनना जीवन के उन फैसलों (20 प्रतिशत में से एक) में से एक होता है, जिससे तय होता है कि हम खुश हैं या नहीं। यौन आकर्षण इस संसार के सबसे बड़े रहस्यों में से एक है, जो 80/20 सिद्धांत के सबसे चरम रूप को दिखाता है: सच्ची केमिस्ट्री क्षणभर में बन सकती है, जिससे कि आपको 99 प्रतिशत आकर्षण 1 प्रतिशत समय में महसूस हो सकता है और आप तुरंत जान लेते हैं कि यही है वो इंसान जो आपके लिए बना है! लेकिन 80/20 के सिद्धांत से आपको सतर्क हो जाना चाहिए: हो सकता है कि आगे खतरा हो और आपकी खुशियाँ तबाह हो जाएँ। दिमाग में यह बिठा लीजिए कि ऐसे कई लोग होते हैं, जिनसे आपका रिश्ता बन सकता है। दिमाग (या दिल) में ऐसी लहर एक बार फिर पैदा होगी।

अगर आपने अब तक अपना पार्टनर नहीं चुना है, तो एक बात याद रखिए कि आपकी खुशी आपके पार्टनर की खुशी पर काफी हद तक निर्भर करेगी। अपनी

खुशी के लिए और उसके साथ-साथ अपने प्यार के लिए भी आप अपने पार्टनर को खुश रखना चाहेंगे। लेकिन यह काम तब काफी आसान हो जाता है, जब आपके पार्टनर में पहले से ही खुश रहने की आदत है और/या वह समझदारी से हर रोज़ खुश रहने के कार्यक्रम (जैसे मेरी खुश रहने की आदतें हैं) पर चलता है। ज़रा दुःखी रहनेवाला पार्टनर बनाकर देखिए कैसे आप भी दुःखी हो जाते हैं। ऐसे लोग जिनका आत्मसम्मान और आत्मविश्वास कम होता है, उनके साथ रहना बेहद मुश्किल होता है, चाहे दोनों के बीच प्यार कितना ही गहरा क्यों न हो। अगर आप बेहद खुश रहनेवाले इंसान हैं, तो हो सकता है कि आप दुःखी रहनेवाले को भी खुश कर दें, लेकिन ये काम बेहद मुश्किल होता है। संभव है कि दो हल्के दुःखी लोग अगर एक-दूसरे से गहरा प्यार करते हैं, तो खुश रहने के मज़बूत इरादे और खुशी की अच्छी आदतों से एक-दूसरे को खुश रख सकते हैं, लेकिन मैं ऐसा दावे के साथ नहीं कह सकता। दो दुःखी लोग, चाहे कितने ही प्यार में क्यों न हों, एक-दूसरे को पागल कर देंगे। अगर आप खुश रहना चाहते हैं, तो खुश रहनेवाला पार्टनर चुनिए।

बेशक, आपके पास पहले से ही पार्टनर हो सकता है जो खुश न हो और अगर ऐसा है, तो आपकी अपनी खुशी में भारी कमी आ सकती है। अगर ऐसा है तो आप दोनों के सामने एक बड़ी चुनौती होगी कि आप लोग एक दूसरे को खुश रखें।

पाँचवाँ शॉर्टकट कुछ खुश रहनेवाले दोस्तों के साथ गाढ़ी दोस्ती बनाएँ। 80/20 सिद्धांत यह अनुमान लगाता है कि आपको अपने सभी दोस्तों से जितनी संतुष्टि मिलती है, उनमें से अधिकांश आपको अपने कुछ करीबी दोस्तों से ही मिलेगी। यह सिद्धांत यह भी संकेत देता है कि आप अपने समय का बँटवारा करने में चूक कर जाएँ, उन दोस्तों के साथ बहुत ज़्यादा समय बिताएँ जो इतने अच्छे नहीं हैं और जो बहुत अच्छे दोस्त हैं उनके साथ बहुत थोड़ा समय बिताएँ। (भले ही अच्छे दोस्तों में से आप हर दोस्त को ज़्यादा समय दें रहे होंगे, फिर भी ज़्यादातर लोगों की मित्र मंडली में अधिकांश ऐसे होते हैं, जो बहुत अच्छे नहीं होते इसलिए कुल मिलाकर अच्छे दोस्तों के मुकाबले कम अच्छे दोस्त ज़्यादा समय ले जाते हैं।) इसका उपाय यह तय करना है कि कौन से दोस्त अच्छे हैं और उन्हें दोस्तों को दिए जानेवाले समय का 80 प्रतिशत (शायद आपको समय की इस पूरी मात्रा को भी बढ़ाना चाहिए) समय दें। आपको ऐसी अच्छी दोस्ती को ज्यादा

से ज्यादा मज़बूत करने की कोशिश करनी चाहिए क्योंकि उन्हीं से सबसे ज़्यादा परस्पर खुशी मिलेगी।

शॉर्टकट छह पाँच के जैसा ही है: जिन पेशेवर लोगों के साथ आपको अच्छा लगता है उनके साथ मज़बूत पेशेवर संबंध बनाएँ। आपके ऑफिस के या पेशे से जुड़े सभी सहयोगी आपके अच्छे दोस्त नहीं बन सकते हैं। अगर बन भी जाते हैं तो आपकी दोस्ती उन सभी से हल्की-फुल्की ही होगी। लेकिन उनमें से कुछ को आप अपना करीबी दोस्त और सहयोगी बनाएँ। ऐसे लोग जिनका साथ निभाने के लिए आप कुछ भी कर सकते हैं और वे भी आपके लिए वैसा ही करेंगे। इससे न केवल आपके करियर की रफ्तार बढ़ेगी बल्कि काम में आपको बेहिसाब मज़ा आएगा। इससे आप अपने दफ्तर में खुद को अलग-थलग सा महसूस नहीं करेंगे। और इससे आपको अपने काम और फुर्सत के पलों को जोड़नेवाली एक कड़ी मिल जाएगी। इस तरह से जुड़ना भी संपूर्ण प्रसन्नता के लिए ज़रूरी है।

हमेशा खुश रहने का आखिरी शॉर्टकट है, ऐसी जीवनशैली बनाएँ जैसी आप और आपकी जीवनसाथी बनाना चाहते हैं। इसके लिए आपके दफ्तर, घर और सामाजिक जीवन के बीच अच्छा संतुलन होना चाहिए। इसका मतलब ये हुआ कि आप जहाँ काम करना चाहते हैं वहाँ रहते हैं, जिस स्तर का जीवन चाहते हैं वैसा आपके पास है, अपने परिवारिक और सामाजिक मामलों के लिए आपके पास समय है और दफ्तर के साथ ही बाहर भी आप उतने ही खुश रहते हैं।

निष्कर्ष

खुशी एक कर्तव्य है। आप खुशी को चुनिए। हमें खुश रहने का प्रयास करना चाहिए। और ऐसा करते हुए, जो हमारे सबसे करीब हैं हम उनकी मदद करें और उनकी भी जो किसी न किसी रूप में हमारे सामने आ जाते हैं और उनसे अपनी खुशी को साझा करें।

16
आपका छिपा दोस्त

आपके अवचेतन मन में दुनिया को हिला देने की ताकत है।

विलियम जेम्स, प्रमुख अमेरिकी मनोविज्ञान

सतह के नीचे-छिछली और हल्की सी धारा,
जिसका हम एहसास करते हैं-उस धारा के नीचे,
उतना ही हल्का, एहसास हमें होता लगता है- वहीं उस शांत
धारा के साथ वह ताकतवर, अनजानी और गहरी
मुख्य धारा बहती है, जिसका एहसास हम सचमुच में करते हैं।

मैथ्यू अर्नाल्ड, विक्टोरियाई कवि

हम सभी के पास हमारा एक छुपा दोस्त है। ये बिना मेहनत के ही कमाल के फायदे कराता है। हमारा ये छुपा दोस्त काफी हद तक हमारी सफलता और खुशी को तय करता है, फिर भी हममें से कुछ ही लोग अपने इस दोस्त की पूरी क्षमता का इस्तेमाल करते हैं। मैं यहाँ मन की बात कर रहा हूँ और खास तौर पर अपने अवचेतन दोस्त की, जो इसका सबसे ताकतवर और 80/20 का हिस्सा है। इसे अगर हम समझ लें और सही तरीके से तैयार करें तो यह हमारा सबसे अच्छा साथी बन सकता है।

अवचेतन मन क्या होता है?

फ्रांस के महान (और अब जिन्हें पूरी तरह भुला दिया गया है) मनोवैज्ञानिक पियरे जेनेट (1859-1947) ने ही इसे सबसे पहले पहचाना और इसे नाम दिया था। उन्होंने इसे अवचेतन कहा था। उन्होंने कहा था कि चेतन मन की सोच और

तर्कशक्ति के नीचे मन (या दिमाग) का शक्तिशाली हिस्सा होता है, जो हमारी भावनाओं और व्यवहार पर गहरा प्रभाव डालता है। सिगमंड फ्रायड 'अवचेतन' शब्द को बड़ी हेय दृष्टि से देखते थे और इसकी बजाए 'अचेतन' कहना पसंद करते थे। उनका कहना था 'चेतन और अचेतन (मन) ही एक-दूसरे के सच्चे विपरीतार्थक शब्द हैं।' जैसा कि सब जानते हैं, फ्रायड मानते थे कि अवचेतन मन में दुःख देनेवाली यादें, इच्छाएँ और गंभीर चिंता देनेवाले मनोरोग का भंडार होता है। संक्षेप में कहें तो ऐसा कुछ भी उसके भीतर होता है, जिसे समाज स्वीकार नहीं करता और जिसे चेतन मन दबाकर रखता है। कार्ल जंग ने यह कहते हुए अचेतन मन के प्रति अधिक व्यावहारिक और सकारात्मक दृष्टिकोण अपनाया कि इसके बिना हमारे दिमाग में मौजूद यादों का बहुत बड़ा भंडार और ज्ञान 'बेहिसाब ढंग से अस्तव्यस्त हो जाएगा।'

आधुनिक मनोविज्ञान जंग के साथ खड़ा दिखता है और अचेतन या अवचेतन (दोनों का इस्तेमाल एक-दूसरे के लिए किया जाता है) मन को लेकर एक रचनात्म क दृष्टिकोण रखता है। मैं हमेशा ही 'अवचेतन' का इस्तेमाल करूँगा। (अमेरिकी) नेशनल इंस्टीट्यूट ऑफ मेंटल हेल्थ के ब्रेन रिसर्च एंड बिहेवियर लेबोरेटरी के चीफ, डॉ पॉल मैकलीन ने दिमाग का 'ट्रियून मॉडल' बनाया है। उनके अनुसार, इंसान के दिमाग का जो सबसे हाल में विकसित हुआ अंग है, वह है कॉर्टेक्स, जो कम से कम 40,000 साल पुराना है और उसका विकास अब भी जारी है। इससे काफी पुराना, लगभग 50 मिलियन वर्ष पुराना है, मैमेलियन ब्रेन, जो एहसासों और भावनाओं को निर्देशित करता है और इसके कारण ही स्तनधारी अपने बच्चों की देखभाल करते हैं। इससे भी पुराना है रेप्टीलियन ब्रेन, जो 250 मिलियन वर्ष पहले विकसित हुआ था, जिससे रेंगनेवाले जीवों का जीवन आगे बढ़ा था। मनुष्यों समेत स्तनाधारियों में मौजूद यह रेप्टीलियन ब्रेन शरीर की सभी गतिविधियों, जैसे कि हृदय गति, साँस और प्रजनन को नियंत्रित करता है। आमतौर पर रेप्टीलियन (सरीसृप) ब्रेन बेकार की आशंका से ग्रस्त होता है, जिसके कारण हमें अपने अस्तित्व पर खतरा महसूस होता है और हम 'लड़ो या भागो' जैसी प्रतिक्रिया करते हैं। मैं हाल ही में जब छुट्टियाँ मनाने प्रोवेंस गया था तो दिमाग के इसी हिस्से ने मुझे सड़क पर चलते समय आगाह किया था। मैं अभी कदम बढ़ाने ही वाला था कि एक कार ठीक उसी समय पूरी रफ्तार के साथ मेरे सामने से निकल गई।

इस तरह, हमारा चेतन मन तर्क और सोच-विचार करने की खास इंसानी

खूबियों की जिम्मेदारी संभालता है, जबकि सरीसृप और स्तनधारी क्षमता रखनेवाला हमारा अवचेतन मन हमारी भावनाओं और यादों (स्तनधारी) के साथ ही हमारे शरीर के उन कामों को संभालता है, जो हमें जीवित (सरीसृप) रखते हैं।

हमारे चेतन और अवचेत मन के बीच कुछ महत्वपूर्ण अंतर होते हैं

– अवचेतन मन काफी बड़ा होता है, जो दिमाग के कुल आकार का लगभग 92 प्रतिशत स्थान लेता है।

– चेतन मन एक बार में सिर्फ एक काम कर सकता है, इस कारण आपको ड्राइव करते समय फोन पर बातचीत या मैसेज कभी नहीं भेजना चाहिए। अवचेतन मन अरबों-खबरों काम एक साथ कर सकता है।

– चेतन मन की याददाश्त सीमित होती है जबकि अवचेतन मन की याददाश्त लगभग असीमित होती है, भले ही हमारा चेतन मन इनमें से कुछ बातों को ही याद कर पाता है।

– अवचेतन मन के पास चेतन मन को कुछ करने का आदेश देने की सूझबूझ नहीं होती। अवचेतन मन सूचना पर किसी प्रकार का फिल्टर नहीं लगाता, यह मौलिक मन के जैसा होता है और सारी बातों को सही मान लेता है या स्वीकार करता है। इस कारण यह विचारों को तौलनेवाली मशीन है न कि सोच-विचार करनेवाली मशीन। उदाहरण के लिए, जब विरोधाभासी जानकारी मिलती है, जैसे कि यह विचार आने पर कि मैं कोई 'कमज़ोर' नहीं बल्कि एक 'ताकतवर' व्यक्ति हूँ, ऐसा लगता है जैसे अवचेतन मन जानकारियों की उग्रता, रिसेंसी या 'कुछ देर पहले का होना,' और 'बारंबारता' से प्रभावित होता है:

उग्रता का अर्थ है कि विचार को कितनी मज़बूती से रखा जाता है और उन पर भावनाओं का कितना प्रभाव है। हम जब सच में किसी चीज़ की परवाह करते हैं, तो यह बात हमारे अवचेतन मन तक चली जाती है।

रिसेंसी का मतलब है कि विचार कितने हाल के हैं। ताज़ा विचार अवचेतन मन के 'सबसे ऊपर' रहते हैं, वैसे ही जैसे कि चेतन मन के होते हैं।

बारंबारता का मतलब है कि वही विचार विपरीत विचारों की तुलना में कितनी बार जल्दी-जल्दी व्यक्त किए जाते हैं। अवचेतन मन पर किसी बात के बार-बार दोहराने का काफी असर पड़ता है।

चेतन मन की तरह ही, अवचेतन मन 'संज्ञानात्मक मतभेद' से जूझता रहता है। इसका अर्थ ही यह एक साथ विपरीत विचारों को स्वीकार नहीं कर पाता बल्कि एक ही प्रकार के विचार के साथ बना रहता है।

अगर चेतन मन को अच्छी तरह प्रशिक्षित कर दिया जाए तो जब अवचेतन मन का उससे मतभेद होता है, तो वह सही और गलत सूचना, सच और झूठ के बीच फर्क को समझ पाता है।

– अवचेतन मन का संबंध तस्वीरों और भावनाओं से होता है। चेतन मन का संबंध विवेक और तर्क से होता है। उदाहरण के लिए, हम जानते हैं कि टेलीविजन का कोई विज्ञापन पक्षपातपूर्ण है और उसमें किसी उत्पाद की उपयोगिता के बारे में थोड़ी भी सच्ची जानकारी नहीं है, फिर भी विज्ञापनों को अवचेतन मन पर प्रभाव डालने के लिए बनाया जाता है और इसमें भावनाओं का इस्तेमाल काफी प्रभावी हो सकता है। यह देखना भी दिलचस्प है कि पिछले लगभग पचास वर्षों में तकनीक में परिवर्तन से चेतन मन और अवचेतन के बीच का संबंध भी तेजी से बदल रहा है, जिसमें पलड़ा अवेचतन मन का ही भारी है। मार्शल मैकलुहान का कहना है कि टेलीविजन के आने से इलेक्ट्रॉनिक युग की तस्वीरों और भावनाओं को उभारनेवाली बातों की जो शुरुआत हुई उसने सदियों पुरानी प्रिंट की तकनीक के साथ ही तर्क का भी स्थान ले लिया।

जोसेफ लादू, जो एक ब्रेन रिसर्चर हैं, उनका कहना है कि ज़्यादातर फैसले भावनाओं के आधार पर ही किए जाते हैं– 'किसी भी भावना के सामने दिमाग की दशा और शरीर की प्रतिक्रिया बुनियादी तथ्य होते हैं और चेतन भावनाएँ उस भावनात्मक फैसले में चार चाँद लगाने का काम कारती हैं।'

फिर भी, कुछ अन्य शोधकर्ताओं ने दिखाया है कि जो हमारे चेतन विचार हैं, जिन्हें हमारी कही और लिखी बातों में देखा जा सकता है, उनसे हमारी भावनाएँ तय होती हैं। चेतन और अवचेतन मन के बीच हर जगह फीडबैक लूप होती हैं। हम जो भी सोचते हैं उसके बारे में हमें सावधान रहना चाहिए!

– चलिए अब विलपावर (इच्छाशक्ति) शब्द जिन दो शब्दों से बना है उन्हें अलग-अलग करते हैं। चेतन मन के पास 'इच्छा' होती है, लेकिन 'शक्ति' अवचेतन मन में होती है। अपने चेतन मन से इच्छाशक्ति का प्रयोग करना विफलता को न्योता देना है। जैसा कि धर्मशास्त्री हैरी विल्सन ने कहा था, 'एक

मिनट के लिए भी मैं यह नहीं सोचता कि मैं इस शक्ति से खुद को बेहतर बनाने के लिए इच्छाशक्ति का उपयोग करूँ। इच्छाशक्ति का अर्थ है दो चीज़ें जो एक दूसरे को विपरीत दिशा में धकेल रही हैं।'

इस स्थिति को बदलने के लिए 'इच्छाशक्ति' शब्द को अलग करना होगा, जहाँ चेतन मन (इच्छा) अवचेतन (शक्ति) मन को निर्देशित करेगा।

– चेतन मन की इच्छा और अवचेतन मन की शक्ति के बीच इसी तरह के तनाव का पता लगाने का एक और तरीका यह है कि 'इच्छा' के मुकाबले 'कल्पना' को रखा जाए। मशहूर फ्रेंच मनोवैज्ञानिक और आत्मसम्मोहन की खोज करनेवाले एमिल कू (1857-1926) ने कहा था, 'जब इच्छा और कल्पना की टक्कर होती है, तो जीत हमेशा कल्पना की होती है।' इच्छा चेतन मन से आती है और कल्पना अवचेतन मन से। अपनी इच्छा को पूरा करने के लिए चेतन मन को इच्छाशक्ति का उपयोग करने के बजाए अवचेतन मन से निकली कल्पना का प्रयोग करना चाहिए।

– चेतन मन ज्ञान का स्थान होता है, जबकि अवचेतन मन रचनात्मक होता है। यदि ऐसा नहीं होता तो फिर छवियों का मिश्रण करनेवाली विचित्र कला कहाँ से आती? साल्वाडोर दाली अक्सर बैठकर सुस्ताते और दिन में सपने देखकर उन विचित्र तस्वीरों के बारे में सोचते थे, जिनके चित्र वह बनाया करते थे। उन्हें फिर से याद करने के लिए, उन्होंने ऐसी आदत बना ली थी कि वे अपने हाथ में किसी ठोस चीज़ को पकड़कर रखते थे और जब वैसी तस्वीरें उनके दिमाग में आ जाती थीं तब अपनी पकड़ को ढीली कर देते थे। जैसे ही वह ठोस चीज़ ज़मीन पर गिरती थी, उनकी नींद खुल जाती थी। फिर वे जिसकी कल्पना की थी, उसका चित्र बनाया करते थे।

– चेतन मन अतीत को याद कर सकता है और भविष्य की योजना बना सकता है, लेकिन अवचेतन मन मात्र अनन्त वर्तमान में रहता है। (इस पर आगे विस्तार से बात करेंगे।)

आखिर में कहें तो चेतन मन मेहनती होता है। सोचने में तकलीफ होती है इसलिए ज़्यादातर लोग इससे बचते हैं, जबकि अवचेतन मन के लिए प्रयास करने की ज़रूरत नहीं होती। वह पृष्ठभूमि में लगातार काम करता रहता है।

क्यों अवचेतन मन इतना 80/20 है

पहला, अवचेतन मन बिना चेतन प्रयास के जबरदस्त परिणाम देता है। यह हमें स्वस्थ रखता है, यह ऐसी भावनाएँ और यादें लेकर आता है, जो हमें रचनात्मक बनाती हैं, जिससे कि हम इस संसार को ही बदल सकते हैं। आखिर कौन इतने कम प्रयास से इतना कुछ करता है? और अगर हम प्रयास करने की कोशिश करते हैं, तो अवचेतन मन पर जबरदस्ती करते हैं, जिसके लिए कम ज़्यादा होता है और ज़्यादा कम।

दूसरा, अगर हम अवचेतन मन तक अपनी पहुँच उतनी ही चतुराई से बना लें, जैसा कि दाली ने किया था, तो हम जबरदस्त लक्ष्यों और परिणामों को थोड़ी सी चालाकी भरे हेर-फेर से हासिल कर सकते हैं।

तीसरा, अवचेतन मन का उपयोग बार-बार किए जाने की संख्या एक विशेष 80/20 या फिर 99/1 के वितरण का पालन करती है। मैं आशा करता हूँ कि हमेशा ऐसा नहीं होता होगा, लेकिन आजकल 1 प्रतिशत से भी कम लोग अपने अवचेतन मन का प्रयोग अपने प्रयासों से सकते हैं। इसके बावजूद, इतनी कम संख्यावाले लोग ही ज़्यादातर नतीजे हासिल करते हैं।

ऐसे अनगिनत उदाहरण हैं कि कैसे वैज्ञानिकों ने सफलता प्राप्त करने के लिए अपने अवचेतन मन का इस्तेमाल किया। वे उसी पैटर्न को अपनाते हैं। वैज्ञानिक किसी समस्या का हल निकालने के लिए जूझते रहते हैं। फिर भी बरसों तक काम करने के बाद भी सफलता नहीं मिलती। हताश होकर वह अपने काम को छोड़ देता है। फिर एक दिन अचानक उसका उत्तर तब मिलता है जब वही वैज्ञानिक कोई अन्य काम कर रहा होता है और बिलकुल भी सोच नहीं रहा होता है। या फिर उसे अपना उत्तर तब मिलता है जब वह सपना देख रहा होता है और अचानक उसकी नींद खुल जाती है।

फ्रेंच गणितज्ञ हेनरी प्वाएंकैरे को अपना उत्तर तब मिला जब वह पेरिस में एक बस में अपने दोस्त के साथ सफर के दौरान बातचीत कर रहे थे। उस घटना को याद करते हुए उन्होंने कहा था, 'मैं बातचीत कर रहा था और तभी मुझे लगा कि मेरी समस्या का हल निकल गया है।' दार्शनिक और गणितज्ञ बर्ट्रेंड रसल को अपना उत्तर तब मिला जब वह कैंब्रिज में अपनी पाइप के लिए तंबाकू का पाउच खरीद रहे थे।

जर्मन जैविक विज्ञानी और नोबेल पुरस्कार विजेता, ऑगस्ट केकुले (1829-96) ने रासायनिक संरचनाओं के सिद्धांत की खोज के लिए बरसों तक काम किया। आखिर में थक-हारकर उन्होंने उसे छोड़ दिया। 1858 की गर्मियाँ जब खत्म होने को थीं, तब एक दिन वह लंदन में उस बस की छत पर सफर कर रहे थे, जिसे घोड़े खींचा करते थे और उनके मन में नाचते परमाणुओं और अणुओं की तस्वीर उभरी, जिससे उन्हें अपनी संरचना का सिद्धांत मिल गया। इसके बाद उन्होंने इस विशेष प्रश्न पर काम किया कि कैसे कार्बन के परमाणु मिलकर बेंजीन बनाते हैं और एक बार फिर उन्हें इसका जवाब नहीं मिला। लेकिन 1862 में उन्होंने सपने में देखा कि साँप अपनी ही पूँछ को पकड़ रहे हैं, जिससे वह इस नतीजे पर पहुँचे कि बेंजीन में कार्बन परमाणु एक छल्ला बनाते हैं।

स्पष्ट रूप से, थॉमस एडीसन, गुग्लिएल्मो मार्कोनी, चार्ल्स एफ केटरिंग, अल्बर्ट आइंस्टीन, अमेरिकी प्रकृतिवादी लुइस अगासिज, जेम्स वाट और कई अन्य वैज्ञानिकों का अनुभव ऐसा ही था। विज्ञान के इतिहासकार थॉमस एस कुन ने बताया कि किस प्रकार वैज्ञानिकों को अपने आँकड़ों और सामान्य रूप से स्वीकार किए जानेवाले सिद्धांत के बीच अंतर दिखाई पड़ता था। कुन ने लिखा है कि ऐसा शायद ही कभी हुआ है कि कोई नया सिद्धांत चेतन तर्क-वितर्क से सामने आया है:

> इसकी बजाए, वह नई मिसाल या एक बड़ा संकेत जो आगे चलकर उसे और स्पष्ट करता हो, अचानक ही सामने आता है, कभी-कभी आधी रात को उस व्यक्ति के दिमाग में जो पूरी तरह संकट में डूबा होता है। अंतिम चरण कैसा होगा - कैसे एक व्यक्ति अब तक जुटाए गए आँकड़ों को नए तरीके से रखने का आविष्कार करता है (या उसे लगता है कि उसने कर लिया) - यह सबकुछ इस समय तक रहस्य ही रहता है और शायद हमेशा के लिए भी रहस्य ही रह जाता।

कुन यहाँ जो कह रहे हैं, भले ही उन्होंने इसका एहसास किया हो या नहीं, यह सबकुछ अवचेतन मन का कार्य है, जो उस वैज्ञानिक के दिमाग में मौजूद सारे आँकड़ों को सुलझाता है और एक नया पैटर्न लेकर सामने आता है, जिसे मानना ही पड़ता है और जहाँ तक चेतन मन नहीं पहुँच सका था।

छात्रों के लिए गुप्त मंत्र

आप जब कोई परीक्षा देने के लिए जाते हैं, तो आप उन सभी प्रश्नों को पढ़ें, जिनके जवाब आप लिखना चाहते हैं और फिर अपना पहला उत्तर लिखें। इस तरीके से, आपका अवचेतन मन वहाँ से हटकर उन प्रश्नों के उत्तर व्यवस्थित करने चला जाता है, जिन्हें आप बाद में लिखनेवाले हैं और तब तक आपका चेतन मन पहले सवाल का जवाब देता है। बाद के प्रश्नों के उत्तर आपके दिमाग में फटाफट और अच्छी तरह आते चले जाएँगे।

अवचेतन मन के तीन प्रमुख उपयोग

रचनात्मक समाधान

आइंस्टान की यह बात मशहूर है कि 'रचनात्मकता ज्ञान से ज़्यादा महत्त्व रखती है।' किसी भी समस्या का आप एक रचनात्मक हल निकालना चाहते हैं, तो अवचेतन मन उसे उपलब्ध करा सकता है। नीचे इसके कुछ उपयोग दिए गए हैं:

- किसी भी प्रकार की रचनात्मक अभिव्यक्ति जिनमें पेंटिंग और वास्तुकला, कविता, गीत लेखन (गीत–संगीत), पुस्तक लेखन (फिक्शन और नॉन–फिक्शन) और प्रसारण कार्य शामिल है
- नए गेम्स (ऑनलाइन या ऑफलाइन) का आविष्कार
- नए कारोबार का सृजन
- वैज्ञानिक और तकनीकी आविष्कार
- नए उत्पाद का विकास
- सामाजिक सिद्धांत और प्रयोग में नई–नई सफलता
- प्रबंधन के सिद्धांत और प्रतियोगिता में बढ़त प्राप्त करना

जैसा कि डेविड ब्रुक्स ने लिखा है:

> अवचेतन मन स्वभाव से ही आविष्कारक होता है... यह सामने आनेवाले विभिन्न पहलुओं के महत्त्व का आकलन स्वाभाविक रूप से करता है। जब चेतन मन दूसरी चीज़ों में व्यस्त रहता है, तब यह बिना रुके अनेक समानांतर प्रक्रियाओं के ज़रिए तेजी से नई परिस्थितियों के मुकाबले पुराने प्रतिमानों को रखता है या फिर किसी समस्या के विभिन्न पहलुओं को तब तक व्यवस्थित करता रहता है, जब तक कि उनके बीच सामंजस्य नहीं बैठ जाता है। संबंधों, पैटर्न और समानताओं की तलाश में यह परिस्थितियों और रूपकों को खंगालता रहता है। भावनात्मक के साथ-साथ शारीरिक अनुभूतियों समेत यह मनोवैज्ञानिक साधनों के पूरे संग्रह का प्रयोग करता है।

व्यक्तिगत लक्ष्यों को हासिल करना

ऐसे लोग जो अपने लक्ष्यों को लिख लेते हैं और समय-समय पर उनकी समीक्षा करते हैं, उनके लिए उन्हें हासिल करने की संभावना अधिक होती है। वैसे ये अलग ही प्रश्न है कि आपको अपने लिए लक्ष्य निर्धारित करना चाहिए या नहीं। मैं जो सोचता हूँ वह इस तरह है:

- अगर आप दुनिया में सचमुच कुछ करना चाहते हैं, अगर आपकी असाधारण उपलब्धि हासिल करने में दिलचस्पी है या आप ढेर सारा पैसा कमाना चाहते हैं तो लक्ष्य निर्धारित करना चाहिए।

- अगर आप बस सोचते हैं कि आपके कुछ लक्ष्य होने चाहिए जबकि मन से आप उन्हें हासिल नहीं करना चाहते हैं, तो ऐसे लक्ष्य आपके लिए अत्याचार का एक बड़ा स्रोत बन जाएँगे। अगर आपका कोई लक्ष्य नहीं या लक्ष्य न होने से आपके दिमाग में खलबली नहीं मचती तो जब तक आप सच में न चाहें तब तक आपको लक्ष्य नहीं तय करना चाहिए।

अगर आप सच में लक्ष्यों को हासिल करना चाहते हैं, तो अवचेतन मन को काम में लगा देने से आप निश्चित और सबसे आसान तरीके से अपनी मंज़िल तक पहुँच जाएँगे।

मन की शांति

इस संसार में शायद ही कोई ऐसा होगा, जिसे मन की शांति और सुकून की इच्छा नहीं होगी। हम सब चाहते हैं कि फिर पुराना ज़माना लौट आए जहाँ जीवन खुशियों से भरा था और हम अपने ढंग से रहकर भी संसार के साथ जुड़े थे। स्वच्छंदतावादी कवि विलियम वर्ड्सवर्थ (1770-1850) ने कहा था कि उन्हें ऐसा महसूस होता है, जैसे प्रकृति उनका अभिन्न अंग है: 'मैं कभी बाहरी चीज़ों के विषय में उनके बाहरी अस्तित्व को मानकर नहीं सोचता था बल्कि उन्हें अपने अमूर्त स्वभाव का ही अंग मानता था।' अपने चेतन और अवचेतन मन, तथा अपने और अपने पड़ोसियों के साथ ही पूरी मानव जाति के मन के बीच एकता कायम करने के लिए सत्य, सुंदर और व्यक्तिगत तथा परस्पर भलाई की तलाश करनी पड़ती है।

अगर हम जानते हैं कि हम क्या हैं, तो हमें सबसे अच्छे और सबसें रचनात्मक विचारों को अपने चेतन मन के धरातल पर और अपने अवचेतन मन की गहराइयों तक ले जाना होगा। यह तलाश किसी भी प्रकार से धार्मिक नहीं होनी चाहिए बल्कि इसे थोड़ा नैतिक किस्म का होना चाहिए क्योंकि यही एक तरीका है, जिससे आंतरिक शांति और बाहरी एकता को हासिल किया जा सकता है।

'जो सच है, जो सही है, शुद्ध है, सुंदर है, जिसके बारे में अच्छा कहा जाता है, आप उसे ही मन में रखिए: अगर कोई भी अच्छाई है और किसी भी प्रकार से उसकी प्रशंसा की जाती है, तो उन विषयों पर ही विचार कीजिए'– यह हम सभी के लिए अच्छी सलाह है, चाहे जो आस्तिक हैं, संशयवादी या नास्तिक। यही हमारे और हमारे मन के बीच मेल-जोल का तरीका है।

अवचेतन का लाभ लेने का नया मॉडल

अवचेतन मन पर लिखी गई ज़्यादातर पुस्तकें बताती हैं कि अवचेतन से लाभ लेना काफी जटिल काम है। लेकिन मैं मानता हूँ कि यह काफी आसान है। जैसा कि नीचे के चार्ट में दिख रहा है, इसके तीन चरण हैं:

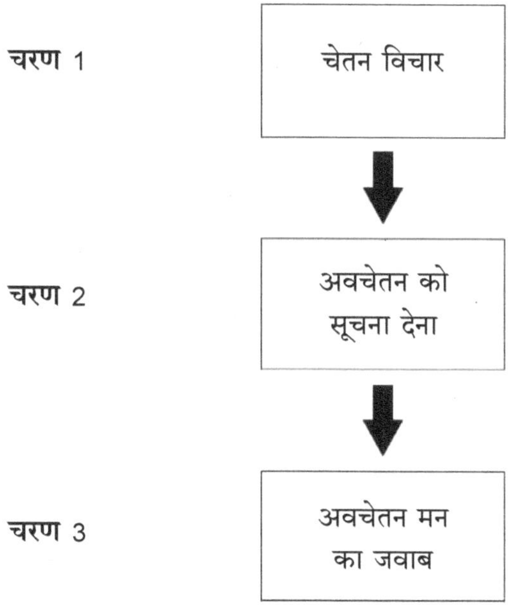

पहले चरण में चेतन मन से सोचा जाता है कि हम अवचेतन मन से क्या काम कराना चाहते हैं और उसे अवचेतन मन के सामने कैसा रखा जाए। यह चरण जटिल नहीं है लेकिन तीनों चरणों में सबसे कठिन है – हमें इस पर गंभीरता से विचार करना पड़ता है कि हम अवचेतन मन से क्या काम कराना चाहते हैं?

दूसरे चरण में हमें अपने विचारों को अवचेतन मन तक पहुँचाना होता है। कई किताबों में इसके बारे में काफी हाय-तौबा मचाई गई है, लेकिन इस चरण को झटपट और आसानी से पूरा किया जा सकता है।

तीसरा चरण अवचेतन मन से जवाब या जानकारी हासिल करने का है। यह चरण भी काफी आसान है, बशर्ते हम अवचेतन मन की आवाज़ को सुनें।

अगर आपको शक है कि दूसरे और तीसरे चरण में अवचेतन मन का इस्तेमाल तेजी और प्रभावी ढंग से नहीं किया जा सकता है, तो याद कीजिए आपने कितनी बार अपनी घड़ी में अलार्म लगाया है, जैसे सुबह सात बजे का और आप सात बजने से एक मिनट पहले उठ जाते हैं, जब अलार्म घड़ी बजने ही वाली होती है। बताइए आपके दिमाग के किस हिस्से ने इस काम को किया?

चेतन मन ऐसा नहीं कर सकता था क्योंकि जागने से ठीक पहले तक तो आप

सो रहे थे। तो आपके अवचेतन मन ने ही उस काम को किया। कई लोग अलार्म नहीं लगाते और अपने अवचेतन मन को निर्देश देते हैं कि 'मैं सुबह सात बजे पूरी तरह जाग चुका हूँ' (मैं आगे बताऊँगा कि यहाँ वर्तमान काल का इस्तेमाल करना ही क्यों अच्छा है।) अगर आपको कोई भी शक है, तो आज़मा लीजिए।

अगर आप अवचेतन मन या 'सचेतन मन' पर किताबें पढ़ते हैं, तो 'जागृत अवस्था तक पहुँचना', 'ध्यान' और अन्य कई तरीकों से अवचेतन मन तक पहुँचने के लिए दिए जानेवाले विस्तृत और जटिल निर्देशों पर काफी चीज़ें पढ़ने को मिलेंगी। लेकिन वे सारी बातें अनावश्यक हैं। दूसरा व तीसरा चरण और अधिक आसान नहीं हो सकता है, उन्हें आपके दिमाग के सिवाय किसी उपकरण की ज़रूरत नहीं है।

चरण 1 : चेतन विचार

जैसा कि किसी भी प्रभावशाली मन की प्रक्रिया के साथ होता है, थोड़ी सी मेहनत से इससे अधिक से अधिक लाभ लेने के लिए सावधानी ये यह विचार करना पड़ता है कि आप सही में क्या हासिल करना चाहते हैं। अवचेतन मन की तीन प्रमुख उपयोगों में से हर एक में यह अलग होता है:

रचनात्मक समाधानों के लिए नियम इस प्रकार हैं :

- अवचेतन मन से साफ-साफ आग्रह करने के लिए एक बार में केवल एक ही विषय को चुनें।
- वह समस्या या विषय ऐसा होना चाहिए जिसकी आपको सच में फिक्र है, जिसका हल निकालना आपके लिए निहायत ज़रूरी होता है। यह आपके काम, करियर या व्यक्तिगत जीवन से जुड़ा हो सकता है।
- यह ऐसा कुछ हो सकता है, जिसके लिए आपने अपने चेतन मन का इस्तेमाल कर प्रयास किया और हल निकालने में विफल हो गए।
- हो सकता है यह 'कैसे करें' वाली समस्या हो-उदाहरण के लिए:
  - ऐसी समस्या आने पर क्या करें जब नौकरी और पारिवारिक जीवन की बातों में टकराव हो रहा हो।
  - उस गाने के लिए किन शब्दों का इस्तेमाल करें जिसे आप लिख रहे हैं।

- कोई विशेष नए उत्पाद का आविष्कार कैसे करें जो बाज़ार में उपलब्ध उत्पादों से काफी बेहतर और सस्ता हो।
- कुछ खास दास्तों, परिवार के सदस्यों या ऑफिस के सहयोगियों से झगड़े को कैसे टालें।
- आप एक ऐसे समाधान की तलाश कर रहे हैं, जो न केवल आपके लिए बल्कि इसमें शामिल सभी लोगों के लिए अच्छा हो।

लक्ष्य-निर्धारण के लिए :

- लक्ष्य ऐसा होना चाहिए, जिसे आप सच में हासिल करना चाहते हैं।
- आपको यह विश्वास होना चाहिए कि आप उस लक्ष्य को हासिल कर लेंगे, भले ही दूसरों को वह संभव न दिखता हो। अगर आपको उस पर विश्वास नहीं है, तो आपका अवचेतन मन एक्शन में नहीं आएगा।
- लक्ष्य सटीक और स्पष्ट होना चाहिए।
- अपने संकल्प के प्रति आपका भावनात्मक संकल्प होना चाहिए और यह विश्वास होना चाहिए कि यह आपको खुश और संतुष्ट कर देगा।
- कल्पना कीजिए कि आपने उस लक्ष्य को हासिल कर लिया है और उसे विशेष और खुशियों से भरा बनाएँ। अपनी सारी इंद्रियों का उपयोग कर लक्ष्य को हासिल करने की कल्पना करें और उसे बताएँ – आपका जीवन अब कैसा दिखता है, उसके साथ आपको क्या दिखता है और किसी तरह की कोई खुशबू ध्यान में आती है, आप लक्ष्य हासिल करने की खुशी कैसे और किसके साथ मनाएँगे, आपका दैनिक जीवन कैसा होगा और आपकी इस उपलब्धि से और किसे लाभ होगा?
- आपको यह जान लेना होगा और विश्वास करना होगा कि वह लक्ष्य खास आपके लिए ही बना है और आपके व्यक्तिगत गुणों के अनुसार है, वह लक्ष्य ही आपकी तकदीर है।
- भले ही आपका लक्ष्य कई वर्षों तक हासिल न हो पाए, फिर भी आपको वर्तमान में उसे हासिल कर लेने की कल्पना करनी चाहिए। जैसा कि मैंने पहले कहा था, अवचेतन मन अनन्त वर्तमान में रहता है – भविष्य और

अतीत अवचेतन मन के लिए किसी प्रकार के आँकड़े की तरह होते हैं, जो हमेशा वर्तमान में ही होते हैं।

इसे समझाना मुश्किल है इसलिए हम एक दोषपूर्ण लेकिन मदद करनेवाला उदाहरण लेते हैं। आप जब कोई फिल्म देखते हैं, तो उसका भी एक अतीत और एक भविष्य होता है लेकिन उन्हें नब्बे मिनट में समेट दिया जाता है। किसी न किसी समय पर आप फिल्म के लोगों के जीवन से जुड़ जाते हैं, फिर भी वह सबकुछ आपके लिए वर्तमान ही रहता है। अगर आप इस सच्चाई से मुँह मोड़ ले कि इसमें आपके जीवन के नब्बे मिनट शामिल हैं और कल्पना करें कि एक पल में आप सबकुछ देख रहे हैं, तो आपका अवचेतन मन भी कुछ इसी तरह काम करता है।

मुझे यह थोड़ा रहस्यमय लगता है कि कैसे अवचेतन मन भविष्य में आपके किसी लक्ष्य की जानकारी रखता है और उसे हासिल करने में आपकी सहयता करता है जबकि उसे इस बात का एहसास ही नहीं होता कि आपके जीवन का कोई भविष्य भी है? लेकिन अवचेतन मन के लिए कोई भी समय एक ही होता है और वह सारा समय वर्तमान होता है। सबकुछ पलभर की फिल्म होती है, जिसे सामने आने में कोई वक्त नहीं लगता।

अपने अवचेतन मन का उपयोग करने के लिए, आपको उसे इस रूप में आँकड़ा देना होगा, जिसे वह समझता है। इसलिए भविष्य में कुछ पाने के लिए, आपको यह कल्पना करनी होगी और महसूस करना होगा कि वह आपका वर्तमान है। अगर आप भविष्य को एकदम अच्छी तरह देख पाते हैं, तो वह वर्तमान के जितना ही वास्तविक और 'वर्तमान' होगा। अवचेतन मन के लिए यह बिलकुल ऐसा ही होता है – समय ठहरा रहता है और यह वास्तविकता का पैमाना नहीं होता। अवचेतन मन भी वास्तविकता को कल्पना और कल्पना को वास्तविकता मानता है। इसे अवचेतन मन के दृष्टिकोण से देखिए और यह आपके भविष्य को आपका वर्तमान बनाने में और अपनी कल्पना को आपकी वास्तविकता बनाने में मदद करेगा। वैसे भी, आपने जब एक बहुत अच्छी फिल्म देख ली, तो उसका हर सीन आपके लिए आपके वर्तमान में ही रहता है, चाहे फिल्म किसी भी तारीख में बनी हो। मायने यह रखता है कि उस फिल्म के दृश्यों ने आप पर कितना गहरा प्रभाव छोड़ा और आप उन दृश्यों को कितना याद रख पाते हैं। समय का पैमाना मायने नहीं रखता क्योंकि यहाँ उसका कोई अर्थ नहीं होता।

मन की शांति के लिए :

- अगर हम अपने बारे में अच्छी-अच्छी बातें कहते हैं और उन पर विश्वास करते हैं, तो वे हमारे अवचेतन मन में दर्ज हो जाती हैं। यहाँ कुछ अभिकथन या दृढ़ता से कही गई बातें दी जा रही हैं, जिनसे हमें वहाँ पहुँचने में मदद मिल सकती है, जहाँ हम पहुँचना चाहते हैं:
    - मैं शुक्रगुज़ार हूँ...
    - मैं ताकतवर, उदार, आनंदित, प्रसन्न, इस दुनिया से खुश महसूस कर रहा हूँ और अच्छे मूड में हूँ...
    - मैं रचनात्मक हूँ क्योंकि...
    - मेरा काम ज़रूरी और उपयोगी है क्योंकि...
    - मैं खुशकिस्मत हूँ कि मैं दूसरे लोगों की मदद कर पाता हूँ - स्पष्ट बताएँ : किसे, कैसे और कब?
    - मैं अच्छी सेहत का आनंद उठा रहा हूँ
    - मेरे दोस्त अच्छे हैं, जिनका साथ मुझे पसंद है और मैं जिन पर भरोसा कर सकता हूँ
    - मैं खुशकिस्मत हूँ कि मुझे जबरदस्त रोमांटिक पार्टनर मिला है - या मैं किसी उससे मिलने जा रहा हूँ, जो जल्दी ही मेरी जीवनसाथी बनेगी
    - मैं भाग्यशाली हूँ कि इतनी खूबसूरत जगह पर रह रहा हूँ - या मैं किसी खूबसूरत जगह पर जानेवाला हूँ (या अभी-अभी घूमकर आया हूँ)
    - मैं सच में इसे लेकर उत्साहित हूँ...
    - मैं जिस पुस्तक को पढ़ रहा हूँ वह शानदार है... और इसी तरह की बातें।

इस 'मैं हूँ' के कथनों को दिन में कई बार बोलना चाहिए, जब भी ज़रा सा भी मौका मिल जाए - 'आज आप कैसे हैं?' - जब भी किसी दोस्त से आपकी बातचीत हो या जब आप अकेले हों तब भी। अगर आप इन्हें ज़ोर से बोलेंगे या किसी डायरी में लिख देंगे, तो इन कथनों का असर ज़्यादा होगा।

अब यहाँ कुछ सांस्कृतिक समस्याएँ खड़ी हो जाती हैं। मैं एक ब्रिटिश हूँ और

हम ब्रिटिश लोगों को इस तरह की बातें थोड़ी बेशर्मी भरी? निर्लज्ज? बेवकूफी भरी? बेढंगी? लगती हैं। शायद आपको भी लगती होंगी, चाहे आपकी राष्ट्रीयता कोई भी हो। फिर भी हम अगर शांति, सुकून, मन की स्थिरता, निश्चिंतता और मन की शांति चाहते हैं तो यही रास्ता है। आशावादी बातें कारगर होती हैं!

हमें सिर्फ यह नहीं मानना चाहिए कि हमारी परिस्थितियाँ अच्छी हैं बल्कि जहाँ भी सही हो, अपने आपको भी अच्छा मानना चाहिए। हम सब 'गलतियों के पुतले' हैं। लेकिन मन की शांति के लिए, हमें विश्वास रखना चाहिए कि इस दुनिया को हम भी कुछ दे सकते हैं और हम जीवन को बेहतर बना रहे हैं, हम खुद में सुधार ला रहे हैं और हमारे इरादे अच्छे हैं। ऐसी धारणाओं के बिना जीवन सच में बेरंग है और बेरंग धरती पर कौन रहना चाहेगा?

यह सुनने में थोड़ा अजीब लगता है, लेकिन निम्नलिखित कथन प्रभावी हैं:

- 'प्रतिदिन, सभी प्रकार से, मैं बेहतर से बेहतर होता जा रहा हूँ।' (एमिल कू)
- 'तुम जैसा बनना चाहते हो सोचो कि तुम बन गए हो।' (हैरी कारपेंटर)
- 'मैं अपने संभवतः सबसे अच्छे रूप में आ रहा हूँ।' (मैथ्यू केली)
- 'अपनी सारी कमियों के बावजूद, मुझमें संसार का भला करने की ताकत है।'
- 'मैं सच्चाई और सुंदरता की तलाश कर रहा हूँ।'

चरण 2 : अवचेतन मन को सूचना देना

अपने अवचेतन मन को आप इन तीन सबसे आसान तरीकों से संदेश दे सकते हैं:

1 सुस्ताएँ और दिन में सपने देखें

- शांत और एकांत जगह पर, बेहतर होगा कि घर से बाहर आरामदेह कुर्सी पर बैठें।
- आराम करें।
- अपने दिमाग से सारे विचारों को (आप जो संदेश भेजनेवाले हैं उसे छोड़कर) निकाल दें।

- अपने अवचेतन मन को संदेश भेज दें – चुपचाप ठीक है, लेकिन बोल सकते हैं तो ज़ोर से बोलिए।

2 'ऑटोमैटिक' एक्सरसाइज के दौरान दिन में सपने देखें

- रूटीन के तौर पर करनेवाली एक्सरसाइज करें, जिसे आप जानते हैं और उसके बारे में सोचे बिना (अच्छा होगा कि जिसे आप अक्सर करते हैं) भी कर सकते हैं।
- वह एक्सरसाइज ऐसी होनी चाहिए, जिसे आप आसानी से अकेले ही कर लें, जिसमें कोई तनाव या खिंचाव न हो। मैंने पाया है कि साइकिलिंग या मध्यम रफ्तार से टहलना कारगर होता है।
- उस एक्सरसाइज से पहले, आप उस संदेश को पढ़ें या सोचें जिसे आप अवचेतन मन को भेजनेवाले हैं। अगर आपको याद हो, तो व्यायाम करते समय और दिन में सपने देखते समय आप उस संदेश को याद कर सकते हैं। एक्सरसाइज के बाद, उस संदेश को फिर से दोहराएँ।

3 सोने से पहले

- जब बिस्तर पर हों तो कुछ देर तक सुकून देनेवाला संगीत सुनें या कुछ हद तक समाधि में ले जानेवाला। (मैं एक सी सीडी हर रात सुनता हूँ – इसका नाम है एल–हाद्रा, 'द मिस्टिक डांस' जिसे एडिशन अकाशा ने म्यूनिख में जारी किया था। इससे मैं गहरी नींद के लिए तैयार हो जाता हूँ और अपने अवचेतन मन से बात करना आसान हो जाता है।)
- आप जब सोने जाएँ उससे एक या दो मिनट पहले, जब आपका शरीर ढीला पड़ रहा हो या आपको नींद आ रही हो, तब ज़ोर से उस संदेश को बोलें या अपने मन में ही कह दें।
- अच्छी नींद और अच्छे–अच्छे सपने देखने की तैयारी करें।
- सोने से पहले उस संदेश को अपने मुँह से कही गई या मन में सोची गई आखिरी बात के रूप में दोहराएँ।

चरण 3: अवचेतन मन का जवाब

आपका अवचेतन मन आपको अपना उत्तर बताने या अपने संदेश देने की कोशिश करेगा – आपको वह मिल भी जाएगा, बशर्ते आप उसे भारी गतिविधियों से न भर दें या आपका दिमाग व्याकुल न हो। आपका अवचेतन मन आपसे बात करे इसके लिए चरण 2 में जैसा बताया गया है उसके अनुसार, दिन में आराम करें और सपने देखें।

अक्सर अवचेतन मन का जवाब रात को या सुबह के समय आता है जब आप हल्की नींद में होते हैं या पूरी तरह जागने से पहले आप जब आधी–नींद में होते हैं। इससे पहले कि आप फिर से सो न जाएँ और उसे भूल न जाएँ, उसे अपने कब्जे में करने के लिए अपने बिस्तर के बगल में एक नोटबुक और एक पेन रखें।

निष्कर्ष

एक बार आपने अवचेतन मन की शक्ति को जान लिया, तो उसे अपने दोस्तों और परिवार को भी बताएँ। उन्हें इस पुस्तक की एक कॉपी भेंट करें या पढ़ने के लिए दें। इतने कम प्रयास से कभी इतने बड़े–बड़े फायदे नहीं मिलेंगे।

भाग चार

80/20 का भविष्य

17

80/20 नेटवर्क के ज़रिए सफलता

नेटवर्कवाला समाज इंसान के अनुभव में गुणात्मक परिवर्तन को दिखाता है।

मैनुएल कैस्टेल्स, स्पेनी समाजशास्त्री

मैंने जब इस पुस्तक के पहले दो संस्करणों को लिखा, तो मुझे अंदाज़ा नहीं था कि क्यों यह सिद्धांत इतना अच्छी तरह काम कर रहा था। मैंने अर्थशास्त्री जोसेफ स्टीन्डल को उद्धृत किया – 'लंबे समय से पारेतो नियम आर्थिक परिदृश्य पर उसी तरह रुका पड़ा था, जैसे कोई चट्टान धरती पर पड़ी हो और कोई उसके विषय में कुछ नहीं जानता हो: वैसे ही व्यवहार पर आधारित इस नियम की कोई व्याख्या नहीं कर सका था।' लेकिन अब मैं उत्साहित हूँ क्योंकि मुझे लगता है कि मैं इसे समझ गया हूँ और स्पष्ट हो गया है कि क्यों 80/20 अब और भी प्रचलित हो गया है, जो हमारे जीवन को रहस्यमयी और अबूझ तरीके से प्रभावित कर रहा है।

इसका जवाब नेटवर्कों की तेज़ी से बढ़ती क्षमता से मिल जाता है। नेटवर्कों की संख्या और उनका प्रभाव लंबे समय से बढ़ रहा है, जिसकी प्रगति पिछली कुछ सदियों में धीमी रही, लेकिन लगभग 1970 के आसपास से इसकी रफ्तार तेज हुई और आश्चर्यजनक भी रही। नेटवर्क भी 80/20 के तरीके से काम करते हैं, जिसमें 80/20 के वितरणों की विशेषता दिखती है। और अक्सर बेहद एकतरफा तरीके से काम करते हैं। इसलिए यह सिद्धांत ज़्यादा तेजी से फैल रहा है क्योंकि यही बात नेटवर्कों पर भी लागू होती है। जितने नेटवर्क होंगे, 80/20 उतना ही अधिक देखने को मिलेगा।

जितना प्रभाव नेटवर्कों का बढ़ेगा, उतना ही 80/20 का भी बढ़ेगा।

ऊपर के वाक्य के महत्त्व पर और अधिक बल नहीं दिया जा सकता है।

जैसा कि मैनुएल कैस्टेल्स कहते हैं, 'नेटवर्क समाज इंसान के अनुभव में गुणात्मक परिवर्तन को दिखाता है।' और उस परिवर्तन की प्रकृति मूल रूप से 80/20 की प्रकृति से जुड़ी हुई है। ऐसा और कोई भी संगठन या अनुभव नहीं जो अपनी विशेषताओं में और पूर्ण रूप से 80/20 हों, जितना कि नेटवर्क हैं।

हमारे लिए नेटवर्कों को समझना बहुत ज़रूरी है, क्यों उनका महत्त्व बढ़ता जा रहा है, कैसे उनमें 80/20 की विशेषताएँ हैं और कैसे हम उनसे फायदा उठा सकते हैं। अगर हम 80/20 और नेटवर्कों को नहीं समझेंगे, तो हम अपने जीवनकाल में व्यवसाय और समाज में होनेवाले व्यापक बदलाओं को नहीं समझ सकते।

तो एक नेटवर्क क्या होता है?

वायर्ड के पूर्व संपादक, केविन केली ने इसे बहुत अच्छी तरह बताया है:

> नेटवर्क सबसे व्यवस्थित संगठन होता है, जिसमें किसी भी प्रकार का ढाँचा नहीं होता है।

फेसबुक और ट्विटर नेटवर्क हैं, वैसे ही आतंकी संगठन, अपराधियों के गैंग, राजनीतिक समूह, फुटबॉल टीम, इंटरनेट, संयुक्त राष्ट्र, दोस्तों का कोई समूह और दुनिया की वित्त व्यवस्था भी नेटवर्क में आती है। लगभग सभी वेब या एप आधारित संगठन जो अचानक सामने आए और रातों-रात अकूत दौलत के मालिक बन गए, जैसे कि एप्पल, गूगल, ईबे, उबर, अमेजॉन, नेटफ्लिक्स और एयरबीएनबी जैसी कंपनियाँ या तो नेटवर्क हैं, या उनकी अपनी व्यवस्था के भीतर ही नेटवर्क होते हैं।

नेटवर्क ऊपर से नियंत्रित किए जानेवाले पारंपरिक संगठनों से किस प्रकार अलग होते हैं?

इसके लिए चलिए एक स्पष्ट अंतर से शुरुआत करते हैं। सभी प्रकार के सामान्य संगठन, जिन्हें हम सदियों से देखते चले आ रहे हैं, जिनमें देश की नौकरशाही... सेना पर आधारित साम्राज्य से लेकर संगठित कृषि, वाणिज्य और मिल तथा फैक्ट्रियाँ... और पिछली तीन सौ वर्षों से चले आ रहे सभी कारोबारी एवं सामाजिक संगठनों का विकास उन संगठनों के शीर्ष से लिए गए फैसलों पर निर्भर करता है।

पारंपरिक संगठन ऊपर बनाई गई योजना के बिना, जो अक्सर बारीकी

से बनाई जाती है, आगे नहीं बढ़ सकते हैं। फिर उन योजनाओं को उत्पाद की डिजाइन, निर्माण, मार्केटिंग और बिक्री जैसी गतिविधियों से लागू किया जाता है। ये सभी खर्चीली और काफी परिश्रमवाली होती हैं। इन संगठनों को अपने अधिकतम आकार और प्रभाव तक विकसित होने में काफी समय, बेहिसाब मेहनत, मैनपावर और पैसा लगता था।

लेकिन नेटवर्क अलग ही होते हैं। उनका विकास उस संगठन के भीतर से नहीं होता, जो उस नेटवर्क का मालिक या स्पॉन्सर है बल्कि बाहर से होता है। नेटवर्क के सदस्यों के कार्यों से सिर्फ वह नेटवर्क ही तरक्की करता है। यदि उस नेटवर्क का मालिक कोई कारोबार है, तो उसके 'सदस्य' उसके 'ग्राहक' या संभावित ग्राहक भी होते हैं। उस नेटवर्क की तरक्की उसके अंदर के लोगों के कारण होती है और नेटवर्क के सदस्यों के हितों के कारण ही उसका विकास होता है।

चलिए मैं आपको एक ऐसे नेटवर्क का उदाहरण देता हूँ, जिससे मैं उसकी शुरुआत से ही जुड़ा था। इस नेटवर्क की शुरुआत युवा और अनुभवहीन लेकिन काफी उत्साही लोगों के समूह ने की थी। यह बेटफेयर था। आप उसके उद्यमियों को उसके संस्थापक कह सकते हैं। आप सही भी होंगे, लेकिन वे सच में दिलदार और घुड़दौड़ पर सट्टा लगाने के शौकीन थे, पर वे पुराने ज़माने के हिसाब-किताब रखनेवाले लोगों को बहुत बड़ा हिस्सा नहीं देना चाहते थे, जो हर दाँव की कीमत का 10 फीसदी मुनाफे के तौर पर ले लिया करते थे। बेटफेयर के पीछे की सोच ये थी कि जो कोई भी बाजी खेलना चाहता था, वह दूसरे व्यक्ति के साथ ऐसा कर सकता था, जिसकी राय उसके विपरीत हो कि किसी घोड़े या टीम की जीत होगी या नहीं। बेटफेयर ने एक ऑनलाइन इलेक्ट्रॉनिक मार्केट बनाया, जो शेयर बाज़ार की तरह ही था और फिर उस मार्केट को चलाने के लिए थोड़ा सा कमीशन लेता था।

मैंने साल 2001 में बेटफेयर की शुरुआत के कुछ ही महीने बाद उसमें निवेश किया था। उस समय कंपनी की वैल्यू 15 मिलियन पाउंड थी, जो सच में इतनी ज़्यादा भी नहीं थी। यह अब भी बहुत छोटा था और उद्योगों के कुछ ही जानकारों की नज़र उस पर पड़ी थी या उन्होंने ग़ौर किया भी था, तो उन्हें नहीं लगता था कि ये आइडिया कारगर होगा। फिर भी, बेटफेयर को लेकर जो उत्साहजनक बात थी, जिससे मैं आकर्षित हुआ था, वह ये कि ये हैरान करनेवाली रफ्तार से तरक्की कर रहा था। शुरुआती वर्षों में ये 10, 20, 30 यहाँ तक कि कभी-कभी हर महीने 60

फीसदी की रफ्तार से भी बढ़ रहा था।

उसके पास इतना पैसा कहाँ से आ रहा था? मैं आपको बता सकता हूँ कि कहाँ से नहीं आ रहा था। ये सेल्स से नहीं आ रहा था, ना ही मार्केटिंग की कोशिशों से क्योंकि शुरुआत में इनमें से दोनों ही नहीं थे। ये पैसा नेटवर्क से ही आ रहा था, उनके जो बेटफेयर के यूज़र थे, ग्राहक थे, जिन्हें ये इतना पसंद आया कि उन्होंने अपने दोस्तों से भी इस नेटवर्क से जुड़ जाने के लिए कहा। यह सिर्फ इस कारण से नहीं था कि उन्हें इसका सिस्टम पसंद था या वे दोस्तों पर उपकार करना चाहते थे। नेटवर्क का इस्तेमाल करनेवालों ने इस कारण बेटफेयर से जुड़ने की सलाह दी क्योंकि वे चाहते थे कि ये और बढ़े क्योंकि इसी में उनका फायदा था। वे ज़्यादा और बड़ी बोली लगाना चाहते थे और चाहते थे कि उसके खिलाफ बोली लगानेवाले भी उतनी ही बड़ी रकम लगाएँ।

इसके साथ ही अब मैं किसी नेटवर्क के दूसरे महत्वपूर्ण पहलू पर आता हूँ – किसी भी नेटवर्क के आकार के साथ-साथ उसकी कीमत भी बढ़ जाती है। इतना ही नहीं, कीमत में उसकी तरक्की उसके सदस्यों के लिए और जो भी उस नेटवर्क पर मालिकाना हक रखता है, उनकी तरक्की भी रैखिक नहीं बल्कि ज्यामितीय होती है। किसी डेटिंग प्लेटफॉर्म को लीजिए, जिसके 1000 सदस्य हों और सभी किसी एक शहर या इलाके में बसे हों और सभी अन्य सदस्यों के साथ डेट पर जाना चाहते हों। क्या आप ऐसे नेटवर्क का हिस्सा बनना चाहेंगे? इसकी संभावना कम है क्योंकि यह काफी छोटा है।

लेकिन कल्पना कीजिए कि नेटवर्क का आकार दोगुना यानी 2000 सदस्योंवाला हो जाता है। तो क्या उस नेटवर्क की कीमत भी दोगुनी हो जाएगी? नहीं, ऐसा नहीं होता। उस नेटवर्क की कीमत असल में लगभग चार गुना हो जाती है। इसका कारण ये है कि नेटवर्क के सदस्यों के बीच संभावित परम्युटेशन 4,99,500 से 1,999,000 तक बढ़ जाता है। इसी कारण, जैसे-जैसे बेटफेयर के यूज़र्स की संख्या बढ़ी, उस नेटवर्क के यूज़र्स की कीमत कई गुना बढ़ गई। पन्टर अब ज़्यादा से ज़्यादा बेट लगा सकते थे, ऊँची रकम पर लगा सकते थे और उस रकम के मुकाबले की बोली लगानेवाले भी मिल जाते थे। अब बेटफेयर के मालिकों की कीमत भी बेहिसाब ढंग से बढ़ गई। फरवरी 2016 में, इस कंपनी का विलय पैडी पावर के साथ हो गया और दोनों कंपनियों की मिली-जुली कीमत 7,200 मिलियन पाउंड है। इसमें से बेटफेयर के शेयरधारकों का हिस्सा 3,456

मिलियन पाउंड का है, जो उस समय की तुलना में 230 गुना है जब मैंने निवेश किया था।

अगर अब हम नेटवर्क के बारे में पहले दो प्वाइंट को साथ रखें, तो सदस्यों की गतिविधियों से यह काफी आसानी से तरक्की कर लेता है और आकार बढ़ने के साथ ही इसकी कीमत भी बेहिसाब ढंग से बढ़ जाती है। इससे हम तीसरे निष्कर्ष तक पहुँचते हैं: नेटवर्क के संगठनों की कीमत ज़बरदस्त तेज़ रफ्तार से होती है, अन्य संगठनों के मुकाबले बेहद तेज़ रफ्तार से। यही कारण है कि नेटवर्क-आधारित वेंचर जैसे कि अमेजॉन, ईबे, फेसबुक, अलीबाबा, एयरबीएनबी और उबर ने इतने पैसे कमाए और वह भी इतनी जल्दी। अब तक किसी भी बिना नेटवर्कवाले कारोबार ने कमाई की इस विस्फोटक रफ्तार से तरक्की नहीं की है।

एक चौथा और आखिरी कारण भी है, जिसकी वजह से नेटवर्कों की संख्या और उनकी क्षमता में इतना इज़ाफा हुआ है। नेटवर्क कई गुना बढ़ जाते हैं, घने हो जाते हैं और व्यापक अर्थों में कहें तो जैसे-जैसे सूचना प्रौद्योगिकी अपनी पहुँच और क्षमताओं का विस्तार करती है, ये और भी प्रभावशाली हो जाते हैं। जो एप आधारित कंपनियाँ होती हैं, जैसे कि एयरबीएनबी और उबर, उनका अपने मौजूदा रूप में कभी नामोनिशान नहीं होता अगर स्मार्टफोन का आविष्कार नहीं हुआ होता।

इसलिए हम एक परिवर्तनशील प्रभाव को देखते हैं, जिसमें एक बेहद कीमती नेटवर्क अनेक नए-नए बेहिसाब कीमती नेटवर्क को जन्म देता है और उन्हें काम करने के काबिल बनाता है। अब चूँकि सूचना प्रौद्योगिकी की लागत धीरे-धीरे कम होती जा रही है और उसका प्रदर्शन प्रभावशाली और कई गुना बढ़ता जा रहा है इसलिए यह बता पाना संभव नहीं कि अब यह सबकुछ कहाँ जाकर रूकेगा। अच्छा है या बुरा, लेकिन हम सचमुच एक साहसी नई दुनिया में हैं, जो अरबों लोगों के जीवन को प्रभावित कर रहा है और कारोबार तथा समाज के नियमों को बदल रहा है।

1960 के दशक से ही, नेटवर्क पर विद्वानों, कारोबारी लोगों और टिप्पणिकारों की नज़र रही है। लेकिन नेटवर्कों और 80/20 के संबंध को अब भी बड़े पैमाने पर समझा नहीं गया है। इस संबंध को पूरी तरह समझने के लिए, हम दो घटनाएँ लेते हैं कि कैसे नेटवर्क इस सिद्धांत पर चलते हैं।

ऑनलाइन की दुनिया इसका एक स्वाभाविक उदाहरण है। 'साइबरस्पेस' शब्द साइंस फिक्शन राइटर विलियम गिबसन ने 1984 में दिया था। उन्होंने कहा था, 'मैं ऐसे वर्तमान को बताना चाहता था, जिसकी कल्पना भी नहीं की सकती थी। समकालीन सच्चाई को और खंगालना ही साइंस फिक्शन का सबसे अच्छा इस्तेमाल होता है।' उन्होंने साइबरस्पेस को इस प्रकार परिभाषित किया, 'सहमति से होनेवाला मतिभ्रम जिसका अनुभव हर देश में करोड़ों लोग हर दिन करते हैं... इसकी जटिलता सोची भी नहीं जा सकती है। रोशनी की रेखाएँ जो दिमाग में स्थान नहीं लेतीं, आँकड़ों के समूहों में अस्त-व्यस्त होती हैं।'

निश्चित रूप से वर्ल्ड वाइड वेब एक ऐसा विचित्र देश है, जहाँ हम अपने स्थान को छोड़े बिना ही चले जाते हैं। यह एक ऐसा नेटवर्क है जो हमारे काम और सामाजिक जीवन के साथ-साथ व्यवसाय के स्वरूप को भी बदल रहा है। साथ ही एक ऐसा नेटवर्क है, जिसके आकार और जिसकी क्षमता में विस्फोटक वृद्धि हुई है। इसकी संरचना लोकतांत्रिक है, जो ट्विटर पर बिन बुलाए ही राय रखने की इज़ाज़त देता है, अपने रोज़ाना के जीवन से जुड़ी बातों को फेसबुक और दूसरी सोशस साइट्स पर पोस्ट करने देता है। यह वेब बढ़ता जाता है क्योंकि यह सभी के लिए खुला है और बहुत कम पैसों में बहुत कुछ देता है। यह किसी को भी अस्वीकार नहीं करता। यह सभी का स्वागत करता है। कोई भी विकिपीडिया की जानकारी के खजाने का लाभ उठा सकता है और करोड़ों लेखों से ज्ञान प्राप्त कर सकता है।

इसके बावजूद साइबरस्पेस में एक विरोधाभास है। इंटरनेट सबके लिए खुला है और कोई रुकावट नहीं है, फिर भी यह 80/20 का सार भी है। उदाहरण के लिए, विकिपीडिया बताती है कि दो सौ से भी ज़्यादा सर्च इंजन हैं। इसके बावजूद गूगल, बाइडू, बिंग और याहू, इन चारों का मार्केट के 96 फीसदी हिस्से पर कब्जा है। इसलिए 2 प्रतिशत सर्च इंजन 96 प्रतिशत सवालों का जवाब देते हैं और इस तरह 96/2 के संबंध को सामने लाते हैं।

अकेले गूगल की ज़बरदस्त 66 फीसदी हिस्सेदारी है। इस प्रकार 200 सर्च इंजनों में से 1, जो 1 प्रतिशत से भी कम हुआ, इस अविश्वसनीय मालदार कारोबार के दो तिहाई हिस्से पर राज करता है, जो 66/0.5 का संबंध हुआ। और

जैसा कि मैं अगले अध्याय में दिखानेवाला हूँ, असल में गूगल और दूसरों के बीच मुनाफे को इस प्रकार से काफी कम आँका गया है। गूगल का 82 प्रतिशत मोबाइल ऑपरेटिंग सिस्टम पर और 94 प्रतिशत मोबाइल सर्च पर भी कब्जा है। चीनी ई-कॉमर्स की बात करें तो एक साइट, अलीबाबा की कुल लेन-देन में 75 प्रतिशत हिस्सेदारी है। चूँकि चीनी साइट्स की एक बहुत बड़ी संख्या है इसलिए यह 75/0 का संबंध है। (सबसे करीबी राउंड नंबर तक, अलीबाबा की उन साइट्स में 0 प्रतिशत हिस्सेदारी है।)

आखिरी कितने बेटफेयर हैं? मैं कहूँगा कि मात्र एक बेटिंग एक्सचेंज ही काफी है। मेरा अनुमान है कि अपने बाज़ार में बेटफेयर की हिस्सेदारी 95 प्रतिशत से भी अधिक है। कितने फेसबुक हैं? एक समय था जब दो बड़े सोशल प्लेटफॉर्म थे – असल में फेसबुक एक समय पर माईस्पेस से काफी छोटा था। पर अब सिर्फ एक ही है – फेसबुक। कितने ट्विटर हैं? बस एक ही काफी है।

ट्विटर की बात जब उठी है, तो ट्विटर सिस्टम के भीतर कुछ पारेतो जैसे संबंध हैं। सिलिकॉन वैली इनसाइडर की रिसर्च ने बताया कि जितने लोग ट्विटर पर हैं, उनमें से जो 'हेवी फॉलोअर' हैं यानी जो लोग दिन-रात ट्विटर पर लगे रहते हैं, उनकी संख्या 85 प्रतिशत (85/10) है।

इस तस्वीर का दूसरा पहलू क्या है? 2011 में शोधकर्ताओं ने बताया कि ट्विटर के 20,000 यूजर्स के पास ट्विटर के लगभग आधे फॉलोअर थे। यूजर्स की इतनी संख्या के साथ इतने अधिक फॉलोअर्स का जुड़े रहना हैरान करता है। उस समय ट्विटर के कुल यूजर्स की तुलना में सबसे बड़े यूजर्स की संख्या 1 प्रतिशत का भी बीसवाँ हिस्सा थी, जो 50/0 का पैटर्न है।

आखिर में पूछता हूँ कि कितने उबर हैं? अभी तो बस उबर ही है और कुछ उसे चुनौती देनेवाले हैं, जो बाज़ार के अलग-अलग सेगमेंट में काम करते हैं। अगर आप जो चाहते हैं वह उबर देता है, तो आप उबर के सिवाय और किसे चुनेंगे। और यह हम सभी के लिए अच्छा है क्योंकि किसी भी शहर में लगभग एकाधिकार का मतलब है, ग्राहकों का वेटिंग टाइम कम होना और ड्राइवर्स का ज़्यादा से ज़्यादा उपयोग। इन सारी बातों से समझा जा सकता है कि क्यों उबर ने ठान लिया है कि उसे तेज़ी से और कई जगहों पर, पूँजी की भारी लागत के दम पर अपना विस्तार करना है। इस तरह अगर जन्नत में भी जगह बचेगी तो वहाँ भी

उबर जैसी कंपनी ही जाएगी।

कई तरह की आलोचनाओं और शिकायतों के बावजूद, वेंचर कैपिटल मार्केट ने उबर की जनरल मोटर्स के मुकाबले एक ऊँची कीमत लगाई है, जबकि उबर की शुरुआत जहाँ 2009 में ही हुई थी, वहीं जनरल मोटर्स 101 साल पहले शुरू हुआ था। बेशक, उबर कार नहीं बनाता है, ना ही कारों को खरीदता है इसलिए सोचा जाए तो भविष्य में यह बहुत ज़बरदस्त कमाई कर लेगा।

आखिर वेब इतना सीमित क्यों है जहाँ कुछ ही बड़े खिलाड़ी शीर्ष पर हैं जबकि ज़्यादातर भागीदार हाशिए पर हैं? इसे गूगल की शुरुआत करनेवाली अल्फाबेट कंपनी के चेयरमैन एरिक श्मिट समझाते हैं:

> मैं आपको बताना चाहूँगा कि इंटरनेट ने सबके लिए स्थितियों को इस प्रकार एक समान बना दिया है कि कम कीमत पर ज़्यादा बेचना सही है। दुर्भाग्य से, यह हकीकत नहीं है।
>
> असल में जो होता है, उसे पावर का नियम कहते हैं। बहुत कम संख्या में चीज़ें बहुत सीमित स्थान पर हैं और ज़्यादातर अन्य चीज़ों की मात्रा काफी कम है। लगभग सभी नए नेटवर्क मार्केट इसी नियम पर चलते हैं। इसलिए कम कीमत पर बेचना काफी दिलचस्प है, लेकिन कमाई का ज़्यादातर हिस्सा अधिक कीमत पर कम बेचने से ही आता है।
>
> और देखा जाए तो इसकी संभावना है कि इंटरनेट से बड़ी-बड़ी कंपनियाँ आएँगी और ब्रांड अधिक सीमित होगा। हालाँकि, यह बात ज़्यादातर लोगों को समझ में नहीं आती क्योंकि यह वितरण का बहुत बड़ा माध्यम है। लेकिन आप जब सभी को साथ ले आएँगे तब भी वे एक सुपरस्टार को ही पसंद करेंगे। यह अब अमेरिकी सुपरस्टार नहीं रहा, यह दुनिया का सुपरस्टार बन चुका है।

साइबरस्पेस से जुड़ी अधिकांश साइट्स ज़बरदस्त फैशनेबल बार की तरह हैं, जो इस कारण लोकप्रिय हैं क्योंकि वे लोकप्रिय हैं। आप जानते हैं कि आप वहाँ कई लोगों से मिलेंगे। होता यह है कि सभी वहाँ जाना चाहते हैं जहाँ बाकी सब हैं। कम से कम जो उनकी कैटेगरी के हैं। बाज़ार में तरलता और गहराई ज़्यादा सदस्यों को, ज़्यादा पैसे को और बाज़ार की ज़्यादा गहराई को संभव बनाती है। नेटवर्क अपने आकार की तुलना में आकर्षक रूप से अनुपाती, नहीं सुपर-अनुपाती होते

हैं। कम से कम एक सीज़न तो जीतनेवाले सबकुछ अपने नाम कर लेते हैं। बहुत अच्छे। बार का मालिक अरबपति नहीं बनेगा। लेकिन वेब पर उसके जो समकक्ष हैं, उनकी किस्मत चमक सकती है और वह भी ज़बरदस्त तेजी के साथ।

चलिए अब एक दूसरी घटना से देखते हैं कि कैसे कामयाब नेटवर्क अक्सर ताकतवर बन जाते हैं। इस बार मैंने एक महत्वपूर्ण सोशल ट्रेंड को लिया है, जो ऑनलाइन उदाहरण नहीं है।

शहर

10,000 साल पहले जब इंसानों ने तय किया कि वे एक ही जगह पर बस जाएँगे, तब से शहर का महत्त्व नेटवर्क के रूप में काफी बढ़ गया है, जहाँ ज्ञान, संस्कृति और उत्पादों तथा सेवाओं का लेन-देन बढ़ा है। इसके साथ ही, वहाँ शासन और वित्त का बुनियादी ढाँचा भी उपलब्ध है। 'ग्लोबल स्ट्रैटेजिस्ट' पराग खन्ना कहते हैं कि 'शहर इंसानों के सबसे टिकाऊ और स्थिर किस्म के सामाजिक संगठन हैं, जिनकी उम्र सभी साम्राज्यों और देशों से भी ज़्यादा है।' उसके बाद से ही दो ज़बरदस्त तरीके से महत्वपूर्ण ट्रेंड सामने आए हैं। (स्पष्ट कर दूँ कि यह मेरा कहना है, खन्ना का नहीं, हालाँकि उनका कहना भी कुछ ऐसी ही है।)

एक ट्रेंड धीमा लेकिन लगातार बढ़नेवाला है और अब उन लोगों में रफ्तार पकड़ रहा है, जो शहरी हो चुके हैं। वर्ष 1500 में, पूरी दुनिया में सिर्फ 1 प्रतिशत लोग शहरों में रहते थे। 1800 तक यह संख्या ३ प्रतिशत हो गई। 1900 में दुनिया की आबादी का सातवाँ हिस्सा शहरों में रहने लगा। आज शहरी लोगों की संख्या बाकियों से अधिक है।

यूरोप में और फिर आगे चलकर पूरी दुनिया में धन-दौलत में वृद्धि वर्ष 1450 के आसपास होने लगी और इंसान एक जीव के रूप में सफल हुआ, जो शहरों की संख्या और उनकी क्षमता में तरक्की के बिना संभव नहीं था। शहर विचारों, व्यापार, वाणिज्य के केंद्र थे, जिन्हें एक छोटा लेकिन महत्वपूर्ण (80/20) नए मध्यम वर्ग के नागरिक चलाते थे, जो न तो किसान थे ना ही कुलीन। शहर में दौलत पैदा होती थी, जो कुलीनों की विशाल ग्रामीण संपत्तियों के बीच 80/20 के छोटे-छोटे द्वीप होते थे। बेशक, शहरों का अस्तित्व हज़ारों वर्षों से है, लेकिन यूरोप में मध्य काल के आखिर में वे आर्थिक विकास और सामाजिक परिवर्तन के केंद्र बन गए।

साल 1500 में मात्र पाँच यूरोपीय शहर थे, जहाँ 1,00,000 लोग रहते थे। साल 1600 तक चौदह शहर हो गए – एम्स्टर्डम, एंटवर्प, कांस्टेंटिनोपल, लिस्बन, मार्सिले, मैसिना, मिलान, मॉस्को, नेपल्स, पालेर्मो, पेरिस, रोम, सेविले और वेनिस। आप देख सकते हैं कि इनमें से आधे महत्वपूर्ण बंदरगाह थे। इन शहरों के विस्तार के बिना, आधुनिक दुनिया कभी विकसित नहीं हो सकती थी।

आज दुनिया के बीस सबसे अमीर शहर प्रतिभा को आकर्षित करते हैं, जहाँ ज्ञान और पैसे का बहुत बड़ा भंडार है। दुनिया की तीन–चौथाई से भी ज़्यादा बड़ी कंपनियाँ इन्हीं बीस शहरों में हैं। वह ट्रेंड जिसकी शुरुआत यूरोप में वर्ष 1500 में हुई थी, वह लगातार जारी है और रफ्तार पकड़ रहा है, जिसके कारण बड़े शहर और भी बड़े और धनी होते जा रहे हैं। शहरों का विस्तार नेटवर्क के चिरपरिचित प्रभावों को दिखाता है:

– जैसे–जैसे नेटवर्क यानी कि शहर बड़ा और घना होता जाता है, शहर में रहने के फायदे बढ़ते जाते हैं। तरह–तरह की जानकारी रखनेवाले अन्य लोगों से मिलने का अवसर भी कई गुना बढ़ जाता है। इसके बावजूद कि जाम, महँगाई और भीड़–भाड़वाले शहर के तनाव के नुकसान भी अपनी जगह पर हैं। आमतौर पर नेटवर्क के सकारात्मक प्रभाव नकारात्मक प्रभावों पर भारी पड़ते हैं। इसका प्रमाण यही है कि ज़्यादातार शहरों का विस्तार होता चला जाता है।

– हालाँकि, सारे शहरों के साथ ऐसा नहीं होता। अमेरिका और अन्य विकसित देशों की कई नगरपालिकाएँ आर्थिक तंगी से जूझ रही हैं। न्यू ऑरलियन्स या डेट्रायट आकर्षण खो चुके हैं और उनमें पतन के लक्षण दिखाई देते हैं। हमेशा की तरह ही, नेटवर्क पारेतो की तरह चुनिंदा प्रभाव दिखाते हैं। अच्छे नेटवर्कवाले खुशहाल शहर उससे भी ज़्यादा बड़े और अधिक खुशहाल बनते चले जाते हैं। दूसरे शहरों की हालत और खराब होती जाती है।

– शहर विभिन्न संस्कृतियों और विचारधाराओं के मिलन स्थल होते हैं। वे कुछ करने की तमन्ना रखनेवाले और प्रतिभावान लोगों को आकर्षित करते हैं, जो कम सफल शहरों और दुनिया के अन्य देशों से वहाँ आते हैं। शहर में तरह–तरह के लोग देखने को मिलते हैं और उनमें काफी अंतर देखा जाता है। नए–नए आविष्कार बढ़ जाते हैं और अवसरों की कोई कमी नहीं होती।

नेटवर्क के इन प्रभावों से 1970 के दशक में अक्सर की जानेवाली ऐसी

भविष्यवाणियाँ बेमानी हो जाती हैं कि सूचना प्रौद्योगिकी के कारण ज़्यादा से ज़्यादा लोग शहरों से दूर गाँवों में रहने लगेंगे। शहरी जीवन में नेटवर्क से जुड़े फायदे चोटी के शहरों में बढ़ते जा रहे हैं, जिनका कारण है आमने-सामने की मुलाकातों का महत्त्व और अचानक ही बननेवाले संबंध जो सुखद संयोग की तरह होते हैं। पराग खन्ना का अनुमान है कि 'साल 2030 तक, विश्व के 70 प्रतिशत से भी ज़्यादा लोग शहरों में रहने लगेंगे, जिनमें से अधिकांश समुद्र के पचास मील के भीतर के इलाके में बसे होंगे... आबादी का इकट्ठा होना, आर्थिक ताकत और राजनीतिक सत्ता के कारण ये तटीय महानगर मानव संगठन की प्रमुख इकाइयाँ बन गई हैं।' इसमें मैं जोड़ना चाहूँगा कि पिछले पाँच सौ वर्षों में, धीरे-धीरे लेकिन पक्के तौर पर पैसा बनाने का एक सबसे अच्छा तरीका है कि जिन शहरों का विस्तार हो रहा हो, उनके बीच ज़मीन खरीद ली जाए।

दूसरा ट्रेंड है खास आकारोंवाले शहर के भीतर लोगों का वितरण। इस विषय पर भी भविष्यवाणी करनेवालों ने कहा था कि इंटरनेट के युग में लोग शहरों में दूर-दूर रहेंगे और मध्यम आकार के ज़्यादा से ज़्यादा शहर बनेंगे। ऐसी भविष्यवाणी करनेवाले लोग अब चकित हैं। यह बताता है कि किसी भी समय के दौरान सबसे तेजी से विकसित होनेवाले शहर सबसे बड़े हो जाते हैं और अक्सर ये सबसे पुराने शहर होते हैं - उदाहरण के लिए टोक्यो, बीजिंग (पहले पीकिंग), मुंबई (पहले बॉम्बे) और अमेरिकी महाद्वीपों में न्यूयॉर्क, लॉस एंजिल्स और मेक्सिको सिटी। आज ग्रेटर टोक्यो एरिया में लगभग 38 मिलियन लोग रहते हैं, जो कनाडा या इराक की कुल आबादी से भी ज़्यादा है।

पराग खन्ना यह भी दावा करते हैं कि शहर तेज़ी से उसी तरह जुड़ जाएँगे जैसे कि टोक्यो और योकोहामा जुड़ चुके हैं। इसी तरह हम देखेंगे कि लॉस एंजिल्स-सैन फ्रांसिस्को और बोस्टन-वॉशिंग्टन डीसी भी जुड़ जाएँगे। बाद के शहरों की जहाँ तक बात है, तो मुझे उनके एक होने में थोड़ा शक है क्योंकि दोनों शहर एक दूसरे के करीब नहीं हैं, लेकिन शहरों में फैलने और हरी-भरी जगहों पर कब्जा जमाने की जो प्रवृत्ति है वह लंबे समय से देखी जा रही है। लंदन का सेंट मार्टिन-इन-द-फील्ड्स चर्च, जो ट्रैफलगर स्क्वायर के बाद है, वह असल में शहर के बाहर था और उसके चारों ओर खेत और मैदान थे।

पराग खन्ना जब यह कहते हैं कि दुनिया के बड़े-बड़े शहर अपने उमंग और उत्साह के कारण दुनियाभर से प्रतिभावान लोगों को आकर्षित करते हैं, तब वह

ऐसा पूरे आत्मविश्वास से कहते हैं – 'जैसे-जैसे वैश्विक प्रवासियों की संख्या बढ़ रही है, सुविधाओं से लैस और खुले शहरों में विदेश में जन्मे नागरिकों की संख्या भी बढ़ रही है।' डलास की 24 प्रतिशत आबादी विदेश में जन्मे लोगों की है, सिडनी में 31 प्रतिशत, न्यूयॉर्क सिटी और लंदन में 37 प्रतिशत, हांगकांग में 38 प्रतिशत और सिंगापुर में 43 प्रतिशत।

सारांश

यह अध्याय काफी लंबा था। आप सभी का धैर्य रखने के लिए धन्यवाद! लेकिन मैं अब अपनी तर्क का सार बता सकता हूँ:

1 80/20 सिद्धांत के कारगर होने का, तेजी से प्रभाव बढ़ने का कारण है नेटवर्कों की ताकत।

2 नेटवर्क इस सिद्धांत के अनुसार भी काम करते हैं। किसी भी मार्केट या कैटेगरी में, बहुत कम संख्या में ही नेटवर्क उस बाज़ार या कैटेगरी की गतिविधियों या कारोबार में अपना दबदबा कायम करते हैं।

3 नेटवर्क और उनके सदस्य चाहते हैं कि मार्केट शेयर एक ही जगह पर रहे और एकाधिकार कायम हो क्योंकि इससे नेटवर्क को सबसे अधिक गहराई और पहुँच मिलती है। बड़े नेटवर्क बेहतर नेटवर्क होते हैं। बड़े नेटवर्क अधिक कुशलता और तेज़ी के साथ आपूर्ति और माँग को पूरा करते हैं क्योंकि उनके पास संभावित मिलानों के अधिक से अधिक परम्युटेशन होते हैं और हर सदस्य की पसंद के बारे में ज़्यादा जानकारी रहती है।

4 समान कैटेगरी और समान आकारवाले दो या तीन नेटवर्क अस्थिर होते हैं क्योंकि यह नेटवर्क के सदस्यों के हित में नहीं होता। उनके लिए लगभग एकाधिकार की स्थिति ही फायदेमंद होती है, तब तक जब तक कि नई खोज एक नई कैटेगरी को जन्म नहीं देती, जो स्वयं भी आज नहीं तो कल कुछ मुख्य नेटवर्क या एक नेटवर्क की दिशा में चला जाएगा।

5 1970 के दशक के बाद से ही नेटवर्कों का प्रभाव बढ़ा है। विशेष रूप से ऑनलाइन लेन-देन का जब से आविष्कार हुआ और उसमें तेजी आई। नेटवर्क अब अधिक व्यापक हो रहे हैं और उनकी वाणिज्यिक और सामाजिक गतिविधियाँ बढ़ती जा रही हैं। इसका मतलब है कि 80/20

का पुराना मापदंड भी इस सिद्धांत को बताने का एक काफी पुराना तरीका बनता जा रहा है। नेटवर्कों से न केवल इस सिद्धांत से जुड़ी घटनाओं को अधिक से अधिक देखा जा रहा है और यह सर्वव्यापी हो गया है बल्कि इस सिद्धांत की पराकाष्ठा भी देखी जा रही है।

अगले अध्याय में हम देखेंगे कि कहाँ और कैसे 80/20 तेजी से 90/10, 95/5 यहाँ तक कि 99/1 तक भी जा रहा है। फिर हम इस परिवर्तन के व्यावहारिक परिणामों की समीक्षा करेंगे।

18

80/20 जब 90/10 बन जाता है

भविष्य पहले ही आ चुका है – बस इतना है कि यह समान रूप से वितरित नहीं है।

विलियम गिब्सन, साइंस फिक्शन विजनरी

यह बात बहुत साल पहले की नहीं बल्कि साल 2007 की ही है, जब मोबाइल निर्माण की दुनिया काफी हद तक शांत और वह कहाँ तक जानेवाली है इसका अनुमान लगाया जा सकता था यानी वह खास 80/20 की दुनिया थी। उस समय मोबाइल फोन निर्माताओं की एक बड़ी संख्या थी, लेकिन उनमें से इन पाँच –नोकिया, सैमसंग, मोटोरोला, सोनी इरिकसन और एलजी ने पूरी दुनिया के मुनाफे के लगभग 90 फीसदी पर कब्जा जमाने में सफलता प्राप्त कर ली थी। इसमें बिलकुल भी कोई अनोखी बात नहीं है। हालाँकि, आज ये पूरी तरह से एक अलग ही दुनिया है – फायदे के आकार के हिसाब से, सफल कंपनियों के लिहाज से, मुनाफे का बँटवारा जिस तरह होता है और इस तरह से कि मोबाइल फोन जिस प्रकार बनाए जाते हैं।

साल 2007 और 2015 के बीच, मार्केट में एक नया खिलाड़ी आया, जिसके बाद सबकुछ बदल गया। बेशक यह नया खिलाड़ी एप्पल था, जो अपना आईफोन लेकर आया था। न केवल एप्पल सबसे पहले पायदान पर जा पहुँचा बल्कि जिस तरह ईसा मसीह ने धार्मिक स्थल पर कारोबारियों की टेबल पलट दी थी, उसी तरह एप्पल ने भी बाकी सभी को बाज़ार से खदेड़ दिया। साल 2015 तक, एक बहुत बड़े और ज़्यादा कमाईवाले बाज़ार के 92 फीसदी मुनाफे पर कब्जा जमा लिया था और बाकी बचे हिस्से पर होड़ के लिए पहले की कंपनियों को छोड़ दिया था। बाज़ार की उन पाँच में से चार कंपनियाँ आज घाटे में हैं।

अब न केवल सबसे सफल कंपनी की पहचान बदल गई थी बल्कि मुनाफा कमाने का तरीका भी बदल गया था। यह बताना ज़रूरी हो जाता है कि यह कैसे

हुआ क्योंकि वही चीज़ दूसरे कई बाज़ारों में हो रही है और यह इतना बड़ा बदलाव है, जो आनेवाले वर्षों की दिशा तय करेगा।

संक्षेप में कहें तो बात ये है कि 80/20 अब 90/10 बन चुका था। विस्तार से इसका वर्णन थोड़ा लंबा है, लेकिन बात उतनी ही स्पष्ट है। कारोबार का तरीका, जिस प्रकार से नकदी का अंबार लगाया जा सकता है, वह अचानक ही बदल गया। पुराना तरीका अब खत्म हो रहा है और नया तरीका अपनी जगह ले रहा है। नई बातों को करने का आपका रास्ता पुराने तरीके को छोड़कर अपने उद्योग में एक नए रास्ते को अपनाने या बनाने का हो सकता है। मोबाइल का बाज़ार इंटरनेट के आने से पहले सज चुका था। जब इंटरनेट आया, तो मोबाइल फोन बनानेवाले मन ही मन बहुत खुश हुए क्योंकि मार्केट का विस्तार धमाके के साथ हुआ था। अब जितने कॉल होंगे, उतना ही पैसा सबको मिलेगा। मोबाइल फोन का इस्तेमाल मोबाइल कंटेंट तक पहुँच हासिल करने और उसे दूसरों को भेजने के लिए ज़्यादा से ज़्यादा होने लगा, लेकिन फोन बनानेवाले नेटवर्क से पहले की दुनिया में ही अटके रहे।

अभी कुछ समय पहले तक भी सबसे प्रभावी बिजनेस मॉडल 'वैल्यू चेन' का था, जो तार्किक तरीके से कारोबार करने के लिए बड़ा कठोर शब्द है। वैल्यू चेन की शुरुआत शोध या प्रोडक्ट डिजाइन से किसी नए उत्पाद को बनाने के लिए होती है। चेन में अगला चरण आमतौर पर सप्लायरों से कच्चा माल और सेवा खरीदने का होता है, उदाहरण के लिए- इलेक्ट्रॉनिक पुर्ज़े और मोबाइल फोन बनाने के लिए कवर। यह चेन निर्माण, मार्केटिंग, बिक्री और तैयार सामान यानी मोबाइल फोन को ग्राहकों तक पहुँचाने से जुड़े इंतज़ाम के क्रम में चलती है। 'वैल्यू चेन' को 'पाइपलाइन' बिज़नेस भी कहते हैं क्योंकि इसकी गतिविधियाँ रैखिक तरीके से चलती हैं, जो सप्लायरों से ग्राहकों तक जाती हैं।

ध्यान दें कि पाइपलाइन बिज़नेस में 80/20 की विशेषता होती है। अधिकांश मुनाफा काफी कम उत्पादों को जाता है, जो सप्लायरों की कुल संख्या का पाँचवाँ हिस्सा हो सकता है, लेकिन यह पूरी तरह से इस सिद्धांत के अनुसार होता है। तीन, चार, पाँच या उससे भी ज़्यादा सफल खिलाड़ी इसमें शामिल हो सकते हैं। मुनाफा भी कुछ ही खिलाड़ियों तक सीमित रहता है, लेकिन अक्सर उनकी संख्या एक या दो से ज़्यादा होती है।

तो फिर एक नेटवर्क बिज़नेस किस प्रकार एक पाइपलाइन बिज़नेस से अलग

है? यहाँ मामला थोड़ा उलझन में डालनेवाला हो सकता है, जब तक कि आप यह न समझ लें कि किसी नेटवर्क के वेंचर को भी पाइपलाइन की ज़रूरत होती है। उदाहरण के लिए, एप्पल को आज भी अपना आईफोन डिजाइन करना पड़ता है, कच्चा माल खरीदना पड़ता है, फिर उत्पाद तैयार होता है और बेचा जाता है, वगैरह वगैरह। लेकिन नेटवर्क बिज़नेस अलग होते हैं और काफी हद तक बेहतर होते हैं क्योंकि वे अपनी भूमिका को अलग तरीके से तय करते हैं और जो कुछ सामने रखते हैं, उसका तरीका पूरी तरह से अलग होता है। किसी नेटवर्क की विशेषता यह होती है कि किसी बाज़ार में यह खिलाड़ियों के दो या अधिक समूहों को जोड़ता है और फिर बाज़ार को दोनों पक्षों के फायदे और अपने फायदे के लिए चलाता है।

स्टीव जॉब्स ग्राहकों को सिर्फ फोन नहीं बेचना चाहते थे, जैसा कि नोकिया और दूसरे पुरानी सोचवाले पाइपलाइन सप्लायरों ने किया था। जॉब्स एप इस्तेमाल करनेवालों को एप डेवलप करनेवालों से जोड़ना चाहते थे। ठीक उसी प्रकार जैसे कि बेटफेयर नेटवर्क ने जुआरियों को कनेक्ट किया है, जिनमें से एक बाजी का एक पक्ष लेता था, तो दूसरा जुआरी उसके विपरीत शर्त लगाता है। एप डेवलपर्स को ये जानने की ज़रूरत नहीं थी कि ग्राहक कौन हैं या वे उन्हें अपने साथ जोड़ें क्योंकि एप्पल के पास पहले से ही एप के ग्राहक थे। ये ग्राहक वे सभी लोग हैं, जो आईफोन का इस्तेमाल करते हैं।

एप्पल के पास एक 'प्लेटफॉर्म है': इसमें उसका फोन और उसके साथ जुड़ी सारी बौद्धिक संपदा शामिल है। प्लेटफॉर्म अपने मालिक को भारी मुनाफा देने के साथ ही, उसे यह सुविधा भी देता है कि वह प्लेटफॉर्म को चलाने के नियम तय कर सके। एप्पल ने तय किया कि उस प्लेटफॉर्म पर किन्हें (एप डेवलपर्स) आने की इज़ाज़त होगी। एप डेवलपर्स और एप यूजर्स आपस में संपर्क स्थापित कर सकते हैं। उदाहरण के लिए, स्टीव जॉब्स ने अपने प्लेटफॉर्म पर पोर्न को इज़ाज़त नहीं दी।

इन दोनों ही उदाहरणों में, बेटफेयर के सट्टेबाजी एक्सचेंज और एप्पल आईफोन के प्लेटफॉर्म पर, नेटवर्क के प्रभाव से जितने भी लोग शामिल थे उन्हें एक बड़ा बज़ार मिला, जिसमें ज़्यादा से ज़्यादा स्मार्टफोन थे, अधिक एप सप्लायर और ज़्यादा एप यूजर थे। इस वजह से मार्केट में बेहिसाब तरक्की हुई और प्लेटफॉर्म के मालिक ने अच्छा मुनाफा कमाया।

ऐसा दूसरी बार हुआ था जब प्लेटफॉर्म के किसी बिज़नेस से जॉब्स के हाथ खजाना लग गया था। पहली बार ऐसा आईट्यून्स के साथ हुआ था। साल 2003 को याद कीजिए जब म्यूज़िक इंडस्ट्री में भारी अनिश्चितता थी। सीडी और दूसरी रिकॉर्डिंग्स की बिक्री कम होती जा रही थी क्योंकि नैप्सटर और काज़ा नाम की दो संदिग्ध इंटरनेट साइट्स पर गाने या तो बेहद कम पैसे में या मुफ्त ही मिल जाते थे। बुरी तरह से डरे सहमे रिकॉर्ड कंपनी के अधिकारियों ने एकजुट होकर इसका हल निकालने का प्रयास किया लेकिन ऐसा नहीं कर सके। अराजकता और तबाही के इस माहौल में जॉब्स ने कदम रखा, जिन्हें संगीत से सच में बेहद लगाव था। जॉब्स ने कहा कि फ्री में डाउनलोड करना अच्छी बात है लेकिन वे भरोसेमंद नहीं होते और 'इनमें से कई गानों को सात साल के बच्चे तैयार करते हैं और उनकी क्वालिटी अच्छी नहीं होती।' डाउनलोड के साथ कोई एल्बम आर्ट या प्रिव्यू नहीं होता था। जॉब्स ने कहा कि 'सबसे बुरी बात तो ये है कि ये चोरी है। कर्मा के साथ छेड़छाड़ करना अच्छी बात नहीं है।'

कई रिकॉर्ड कंपनियों और कलाकारों को शामिल होने के लिए समझाने के बाद, आईट्यून स्टोर 2,00,000 ट्रैक के साथ शुरू हो सका, जिसमें सिर्फ 99 सेंट में आप सभी गानों के मालिक बन सकते थे। डाउनलोड में सिर्फ एक मिनट लगता था, जबकि पाइरेसीवाली साइट्स पंद्रह मिनट लेती थीं। आईट्यून के बॉस, एड्डी क्यू ने छह महीने में दस लाख गाने बेचने की बड़ी भविष्यवाणी की थी। असलियत में, यह लक्ष्य महज छह दिनों में पूरा हो गया। और एप्पल को कुल बिक्री का 30 फीसदी पैसा सिर्फ उस प्लेटफॉर्म का मालिक होने की वजह से मिल गया।

पाइपलाइन से नेटवर्क तक के ट्रेंड का 80/20 के सिद्धांत से क्या लेना-देना है?

सबकुछ! 80/20 से 90/10 और 95/5 से होते हुए 99/1 तक का सफर काफी हद तक पाइपलाइनवाले कारोबारों से प्लेटफॉमवाले कारोबारों तक का सफर है। वैल्यू चेन सप्लायरवाले जो पाइपलाइन कारोबार होते हैं, जैसे नोकिया और उसके प्रतिद्वंद्वी पारंपरिक फोन निर्माता, उन्हें नए प्लेटफॉर्म देने से मात खानी पड़ी। जब मार्केट की कोई बड़ी कंपनी सिर्फ-पाइपलाइनवाले बिज़नेस से किसी प्लेटफॉर्म पर आती है, तो 80/20 बिना किसी ग्लानि के 90/10 और फिर 99/1 की तरफ जाने लगता है। पाइपलाइनों की तुलना में काफी मुनाफेवाला होने के अलावा प्लेटफॉर्म नेटवर्क के प्रभावों के कारण स्वाभाविक रूप से एकाधिकारवाले

होते हैं। उत्पादक हों या ग्राहक, सभी समान रूप से सबसे बड़े नेटवर्क के साथ रहना चाहते हैं।

पाइपलाइन से प्लेटफॉर्म तक का बदलाव एक बड़ा, युगांतरकारी बदलाव है, जिसके दो कारण हैं:

1 नेटवर्कवाले बाज़ार अक्सर एकाधिकारवाले या द्वयाधिकारी बन जाते हैं – और इसे नियमों से रोका नहीं गया तो द्वयाधिकारी आगे चलकर एकाधिकारी बन जाते हैं, जो सिर्फ कामयाब नेटवर्कों के विलय से ही होता है। ये दुनिया ऐसी है, जिसमें कामयाब होनेवाला सारे फायदे ले जाता है और जहाँ मार्केट शेयर बेहद सीमित लोगों के हाथों में है।

2 80/20 के उलट 90/10, 95/5 या 99/1 की इस दुनिया में नंबर एक कंपनी और नंबर तीन के बाद की कंपनियों के बीच अंतर बेहिसाब ढंग से कई गुना बढ़ जाता है। यह अंतर खाई के जितना हो जाता है। नंबर तीन और उसके बादवालों की मुनाफा कमाने की क्षमता कम होकर शून्य या उससे भी नीचे चली जाती है। नंबर वन कंपनी को बेदखल करने की उम्मीद लगभग समाप्त हो चुकी होती है। उसी होड़ में शामिल या किसी नई कंपनी के लिए एक ही उम्मीद बचती है कि वह किसी नए सेगमेंट की खोज करे, जहाँ वह प्रभुत्व जमा सकती है।

इस हिसाब-किताब पर ज़रा नज़र डालिए। अगर 100 सप्लायरवाले बाज़ार में से 20 सप्लायर 80 प्रतिशत मुनाफा कमाते हैं और मान लीजिए कि उस बाज़ार में मुनाफा 100 डॉलर है, तो इसका मतलब यह हुआ कि 20 मुनाफा कमानेवाले औसत 80 डॉलर ले जाते हैं, जिसे 20 से विभाजित करें, तो हर सप्लायर को 4 डॉलर मिलता है। इसी तरह, 80 नुकसान उठानेवाले 20 डॉलर ले जाते हैं, जिसे 80 से विभाजित करें, तो प्रत्येक के हिस्से 0.25 डॉलर आता है। इस तरह फायदे में रहनेवालों में से प्रत्येक को 4 डॉलर मिलता है, जो नुकसान उठानेवालों को मिले 25 सेंट का 16 गुना है। यही 80/20 का तर्क है और यह बताता है कि निचले 80 प्रतिशत के मुकाबले सबसे ऊपर के 20 प्रतिशत में रहना इतना अच्छा क्यों होता है।

लेकिन बाज़ार जब 90/10 की स्थिति में चला जाता है, तो फायदे और घाटे में रहनेवालों के बीच का अंतर खाई के समान हो जाता है। ज़रा आँकड़ों पर नज़र डालिए। मुनाफेवाले 100 डॉलर के कुल मुनाफे में से 90 प्रतिशत ले

जाते हैं इसलिए उनमें से हर एक को 90 डॉलर को 10 से विभाजित करने के बाद जो आता है, वह 9 डॉलर मिलता है। वहीं, 90 घाटेवाले मुनाफे का बचा-खुचा हिस्सा आपस में बाँटते हैं, जो घटकर अब 10 डॉलर पर आ चुका है। इसलिए घाटेवालों को 10 डॉलर को 90 से विभाजित करने के बाद जो आता है, वह 11.1 सेंट प्रत्येक को मिलता है। इस प्रकार प्रत्येक मुनाफेवाले के 9 डॉलर के मुनाफे को घाटेवाले को मिले 0.11 डॉलर के मुनाफे से विभाजित करें, तो देखते हैं कि फायदेवाले को 81 गुना मुनाफा होता है। इस प्रकार 16 गुना मुनाफा कमाने की जगह पर मुनाफेवालों को अब 81 गुना या लगभग उतना ही मुनाफा होता है।

और जब 90/10 और उसी तरह बढ़कर 99/1 हो जाता है, तो कुछ मुनाफेवालों और ज़्यादातर घाटेवालों के बीच का अंतर कम से कम होता हुआ, सभी व्यावहारिक कारणों से असीमित हो जाता है। उस बाज़ार में घाटेवालों के लिए असल में कोई जगह नहीं होती। मुनाफेवाले आखिर में ज़्यादा से ज़्यादा धन का अंबार लगा लेते हैं, जिनका इस्तेमाल उनके और अन्य सभी के बीच की खाई को और चौड़ा करने के लिए किया जा सकता है।

बार-बार सफलता मिलने और नेटवर्कों की वैल्यू के कारण, 80/20 की दुनिया तेज़ी से से तरक्की करती हुई 90/10 की दुनिया की ओर जा रही है। इसके फलस्वरूप, मुनाफे, कैश फ्लो, कंपनियों की वैल्यू पर प्रभाव और मुनाफे व घाटेवालों के बीच का अंतर, नाभिकीय हो जाता है।

80/20 की दुनिया एकतरफा है और 90/10 की दुनिया इतनी विकृत है कि यह स्टारशिप एंटरप्राइज जैसी लगती है। अगर आपको लगता है कि यह बात सैद्धांतिक है, तो इसके कुछ और उदाहरण देख लेते हैं।

– जैसा कि आप जानते हैं, अमेजॉन की शुरुआत एक ऑनलाइन बुक रिटेलर के रूप में हुई, लेकिन उसके बाद इसने कई तरह के उत्पादों की बिक्री शुरू कर दी। कंपनी ने ग्राहकों के लिए खरीदारी को आसान बना दिया और दूसरे सप्लायरों के लिए एक प्लेटफॉर्म बन गई, जो अमेजॉन के ग्राहकों की बहुत बड़ी संख्या का लाभ उठाना चाहते थे। न सिर्फ किताबें बल्कि ग्राहकों को ज़्यादा किस्म के सामानों, जिनमें लगभग सभी कुछ शामिल रहता है की बिक्री से अमेजॉन ज़्यादा बिक्री के लिए लागत कम कर सका है। साथ ही साथ, अपने कौशल का विस्तार

भी किया है और अपने सप्लायरों के साथ मोल-तोल की क्षमता को बढ़ाया है। इस प्रकार वह काफी कम कीमत पर सामान बेच पाता है।

इतना ही नहीं, लॉन्च पर पैसे खर्च किए बिना ही यह बाज़ार में नए-नए उत्पाद ले आता है, जिसकी किसी भी नई कंपनी को एक बड़ी कीमत चुकानी पड़ती। हर नए बाज़ार में अमेजॉन की होड़ लगाने की क्षमता साबित होती है और इसके जैसी किसी भी कंपनी के लिए इसकी बराबरी कर पाना ज़्यादा से ज़्यादा मुश्किल और शायद असंभव होता है। समय के साथ-साथ, अमेजॉन अपनी कीमतें थोड़ी बढ़ा सकता है। उसके बावजूद उसका मुकाबला करना आसान नहीं होगा और सारे खनखनाते सिक्के सीधे उसकी जेब में आ जाएँगे।

- फेसबुक के तौर-तरीके अलग हैं लेकिन ट्रेंड वही है, बढ़ते प्रभुत्व ज्यामितीय ढंग से होनावाला मुनाफा कमाना। जैसा कि ऑनलाइन मार्केटिंग गुरु पेरी मार्शल ने समझाया है:

> आपके सिर्फ 10 प्रतिशत फेसबुक फैन ही आपके पोस्ट देख पाएँगे अगर आप अपनी जेब ढीली नहीं करते और पोस्ट को प्रमोट करने के लिए बिग ब्लू की कीमत नहीं चुकाते। फ्री में आपको बस इतना ही मिलता है, 10 प्रतिशत। आपको लगता है कि पोस्ट पढ़नेवालों की संख्या बढ़ेगी?
>
> नहीं। यह घटकर 8 प्रतिशत पर आएगी, फिर 7 प्रतिशत पर और फिर 5 प्रतिशत। यह कभी ज़ीरो नहीं होगी, लेकिन मैं आपको बता रहा हूँ, भविष्य पेड सोशल मीडिया का ही है।

कल्पना कीजिए कि इससे फेसबुक का मुनाफा कितना बढ़ेगा और इसके यूजर्स की लागत कितनी होगी!

क्या ई-कॉमर्स नेटवर्क बिज़नेस का ही दूसरा नाम है?

नहीं। एक अंतर को स्पष्ट रूप से समझ लीजिए जो आसानी से नहीं दिखता : नेटवर्क और ऑनलाइन की दुनिया एक ही नहीं है। ऐसे नेटवर्क हो सकते हैं जो ऑनलाइन नहीं हैं और ऐसे ऑनलाइन बिज़नेस हो सकते हैं, जो असल में नेटवर्क नहीं हैं।

नेटवर्क बिज़नेस की शुरुआत इंटरनेट से काफी पहले हो चुकी थी। उदाहरण के लिए, अखबारों और पत्रिकाओं का क्लासिफाइड खरीदने और बेचनेवालों को

मिलाता है क्योंकि उत्पाद और सेवा की गुणवत्ता बेहतर हो जाती है, जब उपयोग करनेवाले ज़्यादा लोग होते हैं। सारे नेटवर्क का रहस्य यह है कि उनमें खरीदना और बेचना आसान होता है, ज़्यादा खरीदार और बेचनेवाले होते हैं, उनमें एक-दूसरे से बिज़नेस के अलग-अलग तरीके और अधिक क्षमता होती है, उतनी ही फायदेमंद स्थिति सभी के लिए होती है। इस पर गौर करनेवाले कुछ लोगों का अंदाज़ा है कि नेटवर्क या प्लेटफॉर्म बिज़नेस हाल के दिनों की खोज है, लेकिन ये सही नहीं है। किसी अखबार या पत्रिका का क्लासिफाइड विज्ञापन भी एक प्लेटफॉर्म है। शायद इसका सबसे अच्छा उदाहरण है ऑटो ट्रेडर, जिसका कई दशकों तक कारों की खरीद-बिक्री के क्षेत्र में दबदबा रहा। यह इतनी शानदार और पैसेवाली फ्रेंचाइजी थी, जिसके मालिकों की कमाई सिर्फ इस वजह से हुई क्योंकि यह एक प्रभावशाली नेटवर्क था।

शॉपिंग सेंटर बेहद सफल नेटवर्क बिज़नेस के एक और उदाहरण हैं। शॉपिंग सेंटर एक प्लेटफॉर्म ही है, जो खरीदारों और बेचनेवालों को जोड़ता है। किसी स्थानीय इलाके में जितने ज़्यादा खरीदार और बेचनेवाले होते हैं, यह उतनी ही अच्छी तरह काम करता है।

आप पूछ सकते हैं कि अगर आप बिना इंटरनेट के कोई नेटवर्क बिज़नेस कर सकते हैं, तो क्या आप बिना नेटवर्क के कोई इंटरनेट बिज़नेस चला सकते हैं?

संक्षिप्त जवाब है, हाँ, आप ऐसा कर सकते हैं। एक ऑनलाइन कसीनों को ही ले लीजिए, जैसे कि www.888.com यह एक सफल कारोबार है, लेकिन इसमें नेटवर्क का कोई भी प्रभाव नहीं दिखता, ना ही यह दुनिया को 80/20 से 90/10 की ओर ले जाने में मदद करता है। कसीनो का खेल पाइपलाइन जैसा है, कसीनो कई खिलाड़ियोंवाला नहीं होता, वहाँ कोई कम्युनिटी नहीं होती और ग्राहक किसी तरह का डेटा नहीं देते। यूजर्स के नज़रिए से देखें, तो उन्हें बिलकुल भी फर्क नहीं पड़ता कि 888 के 10,000 ग्राहक हैं या 10 लाख। अगर 888 अपना आकार दोगुना कर ले, तब भी ग्राहकों का अनुपात नहीं बढ़ेगा।

इसका लंबा जवाब, छोटे से थोड़ा ज़्यादा लंबा है। इस संसार को पाइपलाइन और नेटवर्क बिज़नेस में बाँटना आसान है, जैसा कि हमने किया है, लेकिन यह नेटवर्क बिज़नेस की एक बड़ी खूबी को ज़्यादा ही औसत बता देता है और वह खूबी यह है - नेटवर्क बिज़नेस में एक दायरा होता है, जहाँ तक वे नेटवर्क के प्रभावों को दिखाते हैं। इस दायरे के भीतर नेटवर्क के लगभग न दिखनेवाले लेकिन

थोड़े बहुत प्रभावों से लेकर बेहद शक्तिशाली प्रभाव शामिल रहते हैं।

शक्तिशाली नेटवर्क प्रभाववाले कारोबारों के उदाहरण पहले ही दिए जा चुके हैं - बेटफेयर, गूगल सर्च, फेसबुक, ट्विटर, ईबे, आईट्यून्स और आईफोन एप स्टोर। इनमें सबसे बड़ा नेटवर्क होने के फायदे ज़बरदस्त होते हैं और उत्पाद तथा सेवा की खूबियाँ नेटवर्क के विस्तार के साथ ही बेहतर होती जाती हैं। नतीजा यह होता है कि यह कारोबार न केवल बहुत अधिक मुनाफेवाला हो जाता है बल्कि मुकाबले का भी इस पर काफी हद तक (जब तक कि कोई बेहतर प्लेटफॉर्म न लेकर आ जाए) प्रभाव नहीं पड़ता। शक्तिशाली नेटवर्क प्रभावोंवाले कारोबार बड़ी आसानी से 80/20, 90/10 और अक्सर 99/1 तक चले जाते हैं।

इसके विपरीत, अमेरिका में लेंडिंग क्लब जैसे संगठन जिसमें लोग ऑनलाइन एक दूसरे से लोन लेते हैं, नेटवर्क के कमज़ोर प्रभावों को ही दिखाते हैं। पहली नज़र में, कोई यह सोच सकता है कि जितने ज़्यादा कर्ज़ देनेवाले होंगे, कर्ज़ लेनेवालों के लिए उतना ही अच्छा होगा, उसी तरह कर्ज़ देनेवालों को भी फायदा होगा। लेकिन कर्ज़ देनेवालों की जगह बाज़ार में कोई दूसरा बड़ी आसानी से ले सकता है और शायद कोई एक या अधिक संस्थागत कर्ज़दाता उनकी जगह जल्द से जल्द ले लेंगे। जब तक कि ब्याज की दर बहुत अधिक नहीं होगी तब तक कर्ज़ लेनेवाले की अगर कर्ज़ चुकाने की क्षमता है, तो नेटवर्क के आकार से कर्ज़ लेनेवाले को कोई फर्क नहीं पड़ता।

या ट्रांसफरवाइज़ को ही लीजिए, जो एक साथी से दूसरे साथी को पैसा ट्रांसफर करनेवाली सर्विस है, जिसे एस्टोनिया में शुरू किया गया था और जो ब्रिटेन में स्थित है। ये किसी दूसरे देश में रहनेवाले व्यक्ति को दूसरी करेंसी में पैसे ट्रांसफर करने का आसान तरीका है। इसमें एक सदस्य से दूसरे सदस्य को पसे ट्रांसफर की बात कुछ हद तक छलावा है क्योंकि ट्रांसफरवाइज़ मुद्राओं के लेन-देन के प्रवाह हो बनाए रखता है। उदाहरण के लिए, थोड़ा-बहुत पैसा ट्रांसफर करनेवालों के लिए पाउंड से यूरो और यूरो से पाउंड का लेन-देन काफी कुशलता के साथ करना संभव बनाता है। इसकी कामयाबी का राज़ है आसान इंटरफेस, न कि सदस्यों का आपस में जुड़ा होना, जिसमें एक अपवाद यह है कि सदस्य इसकी तरक्की को वायरल कर सकते हैं। अगर मैं ट्रांसफरवाइज़ के ज़रिए आपको पैसा भेजता हूँ, तो मैंने आपको सिस्टम में शामिल कर लिया है और आगे चलकर आप खुद भी कोई ट्रांसफर कर सकते हैं।

स्पष्ट रूप से बता दें कि वायरल प्रभाव नेटवर्क के प्रभाव नहीं हैं। वायरल प्रभाव अक्सर नेटवर्क प्रभावों के हमजोली होते हैं, लेकिन दोनों एक ही चीज़ नहीं है। वायरल प्रभाव से कोई कंपनी तेज़ी से तरक्की कर पाती है, लेकिन इससे उत्पाद या सेवा बेहतर नहीं होती, जो सिर्फ इस वजह से बेहतर नहीं होती कि नेटवर्क बड़ा है।

दूसरी तरफ, वायरल प्रभाव से कोई बाज़ार कुछ तरीकों से 80/20 से 90/10 के बड़ी संख्या में लोगों के एकजुट होने की स्थिति तक जा सकता है। वायरल प्रभावों से सबसे बड़ी कंपनी को शायद सबसे ज़्यादा फायदा होगा और यह कम लागत में अधिक उत्पादन की ओर बढ़ सकती है और इस प्रकार उसकी प्रतिस्पर्धा की क्षमता अधिक हो सकती है। इस कारण छोटी कंपनियों से बड़ी कंपनी काफी आगे निकल जाएगी, जिससे उस कंपनी के लिए कीमत कम करना, खूबियाँ बढ़ाना या बाज़ार में सर्विस और दमदार तरीके से देना संभव होगा। ये अच्छी बात है, लेकिन यह 80/20 की पाइपलाइन की दुनिया पर भी लागू होती है।

वायरल प्रभावों की तुलना नेटवर्क के शक्तिशाली प्रभावों से नहीं की जा सकती है, जहाँ उत्पाद या सेवा अपने आप ही नेटवर्क के बड़े होने से बेहतर होती जाती है। नेटवर्क के प्रभावों से, प्रमुख कंपनी को बड़े होने के सभी फायदे मिलते हैं लेकिन यह सब उसे खुद बिना कुछ किए ही मिलते हैं और उससे भी बड़ी बात यह कि नेटवर्क में सबसे बड़ी कंपनी के उत्पाद या उसकी सेवा आकार बढ़ने के साथ बढ़ती है, जिससे प्रतिद्वंद्वियों के लिए मुकाबला करना मुश्किल हो जाता है।

इस कारण, कारोबार के साथ बहुत बड़ी संख्या में लोगों के जुड़ने को संभव बनानेवाला प्रमुख बदलाव वेब नहीं है बल्कि नेटवर्क के बिज़नेस हैं, खास तौर पर असाधारण रूप से मुनाफेवाले और तेज़ी से बढ़नेवाले नेटवर्क उद्यमों का बढ़ता चलन। यह स्थिति तो है ही, इसके साथ ही ज़्यादातर नए नेटवर्क बिज़नेस आज ऑनलाइन हैं और वेब नेटवर्क की कंपनियों को उस समय की तुलना में अधिक प्रोत्साहित और कई गुना बढ़ने में मदद करता है जब इंटरनेट नहीं आया था।

निष्कर्ष

ज़्यादा से ज़्यादा लोगों के बिज़नेस से जुड़ने और उसके साथ मुनाफे को कुछ ही लोगों के हाथों तक विशेष रूप से सीमित करनेवाले 90/10 की दुनिया के आपस में जुड़े और कई गुना बढ़ानेवाले तीन ट्रेंड हैं:

1 ज़्यादा गतिविधि की ओर ट्रेंड, विशेष रूप से नेटवर्कों के अंदर अधिक कमाईवाली गतिविधि।

2 नेटवर्क के बाज़ारों में 80/20 से 90/20 तक जाने का ट्रेंड और बेहिसाब ढंग से उनके साथ भारी संख्या में लोगों का जुड़ना।

3 किसी भी नेटवर्क या नेटवर्क आधारित कंपनी में धीरे-धीरे कारोबार का एक ट्रेंड दिखाई देता है, जिसमें कारोबार नेटवर्क के एकाधिकारियों या काफी हद तक एकाधिकारवालों के पक्ष में झुका होता है। समय के साथ-साथ, ग्राहक जिसमें ग्राहक और अन्य कारोबार शामिल होते हैं, दोनों ही अधिक पैसे चुकाएँगे और जिनका इस नेटवर्क में प्रभुत्व है वे और भी गाढ़ी कमाई करेंगे।

इस नए संसार में फलने-फूलने के लिए व्यावहारिक सलाह

ऐसे हर व्यक्ति के लिए एक बड़े लाभ की संभावना रहती है, जो नेटवर्क वाले कारोबार को उनके बड़ा होने से पहले ही पहचान लेता है। अगर वे तेज़ी से बढ़ रहे हैं और अपने क्षेत्र में सबसे आगे हैं, तो आज वे कितने भी छोटे क्यों न हों, ऐसे कारोबार आगे जाकर बड़े हो सकते हैं। अगर किसी प्रकार आपने उन्हें समझ लिया, तो उनके लिए काम करना शुरुआत में ही उनसे जुड़ जाना और फिर उनके साथ-साथ तरक्की करना अच्छा होता है। तेज़ी से बढ़नेवाली कंपनियों में इतने अवसर इस कारण होते हैं क्योंकि वे समय के साथ-साथ अपना विस्तार करते हैं। धीमी रफ्तारवाली अर्थव्यवस्था में, जितनी जगह होती है उससे अधिक प्रतिभावान लोग होते हैं। तेज़ी से बढ़नेवाले उपक्रम में, स्थिति इसके विपरीत होती है। उदाहरण के लिए माइक्रोसॉफ्ट, अमेजॉन और गूगल में पहले शामिल हुए बीस लोगों में से लगभग सभी करोड़पति और कुछ अरबपति हैं। क्या आपको लगता है कि इसका कारण यह है कि वे इस धरती के साठ सबसे काबिल लोग थे और एक जगह पर एक ही समय में अचानक ये प्रतिभावान लोग आश्चर्यजनक रूप से एक साथ आ गए? इसकी संभावना अधिक है कि वे प्रतिभावान थे लेकिन बात ये भी है कि वे बहुत अधिक भाग्यवान थे।

इस कारण:

– नए नेटवर्क और प्लेटफॉर्म की खोज में समय लगाइए, जिनकी अभी-अभी शुरुआत हुई है। इसे एक शौक बना लीजिए, हर हफ्ते इसमें कुछ घंटे लगाइए

और एक बार आप किसी नए नेटवर्क बिज़नेस में शामिल हो गए हैं, तो अपने आपको मालिक मानकर चलिए। हो सकता है कि स्टॉक के विकल्पों से आप कुछ हिस्से के मालिक बन सकते हैं और छोटी सी रकम प्रत्यक्ष निवेश के रूप में लगा सकते हैं। उस कंपनी का बहुत छोटा सा हिस्सा भी आपको अमीर बना सकता है। निश्चित रूप से कुछ ऐसा कीजिए जिससे कि कंपनी की तरक्की रफ्तार पकड़ ले। नई कंपनी में कामयाब होने का लक्ष्य रखिए, जहाँ आपकी बात सुनी जाए और आपका सम्मान हो।

– अगर आप एक निवेशक हैं, तो आरंभिक दौरवाले नेटवर्क कारोबारों पर नज़र रखिए। उस प्लेटफॉर्म की कीमत बढ़ने से पहले ही उसके साथ जुड़ जाइए। इससे पहले कि लोगों को अंदाज़ा हो जाए कि यह कितना कीमती होनेवाला है।

– मैंने जब अपने करियर की शुरुआत की थी तब अगर मैं जानता कि छोटे, तेज़ी से बढ़नेवाले नेटवर्क उद्यम कितने शानदार हो सकते हैं, तो मैं कभी किसी और कंपनी के लिए काम नहीं करता। अब आप जान गए हैं, तो क्या आप ऐसी प्रतिज्ञा करना चाहेंगे?

19
80/20 के भविष्य में आप कहाँ होंगे

अगर आपने इसे सही-सही समझ लिया, तो 80/20 का भविष्य शानदार होगा। लेकिन जो हो रहा है उसे अगर आप नहीं समझ पाए, तो 80/20 का भविष्य विस्मयकारी लगेगा। ज़्यादातर लोगों के लिए, 80/20 का भविष्य आरामदायक नहीं होगा, ना ही उन्हें वह अपना सा लगेगा। हम में से जो लोग बड़े-बड़े संगठनों की दुनिया में पले-बढ़े हैं, जिस संसार को हमने काफी उचित और उम्मीद के अनुसार माना है, उनके लिए नेटवर्कों की 80/20 की नई दुनिया काफी डरावनी है।

ये नई दुनिया ऐसी है, जहाँ प्रयासों का इनाम मिलता है और यह बँटती जा रही है, जिसमें 'आदेश देने और नियंत्रण रखनेवाले', कुछ ही सफल और बड़े लोग हैं, जहाँ अनौपचारिक नेटवर्क की संख्या काफी ज़्यादा हो चुकी है, जहाँ शैक्षणिक योग्यता अच्छी नौकरी की गारंटी नहीं है, जहाँ सुरक्षा का एक ही रास्ता है कि आप लगातार बनी रहनेवाली असुरक्षा का आनंद लें, जहाँ धन-दौलत और अच्छे जीवन का रास्ता सभी के लिए खुला है, लेकिन हर उस व्यक्ति के लिए बंद है, जो अपना एक अलग रास्ता प्रयासों के बीहड़ों और औसत दर्ज के लोगों के दलदल के बीच से नहीं बनाता है।

80/20 के भविष्य की सही व्याख्या नहीं की गई है, यह विरोधाभासों से भरा, समझ से परे और गूढ़ है। यह सिर्फ वही नहीं, जो आप समझते हैं बल्कि यह भी कि आप इसे कैसे परिभाषित करते हैं। 80/20 का भविष्य खुद अपनी घोषणा नहीं करता। यह छिपा है, इसकी चर्चा कहावतों में होती है और यह ज़रूरी है कि इसे समझा और बताया जाए। ज़रूरी है कि आप इसे बनाएँ - सारा कच्चा माल उपलब्ध है, लेकिन उनसे सामान नहीं बनाया गया है। ये काम आपको करना है। आप और आपकी टीम जो सामान बनाएँगे वह वैसा नहीं होगा जैसा मैं और मेरी टीम बनाएँगे। यह अपने आपमें अच्छी बात है। सफलता और खुशी के अनगिनत तरीके हैं, लेकिन उनकी खोज करने और ज़मीन पर उतारने की ज़रूरत है। हम में

से अधिकांश, विशेष रूप से जिनकी उम्र ज़्यादा है या जो अपने तरीके में ढल चुके हैं, उनके लिए इसे समझना मुश्किल होगा।

आपका 80/20 का भविष्य पूरी तरह से अनजाना है। यह चुनौतियों से भरा, उत्साहजनक और रोमांचक है। यह अनजाना इस कारण है क्योंकि यह आपके और आपके सबसे करीबी दोस्तों, सहयोगियों के दिमाग में रहता है। इसके सिवाय कहीं और नहीं होता। 80/20 का भविष्य रहस्यमयी, अस्पष्ट, धुँधला है। यह जादुई है और इसके लिए कल्पना व दूरदृष्टि की चिंगारी के फिर से सुलगने और तेज़ होने की ज़रूरत होती है। इसमें अदृश्य पर भी विश्वास करने की ज़रूरत होती है। 80/20 का भविष्य एक बड़े विचार से दिखता है, जिसमें अकारण और कट्टरता से विश्वास किया जाता है, जिसे दिली इच्छा और तर्क के मेल से लागू किया जाता है, जहाँ पागलपन और ज्ञान साथ मिल जाते हैं और जो मौजूदा नीरस वास्तविकता है, उससे इसे खारिज नहीं किया जाता है।

80/20 या 99/1 के भविष्य में कोई भी उन समाधानों से तरक्की नहीं कर सकता, जो 60/40 या 65/35 के अतीत में कारगर हुए थे। फिर भी 80/20 के साधन उपलब्ध हैं। उसके दिशानिर्देश जो इस नई दुनिया में काफी अच्छी तरह काम करते हैं, बशर्ते सोच और संकल्प हो। चूँकि यह सिद्धांत कुछ चीज़ों को ही चुनता है और बाकी को छोड़ देता है इसलिए यह छोटा अध्याय आपको पाँच सबसे प्रभावशाली संकेत देता है, जिन्हें मैंने चार दशकों की खोज के बाद ढूँढ़ा है।

संकेत 1: केवल नेटवर्क में ही काम करें

अध्याय 18 कहता है कि भविष्य नेटवर्कों का है। इस कारण सिर्फ नेटवर्क से जुड़े व्यवसायों में ही काम करें। यह सबसे महत्वपूर्ण संकेत है और 80/20 के भविष्य का लाभ उठाने के लिए आप इसे ज़रूर मानें। नेटवर्क अच्छे फीडबैक पर चलते हैं – मशहूर और मशहूर हो जाते हैं, अमीर और भी अमीर, बड़ी कंपनियों का एक प्रकार से एकाधिकार हो जाता है और कुशल विशेषज्ञ अपने कम अनुभवी प्रतिद्वंद्वियों से ज़्यादा से ज़्यादा आगे निकल जाता है।

नेटवर्क छलाँग लगानेवाले 80/20 को दिखाते हैं। आज भी नेटवर्कवाले कारोबारों का कुल व्यवसायों में एक छोटा हिस्सा है, फिर भी कारोबार में जितना पैसा कमाया जा सकता है, उसका अधिकांश वही कमाते हैं। अगर आप सिर्फ नेटवर्कवाले व्यवसायों में काम करेंगे, तो आपकी शुरुआत बहुत अच्छी होगी और

80/20 के भविष्य के आगे बढ़ने के साथ ही आपकी बढ़त बढ़ती चली जाएगी।

ज़बरदस्त शुरुआत या अड़चन। चुनना आपको है।

संकेत 2 : छोटा आकार, ज़बरदस्त तरक्की

नेटवर्क के कारोबारवाली दुनिया में, आप सफल और स्थापित कंपनियों में से एक में शामिल हो सकते थे – जैसे कि अमेजॉन, गूगल, फेसबुक या उबर (ड्राइवर के रूप में नहीं बल्कि हेड ऑफिस में)। लेकिन इसमें होशियारी नहीं होती। आप पार्टी में काफी देर से पहुँचे तो ज़्यादा मज़ा नहीं ले सकते थे।

सबसे अच्छा नेटवर्कवाला कारोबार जिससे जुड़ा जा सकता है, वह ऐसा होता है जो अभी–अभी शुरू हुआ है लेकिन तरक्की कर रहा है। उस प्रकार से आप और आपकी योग्यताएँ समानांतर रूप से बढ़ सकती है, जो उनके विषय में अच्छी प्रतिक्रिया का एक और पैमाना है। आप प्रभावशाली स्थान से शुरुआत करते हैं और समय के साथ सीखते चले जाते हैं। कोई नहीं जानता कि वे क्या कर रहे हैं और सबसे कारगर क्या है, उसके विषय में दूसरों से पहले जान लेना रोमांचकारी होता है।

बात सिर्फ पैसों की नहीं है। मैंने सबसे ज़्यादा अच्छा समय उन कंपनियों में बिताया, जहाँ मैं संस्थापक, कर्मचारी या फिर निवेशक के रूप में काम कर रहा था। तब उनका आकार काफी छोटा था लेकिन वे काफी तेजी से तरक्की कर रही थीं – ब्रेन एंड कंपनी, एलईके कंसल्टिंग, बेल्गो, बेटफेयर और अब ऑटो१. 40 से 300 प्रतिशत प्रति वर्ष की तरक्की से जुड़ा कुछ तो है, जो आपको गजब का एहसास कराता है। ये कंपनियाँ कुछ ऐसा जानती हैं, जो दूसरी कंपनियों को मालूम नहीं होता और इसे समझने के लिए आपको बेतहाशा विस्तृत होती टीम का हिस्सा होने की वजह से जो व्यक्तिगत तरक्की और खुशी मिलती है। उसे समझने के लिए उसका अनुभव करने की ज़रूरत है। यह एक प्रकार का ड्रग है, लेकिन इसका सिर्फ अच्छा प्रभाव होता है। मैं हमेशा ही अगली छोटी कंपनी की तलाश में रहता हूँ, जो हर साल अपने सेल्स या दूसरी चीज़ों को दोगुना कर सकती है।

ऐसी कंपनी का हिस्सा बनिए, जिसमें सौ से कम कर्मचारी हैं और जिसकी कमाई कम से कम एक साल में 30 प्रतिशत बढ़ रही है। आदर्श तो यह होता है कि बीस से भी कम कर्मचारी हों और कमाई हर साल दोगुनी हो जाए।

संकेत 3 : सिर्फ एक 80/20 बॉस के लिए काम कीजिए

80/20 वाला बॉस कैसा होता है? ऐसा जो जाने या अनजाने में इस सिद्धांत पर चलता है। उनके काम से आपको यह पता चल जाएगा:

- वे कुछ ही चीज़ों पर फोकस करते हैं – उन चीज़ों पर जिनसे उनके ग्राहकों को बड़ा फायदा होता है और अगर ग्राहक उनके साथ हैं, तो जिनसे उनके बॉस को फायदा होता है। (उम्मीद है कि ये अस्थायी होता है, 80/20 वाले सबसे अच्छे बॉस खुद किसी बॉस के इशारे पर काम नहीं करते।)
- उनमें काफी प्रतिभा होती है और सफलता उनके कदम चूमती है।
- शायद ही कभी उनके पास समय की कमी होती है और वे कभी हाय-तौबा नहीं मचाते हैं। आमतौर वे निश्चिंत और खुश रहते हैं, काम के पीछे पागल नहीं रहते।
- उनका मतलब इससे होता है कि उनके लोग क्या महत्वपूर्ण परिणाम दे रहे हैं। उनका ध्यान कितना समय और कितनी मेहनत लग रही है, इस पर नहीं रहता।
- वे आपको बताते हैं कि वे क्या कर रहे हैं और क्यों कर रहे हैं।
- वे आपको कम से कम प्रयास में सबसे अधिक परिणाम देने पर ध्यान लगाने के लिए उत्साहित करते हैं।
- आप जब बहुत अच्छा करते हैं तो वे आपकी प्रशंसा करते हैं लेकिन आप जब ऐसा नहीं कर पाते तो उनकी आलोचना भी सकारात्मक होती है। वे कहते हैं कि आप या तो गैरज़रूरी कामों को करना बंद कर दें या किसी महत्वपूर्ण काम को अधिक फलदायी तरीके से करें।
- वे जब आप पर भरोसा करते हैं, तो आपको स्वतंत्र छोड़ देते हैं और जब भी आपको मार्गदर्शन की ज़रूरत पड़ती है तो आपको अपने पास आने के लिए उत्साहित करते हैं।

80/20 वाला बॉस होना ज़रूरी क्यों है?

ऐसा बॉस महिला हो या पुरुष आपके लिए रोल मॉडल होता है। अगर आपने उनके लिए अच्छा काम किया तो वे आपको बहुत बड़ी ज़िम्मेदारी सौंप देंगे, इससे

आप उनका ज़्यादा से ज़्यादा काम करते हैं। वे आपको भी यही सिखाएँगे कि आप अपने नीचे काम करनेवालों से इसी तरह काम लें। साथ ही, इसकी संभावना भी है कि जब 80/20 वाला बॉस प्रमोट होगा तब आपका प्रमोशन भी होगा। अगर वे दूसरी कंपनी में जाते हैं, तो संभव है कि वे आपको अपने साथ ले जाएँ। जो भी सही में सफल हुआ है, उसका कभी न कभी इस तरह का बॉस रहा है, चाहे किसी भी क्षेत्र में, किसी भी बिज़नेस, खेल, मनोरंजन, शिक्षा या अन्य किसी भी क्षेत्र में।

किसी भी क्षेत्र में तेज़ी हासिल करना मुश्किल है, लेकिन उस तेज़ी का इस्तेमाल करना आसान है। इसलिए अपनी तेजी के आने तक आप अपने बॉस की तेजी का इस्तेमाल कीजिए।

अपनी रफ्तार हासिल करने की तुलना में किसी के साथ लगकर तेज तरक्की हासिल करना बहुत आसान होता है। इसलिए आप किसके साथ काम कर रहे हैं, पहले तो यही ज़्यादा महत्त्व रखता है बजाए इसके कि आप कौन हैं या क्या करते हैं। बात यहाँ आपकी नहीं है। काफी हद तक आपके बॉस की है।

तो क्या अभी आपके पास 80/20 वाला बॉस है? नहीं है तो तुरंत ढूँढ़िए और देखिए कैसे आपका करियर उड़ान भरने लगता है।

संकेत 4 : अपना 80/20 का आइडिया सोचिए

हर उस बिज़नेस के पीछे जो चलता रहता है, एक खास सोच होती है। ग्राहकों को सेवा देने का उसका एक तरीका होता है जो कम से कम अन्य किसी भी कंपनी के मुकाबले थोड़ा अलग होता है। एक ज़बरदस्त कंपनी पूरी तरह से अलग होती है और उसके पीछे का आइडिया भी वैसा ही होता है। इस आइडिया से ग्राहकों को इतने कम दाम में कोई चीज़ मिलती है, जो कहीं और मिल नहीं सकती या फिर उस टक्कर का उत्पाद या सेवा नहीं मिल सकती है। दोनों ही स्थितियों में, आइडिया से ही कम में ज़्यादा मिलता है। यह आइडिया 80/20 का आइडिया है।

80/20 के आइडिया सिर्फ बिज़नेस तक सीमित नहीं होते। हर बड़े उद्देश्य के लिए, हर सामाजिक मुहिम के लिए, हर सफल संगठन या संस्थान के लिए, 80/20 का एक ज़बरदस्त आइडिया मौजूद रहता है, जो इस कारण धमाका करता है क्योंकि कम से कम मेहनत में यह बेहतरीन नतीजे देता है। वर्ष 1807 में,

अमेरिका और ब्रिटिश साम्राज्य ने गुलामों के व्यापार को समाप्त कर दिया। अगर जहाज का कप्तान ऐसा करता पाया गया, तो उसे प्रति गुलाम 120 पाउंड (जो उस समय बहुत बड़ी रकम थी) देने पड़ते थे और रॉयल नेवी ने अफ्रीकी तट पर गुलामों के सौदागरों को पकड़ने के लिए स्पेशल पेट्रोलिंग यूनिट बनाई थी। वर्ष 1834 में ब्रिटिश साम्राज्य के सभी गुलामों को आज़ाद कर दिया गया था। गुलामी बड़ी भयंकर प्रथा थी, जो गुलामों के लिए बेहद तकलीफदेह थी वहीं उनके मालिकों के लिए किसी कैंसर की तरह थी, जो उन्हें नैतिक रूप से खोखला कर चुकी थी और आर्थिक तौर पर हास्यास्पद रूप से फिजूल की व्यवस्था थी जिसे ठुकरा दिया जाना चाहिए था। गुलामी से जो लाभ मिल रहा था, उसकी तुलना में उसे समाप्त करने के असीमित फायदे थे।

मेरे जीवनकाल में अमेरिकी नागरिक अधिकारों का आंदोलन और सभी दक्षिण अफ्रीकियों की नस्लभेद से मुक्ति के कारण इतनी अच्छी चीज़ें हुईं, जिनकी गिनती नहीं की जा सकती जबकि लोगों को बाँटनेवाले उन्हें समाप्त किए जाने का कोई भी नुकसान गिना नहीं सके। सच्चाई और अच्छाई की किसी भी मुहिम के साथ शामिल होना किसी के लिए भी सबसे अच्छी चीज़ों में से एक है। इस प्रकार की मुहिम 80/20 की सबसे अच्छी मिसाल है, जिनका बेहिसाब फायदा न केवल शोषितों को बल्कि उन्हें मुक्त करानेवालों और सच्चाई बतानेवालों को भी होता है। न्याय की उस लड़ाई के लिए संघर्ष करने से अधिक खुशी आपको और किसी काम में नहीं मिल सकती है, जिससे लाभान्वित होने वालों को आप पहचान सकते हैं।

अगर आप खुश रहना और अच्छा काम करना चाहते हैं, तो अपने करियर और जीवन के हर चरण में, किसी ऐसे समूह का हिस्सा बनें जो 80/20 के किसी आइडिया को आगे बढ़ा रहा है, जो ग्राहकों या नागरिकों को बेहतर जीवन देता है, जिसमें इंसान के प्रयास और सीमित संसाधन बर्बाद नहीं होते।

संकेत 5 : खुशमिज़ाज़ बनें, विशेष रूप से उपयोगी बनें

80/20 के भविष्य में उन लोगों के लिए कोई जगह नहीं, जो लकड़ी के टुकड़ों की तरह हैं, चाहे गोल टुकड़ा वर्गाकार छेद में हो या गोल टुकड़ा गोल छेद में। ऐसा कोई छेद नहीं होता, कोई भूमिका नहीं होती, जिसमें आपकी मुख्य भूमिका न हो, जिसमें आपसे ही किसी नेटवर्क की रोशनी न फैलती हो। हम में से ऐसे लोग जिन्हें संगठनों को इस रूप में देखने की आदत है कि वे हमारे जीवन से

जुड़े हैं, यह एकदम से ही अलग दृष्टिकोण है।

सेना और अन्य दुर्भाग्यपूर्ण अनिवार्य सेवाओं के अलावा, अन्य किसी भी खाँचे में व्यक्ति को फिट न होना पड़े – अलविदा, औद्योगिक मनोवैज्ञानिकगण! 80/20 के भविष्य में, व्यक्ति अपनी और दूसरों की सहायता अपना खाका खुद ही बनाकर करते हैं। वे क्या करते हैं और क्या बनते हैं, दोनों एक ही बात होती है और वे क्या हैं, क्या करते हैं ये इससे अलग है कि दूसरे लोग क्या हैं और क्या करते हैं। कम में ज़्यादा पाने का दूसरा कोई रास्ता नहीं है, बजाए इसके कि आप अपना ही फॉर्मूला बनाएँ, जो आपकी सबसे बड़ी क्षमता के अनुकूल काम करे।

आप समझ गए? आपने ऐसा कर लिया? आप ऐसा कर रहे हैं?

हम में से अधिकांश, आप सभी में से भी अधिकांश जो इस पुस्तक को पढ़ रहे हैं, जो व्यक्ति के अनोखा होने का संदेश देती है, उन्हें अब तक यह बात समझ में नहीं आई है। मुझे लगता है मैं भी नहीं समझ पाया हूँ। यह आइडिया मुक्ति दिलानेवाला है, फिर भी हमारी संस्कृति और काम की आदतों से इतना अलग है।

भ्रम में न रहें। 80/20 के भविष्य को विशेष गुणवाले व्यक्ति की ज़रूरत होती है और वह उसे ही पुरस्कृत भी करता है। 80/20 का भविष्य कड़ी मेहनत, सबके साथ ढल जाने, कूटनीति, समझौता और चुपचाप काम करने का सबक सीख चुके अच्छे कर्मचारियों जैसी अच्छी आदतों का फल नहीं देता। इसकी बजाए, 80/20 का भविष्य अनोखी पहल करनेवाले को पुरस्कृत करता है।

हालाँकि, अनोखा व्यक्ति होना काफी नहीं है। अगर ऐसा होता, तो हम बस अजीबगरीब व्यवहार करने लग जाते और दूसरे लोगों की परवाह करना छोड़ देते। कला, लेखन या मनोरंजन जैसे कुछ पेशे ऐसे होते हैं, जिनमें ऐसा देखने को मिल सकता है। कम से कम उनकी मृत्यु के बाद ही। विंसेट वैन गो ने पूरे जीवनकाल में सिर्फ एक पेंटिंग बेची और लंदन के हाईगेट में कार्ल मार्क्स के अंतिम संस्कार में शामिल होनेवाले ना के बराबर थे। लेकिन, ज़्यादातर मामलों में, यह हमारा कर्तव्य है कि सामान्य मेहनत में हम अच्छे परिणाम दें।

यहा पता लगाना आसान है कि 'सामान्य मेहनत' क्या होती है। यहाँ मैं कुछ बातें स्पष्ट कर देता हूँ। हम में से हर किसी को किसी नौकरी या प्रोजेक्ट में कई–कई घंटे तक काम करने का अनुभव है जो हमें पसंद नहीं आता। इससे हम अंदर से एकदम थका हुआ महसूस करते हैं। इससे हमारी रचनात्मकता समाप्त हो

जाती है। इससे हमारी सामान्य क्षमता और आशावादिता भी समाप्त हो सकती है। बोस्टन कंसल्टिंग ग्रुप में मेरी नौकरी ऐसी ही थी और मैं जब 25-26 साल का था तब कोयले की उस खदान में चार लंबे, कष्टदायी वर्षों तक रहा।

इसके विपरीत, हम सभी जानते हैं कि किसी प्रोजेक्ट को करने की खुशी क्या होती है, जब हम में से कुछ इतने किस्मतवाले होते हैं कि तनख्वाह अच्छी होती है और ऐसा नहीं भी हो तो अगर हम उसे मुफ्त में कर सके तो भी खुशी-खुशी कर देते हैं। हो सकता है कि हम कई घंटे तक काम करें, लेकिन जैसा कि सब कहते हैं यह प्रेम से किया जानेवाला काम होता है। इससे हमारी ऊर्जा खत्म नहीं होती। और बढ़ जाती है। इसलिए हमारे पास समय की कमी नहीं होती, जिसे हमें याद रखना चाहिए, भले ही यह बात हमसे कितनी ही बार क्यों न कही जाए। हम में से लगभग सभी के पास जिस चीज़ की कमी होती है वह एकदम ही अलग है, और वह है खुशी।

इसलिए मैं जब 'सामान्य मेहनत' कहता हूँ, तो असल में मेरा मतलब होता है 'ऐसा कुछ भी न करना जिससे खुशी कम हो।' अगर यह खुशी को बढ़ाता है, तो यह जीवन की नकारात्मक ऊर्जा का इस्तेमाल करता है, जो बेशक शानदार है। हमें उन कामों की तलाश करनी चाहिए जो हमें पसंद हैं, जिनकी दूसरे लोग सच में प्रशंसा करते हैं और उसकी कीमत चुकाने के लिए तैयार रहते हैं, चाहे पैसे से, प्रशंसा से या प्रेम से। सच में हमें इन सारी चीज़ों की ज़रूरत है क्योंकि सिर्फ पैसे से हमारा जीवन नहीं चल सकता है या ना ही सिर्फ प्रेम से, जब तक कि हम किसी प्यारे पपी या वैसी ही चीज़ के समान नहीं हैं।

इस बात का पता लगाने में शायद पूरा जीवन लग सकता है कि हम ऐसा क्या करें, जिससे दूसरों को खुशी मिले लेकिन हमारे भीतर भी खुशी पैदा करने के साथ ही वह हमारे सीमित संसाधनों को समाप्त न करे। दूसरी तरफ, ऊपर के पैराग्राफ को पढ़ना ही आपके लिए काफी हो सकता है। शायद आप जानते हैं कि इसका उत्तर क्या है। या शायद आप अपने अवचेतन मन से पूछ सकते हैं और कुछ ही घंटों या दिनों में आपको उत्तर मिल जाएगा।

अचानक ही हमें अपने जीवन के लिए 80/20 का हैरान कर देनेवाला फॉर्मूला मिल सकता है, जिसकी सहायता से हम खुशी देनेवाले काम कर सकते हैं। अगर हम सही तरीके से सोचते हैं तो इसकी संभावना अधिक है कि हम इसे कर लें और अपना वह खास हल भी हमें मिल जाए। अपने सामने इस ध्येय को

रखें – उपयोगी रूप से और खुश होकर अनोखा बनें। हम जब अपने ग्राहकों और आसपास के लोगों के लिए शानदार नतीजे देनेवाले अपने व्यक्तित्व के विशेष गुण को बढ़ाते हैं तो ये दुनिया और बेहतर हो जाती है।

तो फिर हम 80/20 के भविष्य से क्या समझते हैं? यह भले ही मुश्किल हो सकता है, लेकिन स्पष्ट रूप से अच्छी चीज़ है। 80/20 का भविष्य किसी गुलामों के समाज के एकदम उलट और गुणवत्ता के लिहाज से अलग होता है और उस औद्योगिक समाज की व्यवस्था से जिसका यह स्थान ले रहा है।

बहुत थोड़े से काफी कुछ करने में और उसे अपने मन की अनोखी शक्ति से करने में बहुत ज़्यादा खुशी मिलती है। 80/20 वाले हर व्यक्ति के काम करने का तरीका कम साधन से अधिक उत्पादन का होता है और वह इसे खुश होकर और विशेष जानकारी और ज्ञान से करता है। यह शानदार भविष्य विशेष रूप से व्यक्तिगत है, फिर भी पूरी तरह से सामाजिक भी है। हम सभी इसका भरपूर लाभ उठाएँ।

भाग पाँच

सिद्धांत पर एक नज़र फिर से

20
सिद्धांत के दो आयाम

कई वर्षों से मुझे इस पुस्तक के पहले संस्करण के पाठकों से सैकड़ों ईमेल मिल रहे हैं, जिन्हें पाकर मुझे खुशी हुई है। मेरे लिए इतना ही महत्त्व और कई मायनों में इससे भी अधिक उत्साहजनक अमेजॉन की साइट्स पर पोस्ट की गई अनेक प्रकार की समीक्षा भी रही है। सिर्फ amazon.com साइट पर ही इस समय 200 से अधिक समीक्षा है। इन इमेल और समीक्षा के ज़रिए सिद्धांत के काम करने के तरीके, विशेष रूप से कार्यकुशलता और जीवन की गुणवत्ता को बेहतर बनाने के इसके दो आयामों के साथ इसके संबंध पर नई-नई जानकारियाँ सामने आई हैं।

इनमें से कुछ समीक्षा इस पुस्तक और इस सिद्धांत की कड़ी आलोचना करती हैं और वे मेरे लिए सबसे चुनौतीपूर्ण एवं उपयोगी हैं। क्या 80/20 का सिद्धांत ज़रा भी हमारे व्यक्तिगत जीवन पर लागू होता है? और क्या 80 प्रतिशत भी सच में अनिवार्य नहीं है? ये दो महत्वपूर्ण प्रश्न मुख्य रूप से उठाए गए हैं। इस अध्याय में आगे जाकर मैं इनके विषय में बात करूँगा। मुझ में सबसे ज़्यादा उत्साह उन कहानियों से नहीं जगा, जिनमें पाठकों ने 80/20 के सिद्धांत का इस्तेमाल ज़्यादा काम करने या ज़्यादा पैसे कमाने या दोनों के लिए किया था। सबसे ज़्यादा प्रभावित करनेवाली कहानियाँ ऐसी थीं जिनमें इस सिद्धांत ने पाठकों का ध्यान उन बातों पर स्थिर किया था, जो उनके जीवन में सच में महत्त्व रखती थीं।

मेरी सबसे ज़्यादा पसंदीदा कहानी 50 वर्ष के कनाडा के एक नागरिक की है जो 'अपनी शादी से खुश है और जिनके तीन प्यारे-प्यारे बच्चे हैं।' मैं उन्हें डैरेल नाम से बुलाऊँगा ताकि उनकी पहचान छिपी रहे लेकिन उनके नाम के अलावा मैंने और कुछ भी नहीं बदला है। शिक्षक के रूप में उनका करियर सफल रहा और इस वक्त वह स्कूलों के स्थानीय प्रशासन के सीईओ हैं। तीन साल पहले पता चला था कि वह नॉन-वर्बल लर्निंग डिसएबिलिटी (एनएलडी) से पीड़ित हैं। उन्होंने मुझसे कहा था:

मैं इस बात को हजम नहीं कर पा रहा था, लेकिन मैं जानता हूँ कि जाँच में सामने आई बीमारी सही है... पार्किंग लॉट में जब अपनी कार को ढूँढ़ने में मुझे कई मिनट लग जाते हैं, या अपनी डेस्क पर सामने पड़े या शायद अपने हाथ में मौजूद कागज़ के टुकड़े के लिए मैं पूरी डेस्क को छान मारता हूँ, तो मुझे एहसास होता है कि वह जाँच कितनी सही है। यहाँ मैं ऐसे तरीके ढूँढ़ रहा हूँ, जिनसे विशेष ज़रूरतोंवाले बच्चों की सहायता कर सकूँ, जो मेरे काम का एक मुख्य हिस्सा है, वहीं हैरानी इस बात की है कि खुद मेरी ही विशेष ज़रूरतें हैं...

मैं खूब लिखता हूँ... इसकी वकालत करता हूँ कि शिक्षकों को लीडर बनना चाहिए। यह इस कारण क्योंकि मैं जब प्रिंसिपल था, तो टीचर्स कई सारी चीज़ें मुझसे बेहतर करते थे। इसलिए मैंने उन्हें 80 प्रतिशत ऐसे काम सौंप दिए, जिन्हें मैं उतनी अच्छी तरह नहीं कर पाता था। बाद में उन्होंने मुझे एक लीडरशिप अवॉर्ड के लिए नॉमिनेट किया, जो मुझे 1999 में मिला। उन्हें क्या मालूम था कि जहाँ मैं दिल से उन्हें सशक्त बना रहा था और उनका हौसला बढ़ा रहा था, वहीं मैं ऐसा अपनी ज़रूरत के कारण भी कर रहा था...

मुझे अब ये एहसास हो चुका है कि 80/20 का यह सिद्धांत सच में मेरी सफलता का कारण रहा है... मैं आपके 80/20 के दर्शन का इस्तेमाल सीखने में कठिनाई से पीड़ित दूसरे लोगों की मदद के लिए करना चाहता हूँ ताकि वे जिन 20 प्रतिशत कामों को अच्छी तरह कर सकते हैं, उन पर ही ध्यान लगाएँ... आनेवाले कुछ ही दिनों में, मैं उस पर्दे को भी हटा दूँगा, जिससे दुनिया देख नहीं पाती कि सच में मैं किस प्रकार का व्यक्ति हूँ।

डैरेल ने 'फाइंडिंग पावर इन वीकनेस' (कमजोरी में शक्ति की तलाश) नाम का एक प्रभावशाली लेख लिखा है, जो 80/20 के सिद्धांत को एक नए तरीके से लागू करता है। उन्होंने मुख्य रूप से यही कहा है कि जब हम अपनी कमजोरियों को समझ जाते हैं, तो हम जिन कामों को अच्छी तरह करते हैं, उन पर और अधिक भरोसा करते हैं: कुछ हद तक इस कारण क्योंकि हमें ऐसा करना पड़ता है और कुछ हद तक इस वजह से कि हमें अपनी कमज़ोरियों और दूसरे लोगों की क्षमताओं के बीच का अंतर समझ में आ जाता है। हम समझते हैं कि हम दूसरों पर कितना निर्भर हैं और इसके बदले अपनी उन क्षमताओं से सहायता करने का प्रयास करते हैं, जो हमारे पास होती हैं। अपनी कमज़ोरियों को स्वीकार न करने

या उन्हें गंभीरता से न लेने के कारण हम अपनी क्षमताओं और अपने आसपास के लोगों से कट जाते हैं।

पाठकों की जानकारीभरी बातें

अब मैं इस सिद्धांत से जुड़ी पाठकों की कुछ सबसे अच्छी या सबसे दिलचस्प बातों को रखना चाहूँगा। सबसे पहले सीन एफ ओ'नील की टिप्पणी:

> अमेरिका में 1920 के दशक में, एडमंड विल्सन नाम के एक बेहतरीन लेखक थे। उन्होंने अमेरिकी लोगों का परिचय मार्सेल प्राउस्ट की खूबियों से कराया। उनका 20 प्रतिशत उनका लेखन और रिसर्च था। उन्होंने अपनी कम प्राथमिकतावाली 80 प्रतिशत चीज़ों का हल कुछ इस प्रकार से निकाला। वह लोगों की ओर से की जानेवाली गुज़ारिशों का जवाब एक पोस्टकार्ड से दिया करते थे, जिस पर लिखा होता था: 'एडमंड विल्सन को खेद है कि उनके लिए: पांडुलिपियाँ पढ़ना, ऑर्डर पर लेख या पुस्तकें लिखना, किसी भी प्रकार का संपादकीय कार्य करना, साहित्यिक प्रतियोगिताओं में जज बनना, इंटरव्यू देना, शैक्षणिक कोर्स कराना, लेक्चर देना, संबोधन करना या भाषण देना, लेखकों के सम्मेलनों में हिस्सा लेना, प्रश्नावलियों के उत्तर देना, संगोष्ठियों या किसी भी प्रकार के पैनल में शामिल होना या लेख भेजना, बिक्री के लिए पांडुलिपि देना, पुस्तकालयों के लिए अपनी पुस्तकों की प्रतियाँ दान करना, अजनबियों के लिए ऑटोग्राफवाली पुस्तकें देना, लेटरहेड पर अपने नाम का इस्तेमाल करने देना, अपने बारे में निजी जानकारियाँ देना, अपनी तस्वीरें देना, साहित्यिक या अन्य विषयों पर विचार देना... आदि सब असंभव है।'

माइकल क्लाउड ने अपने पेशेवर जीवन पर फोकस किया :

> मैंने आमदनी जुटाने की अपनी गतिविधियों का भाषण लेखक और धनसंग्राहक के रूप में एक 80/20 विश्लेषण किया और पाया कि पिछले साल मैंने अपनी 89 फीसदी आय काम के 15 फीसदी समय से अर्जित की थी। मेरे 85 प्रतिशत काम जिनसे सिर्फ 11 प्रतिशत आमदनी हुई, उन्हें मैंने या तो दूसरों को दे दिया या छोड़ दिया, काम के अपने समय को 70 प्रतिशत तक कम किया, अपने ज़्यादा लाभ देनेवाले काम में अपना समय दोगुना किया - और अपनी आय को दोगुना से अधिक कर लिया...।
>
> फिर मैंने अपने दोस्तों और ग्राहकों को एक दमदार ईमेल भेजकर कहा कि

वे द 80/20 प्रिंसिपल को खरीदें और पढ़ें। साथ ही मैंने उनसे वादा किया कि अगर उन्हें आपकी किताब से ज़बरदस्त फायदा नहीं हुआ, तो मैं उन्हें हार्डकवर के खरीद मूल्य 25 डॉलर का दोगुना वापस करूँगा। मैंने 107 लोगों को यह संदेश भेजा। उनमें से अड़तीस ने इस पुस्तक को खरीदा और पढ़ा। सभी ने कहा कि उन्हें इससे फायदा हुआ है... मार्केटिंग से जुड़े एक वाइस-प्रेसिडेंट ने अपनी टीम के लिए आपकी पुस्तकों का एक केस ही खरीद लिया।

माइकल चार नई बातें बताते हैं:

1 मुझे लोगों से 80/20 सिद्धांत को पढ़ने, उस पर विचार करने और लागू करने की अपील करने से फायदा मिलता है... सोचिए कि मेरे समुदाय, कारोबार देश और इस धरती के 20 प्रतिशत लोगों ने 80/20 को सोचना और जीना शुरू कर दिया तो कितना फायदा होगा। क्या आप दा विंचियों और मोजार्टों और आइंस्टीनों की दुनिया में नहीं रहना चाहेंगे, जहाँ सभी अपना सर्वश्रेष्ठ और सर्वोत्तम दे रहे हों?

2 कुछ लोग पहिए का फिर से आविष्कार कर सफल हुए। ज़्यादातर पंचर टायर का फिर से आविष्कार कर विफल हो गए। शायद आपको खतरनाक 20% पर एक छोटी सी किताब लिखनी चाहिए - उन बीस प्रतिशत पर जो सबसे ज़्यादा महंगे और नुकसानदेह साबित होते हैं।

3 पोकर के अच्छे खिलाड़ी अक्सर बाजी को हाथ से जाने देते हैं। जैसा कि जेन एंड द आर्ट ऑफ पोकर में लैरी डब्लू फिलिप्स ने लिखा है, 'अपनी 15 से 20 प्रतिशत सबसे अच्छी चाल चलो और बाकी को छोड़ दो।'

4 जिम कॉलिन्स की लिखी गुड टू ग्रेट में एक चैप्टर है - चैप्टर 4, द हेजहॉक कॉन्सेप्ट - जो 80/20 सिद्धांत को लागू किए जाने का प्रत्यक्ष उदाहरण है।

हांगकांग से टेरी ली अराजक़ता के सिद्धांत से इसके संबंध को लेकर लिखते हैं:

हाँ, ये ब्रह्मांड असंतुलित है, नहीं तो शायद कोई बिग बैंग नहीं होता। मैं एलियाहु एम गोल्डरैट की थ्योरी ऑफ कन्सट्रेंट्स को, 80/20 के सिद्धांत के एक विशेष रूप के तौर पर देखता हूँ जो रुकावटों को कम करने या उनका

लाभ उठाने की बात करता है। इसके पीछे कुछ कारणों और आमतौर पर रुकावटों के सिर्फ एक कारण पर ध्यान देने की आवश्यकता है। इससे ज़बरदस्त शक्ति मिलती है।

मुझे ऐसा लगता है कि रुकावटों का यह सिद्धांत, इस 80/20 के सिद्धांत की तरह ही हमारे व्यावसायिक और निजी जीवन पर भी लागू होता है:

– हमारे काम में ऐसी एक रुकावट क्या है, जिसे हटा दिया जाए तो हम पाँच, दस या बीस गुना ज़्यादा काम कर सकेंगे? आपके लिए क्या यह आपके बॉस हैं, विफलता का डर है, योग्यता की कमी, यह नहीं चुन पाना कि कौन सा काम करें, सही सहयोगियों की कमी या फिर एकदम से कुछ और ही है? मुश्किल क्या है, क्या है जो अपने भीतर बेहिसाब सुधार करने से आपको रोकता है? अगर आप इस रुकावट की पहचान कर लेते हैं, तो फिर आप उसे दूर करने की मुहिम पर काम कर सकते हैं।

– आपके निजी जीवन में ऐसी कौन सी एक चीज़ है, जो आपको अपने जीवन का सबसे अच्छा उपयोग करने से और आप जिन लोगों को चाहते हैं उन्हें खुशी देने से रोकती है? कोई न कोई बड़ी बाधा ज़रूरी होगी। ये क्या है?

क्या 80/20 का सिद्धांत सच में हम सबके निजी जीवन पर लागू होता है?

यह भी नोट करनेवाली बात है कि किसी ने भी यह नहीं कहा है कि 80/20 का सिद्धांत कारोबार में काम नहीं करता है। बेशक कुछ पाठकों ने बिलकुल अलग ही तरह के 'धंधों' के उदाहरण दिए हैं, जिन्हें इसका फायदा मिला है। डॉ मार्क शूक टेक्सास के एक चर्च में पादरी हैं और उन्होंने इस सिद्धांत का इस्तेमाल कर चर्च आनेवाले लोगों की संख्या 300 गुना बढ़ा ली है। वह लिखते हैं:

> 80/20 विचार पर आपकी पुस्तकों से मेरा जीवन बदल गया है। मैं टेक्सास के साइप्रस में कम्युनिटी ऑफ फेथ का पास्टर हूँ। 80/20 के सिद्धांतों को अपनाने से पहले जहाँ हमारे लिविंग रूम में 5 लोग आते थे, वहीं ढाई साल में आमतौर पर 1500 से भी ज़्यादा लोग आते हैं। हम अपने चर्च को 80/20 चर्च कहते हैं। शर्त लगाकर कह सकता हूँ कि आप जानते भी नहीं होंगे कि आप एक चर्च ग्रोथ गुरु हैं!

हालाँकि, उसके बाद से ही मुझे पता चला है कि इससे भी काफी बड़ा एक और '80/20 चर्च' है। शिकागो के सबसे बड़े मेगा-चर्च की प्रशासक, वेरोनिका एबनी ने मुझे लिखा कि 'फिलहाल हमारे चर्च के 25,000 सदस्य हैं और हमारे पास यूनाइटेड सेंटर के बगल में स्टेडियम की सुविधा है, जहाँ शिकागो बुल्स खेलते हैं और माइकल जोर्डन का घर यहीं है। मैं चाहूँगी कि 80/20 के तरीके का इस्तेमाल करते हुए हमारे सदस्यों की संख्या 25,000 से बढ़कर 50,000 हो जाए।'

और कुछ पाठकों ने पारेतो की अवधारणा के महत्त्व को समझते हुए उसे अपने पूरे जीवन पर लागू किया। इसकी शुरुआत उन्होंने कारोबार से की और फिर अन्य कई क्षेत्रों में लागू किया, जो इस सिद्धांत की फिर से व्याख्या के दौरान मेरी सबसे बड़ी खोज थी। केविन गार्टी, जो सैन फ्रांसिस्को में प्रॉपर्टी की खरीद-बिक्री करनेवाली एक कंपनी में रिलोकेशन के डायरेक्टर थे, उन्होंने मुझे बताया:

> मैंने 80/20 के नियम को अपने जीवन के कई क्षेत्रों में लागू किया है और मुझे कमाल के नतीजे मिले हैं। मैं पुख्ता तौर पर कह सकता हूँ कि मैं सुबह देर से जागता हूँ और ऑफिस से दोपहर में निकल जाता हूँ, फिर भी छह अंकों में मेरी कमाई अच्छी-खासी है। मैंने 80/20 के पहलुओं को अपने बचपन में ही लागू किया है, जब मैं न्यूज़ीलैंड में था इसलिए मैंने जब आपकी किताब पढ़ी तो मैं जिस दिशा की ओर बढ़ रहा था उस पर इसने मुहर लगा दी। अगर मेरा आलसी होना सही हुआ करता था, तो उसमें भी मुझे अपने ऊपर काफी भरोसा रहता था।

हाँ केविन, ये बिलकुल सही था।

इंडोनेशिया से एक समीक्षक ने कहा कि 80/20 को नौकरी और जीवन में एक ही प्रकार से लागू किया जा सकता है क्योंकि 'मूल अवधारणा फोकस की है। विकल्प महत्वपूर्ण है। हमें सिर्फ जीवन में सबसे ज़रूरी काम करना है... कम काम करके ज़्यादा हासिल करने का यह सबसे आसान स्पष्टिकरण है।' एक जापानी समीक्षक कहते हैं:

> मैंने लगभग दो साल पहले इस पुस्तक को पढ़ा था। मैंने उन चार कंपनियों में इसे लागू किया जहाँ मैं काम करता था। अपने काम के घंटे को मैंने 25 प्रतिशत तक कम किया, फिर भी अपनी उसी सैलरी को बनाए रख सका। इस बीच मैंने अपना ही कारोबार शुरू किया। मेरे पास जितना भी खाली

समय निकलता है, उसमें मैं अच्छे बैंक बैलेंस के साथ अपने जीवन को ज़्यादा मज़ेदार और आसान बनाने के नए-नए तरीकों के बारे में सोचता हूँ। आप अपना समय, पैसा और मेहनत कहाँ बर्बाद कर रहे हैं और उस मेहनत को किसी जगह पर लगाकर ज़्यादा समय और पैसा जुटाया जा सकता है, इसका हिसाब लगाने का यह आसान तरीका है। मैं इस फॉर्मूले को अपने जापानी भाषा के अध्ययन करने, व्यायाम करने और जो कुछ भी मैं सोच सकता हूँ उस पर लागू करनेवाला हूँ।

एक पाठक ने कहा, 'इस 80/20 को अपने बच्चों को सिखाइए और इसकी संभावना बढ़ जाएगी कि जब वे बड़े हो जाएँगे तो वे अपने पैरों पर खड़े हो सकते हैं क्योंकि वे ऐसा करने की स्थिति में होंगे।'

फिर भी कुछ समीक्षक पूछते हैं कि क्या इस सिद्धांत को हमारे निजी जीवन पर लागू किया जा सकता है। अमेजॉन के एक समीक्षक लिखते हैं, 'मुझे जहाँ यकीन है कि गैर-व्यावसायिक क्षेत्रों (और स्पष्ट रूप से कहें तो व्यक्तिगत संबंधों) में 80/20 सिद्धांत को लागू करने का लेखक का प्रयास सही मंशा से किया गया है, फिर भी इस पुस्तक में इसकी जगह नहीं होनी चाहिए थी और इसे छोड़ देना चाहिए था।' इस समीक्षक ने इतनी मेहरबानी कर दी कि उसने कहा कि यह पुस्तक सीप के भीतर छिपा हुआ एक मोती है, जिसे कारोबार में लागू किया जाता है, जिसे ढूँढ़ निकालने के लिए 'गोते लगाना सार्थक' है। खैर, निजी टिप्पणियों को नज़रअंदाज़ कर देना चाहिए!

एक दूसरा समीक्षक कहता है कि यह पुस्तक :

> कारोबार की आर्थिक और सामाजिक वास्तविकताओं का बहुत अच्छा मूल्यांकन करती है। हालाँकि, कोच इससे आगे जाते हैं और यह पता लगाने का प्रयास करते हैं कि विभिन्न परिस्थितियों में 80/20 के सिद्धांत का इस्तेमाल सफलता, खुशी और सामान्य जीवन के लिए कैसे किया जा सकता है। जहाँ उनकी कुछ बातें सही लगती हैं, वहीं जब वह कारोबार जगत से इतर बातें करते हैं तो उनके उदाहरण कमज़ोर लगने लगते हैं।

क्या 80 प्रतिशत भी अनिवार्य नहीं है?

इस सिद्धांत की दूसरी बड़ी आलोचना यह है कि जिन 80 प्रतिशत गतिविधियों से थोड़े-बहुत ही नतीजे मिलते हैं क्या उन्हें छोड़ देना सही है या फिर ऐसा होना

चाहिए। मेरे जो शायद सबसे मुखर आलोचक हैं, चाऊ चिंग 'कॉर्नहोलियो' उनकी टिप्पणियाँ अमेजॉन में प्रकाशित हुई हैं, उनकी बात को गलत ठहरानेवाला एक मामला सामने आया है। उनकी समीक्षा को यहाँ पूरी तरह उद्धृत करना ज़रूरी है:

> यह एक शानदार तरकीब है, लेकिन 5 स्टार्स से 20 प्रतिशत निकाल दिया जाता है क्योंकि 80/20 का सिद्धांत भी अन्य बीएस से भरा होता है, जैसे आपको ज्ञान देना कि अपने जीवन का इस्तेमाल आपको कैसे करना चाहिए और अन्य क्षेत्र जिनके बारे में लेखक को पूरी जानकारी नहीं है। उन्होंने विरोध में कही गई कुछ बातों का ज़िक्र किया और फिर एक-एक कर उन्हें खारिज़ कर दिया। फिर भी, उन्होंने एक बेहद महत्वपूर्ण बात को छोड़ दिया। मैं हांगकांग में रहनेवाला चीनी हूँ। हमारी 5,000 वर्षों की संस्कृति में, यिन और याँग शुरुआत से ही सक्रिय हैं, लेकिन ऐसा लगता है कि लेखक ने इस बात को नज़रअंदाज़ कर दिया है।
>
> उदाहरण के लिए, वह आपसे अपने जीवन का विश्लेषण करने और यह देखने को कहते हैं कि आपके जीवन का कौन सा 20 प्रतिशत हिस्सा आपको 80 प्रतिशत खुशी देता है और आपको उसी 20 प्रतिशत पर ध्यान देना चाहिए। बरसों पहले मैंने बिलकुल ऐसा ही किया लेकिन मेरी हालत और बिगड़ गई। जीवन में काम और मौज-मस्ती का एक संतुलन होता है। आपने उस 20 प्रतिशत याँग गतिविधि का आनंद लिया क्योंकि आप उस 20 प्रतिशत यिन गतिविधि से मुक्त हैं।
>
> किसी हैमबर्गर में अस्सी प्रतिशत स्वाद उसके 20 प्रतिशत हिस्से से आता है, जो उसके अंदर का मीट होता है, लेकिन अगर आपने ऊपर और नीचे के ब्रेड को हटा दिया, तो उसका स्वाद इतना तीखा हो जाएगा कि उसका ज़ायका ही खत्म जाएगा।
>
> इसी तरह, शायद आपको हनीमून या यूरोप के ग्रैजुएशन ट्रिप में सबसे ज़्यादा मज़ा आया, फिर भी आप उसे बार-बार करेंगे, तो सीमांत के सिद्धांत अनुसार, ये उबाऊ हो जाएगा।
>
> 20/80 को काम में बहुत अच्छी तरह लागू किया जा सकता है, लेकिन मौज-मस्ती पर नहीं, उस तरह तो नहीं। मैं यह भी सोचता हूँ कि अगर लेखक यह सोचता है कि 80 फीसदी यौन सुख 20 प्रतिशत चरमोत्कर्ष (याँग)

से मिलता है, तो क्या हमें संभोग से पहले की काम क्रीड़ा (यिन) को पूरी तरह छोड़ देना चाहिए?

कुछ ऐसे ही सवाल मेरे सामने लॉर्ड कैर ने खड़े किए थे, जो पहले ब्रिटेन के कैबिनेट मंत्री थे। उन्होंने अमेरिका में तत्कालीन ब्रिटिश राजदूत का उदाहरण दिया, जिन्होंने उनसे कहा था :

> आप भले ही सोचते होंगे कि मेरा काफी समय छोटे-मोटे मामलों में निकल जाता है, जैसे कि आए दिन होनेवाले डिनर और अमेरिकी नेताओं के साथ मुलाकातों में बीतनेवाला समय। लेकिन उसमें समय बर्बाद नहीं होता। बात जब फैसले लेने की आती है, तो मुझे भी पता है कि किस पर भरोसा किया जा सकता है और कौन सही मायने में बड़बोला है। संकट की स्थिति में यही काम आता है इसलिए 'बर्बाद' होनेवाला समय बिलकुल भी बर्बाद नहीं होता।

कई लोगों ने इसी तर्ज़ पर मेरी खिंचाई की है क्योंकि उनकी चिंता सही है कि काम में कुशलता के प्रयास में अधिकांश कम महत्त्ववाले काम को नहीं करना आगे चलकर नुकसानदेह साबित होता है। अगर हम दक्षता हासिल करने के पीछे पागल हो जाएँगे और सिर्फ ज़रूरी काम ही करेंगे, तो हो सकता है कि हम उन कामों को भी छोड़ दें, जिनसे हम खुद को, अपने कारोबार, यहाँ तक कि अपने समाज को नयापन दे सकें।

'पार्कों को लेकर आप क्या कहेंगे?' मेरे एक मित्र ने पूछा। 'पार्क सामंतवाद की निशानी हैं और शायद उस 80 प्रतिशत में शामिल होंगे, जिन्हें आप समाप्त कर देंगे। अगर हम सारा हिसाब किताब लगाएँ, तो उन्हें वजूद में रहने का कोई अधिकार नहीं होगा। पार्कों से पूँजी पर लाभ भी नहीं मिलता। उनमें घरों या कई तरह के निर्माण किए जा सकते हैं। लेकिन अगर आप पार्कों को खत्म कर देंगे तो शहर की सूरत बिगड़ जाएगी।' वह जोहान्सबर्ग का उदाहरण दे सकते थे, जिसके शहरी इलाके खूबसूरत हैं लेकिन वहाँ कोई भी पार्क या मैदान नहीं और यह कोई संयोग नहीं कि वह धरती के सबसे खतरनाक शहरों में से एक है।

इसी से जुड़ी एक चिंता और भी है कि अपनी नौकरी और अपने जीवन के अनुर्वर कामों को खत्म कर, हम बिना सोचे-समझे काम करनेवाले और क्रूर बन सकते हैं। हम बस थोड़े समय के आर्थिक हल के पक्ष में रहेंगे और दूरगामी संपत्तियों को नुकसान पहुँचा सकते हैं। ऐसा ही एंड्रयू प्राइस ने अपनी आनेवाली पुस्तक 'द पावर ऑफ द एसेंशियल' में लिखा है:

कुल मिलाकर सबसे ज़्यादा मछलियाँ तटीय इलाकों में ही मिलती हैं। महासागरों के कुल क्षेत्रफल की तुलना में तटों का क्षेत्रफल बेहद कम है। 80/20 का सिद्धांत कहता है कि तटों पर ही मछली पकड़ने और दूसरे काम होने चाहिए। और अब तक तटों के किनारे ही मछलियाँ पकड़ने का काम हुआ है।

लेकिन दोहन से काफी स्टॉक खत्म हो चुका है। इतना ही नहीं, इन मछलियों से भरे तटीय इलाकों के साथ-साथ मछलियों के पैदा होने के इलाके भी स्थित हैं। इसलिए तटों के आसपास बड़े पैमाने पर मछलियों को पकड़ने से प्रजनन प्रभावित होता है, जिससे पकड़ने और भविष्य में प्रजनन के लिए कम संख्या में मछलियाँ बच जाती हैं।

80/20 सिद्धांत को माननेवालों के लिए, संदेश साफ है। हमें बीस प्रतिशत का दोहन बेहिसाब ढंग से सिर्फ इस्तेमाल के लिए नहीं करना चाहिए। कुछ को बिना उपयोग के भी छोड़ देना चाहिए, नहीं तो वह तुरंत समाप्त हो जाएगा, जैसी हालत आज मछलीवाले क्षेत्रों की है। एक और भी बड़ा संदेश है। इस साल सबसे अच्छा स्टॉक (मत्स्यपालन या वित्त) होने, या पिछले दशक में किसी इकोसिस्टम में सबसे कीमती प्रजातियों का होना सफलता की गारंटी नहीं है। सच यही है कि यह संसार और इसके संसाधन लंबे समय तक स्थिर नहीं रहते।

मेरे 80/20 सिद्धांत को लागू किए जाने से जुड़ी जो आलोचना है उसका सार मुख्य रूप से तीन चिंताओं के अंतर्गत बताया जा सकता है:

– कम लागत में स्तरहीन काम की चिंता: अगर 80/20 को कार्यकुशल उपकरण के रूप में देखा जाता है, तो यह भी हो सकता है कि हम काफी कुशल होने की बजाए बेहद नाकारा साबित हों। खर्चे कम करना अच्छी बात है, लेकिन जब तक हम किसी काम को पूरी तरह नहीं करते और उसकी गहराई में नहीं जाते, तब तक हम कुछ भी सार्थक हासिल नहीं कर सकते या उसका आनंद नहीं उठा सकते। हो सकता है कि हम किसी किताब को 20 प्रतिशत पढ़कर उसके 80 प्रतिशत संदेश को जान लें, लेकिन वह पुस्तक हमारे लिए काफी महत्वपूर्ण है, तो हमें उसे पूरी तरह पढ़ना चाहिए और पूरी पढ़ लेने के बाद भी हमें संतुष्ट नहीं हो जाना चाहिए। 20 प्रतिशत प्रयास से 80 प्रतिशत नतीजे हासिल करने का प्रयास अपने काम और अपने जीवन के अतिसाधारण, भौतिकतावादी और ऐसे तरीके का

द्योतक हो सकता है, जो सही नहीं है।

– टिकाऊ होने से जुड़ी चिंता। अगर 80/20 सिद्धांत का जबरदस्त ज़ोर इस पर है कि क्या आज यह कारगर है, तो क्या इसका खतरा नहीं कि यह कल कारगर नहीं होगा? इस तरह की चिंता कारोबार और हमारे जीवन पर बड़े पैमाने में समान रूप से लागू होती है।

– संतुलन की चिंता। जैसा कि चाऊ चिंग कहते हैं, यहाँ चिंता इस बात की है कि हम हमेशा ही जीवन के 'सबसे अच्छे' हिस्से पर फोकस नहीं कर सकते हैं क्योंकि जीवन के बाकी हिस्से के बिना वह सबसे अच्छा, सबसे अच्छा नहीं रहेगा। बिजनेस में संतुलन से फर्क नहीं पड़ता क्योंकि अर्थव्यवस्था की तरक्की सबसे खास और इस कारण असंतुलित कंपनियों के बीच संघर्ष से होती है। लेकिन इंसान की खुशी के लिए संतुलन अनिवार्य हो सकता है।

इस सिद्धांत के दो अलग–अलग आयाम

आप सबकी प्रतिक्रिया से मुझे यह एहसास हुआ है कि 80/20 सिद्धांत के सच में दो बिलकुल अलग और कुछ मायनों में विपरीत आयाम या उपयोग हैं।

एक तरफ, कुशलता का आयाम है। यहाँ हम सबसे कम प्रयास से जल्द से जल्द चीज़ों को हासिल करना चाहते हैं। इस आयाम में विशेष रूप से ऐसी चीज़ें शामिल रहती हैं, जिनका हमारे लिए बहुत अधिक महत्त्व नहीं होता, सिवाय उद्देश्य की प्राप्ति के साधन के रूप में। उदाहरण के लिए, अगर हम अपने काम को सिर्फ पैसे कमाने के साधन के रूप में देखते हैं क्योंकि हम दूसरे लोगों के साथ दूसरी–दूसरी चीज़ें करना चाहते हैं, जो हमारे काम से बाहर होती हैं, और यही चीज़ें हमारे लिए मायने रखती हैं, तो हमारा काम सीधे उस श्रेणी में आता है जिसे 'कुशलता' कहते हैं। हम 80/20 सिद्धांत का उपयोग अपने काम को उत्पादक रूप से और जल्द से जल्द करना चाहते हैं और अपने जीवन को आगे बढ़ाना चाहते हैं। इसलिए 20 प्रतिशतवाले तरीके से हमें इस सिद्धांत का इस्तेमाल करना चाहिए। हम सबसे अधिक लाभ देनेवाले 20 प्रतिशत पर ध्यान देते हैं। हम उन कामों पर लगनेवाले अपने समय को दोगुना कर देते हैं और जहाँ तक संभव होता है वैसी सारी चीज़ों को छोड़ देते हैं, जो 20 प्रतिशत की श्रेणी जितना अधिक फायदेमंद नहीं होते हैं। मैंने जिस प्रकार 'समय की क्रांति' के अध्याय 10 में दिखाया था, उस लिहाज से हमें उच्च–कुशलता के 20 प्रतिशत पर दो दिन बिताना चाहिए और फिर पूरा हफ्ता

उन्हें देना चाहिए, जिनकी सच में हमें परवाह है। आसानी से समझें, तो हम अपने काम की कीमत पहले की तुलना में 160 प्रतिशत बढ़ने की उम्मीद कर सकते हैं। (हमें 80 प्रतिशत के दो समूह मिलते हैं, जिनमें से हर एक दिन के काम यानी 20 प्रतिशत से प्राप्त होता है।) जहाँ संभव होता है, हम काम के हफ्ते को कम कर दो दिन तक ले आते हैं।

कुशलता के आयाम को काम के अलावा दूसरी चीज़ों पर भी लागू किया जा सकता है, जो हमारे लिए उतना महत्त्व नहीं रखते हैं, जो छोटे-मोटे काम होते हैं। उदाहरण के लिए, इस 20 प्रतिशत की श्रेणी में, वैसे सारे लोग आते हैं, जिनसे हमें सामाजिक रूप से मिलना है, लेकिन हम सच में ऐसा चाहते नहीं हैं। वे सारी ज़िम्मेदारियाँ जो हम लेना नहीं चाहते, लेकिन उनसे पीछा नहीं छुड़ा सकते हैं, जैसे- अपने टैक्स जमा करना, गैरेज साफ करना, पसंद न हो फिर भी बगीचे में काम करना और इसे किसी और के मत्थे नहीं मढ़ सकते, वगैरह वगैरह। यहाँ उद्देश्य उस 20 प्रतिशत का पता लगाना होता है, जो सबसे ज़रूरी है और जिनसे हमें 80 प्रतिशत नतीजे मिलते हैं। हम उसे अपने रास्ते से जल्द से जल्द और कम से कम मेहनत में हटा देना चाहते हैं।

दूसरी तरफ, 80/20 का जीवन को बेहतर बनानेवाला आयाम है। इस श्रेणी में ऐसा कुछ भी आ सकता है, जो सच में हमारे जीवन के ज़रूरी है, चाहे वह हमारी नौकरी हो, हमारे व्यक्तिगत संबंध, जो भी हम पाना चाहते हैं, ऐसी हॉबी जो हमें बहुत अधिक खुशी देती है या ऐसा कुछ भी जिससे हमें संतुष्टि मिलती है और मरने से पहले हमें सुकून मिलेगा। हम जब शुरू से लेकर अब तक की अपनी ज़िंदगी को पलटकर देखते हैं... आगे आनेवाले जीवन को उत्सुकता से देखते हैं... अभी जीवन जैसा है उसका आनंद उसी रूप में लेते हैं... ऐसा कुछ भी जिससे हमें प्रसन्नता होती है और जीवित रहने का गर्व होता है... तो वे सभी जीवन को बेहतर बनानेवाली श्रेणी में आते हैं। अमेरिका के महान औद्योगिक मनोवैज्ञानिक अब्राहम मास्लो ने जिसे 'स्वच्छता के कारक' - भोजन, आश्रय, भौतिक ज़रूरतें कहा था, वे जब पूरी नहीं होतीं तब ज़रूरी होती हैं, लेकिन एक बार उनकी पूर्ति हो जाए तो उनका उतना महत्त्व नहीं रह जाता है। मेरे हिसाब से, स्वच्छता के कारक कुशलता की श्रेणी में आते हैं और उन्हें 20 प्रतिशतवाले हल की ज़रूरत होती है, जो जीवन ऊर्जा के सबसे कम खर्च में सबसे अधिक लाभदायक हल होता है।

दो कारणों से, 80/20 का सिद्धांत जिसे हम जीवन का गीत कहते हैं उसका

एहसास करने और उसे बढ़ाने का सबसे ज़रूरी हिस्सा है। पहला, इस सिद्धांत की मदद से हम उसका सामना करते हैं, जो सच में हमारे जीवन के लिए ज़रूरी है। वे कुछ लोग कौन हैं, कुछ चीज़ें क्या हैं, जो हमारे जीवन को सच में सार्थक बनाती हैं? जब तक कि हम सच में गरीब या उदास नहीं हैं, ये जीवन के महत्वपूर्ण पहलू, उद्देश्य को प्राप्त करने का साधन नहीं हैं जैसे कि पैसा, शोहरत, बड़ी नौकरी या किसी भी प्रकार का रुतबा। वे आते और चले जाते हैं। उनका स्वरूप बाहरी होता है, वे हमारे दिल और मन को नहीं छूते, वे हमारी पहचान नहीं बताते। बशर्ते हमारे पास खाने और रहने का इंतज़ाम हो, हमारे लिए प्यार किया जाना और प्यार करना, अपनी अभिव्यक्ति, व्यक्तिगत सफलता और निश्चिंतता, सोचने और कुछ साकार करने की क्षमता, प्रकृति और अन्य लोगों के साथ जुड़ने का अवसर, इन सबसे अधिक दोस्तों और परिवार के जीवन को बेहतर बनाना ही सच में मायने रखता है।

दूसरा, यह सिद्धांत जीवन के इन बेहतरीन पहलुओं के लिए जगह बना देता है। गैर-ज़रूरी चीज़ों को ज़्यादा तेजी और कम खर्च में, अपनी जीवन ऊर्जा की खपत कम से कम करते हुए करने का हम जब प्रयास करते हैं, तो हम जीवन के ज़रूरी हिस्सों के लिए समय, इलाका और शांति को अपने नियंत्रण में करते हैं। बजाए इसके कि जो मायने रखता है उसे अपने जीवन के हाशिए और कोने में धकेलकर रखें, हम उस ज़रूरी चीज़ को अपने भीतर उसके सही स्थान पर, केंद्र में, अपने हृदय में स्थान दे सकते हैं।

जब जीवन के अनिवार्य हिस्सों की बात आती है, तो हमारी विशिष्टता और व्यक्तिगत भाग्य को जो 20 प्रतिशत या उससे कम बातें स्पष्ट करती है, उन पर समय, पैसे या उस उद्देश्य के लिए अन्य ज़रूरी साधनों को खर्च करने में कंजूसी किए बिना हमें अपनी ऊर्जा और अपने मन को समर्पित कर देना चाहिए। कुशलता के लिए 20 प्रतिशत के तरीके की ज़रूरत होती है। लेकिन जो जीवन को बेहतर बनाता है उसके लिए 200, 2,000 या 20,00,000 प्रतिशत वाले तरीके की ज़रूरत होती है। जो कुछ भी हमारे जीवन को बेहतर बनाने या फिर उसे सही अर्थ देने के लिए सही है उसमें लगनेवाले प्रयास या समय की कोई सीमा नहीं होती।

तो अब उन तीन चिंताओं के उत्तर देते हैं :

– लागत में कटौती: हमें सिर्फ अपने जीवन के कुशलता के मामले में ही प्रयासों में कटौती करने की कोशिश करनी चाहिए और चीज़ों को सुस्ती और तेज़ी के साथ

करना चाहिए। जो कुछ भी जीवन को बेहतर बनाती है, उसके लिए हम सबसे लंबा, गहरा या सर्वोच्च संभव रास्ता अपनाते हैं।

– टिकाऊ होना: इस सिद्धांत का सही सोच–समझ के साथ इस्तेमाल करने के लिए दूरगामी दृष्टि होनी चाहिए। साथ ही, अगर हम यह मान लें कि प्रयास और परिणाम की मौजूदा स्थिति नहीं बदलेगी, तो अनचाहे नतीजों से हम कैसे निपटेंगे। उदाहरण के लिए, हो सकता है कि 10 प्रतिशत ग्राहकों से हमें अभी 80 प्रतिशत मुनाफा हो रहा हो। लेकिन हमसे टक्कर लेनेवाले किसी नए प्रतिद्वंद्वी ने हमारे ज़बरदस्त मुनाफा देनेवाले ग्राहकों पर ध्यान लगा दिया, तो हमारा मुनाफा ज़्यादा दिन नहीं चलेगा। यही नहीं, 90 प्रतिशत छोटे या मुनाफा न देनेवाले ग्राहकों के बीच एक तेज तरक्की करनेवाली कंपनी छिपी हो सकती है, जिसे अच्छी तरह आगे बढ़ाया गया, तो वह कमाई का नया माध्यम बन सकती है। मछली पकड़नेवाले उदाहरण में, सबसे अधिक मछलियाँ जहाँ मिलती हैं उन्हीं इलाकों पर मछलियों के प्रजनन का मौका दिए बिना बेलगाम दोहन करते रहेंगे तो सबकुछ तबाह हो जाएगा।

जीवन के व्यापक क्षेत्रों में भी, जीवन को बेहतर बनानेवाली बातों पर हमारा ध्यान दूरगामी और बुद्धिमानी भरा होना चाहिए। कौशल और संबंधों में निवेश की ज़रूरत होती है। हमें इस बारे में विवेकशील होना चाहिए कि कौन सी योग्यताएँ और दोस्त सच में मायने रखते हैं और फिर समय तथा असाधारण धैर्य के साथ प्रयास करते हुए पूरे जीवनभर के समर्पण की नींव का निर्माण करना चाहिए। यहाँ कोई कटौती न हो और उसी तरह तुरंत खुश नहीं होना चाहिए! सिर्फ काम करने के लिए काम करना या धन इकट्ठा करने के लिए उस काम को करना एक भूल है, जिससे हम नफरत करते हैं! लेकिन कौशल और संबंध विकसित करने का ज़बरदस्त संकल्प लेना बुद्धिमानी है, जिनसे हमारा जीवन अलग, मज़ेदार और सार्थक हो जाता है।

– संतुलन। हमें संतुलित रहना चाहिए या असंतुलित? दोनों ही। कुशलता के मामले में हमें असंतुलित होना चाहिए और बाकी सारी चीज़ों के मामले में जो इस संसार में हमारे होने को लेकर महत्वपूर्ण नहीं हैं। और एक प्रकार से, जीवन को बेहतर बनाने के मामलों में भी हमें असंतुलित होना चाहिए और ध्यानपूर्वक कुछ गतिविधियों और संबंधों को बेहतर करना चाहिए, जिनका हमारे लिए सबसे अधिक महत्त्व है और जिनमें सबसे अधिक संभावना है। लेकिन जीवन को बेहतर

बनाने के आयाम में हमें काम और फुर्सत के बीच, अपने मन से किए जानेवाले और दूसरों के दिए कामों के बीच, अपने लिए और दूसरों के लिए निकाले गए समय के बीच, मौजूदा उत्साह का आनंद लेने और भविष्य निर्माण के लिए किए निवेश के बीच संतुलन रखना चाहिए। हम अपने यिन और याँग को जीवन को बेहतर बनानेवाले क्षेत्र के भीतर ही ढूँढ़ सकते हैं। अगर ऐसा नहीं होता, तो हमें कभी ऐसे लोग नहीं मिलते, जो अपने काम और अपनी मौज-मस्ती का आनंद नहीं उठाते, जो इस वजह से खुश रहते हैं क्योंकि वे जहाँ भी हैं, जो भी करते हैं वह उन्हें अच्छा लगता है, वे वही करते हैं जो उन्हें अच्छा लगता है।

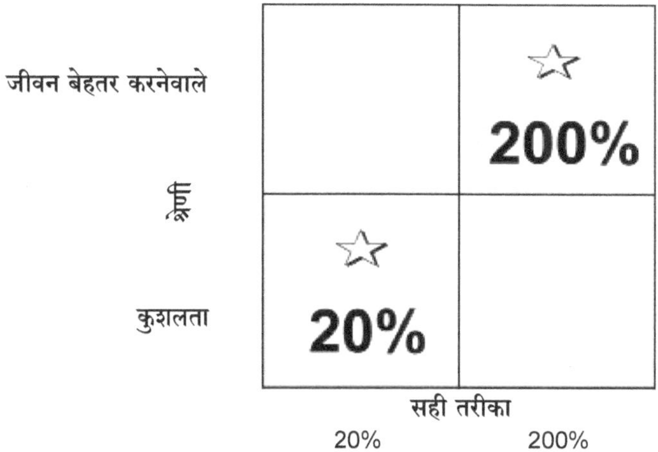

चित्र 46 - आज की तुलना में समय और ऊर्जा का बँटवारा

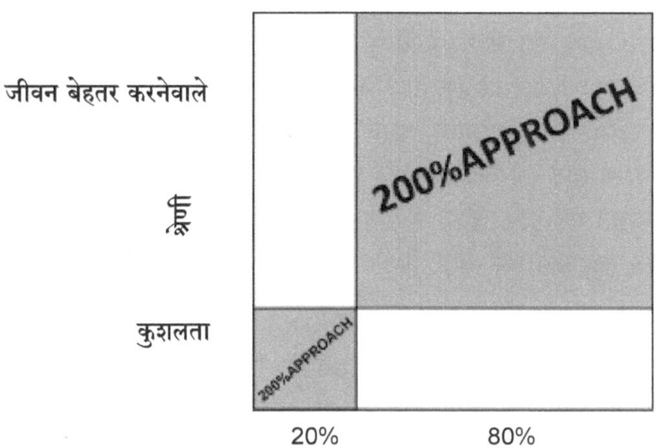

चित्र 47 - समय और ऊर्जा का नया बँटवारा (नए योग के प्रतिशत के अनुसार)

चित्र 46 इस सिद्धांत के दो आयामों और हर एक के लिए सही तरीके को दिखाता है।

एक बार हमने प्रत्येक श्रेणी में आनेवाले अपने जीवन के सभी हिस्सों के लिए सही फैसला कर लिया, तो हम पैमाने को इस प्रकार तय कर सकते हैं, जो दोनों के अनुपात को दिखाता है। चित्र 47 में, कुशलता के तत्त्वों की करीबी को बढ़ा दिया गया है ताकि उन पर हमारा सिर्फ 20 फीसदी समय और ऊर्जा खर्च हो। जीवन को बेहतर बनानेवाले क्षेत्रों को 20 प्रतिशत तक खाली कर लिया गया है ताकि वे हमारे जीवन के 80 प्रतिशत हिस्से को उनमें जगह दे सकें।

काम कुशलता या जीवन को बेहतर बनानेवाली किसी भी श्रेणी में आ सकता है। निश्चित रूप से आपके पास कोई न कोई काम होगा, जिसे दोनों में से किसी न किसी श्रेणी में रखा जा सकता है। यहाँ ट्रिक ये है कुशलतावाले काम को कम करते जाना है और जीवन को बेहतर बनानेवाले काम को ज़्यादा। ऐसा तब तक करना है जब तक कि आप वैसी अच्छी स्थिति में न आ जाएँ जहाँ काम सच में मस्ती से भी ज़्यादा मज़ेदार बन जाता है।

काम के बाद का जीवन भी लगभग दोनों ही श्रेणियों में आता है। यहाँ भी समाधान यही है। कुशलता की श्रेणी पर कम से कम समय और ऊर्जा खर्च करें और जीवन बेहतर बनानेवाली श्रेणी पर उन्हें ज़्यादा से ज़्यादा खर्च करें।

आप खुद से यह पूछें तो बेहतर होगा कि अगर आप अपना समय और अपनी ताकत अपने लिए सबसे महत्वपूर्ण काम पर करते तो काम और मौज-मस्ती के बीच समय का बँटवारा किस प्रकार का होता? और दोनों को किस प्रकार जोड़ा जाता? ज़्यादातर लोगों ने मुझे इस सवाल का जवाब ये कहते हुए दिया है कि वे लगभग बराबर समय 'काम' और 'गैर-काम' को देंगे, भले ही 'काम' की परिभाषा वे खुद तय करते हैं और यह ज़रूरी नहीं कि उसके बदले पैसे मिलते हों। इस सिद्धांत को जिन लोगों ने अपनाया है उन्हें लगता है कि काम और गैर-काम के बीच का फर्क धीरे-धीरे मिटने लगता है।

इस लिहाज से, जीवन के यिन और यॉंग फिर से तय होते हैं। भले ही कुशलता और जीवन की बेहतरी 80/20 सिद्धांत के दो स्पष्ट रूप से विपरीत आयाम हैं, फिर भी दोनों आयाम पूरी तरह से एक-दूसरे के पूरक और आपस में गुँथे हुए हैं। दोनों में एक बात एक जैसी है और वह ये कि हमें यह पता होना

चाहिए कि हम जैसे नतीजे चाहते हैं वह किससे मिलते हैं और यह जानना कि क्या महत्त्व रखता है। कुशलता और जीवन की बेहतरी, अक्सर दोनों से जुड़े सवालों के उत्तर कुल के छोटे से हिस्से में ही मिल जाता है। अक्सर हम अनावश्यक कामों में कटौती और आवश्यक कामों पर ध्यान देकर ही तरक्की करते हैं। हालाँकि, 80/20 भी इसी प्रकार एक बंजर सिद्धांत है अगर इससे सिर्फ कुशलता ही प्राप्त होती है। जब तक हमारे मन में को दूसरा लक्ष्य नहीं, मन का लक्ष्य नहीं तो अधिक कुशल या धनी होने का कोई फायदा नहीं। जो लोग 80/20 को पूरी तरह से इसके पारंपरिक काम की श्रेणी में रखते हैं वे इस बात को नहीं समझते।

चलिए मैं अपने ही जीवन से आपको एक उदाहरण देता हूँ। मैं जब लंदन में होता हूँ या दक्षिण स्पेन में, हर दिन मैं एक या दो घंटे साइकिल चलाने के लिए निकालता हूँ। निश्चित रूप से यह मेरे लिए जीवन को बेहतर बनाने की गतिविधि है: ये कसरत शानदार होती है, जिसमें मैं बेहतरीन नज़ारों (रिचमंड पार्क के हिरण या स्पेन में पहाड़ों का नजारा) को देखता हुआ गुज़रता हूँ और साइकिल चलाते समय अपने ख्यालों को मुक्त छोड़ देता हूँ, इस कारण अक्सर नई-नई बातें मेरे दिमाग में आती हैं। लेकिन यह बिना परिश्रम के नहीं होता। मैं मानता हूँ कि रिचमंड पार्क में 10 प्रतिशत और स्पेन में 15 प्रतिशत रास्ता काफी चढ़ाईवाला है। बेशक उन रास्तों पर मेरा दिल सबसे ज़्यादा तेज़ी से धड़कता है और इससे मुझे अपनी कसरत का 80 प्रतिशत से ज़्यादा फायदा मिलता है! मैं सिरफिरा साइकिल चलानेवाला नहीं हूँ और पहाड़ियाँ मुझे बिलकुल भी पसंद नहीं हैं – मैं जब ढलान पर रहता हूँ तो मुझे काफी खुशी होती है। लेकिन मैं बिलकुल सपाट रास्ते को भी नहीं चुनूँगा। पहाड़ियाँ कुछ मायनों में परेशान करती हैं, फिर भी नज़ारे को शानदार बनाती हैं और उनसे मैं 'यिन' गतिविधि कर पाता हूँ, जिससे सपाट या ढलान पर साइकिल चलाने के 'याँग' को बदल पाता हूँ।

अपने व्यक्तिगत अनुभव और सैकड़ों पाठकों के बयानों के आधार पर मैं आपको बता सकता हूँ कि जीवन की मुख्य रूप से अर्थहीन या तनाव देनेवाली गतिविधियों (यिन) के अनुपातों को पलटा जा सकता है। बेशक, हम उसी हनीमून को या उसी छुट्टी को बार-बार दोहराना नहीं चाहेंगे। हम आराम करने के नए-नए तरीके ढूँढ़ते हैं। ना ही हम में से अधिकांश लोग अधिकांश समय आराम करना चाहते हैं। हम व्यायाम करना चाहते हैं, अपने कौशल को आज़माना और उन्हें माँजना चाहते हैं, सोचना, अपने आपको परखना, अन्य लोगों की मदद करना,

सभी प्रकार के संबंधों की नई संभावनाओं को तलाशना चाहते हैं। हम कुशलता के पीछे पागल होना नहीं चाहते, लेकिन हम उन गतिविधियों को जहाँ तक संभव हो, आसानी और तेजी से छोड़ना चाहते हैं जिनसे जीवन बेहतर नहीं होता।

तरक्की की ज़िम्मेदारी संभालिए

अपनी शंका और निराशा को छोड़ दीजिए। इस तरह की बुराइयाँ अपने विपरीत गुणों के कारण बढ़ती चली जाती हैं। तरक्की को लेकर अपने भरोसे को फिर से बहाल कीजिए। समझिए कि भविष्य सामने है: उन बेहतरीन उदाहरणों में, कृषि उद्योग, कारोबार, नौकरियाँ, शिक्षा, कृत्रिम बुद्धिमत्ता, मेडिकल साइंस, भौतिकी में और बेशक हर विज्ञान में, तथा सामाजिक और राजनीतिक प्रयोगों में भी, जहाँ वैसे लक्ष्यों को पीछे छोड़ा जा चुका है, जिनकी पहले उम्मीद नहीं थी और नए लक्ष्य समस्या बनकर खड़े होते रहते हैं। 80/20 के सिद्धांत को याद कीजिए। तरक्की हमेशा बेहद कम संख्या में लोगों से और संगठित संसाधनों से होती है, जो दिखाते हैं कि प्रदर्शन की जिस ऊँची सीमा को पहले स्वीकार किया गया था वह सभी के कदमों में आ चुकी है। तरक्की के लिए कुलीनों की ज़रूरत पड़ती है, लेकिन कुलीन जो ऐश्वर्य के लिए और समाज की सेवा के लिए जीते हैं, जो अपने पास मौजूद सबकुछ हमारी सहायता के लिए सामने रख देते हैं। तरक्की असाधारण उपलब्धि और सफल प्रयोगों के प्रसार से जुड़ी सूचना पर, स्वार्थी तत्वों की ओर से खड़ी की गई दीवारों को ध्वस्त करने पर और इस माँग पर निर्भर करती है कि चंद सुविधाभोगी लोग जिस स्तर का जीवन जी रहे हैं वह सभी के लिए उपलब्ध होना चाहिए। वैसे भी जैसा कि जॉर्ज बर्नार्ड शॉ ने हमें कहा था कि तरक्की के लिए हमारी माँगों का नाजायज़ होना ज़रूरी है। हमें उन सारी चीज़ों में 20 प्रतिशत की तलाश करनी चाहिए, जिनसे 80 प्रतिशत प्राप्त होता है और जो बातें हमें पता चलती हैं उनके आधार पर हमें अपने महत्त्व की सारी चीज़ों को कई गुना बढ़ाए जाने की माँग करनी चाहिए। अगर हमारी पहुँच हमारी पकड़ से ज़्यादा होती है, तो तरक्की के लिए ज़रूरी है कि हम उस पर अपनी पकड़ बनाएँ, जहाँ तक बेहद कम लोग पहुँचें हैं और सुनिश्चित करें कि यह सभी के लिए न्यूनतम स्तर बन जाए।

80/20 के सिद्धांत की सबसे अच्छी बात यह है कि आपको अन्य सभी का इंतज़ार करने की ज़रूरत नहीं है। आप इसका इस्तेमाल अपने व्यावसायिक और व्यक्तिगत जीवन में करना शुरू कर सकते हैं। सबसे बड़ी उपलब्धि, खुशी

और दूसरों की सेवा से जुड़े अपने छोटे-छोटे हिस्सों को ले सकते हैं, उन्हें अपने जीवन का एक बड़ा हिस्सा बना सकते हैं। आप अपने बेहतरीन प्रदर्शन को कई गुना बढ़ा सकते हैं और अपने औसत प्रदर्शन को काफी कम कर सकते हैं। आप तमाम गैर-ज़रूरी और कम महत्त्ववाली गतिविधि का पता लगा सकते हैं और उन गैर-ज़रूरी चीज़ों को छोड़ सकते हैं। आप अपने चरित्र, काम की शैली, जीवनशैली और संबंधों के हिस्सों को अलग कर सकते हैं, जिन पर हर दिन लगनेवाले समय या ऊर्जा के मुकाबले आपको कई गुना फायदा मिलता है। और आप जब एक बार उन्हें अलग कर लेते हैं तो थोड़े से हौसले और मज़बूत इरादे से कई गुना बढ़ा सकते हैं। आप एक बेहतर, अधिक उपयोगी और खुशहाल इंसान बन सकते हैं और दूसरों को भी ऐसा बनने में मदद कर सकते हैं।

तेजज्ञान फाउण्डेशन - परिचय

तेजज्ञान फाउण्डेशन आत्मविकास से आत्मसाक्षात्कार प्राप्त करने का एक रास्ता है। इसके लिए सरश्री द्वारा एक अनूठी बोध पद्धति (System for Wisdom) का सृजन हुआ है। इस पद्धति को अंतर्राष्ट्रीय मानक ISO 9001:2015 के आवश्यकताओं एवं निर्देशों के अनुरूप ढालकर सरल, व्यावहारिक एवं प्रभावी बनाया गया है। इस संस्था की बोध पद्धति के विभिन्न पहलुओं (शिक्षण, निरीक्षण व गुणवत्ता) को स्वतंत्र गुणवत्ता परीक्षकों (Quality Auditors) द्वारा क्रमबद्ध तरीके से जाँचा गया। जिसके बाद इन पहलुओं को ISO 9001:2015 के अनुरूप पाकर, इस बोध पद्धति को प्रमाणित किया गया है। फाउण्डेशन का लक्ष्य आपको नकारात्मक विचार से सकारात्मक विचार की ओर बढ़ाना है।

तेजज्ञान फाउण्डेशन
परिचय

हैपी थॉट्स तेजज्ञान
यूट्यूब चैनल

महाआसमानी - अल्प परिचय

Self Delelopment to Self Realization Towords Self Stabilizaion

क्या आपको उच्चतम आनंद पाने की इच्छा है? ऐसा आनंद, जो किसी कारण पर निर्भर नहीं है, जिसमें समय के साथ केवल बढ़ोतरी ही होती है? क्या आप इसी जीवन में प्रेम, विश्वास, शांति, समृद्धि और परमसंतुष्टि पाना चाहते हैं? क्या आप शारीरिक, मानसिक, सामाजिक, आर्थिक और आध्यात्मिक इन सभी स्तरों पर सफलता हासिल करना चाहते हैं? क्या आप 'मैं कौन हूँ' इस सवाल का जवाब अनुभव से जानना चाहते हैं? यदि आपके अंदर इन सवालों के जवाब जानने और 'अंतिम सत्य' पाने की प्यास जगी है तो तेजज्ञान फाउण्डेशन द्वारा आयोजित 'महाआसमानी परम ज्ञान शिविर' में आपका स्वागत है। यह शिविर पूर्णतः सरश्री की शिक्षाओं पर आधारित है।

महाआसमानी
अल्प परिचय

हैपी थॉट्स सरश्री
(इंग्लिश) यूट्यूब चैनल

सरश्री द्वारा रचित पुस्तकों की जानकारी

सरश्री ने विविध विषयों पर 150 से अधिक़ पुस्तकों का लेखन किया है, जिनमें से 'विचार नियम', 'विश्वास नियम' 'स्वसंवाद का जादू', 'स्वयं का सामना', 'स्वीकार का जादू', 'निर्णय और ज़िम्मेदारी', 'निःशब्द संवाद का जादू', 'संपूर्ण ध्यान' आदि पुस्तकें बेस्टसेलर बन चुकी हैं। इनमें से कुछ पुस्तकें दस से अधिक भाषाओं में अनुवादित की जा चुकी हैं और प्रमुख प्रकाशकों द्वारा प्रकाशित की गई हैं, जैसे पेंगुइन बुक्स, जैको बुक्स, मंजुल पब्लिशिंग हाऊस, प्रभात प्रकाशन, राजपाल ऍण्ड सन्स, पेंटागॉन प्रेस, सकाळ प्रकाशन इत्यादि।

विचार नियम
आपकी कामयाबी का रहस्य

विश्वास नियम
सर्वोच्च शक्ति के सात नियम

मौन नियम
स्वयं को जानने का निःशब्द उपाय

पुस्तकें ऑर्डर करने के लिए लॉग इन करें

- www.gethappythoughts.org

पुस्तकों की अधिक जानकारी के लिए संपर्क करें-

फोन नं.: 09011013210

www.ingramcontent.com/pod-product-compliance
Lightning Source LLC
LaVergne TN
LVHW100633051026
849519LV00001B/197
* 9 7 8 9 3 9 0 6 0 7 3 3 4 *